经世济民

诚信服务

德法兼修

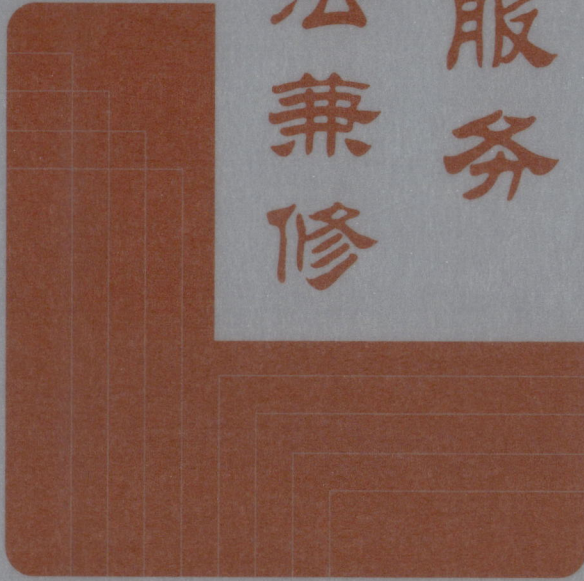

"十四五"职业教育国家规划教材

icve 智慧职教
高等职业教育在线开放课程
新形态一体化教材

国家职业教育市场营销专业教学资源库配套教材

现代市场营销

（第四版）

主　编　肖涧松

副主编　许欣然
　　　　王　瑛
　　　　宫　珂

中国教育出版传媒集团
高等教育出版社·北京

内容提要

本教材第三版曾获首届全国教材建设奖全国优秀教材二等奖。

本教材是"十四五"职业教育国家规划教材，也是国家职业教育市场营销专业教学资源库核心课程"市场营销基础"的配套教材。

本教材以党的二十大精神为指引，通过深入学习贯彻习近平新时代中国特色社会主义思想，探索价值引领、知识传授、素养培育、技能提升和营销创新的全面融合；以培养数字经济时代市场营销高素质职业技能人才为目标进行修订，力求反映现代市场营销的新理论、新探索、新实践。本教材设置12个单元，包括：认知市场营销、战略规划与市场营销管理、市场营销环境分析与评价、市场营销调研与预测、市场购买行为分析、目标市场营销战略决策、市场竞争战略决策、产品策略决策、价格策略决策、分销渠道策略决策、促销策略决策，以及市场营销计划、组织、执行与控制。

本教材引用近三年营销实践案例近百个，在资源库平台配套的数字课程中另有文本及视频案例近百个，有利于培养学生发现问题、分析问题和解决问题的综合能力。

本教材可作为高等职业教育专科、本科院校，应用型本科院校和中等职业学校财经商贸类及其他相关专业的教学用书，也可作为商业零售、食品、汽车、医药、房地产等行业初涉市场营销工作岗位的就业人员的培训辅导书和自学参考资料。

本教材配套建设有数字课程，内含微课、视频、课程标准、教学设计、教学课件、实训方案、案例库、参考答案等数字化教学资源，并选取优质资源展示在教材二维码中。具体学习方式详见"智慧职教"服务指南和"郑重声明"页的资源服务提示。

图书在版编目（CIP）数据

现代市场营销 / 肖涧松主编. -- 4版. -- 北京：
高等教育出版社，2023.9（2024.8 重印）
ISBN 978-7-04-060870-0

Ⅰ. ①现… Ⅱ. ①肖… Ⅲ. ①市场营销学－高等职业
教育－教材 Ⅳ. ①F713.50

中国国家版本馆CIP数据核字（2023）第138166号

现代市场营销（第四版）
XIANDAI SHICHANG YINGXIAO

策划编辑	贾若曦	责任编辑	贾若曦	封面设计	贺雅馨	版式设计	李彩丽
责任绘图	杨伟露	责任校对	陈 杨	责任印制	耿 轩		

出版发行	高等教育出版社	网　址	http://www.hep.edu.cn
社　址	北京市西城区德外大街4号		http://www.hep.com.cn
邮政编码	100120	网上订购	http://www.hepmall.com.cn
印　刷	山东韵杰文化科技有限公司		http://www.hepmall.com
开　本	787 mm × 1092 mm　1/16		http://www.hepmall.cn
印　张	22.25		
字　数	410 千字	版　次	2013 年 6 月第 1 版
插　页	1		2023 年 9 月第 4 版
购书热线	010-58581118	印　次	2024 年 8 月第 5 次印刷
咨询电话	400-810-0598	定　价	49.80 元

"智慧职教"服务指南

"智慧职教"（www.icve.com.cn）是由高等教育出版社建设和运营的职业教育数字教学资源共建共享平台和在线课程教学服务平台，与教材配套课程相关的部分包括资源库平台、职教云平台和App等。用户通过平台注册，登录即可使用该平台。

● 资源库平台：为学习者提供本教材配套课程及资源的浏览服务。

登录"智慧职教"平台，在首页搜索框中搜索"市场营销基础"，找到对应作者主持的课程，加入课程参加学习，即可浏览课程资源。

● 职教云平台：帮助任课教师对本教材配套课程进行引用、修改，再发布为个性化课程（SPOC）。

1. 登录职教云平台，在首页单击"新增课程"按钮，根据提示设置要构建的个性化课程的基本信息。

2. 进入课程编辑页面设置教学班级后，在"教学管理"的"教学设计"中"导入"教材配套课程，可根据教学需要进行修改，再发布为个性化课程。

● App：帮助任课教师和学生基于新构建的个性化课程开展线上线下混合式、智能化教与学。

1. 在应用市场搜索"智慧职教icve"App，下载安装。

2. 登录App，任课教师指导学生加入个性化课程，并利用App提供的各类功能，开展课前、课中、课后的教学互动，构建智慧课堂。

"智慧职教"使用帮助及常见问题解答请访问help.icve.com.cn。

肖涧松，山东商业职业技术学院副教授、国家级职业指导师、创业咨询师；国家职业教育市场营销专业教学资源库建设项目委员会委员，"市场营销基础""消费者行为分析"课程主持人；课程思政教学名师、课程思政示范课程"市场营销基础"团队成员；中国市场学会销售管理专家委员会委员。主要从事市场营销原理、消费者心理及行为分析、产品市场定位、新媒体营销、营销策划等领域的研究，担任国内多家知名企业培训讲师及专家顾问。

多年来，主编出版应用型本科、高等职业教育、中等职业教育教材十余本，包括《现代市场营销》《消费者心理与行为分析》《消费心理学》《房地产市场营销》《房地产营销策划》等，发表论文及主持教研课题多项。其中，在高等教育出版社出版的《现代市场营销》被评为"十二五""十四五"职业教育国家规划教材，该教材第三版荣获首届全国教材建设奖全国优秀教材二等奖；《消费者心理与行为分析》历版先后被评为"十二五""十三五""十四五"职业教育国家规划教材。

第四版前言 <<<<<<<<

《现代市场营销》自2013年4月首版付梓以来，得到了营销界专家、学者的肯定，深受广大师生喜爱。本教材历版所获主要荣誉包括："十二五"职业教育国家规划教材（2014年）、国家职业教育市场营销专业教学资源库核心课程"市场营销基础"配套教材（2019年）、首届全国教材建设奖全国优秀教材二等奖（2021年）、"十四五"职业教育国家规划教材（2023年）。

党的二十大报告指出："教育是国之大计、党之大计。培养什么人、怎样培养人、为谁培养人是教育的根本问题。育人的根本在于立德。全面贯彻党的教育方针，落实立德树人根本任务，培养德智体美劳全面发展的社会主义建设者和接班人。"这为新时代职业教育改革发展和人才培养明确了方向。

新一轮的科技革命和产业变革正在进行，数字经济时代已经来临，大数据、人工智能、移动互联网、云计算等新技术正深刻改变着人们的思维、学习和工作方式。在新时代，企业的商业模式和消费者的消费行为发生了显著变化，以数字营销为代表的营销创新方法不断涌现。

为落实立德树人根本任务，服务于数字经济时代的人才培养需求，本教材适时进行了修订。新版教材在保留前三版知识结构和体例特色的基础上进行了系统性的补充、完善和升级，在突出科学性、时代性和应用性的前提下，形成了以下鲜明特色。

1. 深化课程思政建设，将价值观引领与知识传授、技能提升融为一体，科学构建教学内容体系

本教材强化社会主义核心价值观的引领，落实立德树人根本任务，在知识传授的基础上积极践行课程思政建设，讲求德技并修，引导学生将所学知识和技能转化为内在品德与素养，实现课程思政教育的"润物细无声"。

本次修订以党的二十大精神为指引，通过深入学习贯彻习近平新时代中国特色社会主义思想，力求扎根中国大地、立足中国实践、总结中国经验、彰显中国特色，充分反映中国特色社会主义的伟大实践，引导学生将其个人发展与社会发展、国家发展相结合，增强"四个自信"。

2. 根据营销技术的发展和应用，完善数字经济背景下的中国营销理论与实践，充分体现中国现代制造业和服务业领域的营销创新

本次修订吸纳了国内外知名专家学者的营销理论创新和实践成果，将数字经济时代的营销创新作为贯穿整个营销过程的主线，重点突出围绕"中国制造""中国企业""中国品牌"展开的现代市场营销理论与实践，充分体现"新制造""新技术""新品牌"等新内容。

在新版教材中，各个单元的主要调整变化如下表所示。

单元	本次修订调整的主要知识点
单元一　认知市场营销	增加了数字经济时代4R组合、内容营销、中国特色营销人才关键素质、数字营销岗位及工作内容描述等内容，修改了职业面向、培养目标和专业能力等内容
单元二　战略规划与市场营销管理	增加了商业模式、商业模式画布等内容
单元三　市场营销环境分析与评价	增加了全球化营销和中国经济新常态环境下的挑战、数字营销公司、数字经济、新发展格局等内容
单元四　市场营销调研与预测	增加了数据中台、行为痕迹数据、爬虫技术等内容
单元五　市场购买行为分析	增加了数字营销时代消费者购买行为的特征、虚拟社群、企业数字化采购等内容
单元六　目标市场营销战略决策	增加了互联网市场细分因素、用户画像等内容
单元七　市场竞争战略决策	增加了竞合战略等内容
单元八　产品策略决策	将品牌和包装策略并入本单元；增加了知识付费、现代服务业、互联网产品与服务数字藏品、品类创新、品牌IP、品牌定位等内容
单元九　价格策略决策	增加了大数据杀熟、动态定价策略等内容
单元十　分销渠道策略决策	围绕全渠道分销系统进行了系统性重构，增加了公域/私域流量、C2M模式、直播电商、新零售、本地即时电商、社区团购、供应链管理等内容
单元十一　促销策略决策	修改了促销、促销组合、针对消费者的销售促进等内容，增加了流量、直播推销、数字媒体广告、搜索引擎广告、信息流广告等内容
单元十二　市场营销计划、组织、执行与控制	增加了数字经济时代的营销组织创新等内容

本教材"调查研究"与"力学笃行"模块的设计关注现代制造业和服务业的最新发展动态，涉及新零售、电子商务、新能源汽车、人工智能、无人机、家电、餐饮等多个行业和领域。此外，本次修订对全书案例进行了全面迭代更新，引入了以中国优秀企业与品牌为主的数字营销新案例。

3. 校企"双元"合作开发，"岗课赛证"综合育人，强化职业教育类型特色

新版教材的编写修订采用了校企双元合作开发的新模式，特别邀请抖音数字学堂、山东蓝章企业营销策划有限公司、山东半亩花田生物科技有限公司等多家国内知名企业参与营销创新知识点和营销实践内容的编写设计。

同时，本次修订以"岗课赛证"综合育人为目标，将企业职业活动和个人职业发展需要的综合能力融入教材，拓展学生就业创业的技术技能。具体而言，"岗"：紧跟现代制造业和服务业发展趋势和行业人才需求，通过"营销职位（岗位）和工作内容认知"及相关内容介绍营销人才关键素质和岗位职业能力体系；"课"：立足市场营销课程教学内容进行理实一体化的设计，强化教材的教学功能；"赛"：对接全国职业院校技能大赛市场营销等赛项的相关内容，为其提供理论与实践支撑；"证"：对"数字营销技术应用""直播电商"等1+X职业技能等级证书的相关理论知识点进行了合理融入。

4. "育训结合，能力为本"，进行理实一体化的数字课程建设，实现资源库、在线开放课程和新形态一体化教材的"互联网＋"式互动

本教材坚持"目标引领，问题导向"，注重目标、理论与实践的创新：在单元前设置有"学习目标"（素养、知识、技能三位一体）、"思维导图"和"学思践悟"，在正文中设置有"守正创新""营销新知"和"营销实践"，在边白处标注有二维码、"小试牛刀""德技并修"和"数说营销"，在单元后设置有"稳扎稳打""调查研究""力学笃行"和"自学自测"。整体设计遵循"学生为主，教师为辅"的开放式学习新模式，既利于学生自学，又便于教师总结提升，还有助于过程化考核的实现。

本教材在国家职业教育市场营销专业教学资源库中搭建有配套的在线课程，提供了微课、视频、课程标准、教学设计、教学课件、实训方案、案例库、参考答案等丰富的数字化教学资源，以满足数字时代移动学习的需要，有效推动线上线下混合式教学、自主学习、翻转课堂等教学改革的创新实践。

本教材由肖涧松担任主编，许欣然、王瑛、宫珂担任副主编。参加具体修订工作的有：肖涧松（山东商业职业技术学院，单元一、十），许欣然（山东轻工职业学院，单元二、三），王瑛（山西财贸职业技术学院，单元四、五），宫珂（济南职业学院，单元十一、十二），张圆媛（山西财贸职业技术学院，单元六、七），王瑞（山西财贸职业技术学院，单元八、九）。全书由肖涧松负责整体策划和统稿。

本次修订引用了国内外知名营销学者的最新研究成果，借鉴了大量国内外文献和互联网上的新知识，在此谨向各位作者及平台表示诚挚谢意。由于记述和追溯的不便，有些未载明出处，在此也一并向各位作者和转述者表示感谢。

由于营销环境、营销技术和营销实践具有较强的时效性，加之编写人员水平所限，书中难免存在不足之处，敬请广大专家和读者提出宝贵的批评和改进意见，以使本教材日臻完善。

编者

2023年7月

现代市场营销是一门以市场为中心，研究现代企业市场营销活动及其规律的课程，具有综合性、实践性、创新性等特点。在经济全球化的新经济环境下，现代市场营销不仅是一门课程，更是一种思维方式。企业必须牢固树立现代市场营销观念，通过提高市场营销能力来提升企业的核心竞争力。市场营销类职位是人才市场需求榜上不落的冠军，人才需求居高不下。同时，社会对营销人员的知识和技能也提出了更高的要求和新的挑战。

高等职业院校遵循"以服务为宗旨，以就业为导向，走产学研结合发展道路"的办学要求，重视学生专业综合能力的培养和训练。本教材编写以理实一体化教材建设为思路，结合《营销师国家职业标准》以及营销岗位知识能力的要求，以培养有一定理论水平和较强职业技能的应用型营销人才为目标，力求反映现代市场营销学的新理论、新知识。

概括而言，本教材具有以下鲜明的特色：

（1）突出"以职业活动为导向，以职业能力为核心"的指导思想。按照高职学生的认知习惯，通过大量的营销案例、实践教学环节的设置，课堂教学由"教师为主、学生为辅"的传统授课模式改变为"学生为主、教师为辅"的现代学习模式，充分发挥教师的"导演"作用，便于提高与保持学生学习兴趣，利用"教学做一体化"的高等职业教育教学方法，有利于课程实施过程的有效组织，实现深度的理实一体化教学。

（2）以提高市场营销岗位职业能力和综合素质为目标，参考《营销师国家职业标准》所要求的理论与技能编写。培养学生形成对现实生活中周围著名企业品牌营销活动较高的观察力、领悟力和敏感度，具备较高的实践学习能力，形成优秀营销人员所必备的专业技能、自信心、良好的语言表达能力，最终提高营销岗位综合专业应用技能。

（3）教材理实一体化的体系设计符合教师授课、学生学习、日常过程化考核的需要。教材体系的编写充分注重理论与实践的有机结合，是传统"教材"与"实训手册"的有机结合，具备高度创新性。开篇设置"营销格言""知识目标""能力目标"以及"关键词"，篇中设置"导入案例""案例链接""知识窗"和"头脑风暴及应用"，篇后设置"专业知识测试"和"职业技能训练"两部分，职业技能训练部分又分为"营销意林""营销经典案例分析"和"营销技能综合训练"，篇末还设置了"营销人物榜"。创新的教材体例有利于学生的学习，又便于教师的总结与提升，并造就创新与研究的开放式教学环境。同时，大量的课程实训环节设计，提供了过程化考核的良好平台。

（4）理论与实践的内容充分包含现代市场营销的最新资源与信息。教材案例与实训环节贴近学生日常生活，关注了市场营销领域的最新动态，补充了网络营销的最新内容，涉及未来营销工作领域中的食品、汽车、医药、保健品、3C、家电、房地产、家居、商业服务业等多个行业，包含近三年国内外优秀企业与品牌经典营销案例150多个。

（5）教材整体设计符合高等职业教育学生认知规律。教材结构、内容体系、语言描述、呈现形式充分体现以人为本，符合职业教育规律和高素质技能型人才成长规律，符合高职学生的认知规律，面向学生个性发展需要，实践训练力求接近学生生活实际，减少学生学习过程中的距离感。积极开发学生的学习兴趣，培养学生的创新能力和自学能力。

在本教材的编写过程中，编者参考了大量国内外市场营销学教材和著作，借鉴了众多国内外营销学者的最新研究成果，引用了相关营销学网站的一些案例。由于记述和追溯的不方便，有些未载明出处，在此一并向各位作者和转述者表示感谢！

由于编写人员水平所限，书中可能存在错漏之处，敬请广大学者、同仁和使用本教材的师生提出批评和改进意见。

编者

2013年4月

目录 <<<<<<<<

素养目标

1. 培养和践行社会主义核心价值观，提高营销道德水平和社会责任感

2. 坚定四个自信，探索中华优秀传统文化在营销思想中的创造性转化和创新性发展

3. 提升中国特色营销人才的关键素质，做好科学的职业规划

知识目标

1. 掌握市场营销的含义和重要概念

2. 熟悉现代市场营销研究的主要内容

3. 了解现代市场营销观念和创新理论

4. 掌握现代市场营销技能的相关内容

技能目标

1. 能够运用科学的市场营销观念以及现代营销理论，正确分析商业营销活动

2. 能够根据营销人员应具备的专业技能要求，在营销实践中锻炼和提升自己

思维导图

市场营销的基本内涵
- 市场的含义
- 市场营销的含义
- 市场营销的重要概念
- 现代市场营销的主要研究内容

市场营销观念
- 市场营销观念的类型划分
- 市场营销观念的具体表现

认知市场营销

现代市场营销理论创新
- 数字营销
- 关系营销
- 整合营销
- 其他营销创新理论

现代市场营销技能培养
- 营销技能的含义
- CHINAMKT：中国特色营销人才的关键素质
- 营销人员职位(岗位)与工作内容描述
- 市场营销专业学生的职业面向、培养定位和专业能力

学 思践悟　伊利携漫天星辰打造航天营销新鲜感

　　2023年5月，神舟十六号成功发射并对接空间站的消息振奋人心，再一次掀起了航天营销的创新声浪。伊利借势推出航天主题的限定款新包装产品，将宇宙星辰的浪漫与都市生活紧紧连接起来，不断加深用户对"伊利，航天奶"的品牌印象。

　　1. 突破视觉体验，实现品牌与大众情感同频共振

　　伊利以"携漫天星辰，赴人间一夏"为主题，选取星系作为主要视觉元素，将漫天星辰融于牛奶盒上，实现视觉风格和包装形式的双重创新，营销文案与人们在新的季节起点整装出发的积极情绪不谋而合，为消费者提供了与航天相关的情感共鸣，让品牌在精神层面与消费者达成更深层的沟通。伊利星系包装如图1-1所示。

　　2. 用航天文化连接都市潮流日常，打造沉浸式营销

　　伊利以产品、内容、事件的多触点打造创新营销体验，将宇宙星辰

的浪漫和消费者的生活日常巧妙地连接起来。首先，伊利制作了富含艺术感的海报和动画视频，搭配哲思文案，为产品增添了关于艺术潮流的品牌联想。其次，以线下的事件营销为载体，以快闪活动和跨界联动为抓手，打造沉浸式体验，满足了年轻人对宇宙星空的好奇心理。此外，伊利还使用强交互的社交裂变玩法，在抖音平台发起"奔赴你的星辰大海"主题营销活动，激发更广圈层受众的分享与传播。

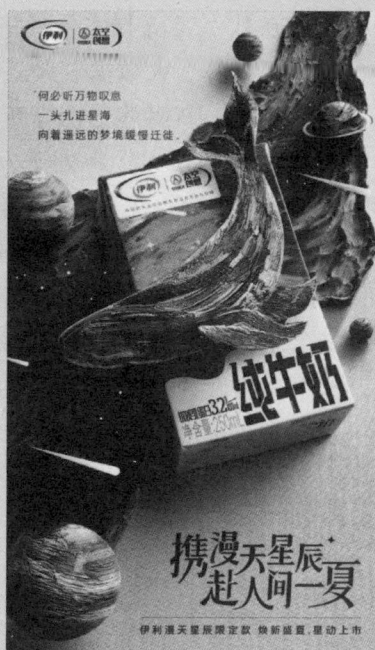

图1-1　伊利星系包装

3. 产品力与营销力双重加持，伊利拓宽航天营销边界

产品创新和营销创新双管齐下，伊利用实际行动拓宽了航天营销的边界。

一方面，是"航天品质"的产品创新。伊利同中国航天共建联合实验项目，建立未来乳业太空实验室，自主研发中国专利益生菌。通过"乳业＋航天"互补互强的科研合作，伊利助推中国乳业升级，从根源上为品牌的航天营销夯实产品基础，深化消费者对其"航天品质"的认知。

另一方面，是"航天潮流化"的营销创新。伊利将宇宙星辰的浪漫概念和都市人的生活日常连接起来，为大家注入具象化的"宇宙能量"，以此巩固用户对品牌的认同感，建立起落脚于真实生活的情感链接，让品牌更有年轻感，通过航天营销使品牌"焕新"。

资料来源：梧桐.伊利携漫天星辰打造航天营销的新鲜感，从重置圈层洞察开始[EB/OL].网易号，2023.5.

引思明理：

党的二十大报告指出，"创新才能把握时代、引领时代"。在数字经济时代，信息技术正在不断地对企业和消费者进行赋能，使其践行着与以往不同的市场营销战略和策略。在创新的航天主题营销活动中，伊利重视挖掘消费者需求，实施产品与营销创新，将品牌价值与航天精神结合起来，以产品、内容、事件多触点体验使消费者与品牌深度沟通。在传承航天精神的同时，向全社会传递了企业所承担的社会责任意识。

在数字经济与实体经济融合发展的时代背景下，随着移动通信、物联网、云计算、大数据、人工智能等技术的不断进步，新零售、移动支付、全渠道营销、新媒体营销等新业态、新模式不断出现，数字化营销彻底改变了传统的营销模式，将处于发展中的中国市场营销带到了一个新的历史转折时期。

面对这一挑战，市场营销相关专业的学习者应树立科学的市场营销观念，用现代营销理论和方法分析消费者需求，借助新型数字技术开拓市场、发现顾客，通过精准营销优化营销效果，提升企业竞争优势。同时，还要通过不断的学习和实践，形成可持续发展所需要的自主学习创新能力，提升商务素养和专业技能。

1.1　市场营销的基本内涵

1.1.1　市场的含义

《易·系辞下》中记载："日中为市，致天下之民，聚天下之货，交易而退，各得其所。"这里的"市"就是指劳动产品交换的场所，即做买卖的地方。

市场营销学主要研究组织（特别是企业）的营销管理活动，即研究组织如何通过整体营销活动适应并满足买方的需求，实现经营目标，创造美好生活。因此，市场是指由一切具有特定需要或欲望，愿意并能够通过交换来满足这种需要或欲望的全部现实和潜在顾客的总和。

从市场营销学角度看，卖方构成行业，同行业的卖方构成竞争者；买方构成市场，是商品需求的总和，是人口、购买力和购买欲望三个因素的统一。用公式来表示就是：

市场 = 人口 + 购买力 + 购买欲望

市场的这三个因素相互制约、缺一不可，三者结合起来构成现实的市场并决定其规模和容量。人们对美好生活的追求将对来自世界各地的多样化和高品质的产品、技术与服务产生更多需求。

我国具有超大规模的市场优势，这是我国实现高质量发展的重要依托。2023 年 3 月，习近平总书记在参加第十四届全国人大一次会议江苏代表团审议时强调："必须以满足人民日益增长的美好生活需要为出发点和落脚点，把发展成果不断转化为生活品质，不断增强人民群众的获得感、幸福感、安全感。"

• 德技并修

1.1.2　市场营销的含义

美国市场营销协会（AMA）的定义为：市场营销是一种为顾客、合作伙伴和社会创造、传播、传递和交换价值的一系列活动、组织和过程。

美国市场营销学家菲利普·科特勒的定义为：市场营销是企业为了从顾客身上获得利益回报，创造顾客价值和建立牢固顾客关系的过程。

中国人民大学商学院郭国庆教授则创新地将其定义为：市场营销是指以满足人民日益增长的美好生活需要为目的，创造、传播、传递和交换对个人和社会有价值的供给物，通过市场变潜在交换为现实交换的活动、系统和过程。

本书认为，市场营销是在不断变化的营销环境中，企业以满足个人或组织需要为目的，选择目标市场，创造、传播、传递和交换有价值的供给物，以实现企业经营目标的管理活动过程。

综上所述，市场营销包含以下几个方面的内涵：

（1）市场营销是企业或组织的一种管理功能，是一个综合的经营管理过程。

（2）市场营销的主体既包含营利性的企业，也包含非营利性的组织和个人。市场营销的供给物不仅是市场需要的产品、劳务或服务，而且包括事件、体验、人物、地点、财产、组织、信息和观念等。市场营销的客体是购买产品或服务的个人或组织，是营销活动的服务对象。市场营销的核心是交换。

（3）市场营销的目标是通过顾客价值的创造、传播、传递和交换，使企业或组织、消费者及社会整体受益，实现双赢或多赢的目标。

（4）市场营销以整体性的经营手段来适应和影响需求。因为市场营销活动受到微观和宏观环境的共同影响，所以它是一个动态的过程。

1.1.3　市场营销的重要概念

1. 需要、欲望、需求

需要是人没有得到某些满足的感受状态。它包括物质方面的衣、食、住、行等，精神方面的成就感、受人尊重等。例如，马斯洛的需要层次理论包括生理需要、安全需要、情感和社交需要、尊重需要和自我实现需要五个层次。

欲望是人对拥有可满足其需要的具体产品和服务的愿望。市场营销者无法创造需要，但可以激发目标顾客的欲望，开发及销售特定的产品和服务来满足这种欲望。

需求是人对自己有购买能力并且愿意购买的某个具体产品或服务的欲望。市场营销人员可以通过大数据分析等技术手段，挖掘消费者的潜在需求，分辨消费者的购买力水平，采用各种营销手段有针对性地满足消费者的需求。需求

痛点、买点和卖点

是市场营销活动的起点和终点。

近几年，"痛点"越来越受到市场营销者的重视。所谓痛点，就是核心需求，是大多数消费者共有，但目前的营销环境还无法有效满足的需求。只有找到痛点并且有效解决，才能够真正获得消费者的认可。

营销实践

"自律给我自由"

在大众认知中，运动是一件辛苦的事。但如今，随着健康意识的提高，人们都希望有个好体魄，在运动中重拾对生活的信念。于是，人们的"运动观"发生了变化：从更高、更快、更强的竞技追求变成了人人可参与的健身娱乐活动。

健身App"Keep"的价值观是"自律给我自由"，它早期的业务偏向帕梅拉、HIT、卷腹等专业健身训练内容，用户大多是硬核健身者。如今，Keep洞悉了用户痛点的变化，转为倡导大众运动，以更深地融入日常生活。

在2022年的"8.8全民运动节"上，Keep提出了"去见生动"的新口号，其含义是：运动天然具有"探索新鲜"的属性，当你开始运动的时候，会获得即时的正向情绪，感受到快乐，并通过对身体的掌控感对世界产生全新的感知。Keep发起一场叫"城市漫游跑"的跑步活动，号召人们用运动的视角重新感知自己所处的城市，在运动中看见那些被忽略的"人间烟火"，从而更加热爱当下的生活。

运动观的变化也带来了产品观的变化。Keep在产品上更加侧重数据记录和分享，开始用音频、虚拟路线、奖牌陪伴用户运动。之前，Keep像一名严厉的教练，现在则像一个快乐的陪练，陪伴用户一起享受运动的乐趣，以期有效解决健身消费新痛点。

资料来源：梁将军.国民品牌不是大众品牌，而是价值观品牌[J].销售与市场，2022（11下）：49-50.

2. 产品与产品效用

产品是指提供给市场，用于满足人们某种欲望和需要的特定事物。产品按存在的形态不同分为有形产品与无形产品。有形产品具有物质性，如房屋、汽车、计算机、手机等。无形产品的价值在于创造性，包括服务（如餐饮、咨询、策划等）、事件（如会展、艺术表演、体育赛事等）、体验（如旅游观光、夏令营活动等）、产权（如房产类、证券类等）、组织（如俱乐部、商业组织、环保组织等）、信息（如公益信息、商业信息等）、想法（如观念、创意等）等。

产品效用是指消费者从使用产品或服务中获得的所有利益。主要包括形式效用、空间效用、时间效用和占用效用。具体来说，企业应该为消费者提供满足其需求的空间（空间效用）、时间（时间效用）、产品或服务（形式效用），以便消费者最终使用或消费（占用效用）。

3. 用户、消费者、客户和顾客

用户指产品的实际使用者。

消费者有广义和狭义之分，广义的消费者是指在不同时间和空间范围内所有参与消费活动的个人或组织；狭义的消费者是指购买、使用各种消费用品（包括服务）的个人或组织。

客户主要是厂商或经纪人对往来主顾的称呼，可以指用金钱或某种有价值的物品来换取并接受财产、服务、产品或创意的个人或组织。客户被普遍定义为购买产品、服务的个人或组织，即购买者。

顾客则泛指前往商店或服务行业购买东西或要求服务的客人或对象。

用户、消费者、客户和顾客等概念没有特别的区分，在现实营销实践表述中经常混用。

4. 目标市场

目标市场，是指企业在对整体市场和细分市场进行分析评价的基础上，结合自身的条件和能力所确定的想要满足其需要并提供相应服务的相似顾客群。企业在开展市场营销活动时，首先必须通过市场细分寻找到适合自身能力和特点的目标市场。

5. 人、货、场

人指的是消费者和员工。从消费者的角度讲，企业应以人为中心，关注消费者体验，通过大数据和互联网技术，提供个性化的服务。从员工的角度讲，企业应提高组织效率，关注员工的成交率、平均成交时长、投诉率、流失率等指标。

货指的是产品。企业需要关注产品的生产和流通（供应链）：生产方面，以消费者为核心，判定产品价值时，不是简单地衡量其使用价值，而是从消费者的需求出发，赋予产品更多的社会价值、精神文化价值等；流通方面，注重渠道管理和供应链布局，尽量确保"货畅其流"。

场指的是消费场景（或渠道）。无论是线上还是线下，消费者和产品接触的终端都可以称为"场"，在这个过程中，流动的是信息、资金和产品，重点应发挥线上线下的优势，提高"场"的效率。

数字营销时代，"人货场"的关系从公域流量到私域运营，从人找货到货找人，从单纯的线下或线上到线上线下的融合，发生了巨大的变化。

小试牛刀

"公域"和"私域"是数字营销中的常用词，请查阅资料并分析二者的含义和区别。

6. 交换与交易

交换是以提供某物作为回报而与他人换取所需产品或服务的行为。人们通过交换这种方式来满足需要和欲望。企业通过交换，在满足消费者需求的同时实现产品和服务的价值，并获得利润。交换是市场营销的核心，应以实现"多赢"为目的，强调互利互惠。

交易是指买卖双方在自愿的前提下，比较双方提供的商品或货币，在双方达成完全一致意见的基础上进行的交换活动。交易是达成意向的交换，是市场营销的直接目的。

7. 顾客价值与顾客满意

顾客价值又称顾客让渡价值，是指顾客总收益与顾客总成本之间的差额。顾客总收益是指顾客购买某一产品或服务时获得的全部收益，包括产品收益、服务收益、人员收益和形象收益等。顾客总成本是指顾客购买某一产品或服务时耗费的全部成本，包括货币成本、时间成本、精神成本和体力成本等。

积极的营销活动能够创造新的顾客价值。在数字经济时代，顾客的角色已由单纯的价值感知者转变为价值共同创造者。企业应重视顾客参与价值创造、传播和交付的这一过程，发挥创新作用，挖掘顾客资源和价值，提高其满意程度。

顾客满意是指顾客通过对一个产品的可感知效果与其期望值相比较后所形成的一种感觉状态。顾客满意度是对这种状态的量化，可以用公式表示为：

顾客满意度 = 顾客感知效果 − 顾客期望

当产品的实际消费效果达到消费者的期望时，顾客就会感到满意；否则，就会导致顾客不满意。提高顾客总收益，降低顾客总成本，有效增加顾客让渡价值，也会提高顾客满意度。

顾客在满意的基础上会进一步对某品牌或企业形成长期购买行为，这就转化为顾客忠诚。

营销实践

价值创造：核心场景中的多维体验

为了突破用户对传统咖啡在品质和价格上的固有偏见，塑造新兴品类的形象认知，新兴咖啡品牌三顿半从多个维度对其产品进行了价值创造。

（1）功能体验：化解痛点。首先解决用户对咖啡品质和便携性的痛点问题。三顿半自主研发的冷萃速溶咖啡（冻干咖啡粉）有着口感干净、轻巧便携的特质。在保存咖啡原有风味的同时，其疏松结构更加亲水易冲饮，为用户带来全新体验。

（2）情感体验：用户参与。三顿半挖掘日常生活中的咖啡饮用场景，展现咖啡与生活关联的乐趣，构建出与品牌相关的生活方式，将精致生活和精品咖啡紧密连接起来，提升用户参与感。在小红书上，网友自发创作笔记，介绍三顿半产品冷萃、奶萃、综合萃等搭配方式。

（3）经济体验：高性价比。三顿半选择从速溶咖啡细分市场切入，瞄准每杯5~10元价格的市场空缺，既在品质上与传统速溶咖啡做出区分，又在价格上保持亲民优势，通过高性价比的产品来提升顾客满意度。

资料来源：周文辉.网红三顿半，如何在星巴克与雀巢的夹击下突围？[EB/OL].商业评论，2021-11-01.

8. 关系和网络

在现代市场营销活动中，企业为了稳定自己的销售业绩和市场份额，希望自己能与顾客、分销商、供应商之间建立长期的信任和互利关系。因此，企业需要通过一系列营销努力为对方提供高质量的产品、良好的服务及公平的价格，从而减少交易成本和时间。

处理好企业同顾客关系的最终结果是建立起企业的独特资产，即市场营销网络。这个网络包括顾客、员工、供应商、分销商、零售商、广告代理人及其他相关成员。

9. 市场营销与推销

市场营销与推销是两个不同的概念，推销是市场营销活动中的一个组成部分，两者之间有着根本的区别。

市场营销活动涉及企业所有部门和领域。市场营销重视推销，更强调企业在对市场进行充分分析和认识的基础上，以市场需求为导向，规划从产品设计开始的全过程。

推销侧重于以现有产品为导向，将现有产品和服务的信息传递给中间商和消费者，最终目的是满足推销主体和对象双方的利益。

10. 市场营销者

市场营销者可以是卖方，也可以是买方。在市场交易中，市场营销者往往是主动的、积极的，而相对被动的一方则是市场营销者的目标市场。如果买卖双方都积极寻求交换，则双方都可以被称为市场营销者，这种情况称为相互营销。

广义上的市场营销者不仅包括存在于整个市场营销过程中的直接参与者，而且包括众多的间接参与者，即参与市场营销活动的所有人和组织，主要有企业、消费者、渠道和竞争者。

小试牛刀

假设你在一家饮料公司工作，现要求以"市场营销是推销吗"为主题在公司组织一次培训，请制作一份图文并茂的培训PPT。

11. 市场营销组合

所谓市场营销组合，是指企业为了占领目标市场，满足顾客需要，根据外部环境的变化对各种可控因素加以整合和协调使用的市场营销手段。

市场营销组合具有可控性、动态性、复合性和整体性等特点。成功的市场营销组合策略将为企业的发展奠定良好的基础。

（1）4P组合。1960年，营销学者杰罗姆·麦卡锡在《基础营销学》一书中提出了著名的4P组合，包括产品（product）、价格（price）、渠道（place）和促销（promotion）四大要素，这是市场营销组合可控制的重要因素。

在市场营销策略活动中，4P组合四大要素相互影响，各自形成了产品策略、价格策略、渠道策略和促销策略。本教材的营销理论框架沿用了4P组合的基本结构。

（2）6P组合。著名营销学者菲利普·科特勒将"4P"发展到"6P"，增加了权力（power）和公共关系（public relations）两个要素。主要是指运用政治力量和公共关系，打破国际或国内市场上的贸易壁垒，为企业的市场营销开辟道路。

（3）4C组合。营销学者罗伯特·劳特伯恩在4P组合的基础上，继承并发展性地提出了以顾客为导向的4C组合，包括顾客（customer）、成本（cost）、便利（convenience）和沟通（communication）。其主要观念是：企业要忘掉自己的产品和服务，以顾客的需要和欲望为中心；要撇开产品和服务的价格，考虑顾客为满足其需求愿意支付的成本；要淡化渠道意识，考虑如何给顾客提供便利的购物条件和环境；还要以沟通代替促销，考虑如何同顾客进行动态的双向交流。

（4）4R组合。营销学者艾略特·艾登伯格则提出了4R组合：首先，企业通过有效的方式和途径与顾客形成一种互需、互助、互动的关联（relevance）；其次，及时倾听顾客的希望、渴望和需求，并做出反应（reaction）；再次，与顾客建立长期稳固的关系，把交易转变成一种责任，即建立起和顾客的互动关系（relationship）；最后，既要满足顾客的需求，为顾客创造价值，又要为企业股东、员工创造价值，产生企业和顾客在营销活动中的回报（reward）。

（5）数字时代的4R组合。科特勒咨询机构在4R组合基础上以数字时代为背景提出了最新的4R组合，包括：数字化画像与识别（recognize）、数字化覆盖与触达（reach）、建立持续关系（relationship）、实现交易与回报（return），如图1-2所示。

数字时代的4R组合可以帮助企业以消费者为中心，精准进行价值主张，运用数据智能相关技术开展消费者运营——即洞察消费者心理、影响消费者行为、衡量消费者变化，最终实现营销活动的数据赋能。

图1-2 数字时代的4R组合

1.1.4 现代市场营销的主要研究内容

1. 市场营销战略规划

市场营销战略规划是指企业在分析剧烈变化的外部环境和企业内部条件的基础上，为适应环境、市场的变化而对企业市场营销工作进行的全局性与长远性规划，研究营销活动中遇到的重大问题，确定并实现企业市场营销目标。

2. 市场营销环境分析与评价

市场营销环境分析与评价是指企业对营销环境中的宏观环境和微观环境、内部环境和外部环境等进行比较分析，使用SWOT分析法明确企业面临的竞争优势与劣势、机会与威胁，寻找市场空白点，树立差异化竞争优势，并据此制定相应的营销策略。

3. 市场营销调研与预测

市场营销调研与预测，就是运用科学的方法，有目的、有计划、有系统地收集、整理和分析研究有关市场营销方面的信息和资料，提出解决问题的建议，供营销管理人员了解营销环境，发现机会与问题，并将其作为市场预测和营销决策依据的过程。

4. 市场购买行为分析

市场购买行为分析是指针对影响消费者市场和组织市场的购买行为的主要因素进行研究，针对其不同的购买行为表现，制定并实施不同的营销策略。

5. 目标市场营销战略

目标市场营销战略又称STP战略，包括市场细分、目标市场选择和市场定位三个步骤，是指通过对市场进行调研，将购买者细分为需求不同的若干群体，结合特定的市场营销环境和自身资源条件选择某些群体作为目标市场，并进行恰当的市场定位，满足目标市场的需求。

6. 市场竞争战略

市场竞争战略是指企业认真研究其竞争者，并根据自身条件有的放矢地制定竞争性营销策略，在激烈的市场竞争中求得生存和发展。竞争性营销战略主要分为基本竞争战略和市场地位竞争战略。

7. 市场营销组合策略

市场营销组合策略是指企业为进入目标市场，满足顾客需求，整合、协调使用的市场营销手段。它包括产品策略、价格策略、分销渠道策略，以及促销策略等主要内容。

8. 市场营销计划、组织、执行与控制

市场营销计划、组织、执行与控制是指企业制订科学合理的营销计划，设置与营销策略、战略计划的实施相适应的组织结构，合理安排和调配企业资源，以保证计划的顺利实施，并对营销计划的实施进行控制。

营销实践

精心规划营销策略，建立高端品牌形象

特仑苏诞生于2005年，采用专属牧场的高品质奶源，坚持业内高标准的原料甄选和生产工艺，坚持创新，逐步成长为全球销量领先的高端牛奶品牌。

在品牌宣传上，它的广告从"不是所有的牛奶都叫特仑苏"开始，逐一介绍"海拔、纬度、阳光、水土、五大洲天然牧草"的奶源优势，最后提升到"金牌牛奶，特仑苏人生"的层次。三个主题前后贯穿，强化品牌情感诉求。

在产品塑造上，为了彰显自己的高端形象，特仑苏宣传其拥有天然有机牧场的优质奶源，奶牛也是优质品种；同时，拥有世界先进的智能化设备，保证成品牛奶的品质。特仑苏的包装设计使用白底蓝字的基础配色，品牌标识标有中、英、蒙三种文字，简洁、素雅，充分体现出品牌的高端定位。

在定价策略上，特仑苏采用撇脂定价策略，价格约是普通盒装牛奶的2倍，每箱零售价在60元左右，此后逐步提高新品价格，其高端产品零售价格已达到99元/箱。

在渠道策略上，特仑苏借势蒙牛的渠道优势迅速渗透三、四线市场。在布局线下渠道的同时，它也与阿里巴巴、京东等主流电商平台合作，并全线进入美团优选、盒马鲜生等新零售渠道。在终端陈列上，特仑苏利用品牌影响力，占据商超通道或入口处，在人流必经地摆放独立堆头，吸引消费者的注意，刺激其购买欲望。

在促销策略上，特仑苏联名奈雪的茶、腾讯QQ、Keep等品牌跨界定制礼盒，成功"出圈"。2021年，特仑苏以"更好"为核心话题，陆续推出《更好

的青春》《更好的童年》《更好的礼物》《更好的答案》等品牌微电影，这些进行正向引导的内容营销引发了年轻消费群体的关注，提高了品牌好感度。

资料来源：侯军伟，王莹.特仑苏：抢占高端红利[J].销售与市场，2022（8下）：86-88.

1.2　市场营销观念

市场营销观念，又称市场营销哲学，是指企业在开展市场营销活动的过程中，处理企业、顾客和社会三方面利益时所持有的态度和理念，即企业进行营销管理时的指导思想和行为准则。确立正确的市场营销观念，对企业经营成败具有决定性作用。

1.2.1　市场营销观念的类型划分

市场营销观念的发展过程主要包括传统营销观念和现代营销观念两个阶段，前者包括生产观念、产品观念和推销观念，后者包括营销观念、客户观念和社会营销观念。

传统营销观念和现代营销观念具有以下区别：①导向不同。前者是以生产者为导向，后者则是以顾客（市场）或社会为导向。②出发点不同。前者是从产品出发，后者则是从顾客的需求出发。表1-1列举了一些企业产品出发点和需求出发点的差别。

表1-1　产品出发点和需求出发点的差别

企业	产品出发点的理解	需求出发点的理解
华为	提供通信技术基础设施	提供有竞争力的通信解决方案和服务
阿里巴巴	在网络平台上买卖商品	让天下没有难做的生意
中国移动	提供通信服务	创无限通信世界，做信息社会栋梁
安踏	高品质的运动鞋	将超越自我的体育精神融入每个人的生活
星巴克	来这里喝咖啡	这里是第三生活空间
迪士尼	主题公园	创造魔幻之旅

需要注意的是，传统的营销观念并没有完全过时，在某些特定的市场条件下仍然行之有效。例如，在购买力水平较低的市场，强调低廉的劳动力成本、较高的生产效率和有效的大众分销的生产观念仍被重视。

营销新知

从营销 1.0 到营销 5.0

随着政治、经济、环境和消费者的需求与行为的改变，以及技术的进步，营销的思想和模式在不断迭代。科特勒教授将营销的演进划分为5个阶段：

（1）营销1.0时代。工业化时代是以产品为中心的营销，解决企业如何实现更好的"交易"的问题，功能诉求、差异化卖点成为帮助企业实现"惊险一跃"（从产品到利润）的核心。

（2）营销2.0时代。这是以消费者为导向的营销，不仅需要产品有功能差异，而且需要企业向消费者诉求情感、展示形象，这个阶段出现了大量以品牌为核心的公司。

（3）营销3.0时代。即"人本主义时代"，营销者不再只把顾客视为消费的人，而是把他们看作具有独立思想、心灵和精神的完整的人类个体，企业的盈利能力和它是否承担了企业社会责任，是否与顾客的价值观产生共鸣息息相关。

（4）营销4.0时代。它以大数据、社群、价值观营销为基础，企业尊重消费者作为"主体"的价值观，将营销的重心转移到如何与消费者积极互动，如何让消费者更多地参与到营销价值的创造上来。

（5）营销5.0时代。它建立在营销3.0和营销4.0的基础上，是在顾客的整个消费体验中使用"类人技术"（如人工智能、自然语言处理、传感器、机器人、增强现实、虚拟现实、物联网和区块链等）创造、传播、交付和提高价值。

资料来源：菲利普·科特勒.营销革命5.0[M].北京：机械工业出版社，2022.

1.2.2 市场营销观念的具体表现

1. 传统市场营销观念

（1）生产观念。该观念认为，消费者喜欢可以随处买到的价格低廉的商品，企业应当组织和利用所有资源，集中力量提高生产效率并扩大分销范围，增加产量，降低成本。生产观念是一种重生产、轻营销的指导思想，以产定销，其典型表现为"我们生产什么，就卖什么"。

（2）产品观念。该观念认为，消费者喜欢高质量、多功能和具有某些特色的产品。企业要关注自己的产品质量，同时也要意识到消费者需求的变化，否则就会"患上"只重视眼前利益的"营销近视症"。

守正创新

中国制造 2025

"中国制造2025"是在新的国际国内环境下，中国政府立足于国际产业变革大势而作出的全面提升中国制造业发展质量和水平的重大战略部署。可以简单概括为"一二三四五五十"的总体结构。

"一"，一个目标。从制造业大国向制造业强国转变，最终实现制造业强国的目标。

"二"，两化融合。用信息化和工业化两化深度融合引领和带动整个制造业的发展，这是我国制造业要占据的一个制高点。

"三"，三步走战略。第一步，到2025年迈入制造强国行列；第二步，到2035年中国制造业整体达到世界制造强国阵营中等水平；第三步，到中华人民共和国成立一百年时，综合实力进入世界制造强国前列。

"四"，四项原则。一是市场主导、政府引导。二是既立足当前，又着眼长远。三是全面推进、重点突破。四是自主发展和合作共赢。

"五五"，两个"五"。一是五条方针，即创新驱动、质量为先、绿色发展、结构优化和人才为本。二是五大工程，即制造业创新中心建设工程、强化基础工程、智能制造工程、绿色制造工程和高端装备创新工程。

"十"，十个领域。包括新一代信息技术产业、高档数控机床和机器人、航空航天装备、海洋工程装备及高技术船舶、先进轨道交通装备、节能与新能源汽车、电力装备、农机装备、新材料、生物医药及高性能医疗器械十个重点领域。

党的二十大报告指出："坚持把发展经济的着力点放在实体经济上，推进新型工业化，加快建设制造强国、质量强国、航天强国、交通强国、网络强国、数字中国。"高质量的产品是质量强国的重要组成部分，"中国制造2025"以"质量为先"为基本方针，将质量和品牌建设贯穿制造强国建设的整个进程，成为部署和落实各项任务的出发点和重要内容。

• 德技并修

（3）推销观念。该观念认为，消费者通常有一种购买惰性或抗衡心理，若顺其自然，消费者并不会自觉地购买大量本企业的产品，因此企业管理的中心任务是积极地向中间商和末端客户大力推销，以引导消费者购买。其具体表现是"我卖什么，就设法让人们买什么"。

推销观念与前两种观念一样，都是建立在以企业为中心的以产定销的基础上，而不是建立在满足消费者真正需求的基础上。因此，前三种观念被称为传统市场营销观念。

2. 现代市场营销观念

（1）营销观念。该观念认为，企业经营应以消费者需求为出发点，企业的中心任务是满足消费者的需求和欲望。其具体表现是"消费者或用户需要什么，企业就生产、销售什么"。

数字化时代，越来越多的企业开始"以消费者为中心"，重视消费者需求的研究。例如，今日头条、京东、美团、抖音等互联网企业根据消费者日常搜索、浏览、下单等行为产生的大数据，锁定消费者的需求偏好，利用个性化推荐技术为消费者进行精准推荐，提升其消费体验感和忠诚度。

营销观念的出现标志着企业经营理念由以卖方（生产）需求为中心的传统观念转向以买方需求为中心的现代观念。

（2）客户观念。该观念是指企业注重收集每一个客户的历史交易、人口统计、心理活动、媒体习惯以及分销偏好等信息，据此确认不同客户的终身价值，分别为每个客户提供各自不同的产品或服务，传播不同的信息，通过提高客户忠诚度，增加每一个客户的购买量，从而确保企业的利润增长。

例如，在智能制造的热潮下，"个性化定制"越来越多，包括红领的个性化西服定制，尚品宅配的全屋家具定制，安踏、李宁等体育品牌的产品个性定制服务等，这些服务都希望能满足消费者的个性化需求。

营销观念强调的是满足一个子市场的需求，而客户观念则强调满足每一个客户的特殊需求。需要注意的是，客户观念会增加企业的生产经营成本，并不适用于所有企业。

（3）社会营销观念。该观念以社会长远利益为中心，是对营销观念的补充和修正。其基本核心是：以实现消费者满意以及消费者和社会公众的长期福利作为企业的根本目的与责任，让人类生活更美好。

• 德技并修

正确履行企业社会责任是解决企业与资源、社会与环境的冲突，保持社会关系和谐和经济秩序稳定的有效手段。随着国家"碳达峰、碳中和"目标的提出，人们对气候和环境问题的关注度不断提升，越来越多的企业已经意识到个体行为对社会和环境的影响。

例如，蒙牛旗下乳酸菌饮料品牌推出一款全新无外标签的环保包装。在以"环保不添堵，一起消化为地球"的全新广告语宣传环保理念的同时，也能达到品牌标识识别效果。"消化"既对应了乳酸菌促进人肠胃的消化功能，也符合为地球减少碳排放的愿景，表明了蒙牛所贯彻的绿色环保理念。

1.3　现代市场营销理论创新

近年来，大数据和信息技术的快速发展对企业营销产生了深远影响；同时社会大众越来越关注和重视市场营销活动，对企业的营销道德和社会责任提出了更高的要求。在此基础上，诞生了大量创新的现代市场营销理论。

1.3.1　数字营销

党的二十大报告提出了"加快发展数字经济，促进数字经济和实体经济深度融合，打造具有国际竞争力的数字产业集群"的任务。数字经济的崛起与繁荣赋予了经济社会发展的"新领域、新赛道"和"新动能、新优势"，它正在成为引领中国经济增长和社会发展的重要力量。随着新一代信息技术革命和产业革命的兴起，数字营销已经成为"互联网＋"变革的重要方向和经济发展的重要动力。

• 德技并修

据统计，截至 2022 年 12 月，我国网民规模达到 10.67 亿人，互联网普及率达 75.6%。移动网络的终端连接总数已达 35.28 亿户，移动物联网连接数达 18.45 亿户，移动社交、移动购物、系统工具、金融理财、出行服务及移动视频六大互联网行业/场景的用户规模均在 10 亿以上，万物互联的基础在不断被夯实。

数字营销，是指借助于互联网、通信技术和数字交互媒体来实现营销目标的一种营销方式。

数字营销的核心要素是数字技术和数据信息。在数字化时代，企业能够依据"技术＋数据"双重驱动，实施数字化转型（变革），构建消费者全渠道触达、精准互动和交易的数字营销平台。

数字营销的本质是借助数据与算法，利用营销资源，依靠实时数据跟踪，实现营销由粗放向集约的发展转变；依靠数据中台的强大连接能力，实现渠道从单一向多元化方向发展；依靠数据算法进行内容策划和投放的提前预测，由经验决策转变为智能决策，最终帮助企业提高营销效率，使营销资源利用更高效、更合理。

在数字营销的驱动下，营销理论和方法不断涌现出很多创新。

1. 大数据营销

大数据营销是指企业基于多平台的大数据快速收集用户的海量行为数据，借助大数据技术的分析与预测能力洞察和预测消费者的需求与偏好，并据此为消费者提供最能满足其需求的产品、信息和服务，从而使企业的营销活动更加精准有效，给企业带来更高的投资回报率。

大数据带来一场营销革命，数据资源成为重要的生产要素，运用数据驱动决策是大数据营销的重要特征。如何利用大数据深刻洞察并精准触达消费者，与之建立丰富的联结且有效地创造价值，成为企业营销的焦点和保持竞争优势的关键。例如，在我国的大数据营销领域，目前腾讯的优势是社交数据，阿里巴巴的优势是商品和交易数据，百度的优势是全网信息和消费者主动搜索的行为需求数据。

大数据营销的主要功能和价值表现为：①实现营销行为和消费者行为的数据化；②有助于使广告程序化购买更具合理性；③推动线上线下结合，进入多屏时代；④实现大规模个性化互动；⑤确保营销更加精准、有效。

以互联网广告为例，大数据营销通过数字技术采集大量的行为数据，在"用户画像"的基础上，帮助广告主精准找出目标受众，以此对广告投放的内容、时间、形式等进行预判与调配，并最终完成广告投放。其核心就是在恰当的时间，通过恰当的媒体，以恰当的方式将广告信息精准高效地投放给恰当的人。例如，各大互联网平台都设置有"为你推荐"板块，根据用户的浏览记录进行消费偏好分析，有针对性地推出产品、信息、广告等内容。

守 正创新

"大智移云"时代的网络和数据安全

"大智移云"是大数据、智能化、移动互联网、云计算四大新兴技术和产业的简称。大数据是指通过分析能产生经济社会效益的巨量信息资料。智能化是指具有感知能力、记忆能力、思维能力、学习与适应能力、决策能力的智能系统。移动互联网作为连接手段将信息内容连接起来，从而保证整个信息网络系统的运行。云计算则是基于互联网相关服务的增加、使用与交付模式，它提高了资源的虚拟化程度和使用效率。

• 德技并修

在"大智移云"时代，网络和数据安全格外重要。党的二十大报告指出，要"加强个人信息保护"。为筑牢国家数字安全屏障，进一步完善我国数据安全法律体系，《中华人民共和国网络安全法》《中华人民共和国数据安全法》《中华人民共和国个人信息保护法》等法律法规陆续颁布，政策法规从"立"向"行"演进。相关法规的颁布为数据安全技术与产业发展提供了指引，也为网络强国建设提供了有力支撑。

2022年3月施行的《互联网信息服务算法推荐管理规定》规范了互联网信息服务算法推荐活动，禁止算法歧视、"大数据杀熟"。数据基础制度建设事关国家发展和安全大局，2022年12月，中共中央、国务院发布《关于构建数据基础制度更好发挥数据要素作用的意见》，有助于充分发挥我国海量数据规模和丰富应用场景的优势，进一步发挥数据要素潜在的巨大作用。

2. 网络营销

网络营销是指组织或个人基于开放便捷的互联网，利用数字化的信息和网络媒体的交互性，对产品、服务做出一系列经营活动，从而达到满足组织或个人需求的全过程。

网络营销可分为以下类型：

（1）根据网络营销主体与客体的不同角色，可分为：①B2C 形式，即企业与顾客交易，如天猫、京东、亚马逊等。②B2B 形式，即企业与企业交易，如阿里巴巴 B2B、慧聪网、中国制造网等。③C2C 形式，即顾客与顾客交易，如淘宝、闲鱼、拍拍等。④C2B 形式，即顾客与企业交易，如爱回收、多抓鱼、猪八戒网等。

（2）根据网络营销的不同方向，可分为：①平台型网络营销，即利用网站推广产品或服务，多表现为搜索营销、竞价营销、关键词营销或数据库营销。②垂直型网络营销，即专注于某一领域的营销，包括该领域产业链上下游的全部环节。

（3）根据网络营销的不同媒介，可分为：①社会化网络营销，又称社会化媒体营销，如社交网站、微客、微博、论坛等。②非社会化网络营销，即在非社交媒体平台上进行的营销推广，如电子邮件营销与搜索引擎营销，主要体现在广告宣传上。

网络营销的主要工具有：①营销网站（如苹果官方网站）和品牌社区网站（如小米社区）；②网络广告（包括静态、动态广告等）；③电子邮件；④网络视频；⑤网络论坛和博客。

其中，电子邮件营销（E-mail Direct Marketing，EDM）又称 E-mail 营销，是指在获得用户事先许可的前提下，企业以互联网为载体，以发送邮件的方式向目标用户传递价值信息，与用户和潜在用户沟通，实现企业经营战略的一种营销技术，是网络营销中最传统的一种方式。

3. 新媒体营销

新媒体营销（又称社交媒体营销、社会化媒体营销）是企业为了实现营销沟通的目的，在社交媒体平台上创造与分享特定的内容，吸引目标人群的关注、讨论与分享，进而构建并强化与目标顾客关系的一系列营销活动。

新媒体营销以强互动性、用户内容生成和关系网络为主要特征，重视打造以人际关系网络（圈层）为核心的传播路径，强调"开放、分享和协作"。

目前，新媒体营销平台主要包括：社交网站、新闻阅读平台、微博/博客、视频/音乐分享平台、图片分享平台、社区与论坛、即时通信软件、教育学习平台、生活消费网站、交通出行平台、游戏娱乐社区、其他工具媒体等。

截至 2022 年年底，微信以 13.1 亿的月活用户数量稳居新媒体平台用户

小试牛刀

请以你周围的同学为对象进行调查：大学生常接触的新媒体有哪些？在这些新媒体上企业如何开展营销？

数第一；抖音（8.42 亿[①]）、快手（6.4 亿）、微博（5.86 亿）为第二流量阵营；B 站（3.26 亿）、小红书（2.6 亿）、知乎（1.01 亿）等平台凭借内容优势，也获得了大量用户。

新媒体营销改变了传统的营销模式，倡导"人人都可能成为内容生产者"，集中创造内容独特、有吸引力的信息，并鼓励用户分享。新媒体营销靠口碑来推动，受众广泛、成本低、定位准确、人际互动、自发传播、速度快、影响大，已经被越来越多的企业关注与运用。例如，小米采用"官网＋官方微博＋官方微信公众号＋抖音账号＋小米社区"的多元组合新媒体矩阵进行社交媒体营销，鼓励普通用户和发烧友参与产品研发，为持续的营销创新提供灵感和信息。

营销实践

"社区＋电商"：打造科技潮品

大疆作为无人机行业的领头羊，其产品技术在专业消费者核心圈子里大受认可，然而无人机产品作为有一定门槛的专业产品，如何从专业消费者扩展到普通消费者，尤其是如何在新生代消费者中塑造品牌形象？快速进行市场需求教育，成为大疆进驻得物后的关键诉求。

2022年6月上线得物后，大疆通过"社区＋电商"，迅速在年轻人心中强化了品牌认知。品牌在得物社区建立"蓝V"账号，发布优质内容。同时发动社区广大用户，通过"出游拍大片赢取无人机"和"收声之王计划"活动，沉淀涉及摄影作品、无人机教学视频等高质量用户内容，同步实现了市场教育、双向反馈和需求刺激。从内容到交易，大疆结合新生代消费者追新、追奇的特点，顺势完成了4次新品首发、8款得物独家礼盒款的打造，发布大疆 Mavic 3、Mini 3 Pro 等系列产品。得益于得物平台上年轻用户群体和高购买力科技人群聚集的特点，配合平台限定的大疆周边帆布袋等礼品，大疆的成交金额得到了显著的提升。

作为有一定门槛的专业科技产品，大疆通过"社区＋电商"的运营模式，快速在新生代消费者中带起了一股风潮，高效触达喜欢科技产品和乐于尝鲜的年轻消费者群体。

资料来源：光华研究院.重塑信心，着眼未来，品牌如何拥抱年轻消费力？[EB/OL].复旦大学消费市场大数据实验室，2023-3.

[①] 指月活用户数，此段后同。

4. 移动营销

移动营销又称手机互动营销或无线营销，是指面向移动终端用户，在移动终端上直接向目标顾客定向并精确地传递个性化即时信息，通过与目标顾客的信息互动达到营销目标的市场营销活动过程。

移动互联网的迅猛发展使得消费者的生活迅速转向移动化。移动营销成为增长最快的数字化营销模式之一，智能手机被称为继电视、电影、计算机之后改变人类生活的"第四屏"，具有可随身携带、始终在线、精准定位、高度个人化的特征，成为理想的数字营销工具。

移动营销的主要形式有二维码、LBS、移动广告、小程序等。

（1）二维码可通过智能手机等移动终端扫描识别使用，主要应用场景有：移动支付、会员管理、网页跳转、优惠促销、产品追溯、广告推送、信息采集、产品防伪、数据分析等。

（2）LBS 即基于地理位置的服务（Location Based Services），是指根据用户喜好，为特定区域或商圈内的人群精准投递生活服务或社交服务信息（如美团大众点评、饿了么、高德地图等）。

（3）移动广告是指在移动终端上发布的广告，包括短信广告、移动终端网页广告（借助门户网站、搜索引擎、社区论坛等发布）、语音类广告、植入类广告、虚拟现实（VR）广告、增强现实（AR）广告、H5 广告等。

（4）小程序通常指依托某些移动 App 平台的应用程序（如微信小程序、支付宝小程序、头条小程序、抖音小程序等），不需要单独下载和安装就可以使用，具有"即用即走"、便捷轻巧的优点，适合进行移动营销推广。

5. 视频营销

视频营销是指以视频网站为核心的网络平台，以内容为核心、以创意为导向，利用精心策划的视频内容实现产品推广与品牌传播的营销方式。

视频营销模式主要有：①广告推送（包括在网站视频的片头、片尾和暂停处插入贴片广告等）；②植入（利用自制的微电影等视频形式将品牌或产品价值信息点植入其中）；③用户创造内容（如在视频平台上征集、票选视频作品，通过互动加深网民对品牌的印象）；④病毒式传播（即通过发布极具吸引力和传播力的视频，融合产品和品牌信息，最终在用户中实现"病毒式"的快速传播）；⑤直播（通过视频直播平台进行介绍、推广或现场卖货，与观众进行互动）等。

视频营销是"视频"和"互联网"的结合，具备二者的优点：既有视频媒体的优点如感染力强、形式内容多样、创意新颖等，又有互联网营销的优势如互动性、主动传播性、传播速度快、成本低廉等。而短视频营销则是近几年视频营销的主流方式。

短视频是指在各种新媒体平台上播放的、适合在移动状态和短时休闲状态下观看的、高频推送的视频内容，时长几秒到几分钟不等。其内容包括技能分享、幽默搞怪、时尚潮流、社会热点、街头采访、公益教育、广告创意、商业定制等主题。随着移动终端普及和网络的提速，短视频越来越受到消费者的欢迎，也被很多企业运用于企业产品的营销推广。截至 2022 年 12 月，我国短视频用户规模首次突破十亿，用户使用率高达 94.8%。目前，主流短视频 App 有抖音、快手、西瓜视频、微信短视频、美拍、秒拍等。短视频行业月活跃用户规模 Top 10 如图 1−3 所示。

● 数说营销

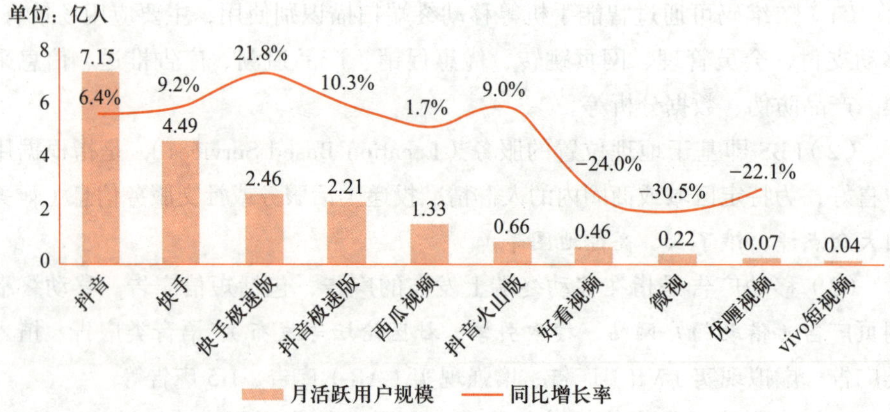

数据来源：QuestMobile. 2022中国移动互联网行业年度大报告.

图1−3　短视频行业月活跃用户规模TOP10

近几年，"内容＋电商"的短视频种草变现模式已深度影响用户消费习惯。同时，短视频平台不断扩展本地生活业务，从内容消费走向线下服务。

例如，快手通过与第三方平台合作的方式，发展成为线上线下一体化的综合服务平台。"快手小店"对本地生活行业商家开放入驻，与美团、顺丰在团购、配送等领域进行合作。抖音则选择独立发展本地生活业务，主要围绕一二线和网红城市布局，先后推出美食探店、心动外卖等业务，并对入驻的本地餐饮商家进行流量扶持，通过种草吸引顾客，促进线上线下交易闭环。

6. 搜索引擎营销

搜索引擎营销（Search Engine Marketing，SEM）是指基于搜索引擎平台的网络营销，即利用用户对搜索引擎的依赖和使用习惯，把握用户搜索信息的机会，尽可能将营销信息传递给目标用户。

搜索引擎营销的目标是：①被搜索引擎收录；②获得更好的排名；③获得更好的网站访问量；④将访问量转化为订单量（转化与变现）。

搜索引擎营销的基本思想是让用户发现信息，并通过点击搜索结果网页进一步了解所需要的信息。企业通过搜索引擎营销，可以让用户直接与公司客服交流，增进了解，实现交易。

搜索引擎营销有免费和付费两种。《互联网广告管理暂行办法》将付费搜索明确界定为互联网广告的一种类型。付费搜索必须明确标注为"广告"，与其他自然搜索相区别。

近几年，我国互联网企业在搜索引擎领域深度布局，应用内搜索用户数量持续增长。例如，字节跳动推出独立搜索产品"悟空搜索"，形成了"头条搜索＋悟空搜索＋抖音搜索"的产品矩阵。微信的"搜一搜"则满足了用户的多元化需求，为内容创作者、服务提供者和入驻商户更好地连接用户提供了支撑。

7. 数据库营销

数据库营销是指企业通过收集和积累消费者的大量信息，经过处理后预测消费者购买某种产品的概率，借助这些信息对产品精确定位，有针对性地传播营销信息，说服消费者购买产品。

数据库营销需要经过系统的顾客数据资料统计分析，准确进行市场细分和定位，进而实施创造性、个性化的营销策略。数据库能够及时反映市场的实际状况，是企业掌握市场的重要途径。同时，数据库营销既可以发现和创造新市场、维持现有市场，也可以与消费者进行高效、可测量、双向的沟通，真正实现消费者对营销的指导作用。

8. 云营销

云营销是依靠云软件、搜索引擎，以及社会化媒体，通过网络把多个成本较低的计算实体云整合成一个具有强大营销能力的系统性云平台。其核心理念是通过不断提高云的覆盖能力和云之间的逻辑计算能力，达到系统营销的结果。云营销能够利用云本身的特点消除营销技术门槛，降低用户使用成本，提高效率。云营销拥有云计算超大规模、虚拟化、可靠安全、成本较低等特点，使得营销更加精准、便捷、低成本、实效化。不仅如此，云营销还将催生各种新式的服务或产品。

1.3.2 关系营销

关系营销是指企业与顾客、重要营销伙伴及关系人建立、保持并加强长期合作关系，通过互利交换及共同履行诺言，使各方实现各自目的的营销方式。

关系营销突破了交易营销强调单笔交易的盈利性的思想局限，旨在通过建立对双方都有利的长期稳定关系，共创价值，培养忠诚客户，积累关系资产，最终实现双赢。

合作共赢，自觉承担社会道义和环境责任已成为很多企业的共识。

关系营销的主要对象包括顾客、营销伙伴（供应商、经销商和代理商、数字营销机构、广告代理、调研机构、策划咨询机构等）、金融界成员（股东、投资者、分析师等）、政府机构人员、内部员工、竞争者等。

其中，企业针对竞争者开展关系营销是希望与其保持良好的竞争合作关系，协调各方利益，进行优势互补，共同开发市场，避免恶性竞争，最终取得双赢或多赢的结果。例如，腾讯与抖音围绕长短视频联动推广、短视频二次创作等方面展开合作，合理地进行关系营销。腾讯将其享有信息网络传播权及转授权的长视频授权给抖音，明确相应的创作和发布规则；抖音旗下相关平台的用户则可以基于这些规则对授权视频开展二次创作。

1.3.3　整合营销

整合营销是指企业以顾客为中心，整合企业内外部资源，使所有的营销手段和企业部门都为顾客提供协调一致的服务，以提高顾客服务水平和满意程度。

整合营销的主要内容有：①强调企业所有活动（市场调研、产品设计、服务营销、品牌策划、渠道管理、广告促销等）都应整合协调，共同努力为顾客服务，营销要成为企业各部门（研发部门、采购部门、生产部门、财务部门、营销部门等）的共同工作；②强调运用更科学的方法研究消费需求，建立完善的消费者资料库，把握消费需求，建立与消费者更牢固和密切的关系；③改变从静态角度分析市场的做法，强调以动态观念主动迎接市场挑战，把握市场发展规律和方向，发现新的潜在市场，努力创造新的市场。

1.3.4　其他营销创新理论

1. 内容营销

内容营销是一种以驱动潜在客户行动为目标，通过创造和传播相关有价值的内容来吸引、获取、保留目标受众的营销传播手段。数字时代的"内容"通过文字、图片、视频、音频、H5等形式传递。

在互联网和数字化高速发展的新时代，消费者很容易被海量的、碎片化的信息淹没。传统的将产品信息强推到消费者面前的营销模式开始失效，消费者注意力成为稀缺资源。因此，"内容为王"成为一种新理念。企业需要通过独特的有价值的内容，恰当的"讲故事"的方法、多样的媒介渠道触达用户，激发用户兴趣，并成功地通过多次传播形成裂变。这样企业才能从众多品牌中脱颖而出，收获流量，通过持续的内容运营显著提高用户转化率和留存率。

内容营销常见的方法有广告植入、新媒体营销、短视频营销、创意H5展示、跨界合作（联名）等。

2. 体验营销

<mark>体验营销是指企业通过采用让目标顾客观摩、聆听、尝试、试用等方式，使其亲身体验企业提供的产品或服务，让顾客实际感知其品质或性能，从而促使顾客认知、喜好并购买企业的产品或服务。</mark>

体验营销以拉近企业和顾客之间的距离为重要经营手段，成为企业获得竞争优势的新武器。在数字经济时代，企业借助 AR/VR 等现代科技，可为任意地点的消费者提供身临其境的逼真体验，这已成为体验营销的重要发展趋势。

营销实践

星巴克的体验营销

星巴克作为体验营销的经典实践者，赢得了一大批忠诚的顾客。在感官体验方面，星巴克注重营造整体环境的情调氛围，为顾客营造视觉、听觉、触觉、味觉与嗅觉的独特体验，如温暖的灯光、艺术性的室内装修、柔和的音乐、舒适的座椅、香浓的咖啡等。此外，星巴克还致力于为顾客创造积极的情感体验，如通过艺术的墙面设计为恋人营造浪漫气氛，借助柔和的音乐唤起情侣或朋友心灵的共鸣。再者，通过将咖啡店开在书店内，让顾客享受读书与品味咖啡的双重体验，同时为顾客创造了新的思考空间，提升顾客的思考体验。在行动体验方面，星巴克的价值主张是积极享受生活、体验生活，为消费者带来的不仅是一杯咖啡，更是一种体验和一种新的生活方式。

3. 文化营销

<mark>文化营销是指企业成员共同默认并在行动上付诸实施，从而使企业营销活动形成文化氛围的一种营销观念。</mark>该观念反映的是现代企业营销活动中经济与文化的不可分割性。企业的营销活动不可避免地包含着文化因素，企业应善于运用文化因素来实现市场制胜。文化营销包括产品文化营销、品牌文化营销和企业文化营销等。

传承中华优秀传统文化是党的二十大精神的一个重要体现。近年来，故宫的文化营销深得年轻人喜爱，其精心拍摄制作的《上新了！故宫》《国家宝藏》《我在故宫修文物》等多部综艺节目和纪录片提升了故宫品牌 IP 的知名度。故宫的文化营销是中华优秀传统文化无限活力的体现，也是推动中华优秀传统文化创造性转化、创新性发展的生动写照。 •德技并修

4. 口碑营销

<mark>口碑营销是企业运用各种有效手段，引发企业的顾客对其产品、服务以</mark>

及企业整体形象的谈论和交流，并激励顾客向其周边人群进行介绍和推荐的市场营销方式和过程。相对于纯粹的广告、促销、公关、商家推荐等，口碑营销的特点是成功率高、可信度强。

病毒营销是口碑营销的一种表现，是指通过病毒式的传播（如朋友间的不断转发和助力）过程，利用已有的社交网络去提升品牌知名度或者达到其他营销目的。病毒营销能够深入挖掘产品卖点，制造适合网络传播的舆论话题，从而达到很好的传播效果。

5. 绿色营销

• 德技并修

党的二十大报告提出："推动绿色发展，促进人与自然和谐共生。""倡导绿色消费，推动形成绿色低碳的生产方式和生活方式。"绿色营销是指企业注重将消费者需求、企业利益和环保利益有机地统一起来的现代营销观念。绿色营销观念充分顾及资源利用与环境保护问题，目标是实现人类的共同愿望和需要——资源的永续利用、保护和改善生态环境。绿色营销的主要内容有绿色产品策略、绿色分销策略和绿色促销策略等。

营销实践

阿里巴巴碳账户给地球减碳

阿里巴巴为响应国家号召，更好地推广减碳环保理念，于2022年8月8日发布"88碳账户"，这是国内首个覆盖10亿消费者的碳减排支持体系。

该体系联合阿里巴巴旗下的多个平台，实现吃喝玩乐多场景覆盖，如在菜鸟裹裹签收快递后将纸盒回收、在饿了么点外卖时选择不需要提供餐具等都可获得积分。积分数量由中国标准研究院、北京绿色交易等权威机构提供的算法衡量，各个平台产生的积分最终将统一汇入消费者的母账户中，并以1∶1的比例转化为减碳量。应用碳积分的后续价值吸引用户积极参与，如在88碳账户中捐赠碳积分可兑换无门槛现金红包、商品折扣券、数字勋章等。

88碳账户作为一个长期公益项目，通过趣味性玩法鼓励用户践行低碳生活，展示了参与者经济的力量，也彰显了阿里巴巴的企业责任。

资料来源：杨思敏.阿里碳账户给地球减碳[J].销售与市场，2022（10上）：101.

1.4　现代市场营销技能培养

数字时代，市场营销方式日新月异，仅理解现代市场营销理论创新，并不等于能取得实际的营销效果。营销者应注重对现代市场营销理论和知识的学习，并将其应用于日常市场营销活动实践过程中，培养并提升自身的数字商务素养和营销技能。

1.4.1　营销技能的含义

营销技能是指营销人员应对不同营销问题采取的一系列有效的方法，具体表现为营销人员发现问题、分析问题、解决问题的综合能力。

市场营销课程不仅要向学生介绍营销概念、营销工具和营销案例，同时应关注学生商务素养和综合技能的培养。

在变革时代，需要营销者增强创新意识，培养创新思维，展示锐意创新的勇气、敢为人先的锐气、蓬勃向上的朝气。在营销实践中，善于运用矛盾分析方法抓住营销成功的关键，找准营销工作的重点，制定切实有效的营销组合。

1.4.2　CHINAMKT：中国特色营销人才的关键素质

中国人民大学商学院郭国庆教授经过探索实践和不断完善，提出了行之有效的中国特色营销人才培养体系，强调优秀市场营销人才应具备以下素质（简称 CHINAMKT）：

（1）沟通传播（Communication）。优秀的营销人才不仅要能够传播产品或服务的信息，还应善于借助营销活动传播理论知识，讲好中国故事，传播好中国声音，具备国家营销、政府营销和社会营销的知识素养和实践能力。

（2）诚实可靠（Honesty）。诚信和友善是中华民族传统美德，也是社会主义核心价值观的重要内容。培养一流的营销人才，必须加强法律、诚信和营销道德教育。

（3）开拓创新（Innovation）。营销理念源于实践，必须与时俱进，营销战略必须紧随营销环境和市场需求新变化及时调整，营销方式必须拥抱数字经济时代不断创新。

（4）领航主导（Navigation）。营销人才必须深刻理解时代潮流和国家需要，具备引领担当、主导掌控的意识和能力，具有战略眼光和过人本领。

（5）积极上进（Activeness）。营销是充满挑战和困难的工作岗位，随时可能遭遇艰难险阻与突变境况。因此，营销人才必须具备极强的抗压能力，以积极乐观的心态不断进取，奋力开拓。

（6）多才善能（Multi-skill）。营销目标的实现最终需要营销人员去贯彻实施。有效的营销管理过程需要营销人员具备多种才干，具有综合应对的能力和坚韧不拔的毅力。

（7）知识厚重（Knowledgeability）。营销管理者经常面临各种充满不确定性的现实，要具备应对各种现实问题的知识、才干、能力。渊博的知识储备是

• 德技并修

小试牛刀

在 CHINAMKT 中，你已具备哪些素质内容？在哪些方面还需要提升和培养？

营销人应具备的基本素养。

（8）团队合作（Teamwork）。营销不是单枪匹马就能干好的工作，营销绩效靠的是集体智慧和团队合作。

1.4.3　营销人员职位（岗位）与工作内容描述

1. 传统的营销与销售职位及工作内容描述

结合营销学者的研究成果和中国企业的实际情况，我国企业的市场营销岗位主要有营销和销售两个职位方向，其所涉及的职位及具体工作内容不同。表 1-2 和表 1-3 分别列出营销类、销售类职位及其工作内容。

表 1-2　营销类职位及其工作内容

职位划分		工作内容描述
营销主管/总监		管理所有与市场营销相关的活动
品牌职位	品牌经理/产品经理	负责一个品牌或产品（或产品线）的所有营销活动和相关管理活动：进行顾客需求调查与研究、参与产品的开发与设计、制定产品生产线的经营计划及营销战略、管理产品的分销、发布产品信息、协调售后服务与销售
	品牌助理/销售助理	进行市场分析、追踪产品销售情况、分析销售额及市场份额、监控促销活动等
营销职位	市场研究员/分析员	搜集并分析相关信息以判定消费者是否存在对特殊产品或服务的需求，具体工作包括设计问卷、搜集信息、分析、提交、展示报告、提出建议等
	市场沟通经理	管理组织的市场传播活动，包括广告、公共关系、赞助及直复营销等
	客户服务经理/专员	管理服务交付及客户与组织的沟通，不同行业的客户服务经理扮演的角色不同
广告职位	客户主管	设计并协调广告活动：设法与受托方（广告公司或媒体）取得联系；获取产品与公司预算详情，以及营销研究的相关信息；向受托方中的专家（如创意团队、媒体策划和研究员）提供简要的顾客需求信息；确定活动的细节；向企业提供广告创意和广告方案并附上费用明细表；就有疑问的地方与受托方进行讨论并修改
	媒体策划/媒体采购员	计划并协调在网站、社交媒体、电视台、电台、杂志、报纸等各类媒体上发布的广告活动；与广告版面的销售商达成协议；参与广告创意和内容设计，确保广告可以到达预期的目标市场
公共关系职位	公共关系主管	帮助组织建立并维持一种热情友好的公关环境；与专业的公关公司或公关对象取得联系，并就特殊情况进行协商、游说；维护媒体关系，撰写并编辑印刷公关宣传材料
	媒介专员/公司事务部职员	与媒体建立并维持一种友好的工作关系；撰写新闻发布稿或者回应媒体的质疑

资料来源：孟韬.市场营销［M］.2版.北京：中国人民大学出版社，2021.

表1-3 销售类职位及其工作内容

职位划分		工作内容描述
销售主管/总监		与现有的以及潜在的客户建立良好的商业关系，使公司产品具有良好的销售前景
销售职位	销售经理	计划并协调销售队伍的销售活动；监控产品的分销及预算达成率；培训激励员工，进行销售预测
	大客户经理	管理大客户的销售及市场运作：与大客户就产品、数量、价格、促销，以及特别优惠等方面进行沟通；与能够影响大客户购买决定的关键人员建立良好关系；在销售过程中负责与所有部门及相关同事的沟通；监测对大客户的销售业绩
	销售支持经理	通过对顾客进行实地访问或电话、邮件沟通的方式提供销售支持；参与商品展销与促销活动；为产品宣传册、销售小册子的制作准备材料；购买市场调查公司提供的主要数据
	跟单员	及时跟踪和汇报对客户的销售情况；确保交易顺利进行并维护客户关系
	促销主管	直接拜访部分重要客户，并在客户所在地将产品的特性及优点直接介绍给客户；对所有的促销活动进行说明与管理
	电话营销代表	记录与销售相关的呼入与呼出电话
	广告营销专员	向潜在客户展示公司的宣传册、网络广告、电视广告、视频广告等
零售职位	零售主管	制订计划并与零售商进行协调；监督人员的招聘、培训过程；保持高质量的客户服务；管理存货水平
	零售采购员	采购原材料或半成品；管理并分析存货水平；进行供货商关系管理

资料来源：孟韬.市场营销［M］.2版.北京：中国人民大学出版社，2021.

2. 数字营销岗位及工作内容描述

中国商业联合会通过多家招聘网站数据分析，归纳总结出企业数字营销所需要的六大类岗位：App运营类岗位、互动营销类岗位、品牌运营类岗位、广告推广类岗位、内容策划类岗位、营销策划类岗位，具体如表1-4所示。

表1-4 企业数字营销岗位

岗位	工作领域	岗位职责
App运营类岗位	App内容运营	①App的专题栏目内容运营和专题策划。②负责社交平台内容运营和管理，优化UGC内容，与用户互动，鼓励并引导用户创作内容。③协调内外部资源，解决内容层面上的用户体验痛点。④优化用户体验，参与规划社交社区和产品功能设计，分析和学习竞品运营策略

续表

岗位	工作领域	岗位职责
App运营类岗位	App活动运营	①策划并推进各类App线上活动、话题、专题等，提升用户活跃度并拉动用户增长。②根据各方资源制定富有创意、迎合热点及节日的活动或专题策划。③负责推进营销活动，统筹协调活动资源，收集活动反馈并进行跟踪分析总结；对活动效果负责，完善活动方案
	小程序运营	①负责小程序的活动策划、产品运营、用户运营、数据分析。②负责各场景、各品类差异化的梳理及沉淀，提升私域流量。③负责微信小程序矩阵的推广运营及购买转化，制定符合小程序用户增长的活动运营策略，增加用户黏性，打造有活力的高质量用户群；④制定分销机制，完善社群激励机制，挖掘核心粉丝并维护客户关系，提升核心用户的留存率和转化率。⑤负责小程序销售数据、商品规划数据、店铺日常数据等的监管及分析
互动营销类岗位	社群营销	①锁定精准用户，通过微信、微博、论坛等工具带动社群扩展，有效实现用户拉新。②组织策划社群主题活动，提升社群用户黏性及活跃度，搭建用户成长体系。③负责用户信息管理，保证沟通及时有效，通过对用户需求和反馈的收集整理推动产品改进，不断提高用户的满意度。④负责其他渠道新用户在社群内的分流与沉淀，提升社群客户黏性，定期形成社群运营分析报表
	用户运营	①负责KOL、核心用户和种子用户的运营，及时发现、挖掘、管理优质用户。②设计运营活动方案，引入目标用户，提升用户活跃度，促进其购买产品。③制定并实施清晰的用户互动策略，通过持续互动转化潜在用户，提升公司及产品口碑。④负责收集用户的线上反馈意见，及时发现并处理问题。⑤完成种子用户人群画像库的建立
	客户关系管理	①建立并完善服务体系，对客户的触点页面和流程体验进行分析，结合客户洞察，定位挑战和机遇，提出优化和改进建议。②负责开展客户体验调研，发现客户问题。③负责参与公司客户体验管理指标体系搭建，监控公司客户体验指标变化，落实客户体验指标管理。④参与客户关系管理体系的规划建设，参与建立、优化、整合客户关系的相关流程，在系统层面落地并执行推广。⑤策划客户服务活动并负责方案的落地实施
品牌运营类岗位	品牌管理	①提供品牌整合营销及品牌建设战略规划，制定、实施阶段化品牌推广目标和方案。②负责品牌与竞品的市场调研，把握行业及竞争对手的最新动态，制定应对策略。③拓展和策划各个主流广告平台的市场品牌活动，包括但不限于搜索引擎、信息流投放、小程序广告等付费或免费合作渠道，制定投放或合作方案和计划；监控投放渠道的流量和转化数据并开展分析，根据数据表现调整和优化投放
	品牌传播	①协助制定传播方针和政策，为部门管理与开展工作提供数据支持，保证部门稳定、高效、专业化运行。②负责新媒体资源整合优化，资源谈判及购买、媒体关系维护等工作，保证媒体资源满足策略计划，达到预期效果。③组织实施媒体传播项目，协助沟通引入第三方监控资源，对媒体投放进行监控，保证投放的准确性并及时调整，确保年度媒体传播项目有序进行。④在部门总预算的基础上，制定季度、月度媒体投放总结和预算调整计划。⑤按照精准投放预算，协助完成精准投放计划

续表

岗位	工作领域	岗位职责
品牌运营类岗位	品牌推广（营销）	①根据品牌定位，协助上级制定年度宣传推广方案。②负责建立和维护品牌推广的主要合作资源，各种推广类内容的策划、设计、撰写及发布。③调查及掌握品牌营销领域的最新动态，了解行业市场信息，能够根据线上线下市场活动进行分析，定期形成分析报告
广告推广类岗位	SEO（搜索引擎优化）	①负责公司网站SEO，能够根据公司战略发展要求制定全面的搜索引擎优化策略，提升品牌词、核心词、长尾词的搜索引擎收录及自然排名；负责以搜索引擎优化为主的网络营销研究、分析与服务工作。②负责网站的外部链接组织与软文宣传。③负责研究竞争站点，深入挖掘用户搜索需求，改进SEO策略，提升业务关键词排名与整体搜索流量。④负责站内优化，制定行业网站各频道的SEO标准及策略，并形成相应要求的文档，监督网站编辑执行并进行实时监控
	SEM（搜索引擎推广）	①负责搜索引擎推广账户的日常优化及管理工作。②运用搜索引擎排名机制提高网站流量。③控制账户消费金额，通过合理运用账户资金实现广告预期效果。④统计每日的消费、流量数据，根据数据报告制定关键词优化策略和投放策略。⑤根据运营要求，灵活控制推广力度和资金投入，提高投资回报率
	信息流推广	①负责广告投放策划和优化策略的定制及执行，对投放数据进行监控和分析，并优化投放效果。②熟练操作信息流推广等推广后台。③定期和搜索媒体沟通，了解产品变化并应用到推广方案中。④定期提供数据分析报告并找出相应的改进方法，保证信息流广告正常有效的推送。⑤监控和研究竞争对手及其他网站搜索营销策略，提前调整方案，不断优化账户，提高投资回报率（ROI）
	App推广	①负责应用市场优化（ASO）。②负责App的渠道推广工作，以提升App用户下载量和激活量。③根据公司要求制定有效的App渠道推广计划并实施。④定期统计推广数据并进行有效分析，不断优化推广方案
内容策划类岗位	文案策划	①结合市场舆情和变动，主动挖掘客户公司产品的宣传卖点，策划合适的选题稿件。②撰写日常宣传文案、推广文案、活动文案等营销文案。③能结合市场变化、客户需求和行业发展趋势，及时提出具有实际执行意义的方案。④配合市场部门的营销执行计划，完善文案创意，完成创意执行的具体工作。⑤负责整体创意文案的撰写工作，包含社交媒体账号内容发布、活动主题与标语设计、软文创作等
	视频内容策划	①根据视频平台的产品特性，进行视频内容创作与筛选，能够跟踪与分析相关数据，不断为平台视频内容提供符合渠道传播的创意。②有敏锐的市场嗅觉，能够跟踪与分析目标用户和竞品的变化趋势，并能够挖掘产品的可切入点。③研究视频热点话题和网络流行趋势，关注底层逻辑，深挖用户需求，拆解并提炼热门视频的亮点与框架。④深挖产品卖点，定位目标用户，并洞察需求，创作以市场导向为核心的创意脚本。⑤与视频团队协同完成视频制作，跟进后期发布与投放。⑥跟进视频投放效果，分析数据，持续优化内容

续表

岗位	工作领域	岗位职责
营销策划类岗位	内容营销策划	①根据品牌调性和不同平台的运营策略，搭建社交媒体内容矩阵，规划发布内容。②独立输出营销内容，如选题、策划、文案、视频脚本、公众号文章等。③配合运营团队，根据平台运营活动节奏策划活动主题，跟进活动落地。④深入洞察消费者，分析运营数据和用户数据，及时复盘调整，提升用户量、阅读量和互动量
	品牌营销策划	①根据品牌策略独立策划品牌活动，整合内部资源以确保活动顺利落地，把控时间节点，按时完成工作进度。②结合品牌年度规划、实时热点和行业趋势，围绕品牌定位输出创意内容，形式包括但不限于文字、图片、视频等。③进行跨品牌合作洽谈，制定符合品牌定位的可落地执行的合作方案。④追踪媒体投放效果，进行传播效果分析

资料来源：王鑫，张晓红.数字营销基础[M].北京：高等教育出版社，2021.

1.4.4　市场营销专业学生的职业面向、培养定位和专业能力

教育部 2022 年修订的《职业教育专业简介》对市场营销专业的职业面向、培养目标定位和主要专业能力等提出了以下要求：

1. 职业面向

面向市场营销专业人员、客户服务管理员、互联网营销师、品牌专业人员等职业，市场策划主管、推广主管、销售业务主管、客户服务主管等岗位（群）。

2. 培养目标定位

本专业培养德智体美劳全面发展，掌握扎实的科学文化基础和市场分析、商品销售、客户服务及相关法律法规等知识，具备用户画像、项目销售、数字营销、品牌策划、市场推广、智能客户服务、商务数据分析等能力，具有工匠精神和信息素养，能够从事商品或服务策划和销售管理等工作的高素质技术技能人才。

3. 主要专业能力要求

（1）具有竞争调研、行业调研、用户调研、产品调研、用户行为分析的能力；

（2）具有客户拜访、产品方案设计与演示、商务洽谈、项目招投标的能力；

（3）具有数字营销策划、数字广告营销、数字互动营销、数字营销技术应用的能力；

（4）具有品牌调研与分析、品牌定位与设计、品牌传播与推广的能力；

（5）具有售前售中售后服务管理体系建设、客服团队组建、危机事件处

理、智能客服应用场景设计及开发的能力；

（6）具有商务数据收集、处理、分析和信息技术应用的能力；

（7）具有探究学习、终身学习和可持续发展的能力。

稳 扎稳打 ‹‹

一、单项选择题

1. "2023 年，国内旅游市场快速复苏，折射了中国消费市场的巨大潜力。"其中的"市场"是指（   ）。

A. 商品交换的场所   B. 买方、卖方的集合

C. 现实和潜在顾客的总和   D. 以上都不是

2. （   ）是企业为了占领目标市场，满足顾客需要，根据外部环境的变化对各种可控因素加以整合和协调使用的市场营销手段。

A. 促销组合   B. 市场定位

C. 市场选择   D. 市场营销组合

3. （   ）观念认为，消费者喜欢可以随处买到的价格低廉的商品，企业应当组织和利用所有资源，集中力量提高生产效率并扩大分销范围，增加产量，降低成本。

A. 生产观念   B. 产品观念

C. 推销观念   D. 营销观念

4. （   ）的基本核心是：以实现消费者满意以及消费者和社会公众的长期福利作为企业的根本目的与责任，让人类生活更美好。

A. 推销观念   B. 营销观念

C. 客户观念   D. 社会营销观念

5. （   ）是企业运用各种有效手段，引发企业的顾客对其产品、服务以及企业整体形象的谈论和交流，并激励顾客向其周边人群进行介绍和推荐的市场营销方式和过程。

A. 新媒体营销   B. 口碑营销

C. 体验营销   D. 数据库营销

二、多项选择题

1. 买方构成市场，是商品需求的总和，是（   ）三个因素的统一。

A. 人口   B. 购买力

C. 购买欲望   D. 消费者

2. 较常使用的市场营销组合中的 4P 组合是指（　　　　）的组合。

　　A. 产品　　　　　　　　　　　B. 价格

　　C. 公共关系　　　　　　　　　D. 渠道

　　E. 促销

3. 现代市场营销观念主要包括（　　　　）。

　　A. 推销观念　　　　　　　　　B. 营销观念

　　C. 客户观念　　　　　　　　　D. 社会营销观念

4. 视频营销的模式主要有（　　　　）。

　　A. 广告推送　　　　　　　　　B. 植入

　　C. 用户创造内容　　　　　　　D. 病毒式传播

　　E. 直播

5. 搜索引擎营销的主要目标有（　　　　）。

　　A. 被搜索引擎收录

　　B. 获得更好的排名

　　C. 获得更好的网站访问量

　　D. 将访问量转化为订单量（转化与变现）

三、判断题

1. 市场营销的主体既包含营利性的企业，也包含非营利性的组织和个人。（　　　）

2. 需要是人对自己有购买能力并且愿意购买的某个具体产品或服务的欲望。（　　　）

3. 市场营销者专指生产者，其目标市场是潜在顾客。（　　　）

4. 市场营销中的 4C 组合是指顾客（customer）、成本（cost）、便利（convenience）和沟通（communication）。（　　　）

5. 数字营销是指借助于互联网、通信技术和数字交互媒体来实现营销目标的一种营销方式。（　　　）

四、简答题

1. 中国人民大学商学院郭国庆教授对市场营销的创新定义是什么？

2. 现代市场营销的主要研究内容有哪些？

3. 市场营销观念经历了哪些发展阶段？现代企业应树立何种营销观念？

4. 现代市场营销有哪些常见的创新理论？

5. 中国特色营销人才的关键素质包含哪些内容？

调查研究 <<<<<<<<<<<<<<<<<<<<<<<<<<<<<<<<<<<<<<<<<<<<<<<<<

（一）近年来，故宫、三星堆等拥有中华文化 IP 的博物馆相继"破圈"，国粹和非遗等文化财富正推动着新国货、新国潮快速发展。在中国综合国力增强、经济快速发展、科技创新水平提高、国货品质提升、民众文化自信提升、新消费群体崛起和消费需求变化等多重因素影响下，国货消费进入高速发展通道，不少国货品牌的潮流指数快速上升。

国货消费市场的繁荣，让本土品牌和产品引领起了一种新的消费文化潮——"国潮"。国潮的核心底蕴是"国"，是传承上下五千年的中华文化；表现形式是"潮"，是传统文化精华结合当下新人群、新需求、新技术和新场景后产生的新事物和新展现方式。国潮产品有的侧重于品牌文化塑造，通过将传统文化、传统工艺与现代生产技术和时尚生活方式相结合，来打造品牌的独特性；有的属于文化 IP 衍生类的文艺创作，围绕文化 IP 进行文化生产。

根据中国社会科学院的《2022 国货市场发展报告》，用户喜欢浏览、观看国潮内容的原因如图 1-4 所示。

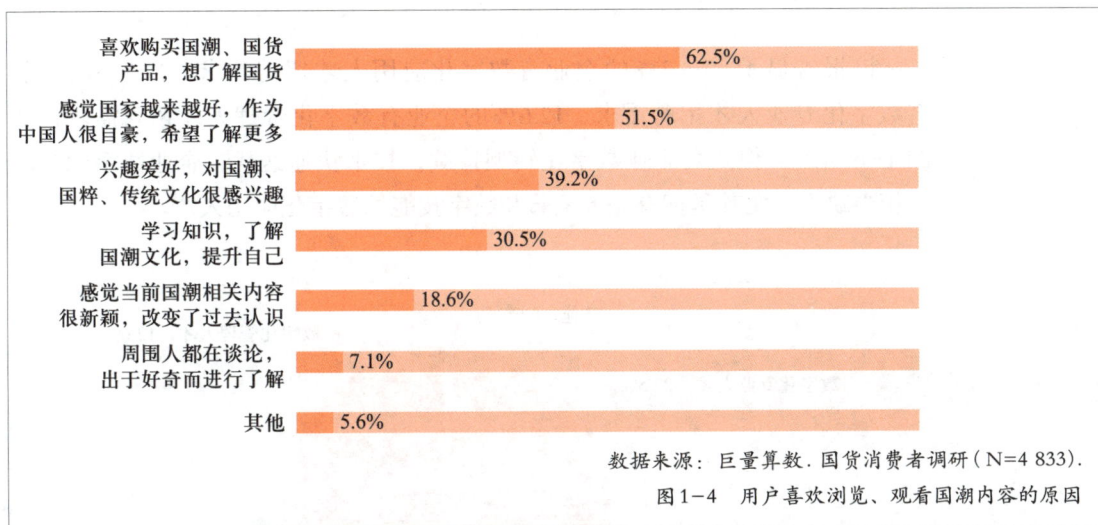

喜欢购买国潮、国货产品，想了解国货　　62.5%
感觉国家越来越好，作为中国人很自豪，希望了解更多　　51.5%
兴趣爱好，对国潮、国粹、传统文化很感兴趣　　39.2%
学习知识，了解国潮文化，提升自己　　30.5%
感觉当前国潮相关内容很新颖，改变了过去认识　　18.6%
周围人都在谈论，出于好奇而进行了解　　7.1%
其他　　5.6%

数据来源：巨量算数.国货消费者调研（N=4 833）.

图 1-4　用户喜欢浏览、观看国潮内容的原因

国潮既见证了国货和国民文化自信的崛起，也昭示着在结构调整、消费升级、民族复兴的时代节点，中国科技的创新驱动让世界爱上中国造。

你周围有哪些国货品牌利用国潮开展产品推广？试举例说明并完成调查研究。

（二）博尔捷数字科技发布的"2022 企业招聘指数报告"显示，民营企业、国有企业、外资企业 2022 年热招岗位包括运营岗、研发岗、营销岗和销售岗。不同类型企业需求稍有不同，如图 1-5 所示。

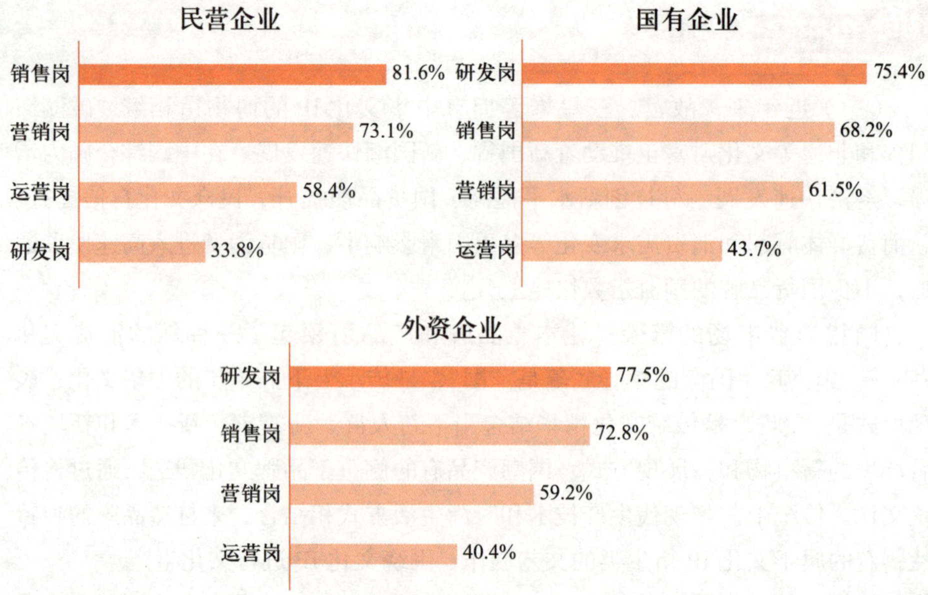

民营企业

销售岗 81.6%
营销岗 73.1%
运营岗 58.4%
研发岗 33.8%

国有企业

研发岗 75.4%
销售岗 68.2%
营销岗 61.5%
运营岗 43.7%

外资企业

研发岗 77.5%
销售岗 72.8%
营销岗 59.2%
运营岗 40.4%

数据来源：博尔捷人才研究院

图1-5 2022年民营、国有、外资企业四大热招岗位

该报告显示，64.3％的企业有数字化应用人才招聘需求，22.5％的企业有数字化专业人才招聘需求，12.6％的企业有数字化管理人才招聘需求，如图1-6所示。但随着企业数字化转型持续，技术快速迭代，企业数字化人才仍相当缺乏。尤其是拥有业务经验和数字技能的数字化应用人才。

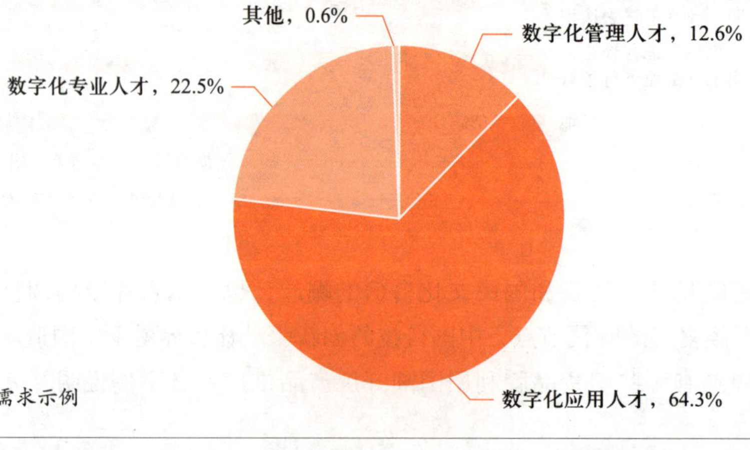

其他，0.6%

数字化管理人才，12.6%

数字化专业人才，22.5%

数字化应用人才，64.3%

图1-6 企业数字化人才需求示例

假设未来你选择运营、营销或销售类岗位就业，请选择一个招聘类网站，在网站上选择2~3家知名企业，对其招聘岗位的职责、任务和任职资格等进

行调查研究，完成简要分析。

（注：本环节可由任课教师针对本专业的优秀就业企业推荐介绍，也可由学生自己根据兴趣和意向进行选择）。

力 学笃行 ‹‹‹‹‹‹‹‹‹‹‹‹‹‹‹‹‹‹‹‹‹‹‹‹‹‹‹‹‹‹‹‹‹‹‹‹‹‹‹

市场营销认知——课程学习与实训项目小组组建

■ 实训目标

在授课教师针对专业培养目标和课程标准解析的基础上，根据学生对周围行业就业方向的兴趣和爱好，锁定课程学习研究方向，组建学习和实训项目团队并开展团队文化建设。

■ 背景资料

市场营销专业是一个开设时间悠久的老牌专业。市场营销专业毕业生是各类工商企业、社会团体与组织不可或缺的人才。在每年的人才招聘市场中，市场营销人才的需求量一直居高不下。多年以来，各大院校在市场营销专业基础上，根据学校的专业建设背景，纷纷开设了药品经营与管理、化妆品经营与管理、房地产经营与管理、汽车技术服务与营销、文化产业经营与管理等细分专业，在原市场营销专业培养体系中增加了行业、企业、产品等具有针对性的专业知识及技能培养内容，使学生更加符合行业与企业的岗位需求。

组建本课程的学习和实训项目小组后，将以此为单位，开展行业和企业的针对性理论及实践作业，最终使学生增强对某一行业或领域专业营销知识的掌握和实践活动技能的提升。

■ 实训要求

在针对本专业培养目标、往届毕业生就业情况进行解析的基础上，学生可以结合自己的就业目标及兴趣爱好，选择某一行业、领域或企业，作为本门课程知识和实践研究的对象和内容，组建项目小组，并根据要求完成团队文化建设实训任务。

推荐行业、领域或企业如下。

新零售方向：大型生鲜超市。

门店管理方向：餐饮店、文化书店、茶吧、鲜花店、宠物店等。

房地产、家居、装饰方向：房地产销售、家居定制、装饰营销等。

汽车营销方向：汽车品牌宣传、汽车销售、汽车配件销售等。

游戏营销方向：游戏项目分析、产品推广、品牌宣传等。

人工智能方向：无人机、智能机器人、智能家居等。

婚庆市场方向：庆典、婚车、婚纱、婚宴等。

服装营销方向：服装品牌宣传、实体门店、网络门店、服装定制等。

电商方向：传统电商、直播电商、社区电商等。

快消品渠道方向：渠道开发与维护、渠道管理、活动路演等。

新媒体营销方向：视频营销、自媒体营销、内容营销等。

茶叶营销方向：茶叶品牌宣传、门店管理等。

还有珠宝、化妆品，等等。

■ **实训步骤**

（1）任课教师针对本专业的培养目标、往届毕业生的就业情况进行解析，给出可选行业领域及企业范围。

（2）同学结合自己的就业目标及兴趣爱好，选择某一行业、领域或企业。

（3）组建学习和研究项目小组，每组不多于 5 人。（注：分组过程中尽量引导大家分散选择行业或领域，尽量避免过于集中。）

（4）各项目小组选出小组组长负责团队管理并进行任务分工。团队成员应尽可能分工合作，发挥团队优势。如活动策划、外部沟通交流、互联网技术应用（视频拍摄、剪辑、制作）、文案写作、出镜主持等。

（5）各小组针对所选择行业、领域与任课教师深入沟通，落实如何结合课程学习开展理论研究和实训活动实施，列出小组行业研究与实训活动计划。

（6）开展项目团队文化建设，拍摄项目团队宣传片一部。内容包括：团队名称、标识、口号、成员分工（动态出镜）、行业选择（视频呈现）等。

（7）小组课堂展示汇报。

（8）小组互相点评打分，教师总评。

■ **实训成果**

（1）小组行业研究与实践活动计划。

（2）项目团队宣传小短片一部。

<<<<<<<<<< **自学自测** <<<<<<<<<<<<<<<<<<<<<<<<<<<<<<<<<<<<<

单元一 认知市场营销

素养目标

1. 理解新发展格局，培养战略思维和综合管理能力
2. 培养企业家精神和爱国情怀，勇担社会责任

知识目标

1. 了解企业战略结构的组成
2. 熟悉战略规划及战略规划过程的含义
3. 掌握战略规划过程的主要步骤和重要矩阵工具
4. 掌握市场营销管理的含义、任务及过程

技能目标

1. 能够树立企业战略规划理念
2. 能够运用科学的战略规划理论，对周围企业的营销案例进行正确分析
3. 能够运用市场营销管理的基本知识，及时发现消费需求的变化，提出相应的营销策略调整建议

思维导图

```
                              ┌──── 企业战略结构组成
                  战略规划 ────┤
                              └──── 战略规划及其过程
   战略规划与
   市场营销管理
                              ┌──── 市场营销管理的含义
                  市场营销管理 ┼──── 市场营销管理的任务
                              └──── 市场营销管理过程
```

学 思践悟　**华为力量：从"统一战线"到"深入场景"**

华为年度报告显示，其2022年销售收入为6 423.38亿元人民币，净利润为355.63亿元人民币。华为在2022年新年致辞中称："奋勇前进，冲破一切艰难险阻，有质量地活下来。"

1. 极限承压，源于生态的基因

在第一个10年，华为走出国门，销售业绩从1亿元增长到100亿元。华为意识到企业的核心竞争力应从营销、产品、渠道、质量等单项指标转为"组织与机制体系"，于是建立了流程化组织体系与创新型激励机制体系。这让华为从100亿元增长到1 000多亿元的规模，创造了第二个10年的辉煌。

彼时的华为已处于行业领军位置，及时完成了自身的战略升级，对内实施"深淘滩，低作堰"的商业模式，对外建立"开放、合作、共赢"的战略营销意识，对产业生态圈中各利益相关方主动赋能，建立友谊、优势互补、共荣共生。

华为致力于构建万物互联的智能世界，与供应商、合作伙伴、产业组织、开源社区、标准组织、大学、研究机构等构建共赢的生态圈。

2. 且战且退，依托生态的后方

近几年，面对芯片断供，华为采取了一系列措施，一是果断放弃中低端市场，将有限的资源集中于高端机型，保持一定的更新迭代能力；

二是在2020年出售荣耀品牌，获得500亿美元现金流；三是做好最坏的打算，复刻华为。

2019年，华为启用了麒麟芯片和鸿蒙系统项目；同年，因谷歌禁用GMS（谷歌移动服务），华为研发了技术生态系统HMS（华为移动服务）；2020年，华为从全球招聘2 000多名工程师，研发更实用的HMS Core，在软件生态上提前布局，及时跟进；2021年，鸿蒙系统（HarmonyOS）正式推出，到2022年年底，搭载该系统的华为设备已达3.2亿台，内置鸿蒙系统的智联产品发货量超过了2.5亿，创造了中国国产操作系统的最高纪录。

3. 直插场景，激活生态的前线

基于对政府、金融、交通、能源以及制造等10多个行业企业业务的需求洞察，华为通过技术创新，研发出100多个场景化解决方案，帮助企业提升综合经济效益。

面向全球，华为广泛聚合与团结产业生态伙伴，包括销售代理、解决方案、服务与运营、人才联盟、投融资、行业组织六类伙伴，持续围绕伙伴营利、政策简化、伙伴能力提升、数字化工具和装备打造、健康生态构建五个方面，加大对伙伴的投入，打造开放、合作、共赢的行业数字化生态环境。

资料来源：吴越舟，张志新.战略生态营销：华为与小米都在用的模式［J］.销售与市场，2022（6下）：60-61.

引思明理：

党的二十大报告指出，"我国发展进入战略机遇和风险挑战并存、不确定难预料因素增多的时期""以国家战略需求为导向，集聚力量进行原创性引领性科技攻关，坚决打赢关键核心技术攻坚战"。正所谓"不谋万世者，不足谋一时；不谋全局者，不足谋一域"。华为作为中国企业，从通信到智能终端，再到云计算、智能汽车，积极参与全球市场竞争的战略抉择，破局突围、追赶超越，是从中国制造发展到中国创造的典型代表。

"当今世界正经历百年未有之大变局"，大变局既是大挑战，又是大机遇。中国消费市场已经进入平稳增长的新阶段，企业需要从粗放型扩张转向精细化运营，深刻理解需求变迁，建设基础能力，才能持续为市场提供真正满足其需求的商品和服务，实现自己的战略规划。

企业必须适应不断变化的市场，明确价值主张，创新商业模式，评估战略业务单位，设计业务发展战略。战略规划过程为市场营销管理过程勾画出基本的活动框架，而市场营销管理则为战略规划的导向和实施奠定了坚实的基础，进而促进和确保战略规划的实现。

2.1　战 略 规 划

在中国历史上，"战略"的"战"指战争，"略"指谋略、谋划。春秋时期的《孙子兵法》被认为是中国最早对战争进行全局筹划的著作。在西方，英语中的战略（strategy）一词源于希腊语（strategos），意为"将军的艺术"。由此可见，"战略"这个词原指军事方面事关全局的重大部署，但现在它被广泛应用于社会、经济、管理等各个领域。从管理学角度讲，战略是指企业为了实现预定目标所作的全盘考虑和统筹安排。而"战术"则是指实现目标而采取的具体行动。

2.1.1　企业战略结构组成

1. 总体战略

总体战略又称公司战略，是企业最高层次的战略。总体战略需要根据企业使命，分析和选择进入的业务领域，合理分配企业资源，使各项业务在总体方向下协调发展。总体战略的主要内容包括经营范围和资源配置。

2. 经营战略

经营战略又称竞争战略或经营单位战略。它是在总体战略指导下，经营管理某一个特定的战略经营单位的具体战略，是总体战略之下的子战略。在规模较大的企业或集团企业，经营战略就是指各个子公司、事业部、分部的战略。

3. 职能战略

职能战略是企业各个职能部门的战略。主要有研究开发管理、生产管理、市场营销管理、财务管理、人力资源管理等。

营销新知

企业数字化转型战略

企业数字化转型，是指企业通过使用数字技术来改进企业的核心业务，以增强客户体验、简化运营流程或创建新的商业模式。

换言之，企业数字化转型，是在移动互联网、人工智能等技术背景下，以消费者为中心，重构"人货场"竞争赛道。它包括企业的数字化基础设施建设、数字化应用、大数据分析等。企业数字化转型需要做好现代化数字设备的引进和管理系统（如 ERP 系统、CRM 系统、财务系统、生产制造系统等）的建立，并将不同管理系统的数据打通使用，发挥数据的最大作用。

企业数字化转型研究主要集中在数字技术在商业领域中的创新与应用上，具体体现在数字技术催生新的商业模式、引发新的企业管理战略变革、增强企业的获利能力等方面。它推动了企业的客户服务意识转变、产品服务化转型、组织结构变革和生产运营模式调整。

2.1.2　战略规划及其过程

战略规划是企业根据其外部营销环境和内部资源条件而制定的涉及企业管理各方面（包括生产管理、营销管理、财务管理、人力资源管理等）的全局性的重大规划。

战略规划过程，是指企业的最高管理层通过制定企业的使命、商业模式、目标、业务单位组合和业务发展的战略，在企业的目标和资源（或能力）与迅速变化的经营环境之间，发展和保持一种切实可行的战略适应的管理过程。战略规划过程包括界定企业使命、选择商业模式、明确企业目标、规划战略业务单位组合和设计业务发展战略。

1. 界定企业使命

党的二十大报告提出："推进新型工业化，加快建设制造强国、质量强国、航天强国、交通强国、网络强国、数字中国。"企业使命是管理者为企业确定的较长时期生产经营的总方向、总目标、总特征和总的指导思想。它反映企业管理者的价值观和企业力图为自己树立的形象。例如，格力电器的企业使命是"让世界爱上中国造"，它体现了格力作为中国制造企业的社会责任担当。

• 德技并修

在界定企业使命时企业决策者应该考虑五个问题：我们的企业是干什么的？我们的顾客是谁？我们对顾客的价值是什么？我们的业务将是什么？我们的业务应该是什么？

小试牛刀

请选择一家中国企业，介绍其经营使命。

营销实践

几家中国企业的经营使命示例

华为公司：构建万物互联的智能世界。

大疆无人机公司：做空间智能时代的开拓者，让科技之美超越想象。

字节跳动公司：激发创造，丰富生活。

比亚迪公司：用技术创新，满足人们对美好生活的向往。

小米公司：坚持和用户交朋友，做用户心中最酷的公司。

京东公司：让购物变得简单、快乐。

（注：不同时期，企业的经营使命会有所调整。）

守正创新

企业社会责任和中国"五位一体"总体布局

企业社会责任是指企业追求有利于社会长远目标和增进人类福祉的一种义务。具有社会责任感的企业总是会主动致力于让社会和世界更美好，提升人类福祉，而不限于符合法律要求和经济利益。

中国企业应将社会责任融入"五位一体"总体布局：以促进高质量发展体现社会责任的经济贡献；以积极参与中国特色社会主义建设体现社会责任的政治贡献；以彰显社会主义核心价值观体现社会责任的文化贡献；以构建诚信守法、协同治理、稳定经营的"亲""清"政商关系体现社会责任的社会贡献；以坚持社会主义生态文明观，打好污染防治攻坚战，构建和谐发展新格局体现社会责任的生态文明贡献。

• 德技并修

2. 选择商业模式

商业模式是指为了实现客户价值最大化，把能使企业运行的内外部要素整合起来，形成高效率的具有核心竞争力的运行系统，并通过提供产品和服务，达成持续盈利目标的组织设计方案。

随着市场竞争的加剧，商业模式日益受到企业投资者、创设者和管理者的重视。企业的生存和发展通常取决于其商业模式的设立。

商业模式是企业创造价值、传递价值、获取价值的核心逻辑和运营机制。一种完善的商业模式需要解决六个关键问题：①如何创造价值；②为谁创造价值；③竞争优势的内部来源是什么；④如何实现差异化；⑤如何盈利；

⑥企业的理想和抱负是什么。

商业模式画布是商业模式研究学者设计的一套分析商业模式的实用型工具。它将商业模式划分为九大板块，如图2-1所示。

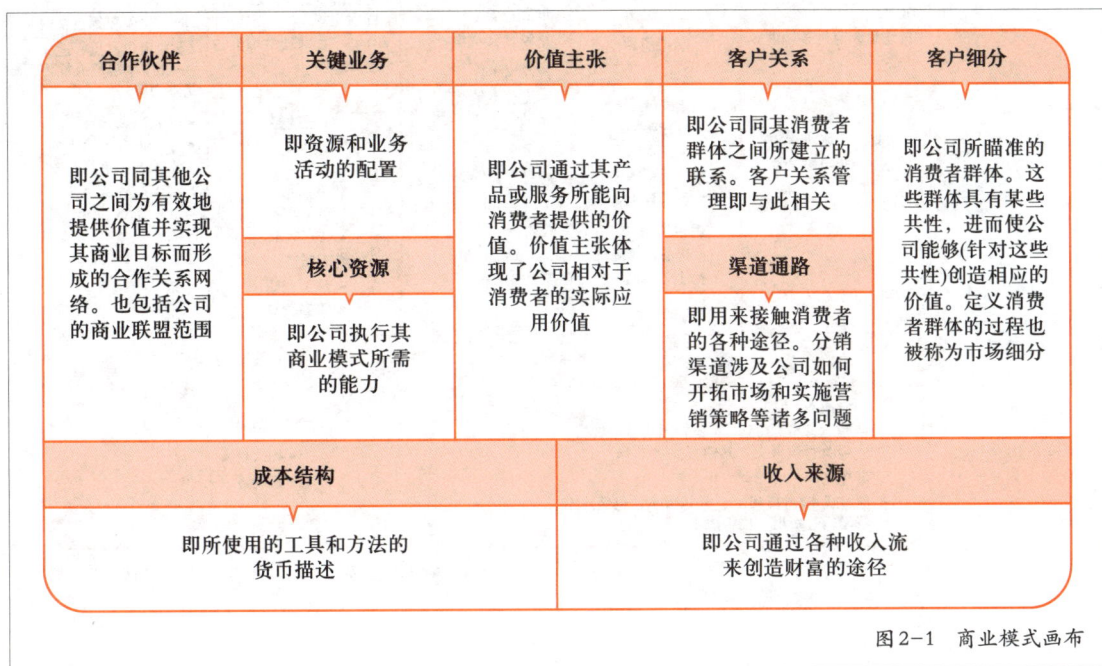

合作伙伴	关键业务	价值主张	客户关系	客户细分
即公司同其他公司之间为有效地提供价值并实现其商业目标而形成的合作关系网络。也包括公司的商业联盟范围	即资源和业务活动的配置 **核心资源** 即公司执行其商业模式所需的能力	即公司通过其产品或服务所能向消费者提供的价值。价值主张体现了公司相对于消费者的实际应用价值	即公司同其消费者群体之间所建立的联系。客户关系管理即与此相关 **渠道通路** 即用来接触消费者的各种途径。分销渠道涉及公司如何开拓市场和实施营销策略等诸多问题	即公司所瞄准的消费者群体。这些群体具有某些共性，进而使公司能够(针对这些共性)创造相应的价值。定义消费者群体的过程也被称为市场细分

成本结构	收入来源
即所使用的工具和方法的货币描述	即公司通过各种收入流来创造财富的途径

图2-1 商业模式画布

营销实践

喜茶的商业模式画布

喜茶公司前身为皇茶，2012年创立于广东江门，以芝士奶盖现泡茶为切入口，成功打入高端茶饮市场。截至2023年1月，喜茶共有800多家直营门店，分布于全球80多个城市。

喜茶商业模式画布如图2-2所示。

小试牛刀

请选取一个创新创业型企业，查阅相关资料，制作该公司的商业模式画布。

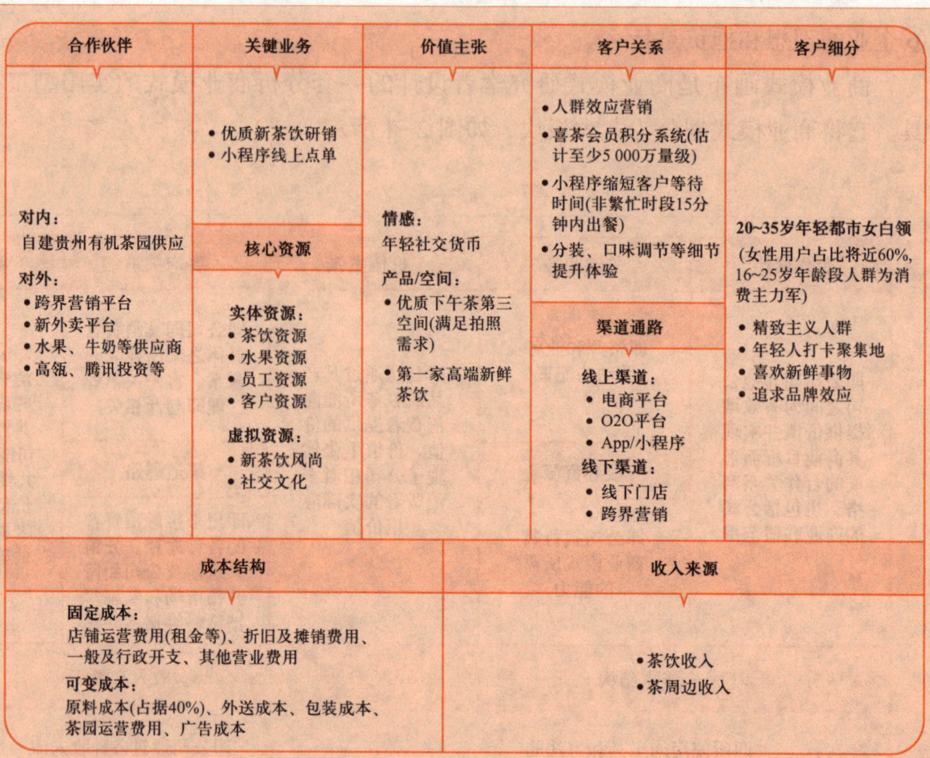

图2-2　喜茶商业模式画布

3. 明确企业目标

界定了企业的使命和商业模式后，企业决策者要明确一系列的各级组织层次目标。各级管理者应明确其工作目标，并对目标的实现承担责任，这叫作目标管理。

企业的具体目标有：贡献目标（如产品或服务、节能环保、技术创新、利税、公益等）、市场目标（如市场渗透、新市场开发、市场份额提升、销售额增加、客户忠诚度提高等）、竞争目标（如行业地位的巩固或提升等）和发展目标（如企业资源扩充、生产能力提升、业务领域拓展等）。

营销实践

跑出中国速度

比亚迪发布公告称，自2022年3月起停止燃油汽车的整车生产，未来在汽车板块将专注于纯电动和插电式混合动力汽车业务。作为全球首家宣布停售燃油车的汽车制造商，国内新能源汽车市场的爆发为其提供了信心支撑。

2022年，全球汽车产业链受到了巨大冲击。作为行业龙头企业，比亚迪却展现了亮眼业绩：全年新能源汽车累计销量达186.35万辆，同比增长208.64%，年营业收入突破4 200亿元。

1. 中国新能源车产业链领跑全球

（1）在电池、电机和电控"三电"核心技术领域持续突破。据统计，中国动力电池产能约占全球的70%，已基本解决续航里程、安全等核心问题。

（2）充电桩、换电站等配套设施建设持续加速，迎来多家企业。

（3）智能驾驶、智能座舱等智能技术不断迭代，量产应用和商业化落地领先。

2. 三大优势，铸就"新能源之王"

（1）深耕研发，掌握核心技术。比亚迪在动力电池及电机领域，解决了全球性难题，截至2022年6月底，全球累计申请专利达37万项，授权专利达25万项。

（2）垂直整合产业链，盈利领先。比亚迪是一家掌握电池、电机、电控及车规级芯片等新能源全产业链核心技术的车企，创造了更多的盈利空间。

（3）打造产品矩阵，主流人群全覆盖。比亚迪覆盖目前市场上所有主流车型，面向各个细分市场的用户。

资料来源：观潮新消费.2022国潮品牌发展洞察报告［EB/OL］.中国国家品牌网，2023.04.

4. 规划战略业务单位组合

（1）划分战略业务单位。大多数企业都经营多项不同的业务，为了便于每项业务的战略规划，首先要把所有业务划分成若干个战略业务单位。

战略业务单位是指企业内部具有特定的战略目标、使命和竞争对手，掌握一定资源，由专人负责经营，能从企业战略获益，可以单独规划、独立核算的业务单位（如部门、产品线、品牌等）。

（2）评价战略业务单位。为使企业有限的资源进行合理配置，管理者需要使用一定的方法对各个战略业务单位加以分析、评价，以便确定哪些战略业务单位应当发展、维持、收割或放弃。评价战略业务单位时，常用的工具有波士顿"成长-份额"矩阵和通用电气行业吸引力矩阵。

①波士顿"成长-份额"矩阵。该矩阵从市场增长率和相对市场占有率两方面入手，对企业的战略业务单位加以分析和规划。具体操作步骤如下：

第一步，计算战略业务单位的市场增长率和相对市场占有率。

市场增长率，是指企业所在行业某项战略业务单位在前后两年市场销售额的增长百分比。这一增长率表示战略业务单位所在市场的相对吸引力。在实际应用中，通常以10%作为划分市场增长快慢的界限。其计算公式为：

$$R = \frac{q_1 - q_0}{q_0} \times 100\%$$

式中：R 表示年市场增长率；

q_1 表示现市场销售量（或销售额）；

q_0 表示原市场销售量（或销售额）。

相对市场占有率，是指企业某项业务的市场份额与这个市场中最大的竞争对手的市场份额之比。相对市场占有率高，表示其竞争能力强，在竞争中处于领先地位；反之，则表示其竞争能力弱，处于从属地位。其计算公式为：

$$相对市场占有率 = \frac{企业某产品的市场占有率}{同行业最大竞争者的市场占有率}$$

在实际应用中，通常以 1.0 作为划分竞争能力高低的界限。

第二步，划分和评价战略业务单位。

用横轴代表相对市场占有率，以 1.0 作为划分界限，据此可划分出高、低两个区域；同理，用纵轴表示市场增长率，以 10% 作为高低区域划分界限，构建矩阵，如图 2-3 所示。矩阵中的圆圈代表企业的战略业务单位，圆圈的位置表示该战略业务单位的市场增长率和相对市场占有率的高低。

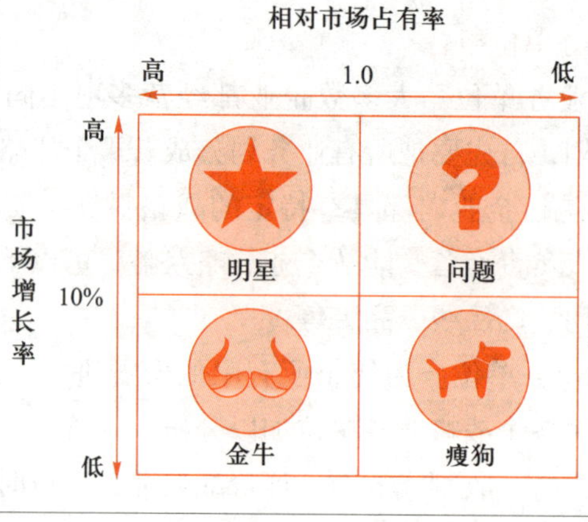

图 2-3　波士顿"成长-份额"矩阵

整个矩阵划分为四个象限，与之对应，企业的战略业务单位可以分为以下四种不同类型。

一是问号类。它具有高市场增长率和低相对市场占有率的特征。需要大量资金，增强市场竞争力，适应迅速增长的市场。如成功，会转入明星类；如失败，会变为瘦狗类。企业要慎重考虑是发展还是淘汰这类战略业务单位。

二是明星类。它具有高市场增长率和高相对市场占有率的特征。因迅速增长，同时要击退竞争对手的进攻，这是使用现金较多的战略业务单位。这类战略业务单位的增长速度会逐渐降低，最后转入现金牛类。

三是现金牛类。它具有低市场增长率和高相对市场占有率的特征。明星类战略业务单位的市场增长率下降到10%以下，就转入现金牛类。这类战略业务单位因为相对市场占有率高、盈利多、现金收入多，可提供大量现金。此部分现金可用来支持需要现金的其他战略业务单位。

四是瘦狗类。它具有低市场增长率和低相对市场占有率的特征，处于盈利少或者亏损的状态。这类战略业务单位可能是开发失败的产品，也可能是处于衰退阶段的产品，企业应果断地予以淘汰。

第三步，确定战略业务单位的投资决策。

企业应针对不同的战略业务单位采取相应的投资决策。可供选择的策略有以下四种：

一是发展。其目标是提高战略业务单位的相对市场占有率或市场竞争能力。该策略较适用于明星类和问号类的战略业务单位。

二是维持。其目标是维持战略业务单位的相对市场占有率。该策略较适用于现金牛类战略业务单位。

三是收割。其目标是增加战略业务单位的短期现金流量，而不考虑长期效益。该策略较适用于相对弱小的现金牛类、问号类和瘦狗类战略业务单位。

四是放弃。其目标是清理、变卖某些战略业务单位，以便把有限的资源用于经营效益较好的战略业务单位，从而增加企业的盈利。这种策略主要适用于问号类和瘦狗类战略业务单位。

营销实践

生态力量：从顶层设计到底层逻辑

小米集团公开资料显示，其2022年总收入达2 800亿元，经调整净利润为85亿元，凭借较强的战略执行定力和运营效率的持续优化，小米集团经受住了内外部的多重考验，实现了稳健的发展。

1. 纵横捭阖，拓展生态大空间

早在2013年，小米基于自身多年的经验开始布局小米生态链。小米投资了500多家生态链公司，其中近30家成功上市，多家排队IPO。面对苹果的生态优势，2020年小米提出将"手机+AIoT（人工智能物联网）"战略升级为"手机×AIoT"战略。从加号到乘号的变化，反映的是作为小米AIoT排头兵的小米生态链部所承担的责任转变，乘法代表了手机与AIoT互为放大器，再次凸显生态链作为乘数的战略价值与意义。

2. 收放有度，促使生态新繁荣

2019年，小米多家合作公司为了争取更多增长机会，开始横向恶意竞争，忽视爆品、过分压价、严重内卷。对此，小米对生态链公司提出了新规矩："技术为本、性价比为纲、做最酷的产品"；明晰三大方向：一是和手机主业务相关，二是围绕全屋智能，三是酷玩类。此后，小米将生态链的SKU从1 500多个砍到600多个。小米根据产品质量把公司划分为A、B、C、D等不同级别，分类管理，小米生态链逐渐从原来的散养模式走向规范有节、收放有度的组织化与体系化管理模式。

3. 快慢有序，引领生态再进化

2021年3月，小米正式进军智能电动汽车行业，这是小米未来10年的全新战略布局。对于中国大量供应链中小企业来说，帮小米造车或许是一个机会点。据预测，在未来3~5年，小米生态链销售额将突破千亿元。小米AIoT将成为在网设备超7亿台、月活家庭超1亿个的平台。

资料来源：吴越舟，张志新.战略生态营销：华为与小米都在用的模式［J］.销售与市场，2022（6下）：61-62.

② 通用电气行业吸引力矩阵。这是美国通用电气公司设计的一种战略业务单位组合分析方法，如图2-4所示。该方法通过市场吸引力和企业竞争能力两个综合因素指标对企业的战略业务单位进行分类评估并做出投资决策。

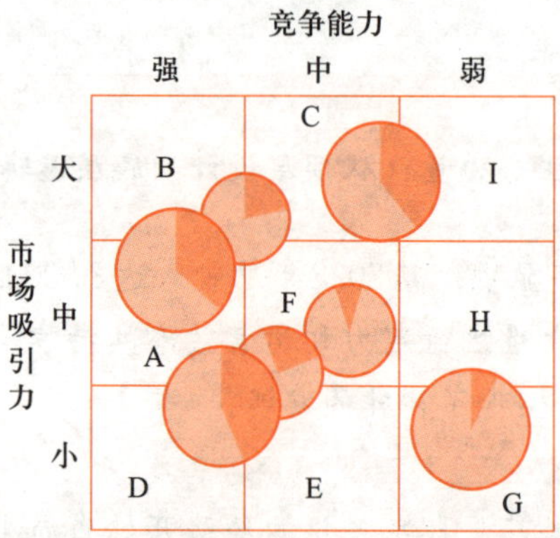

图2-4 通用电气行业吸引力矩阵

通用电气公司认为，企业在对其战略业务单位加以分类和评价时，除了要考虑市场增长率和相对市场占有率之外，还要考虑许多其他因素，分别包括在以下两个主要变量之内：

第一，市场吸引力。包括市场大小、市场增长率、历史利润率、竞争强度、技术要求、能源要求、环境影响以及社会、政治、法律的因素等。

第二，竞争能力。包括市场占有率、市场占有率增长情况、产品质量、品牌信誉、商业网络、促销能力、生产能力与效率、单位成本、原料供应、研究与开发绩效，以及管理人员等。

在计算市场吸引力和竞争能力时，首先要分析各影响因素并对其打分，确定各因素的权重，然后求出各因素的加权值，最后进行加权值求和，所得即为该战略业务单位的市场吸引力和竞争能力。

在图2-4中，矩阵的横轴表示竞争能力，以强、中、弱表示；纵轴表示市场吸引力，以大、中、小表示。市场吸引力和竞争能力的值决定着企业某业务在矩阵中的位置。

通用电气行业吸引力矩阵分为三个区域：

第一，左上角区域，又称绿色区域，即 A、B、C 三类业务所在区域。位于这个区域的市场吸引力和战略业务单位竞争能力都比较突出。因此，企业针对此类战略业务单位要"开绿灯"，采取增加投资和扩大发展的战略。

第二，从左下角到右上角的对角线区域，又称黄色区域，即 D、F、I 三类业务所在区域。这个区域的市场吸引力和战略业务单位的竞争能力"居中"。企业对这个区域的战略业务单位要"亮黄灯"，采取维持原来投资水平的战略。

第三，右下角区域，又称红色区域，即 E、H、G 三类业务所在区域。这个区域的市场吸引力偏小，战略业务单位的竞争能力偏弱。因此，企业对处于这个区域的战略业务单位要"开红灯"，采取收割或放弃的战略。

5. 设计业务发展战略

企业的管理层在制定了业务投资组合战略后，应对未来的业务发展方向做出战略规划，制订企业的新业务计划或增长战略。企业设计业务发展战略有以下三种方式：

（1）密集型增长战略，是指企业充分利用现有产品或服务的潜力，在现有的生产领域内集中力量改进现有产品或服务，以扩大市场范围，强化现有产品或服务的竞争地位。

密集型增长策略可以通过市场渗透（现有目标市场客户开发）、市场开发（新目标市场客户开发）和产品开发等方法实现。

（2）一体化增长战略，是指企业在供、产、销等方面实施一体化业务单位增长。一体化增长的战略目的是提高效率，加强控制，扩大销售。一般适用于发展潜力较大的行业。

① 后向一体化。即生产企业通过收购或兼并若干原材料供应商，拥有和控制其供应系统，实行供产一体化，或者商业企业通过各种方式涉足制造行业，从而形成商工一体化的经营模式。例如，伊利在全国拥有自建、在建及

合作牧场 2 400 多座，其中，规模化、集约化牧场在奶源供应比例中已接近100%，居行业首位。

② 前向一体化。即企业通过收购或兼并若干商业企业，拥有或控制其分销系统，实行产销一体化。例如，可口可乐公司收购拥有近 4 000 家门店的全球第三大咖啡连锁品牌 Costa，其主要目的是利用 Costa 的供应链为客户提供热咖啡饮品。

③ 水平一体化，又叫横向一体化。即企业收购、兼并竞争者同种类型的企业，或者在国内外与其他同类企业合资进行生产经营等。例如，京东以89.76 亿元收购德邦 66.49% 的股份，双方在快递快运、跨境、仓储与供应链等领域展开合作，构建覆盖仓储、综合运输、最后一公里配送、大件、冷链及跨境六大网络的物流体系。

营销实践

老盟友，新生意

2022年10月，雀巢公司购入星巴克旗下品牌 Seattle's Best Coffee，为推动咖啡品类持续盈利增长，两家公司专注于核心优势，强化全球咖啡联盟。Seattle's Best Coffee 的产品包括全豆、烘焙和研磨包装咖啡系列，以及K-Cup Pods胶囊咖啡，主要向餐饮服务和食品店渠道提供各种口味的产品。这次收购巩固了雀巢在全球咖啡市场中的领先地位，将为消费者提供更多日常咖啡选择，增加了咖啡产品组合的深度。星巴克则通过门店以外的渠道为客户提供最好的星巴克体验，专注于通过品牌提升消费者的优质咖啡体验。

2018年，雀巢公司投入71.5亿美元购买了可以在全球各地超市和其他食品商场直接向消费者销售星巴克咖啡豆的权利，同时宣布组建全球咖啡联盟。这次交易使雀巢在优质的烘焙、研磨咖啡和定量咖啡业务领域担任了领导地位。星巴克与雀巢联盟，期望加速和扩大星巴克品牌在消费包装商品和餐饮服务领域的全球影响力。双方联手推出了多款星巴克咖啡豆、速溶咖啡、咖啡胶囊等产品，并进行了全球化扩张。2021年，随星杯超精品速溶咖啡高调在中国面市，优化和丰富了雀巢和星巴克在精品速溶赛道上的产品组合，进一步拓展了星巴克在华业务，开发了新的渠道和平台。

目前，雀巢和星巴克已将一系列咖啡产品以极快的速度推向新市场，包括全豆咖啡、烘焙咖啡和研磨咖啡以及 Nespresso 和 Dolce Gusto 胶囊产品。如今，雀巢在全球星巴克门店之外的80多个市场分销星巴克消费品和餐饮饮料。

资料来源：消费钛度.雀巢×星巴克，老盟友新生意[EB/OL].钛媒体App，2022-10-22.

（3）多元化增长战略，是指企业增加产品种类，跨行业生产经营多种产品和业务，扩大企业的生产范围和市场范围，使企业的人力、物力、财力等资源得到充分利用，从而提高经营效益。

① 同心多元化，也称关联多元化，是指企业利用原有的技术、特长、专业经验等开发与本公司产品相互关联的新产品，增加产品种类，从同一圆心向外扩大业务经营范围。例如，大疆公司充分利用无人机领域积累的技术与经验，与五菱汽车共同合作研发了"灵犀智驾系统"。

② 水平多元化，也称横向多元化，是指企业利用原有市场，采用不同的技术来发展新产品，增加产品种类。例如，MetaERP 管理系统软件是华为基于自己的软件开发工具研发出来的软件之一。目前华为已构筑起一条涵盖软件开发全流程、全环节的软件开发生产线，并形成了一站式、全流程、安全可信的作业平台。

③ 集团多元化，是指大企业收购、兼并其他行业的企业，或者在其他行业投资，把业务扩展到其他行业中去。跨界多元化成为很多实力雄厚的大企业集团采用的一种经营战略。例如，字节跳动作为一家跨国互联网科技公司，覆盖互联网生态各个主要领域，旗下产品涉及通用信息平台、视频分享平台、网文阅读平台、医疗健康平台、汽车资讯平台、房产信息平台、家装服务平台、工具类软件、在线办公平台、游戏类产品等。

2.2　市场营销管理

2.2.1　市场营销管理的含义

市场营销管理是指企业为了实现经营目标，创造、建立和保持与目标市场之间的互利交换关系而进行的分析、计划、执行和控制过程。

市场营销管理的本质是需求管理。市场营销管理的任务是刺激、创造、适应及影响消费者的需求。市场营销者应当了解不同的需求状况，开展相应的营销活动，以实现组织的预期目标。

2.2.2　市场营销管理的任务

根据需求水平、需求时间和需求构成的不同，消费需求可归纳为以下八种不同的需求状态。在不同的需求状态下，相应的市场营销管理任务有所不同。

小试牛刀

请查阅资料，近几年哪些公司出现了负需求事件？这些公司是否进行了扭转性营销？效果如何？

1. 负需求与扭转性营销

负需求是指全部或多数潜在消费者厌恶某些产品或服务，不但不愿意购买，甚至愿意付出代价予以回避。其产生的原因有产品质量或服务水平低下、客户不愉快的消费经历、竞争者的恶意诽谤等。企业的任务是开展扭转性营销，即分析消费者对产品或服务产生厌恶情绪的原因，制订消除计划，使负需求转变为正需求。

2. 无需求与刺激性营销

无需求是指潜在消费者对相应的产品或服务毫无兴趣或漠不关心，从不主动购买。如老年人对智能手机、智能电视的需求。企业的任务是开展刺激性营销，即分析无需求的原因，制订消除无需求的计划，把产品的功效与人们的需求和兴趣结合起来，使无需求转变为有需求，最后达到企业预期的需求水平。

3. 潜在需求与开发性营销

潜在需求是指消费者对目前尚未实际存在的产品或服务有强烈的需求，而目前企业提供的产品与服务无法满足其需要。如对最初的无糖食品、蓝牙耳机、无线充电器、智能音箱等的需求。企业的任务是进行开发性营销，即分析哪些方面存在潜在需求，然后有计划地开发产品和服务，使潜在需求转化为现实需求。

4. 衰退需求与恢复性营销

衰退需求是指某种产品或服务的需求低于正常水平，出现衰退趋势。如对非智能手机、普快火车的需求等。企业的任务是恢复性营销，即分析需求下降的原因，判断可否通过改变产品特性、开拓新的目标市场或改进沟通等手段重新刺激需求，扭转需求下降的局面。

5. 不规则需求与同步性营销

不规则需求是指市场需求量平均水平达到预期，但需求与供应在时间上存在差异，供不应求与供过于求交替发生。如对羽绒服、旅游产品、冰激凌、火锅店、空调等的需求。企业的任务是同步性营销，即努力使顾客需求与供应转化形成较好的时间同步性。

6. 饱和需求与维护性营销

饱和需求是指需求的现行水平与时间充分符合供应者期望的水平与时间。企业的任务是进行维护性营销，即保证营销活动的正确性和有效性，保持市场竞争优势地位。

7. 过剩需求与限制性营销

过剩需求是指需求超过了供给者所能或所愿的供给水平。企业的任务是进行限制性营销，即暂时或永久性地减少过剩需求，减少普通顾客或某些特殊顾客。

8. 有害需求与抵制性营销

有害需求是指某些产品和服务的需求在一定程度上有害于消费者或供给者的利益。企业的任务是进行抵制性营销，消除不良需求，推出替代品，提高价格，尽量减少可买到的机会，使顾客在一定程度上减少或放弃对该产品的需求。

2.2.3　市场营销管理过程

市场营销管理过程是指企业为实现任务和目标而发现、分析、选择和利用市场机会的管理过程，即企业与它的最佳市场相适应的过程。

1. 寻找和评价市场机会

现代市场营销学认为，寻找和评价市场机会是市场营销管理人员的主要任务，也是市场营销战略管理过程的首要步骤。

市场机会是指对企业的营销活动具有吸引力，同时能享有竞争优势和获得差别利益的环境机会。为了发掘市场机会，企业不仅需要对微观环境和宏观环境进行调研和分析，而且要具体分析各类市场的需求特点以及购买者行为。这一切都需要企业建立必要的营销信息系统并开展营销调研工作。

2. 选择目标市场

（1）测量和预测市场需求。对选定的市场机会，首先需要衡量其现有和潜在的市场容量。

（2）进行市场细分。按照不同的需求特征把顾客分成若干具有相似需求的子市场。

（3）选择目标市场。选择一个或几个细分子市场作为服务对象，即目标市场。

（4）实行市场定位。市场定位也叫竞争性定位，即在目标市场顾客心目中树立一个明确的、与众不同的、有吸引力的产品形象或企业形象。

3. 确定市场营销组合和市场营销预算

（1）市场营销组合。即企业针对目标市场的需要对自己可控制的种种营销因素（如产品、价格、渠道、促销等）的优化组合和综合运用，使之协调配合，扬长避短，以便更好地发挥优势，实现营销目标。

（2）市场营销预算。第一，要决定投入多少资金用于市场营销工作，即市场营销支出决策；第二，要决定如何在各个市场营销组合因素之间合理分配市场营销预算。

4. 管理营销活动

管理营销活动主要包括营销计划、组织、执行和控制。首先，企业要根据企业战略目标制订营销计划；其次，要根据营销计划建立和发展专门的营销组织；再次，贯彻执行计划；最后，在计划执行过程中要实施营销控制，保证营销目标的实现。

稳 扎稳打

一、单项选择题

1. 波士顿"成长－份额"矩阵中，盈利多，现金收入多，可提供大量现金的战略业务单位是（　　）。

　　A. 明星类　　　　　　　　　　B. 现金牛类

　　C. 问号类　　　　　　　　　　D. 瘦狗类

2. 汽车制造商过去向轮胎公司采购所需轮胎，现决定改为自己生产轮胎，这种做法称（　　）。

　　A. 后向一体化　　　　　　　　B. 前向一体化

　　C. 水平一体化　　　　　　　　D. 以上都不是

3. 市场吸引力大，竞争能力强的战略业务单位在通用电气行业吸引力矩阵中处于（　　）。

　　A. 黄色区域　　　　　　　　　B. 红色区域

　　C. 绿色区域　　　　　　　　　D. 不确定

4. 企业利用原有市场，采用不同的技术来发展新产品，增加产品种类，这种战略称为（　　）。

　　A. 同心多元化　　　　　　　　B. 水平多元化

　　C. 集团多元化　　　　　　　　D. 纵向多元化

5. 某食品企业由于食品质量问题被媒体曝光，在消费者中产生了极大的负面反响。企业高层经过了细致的研究，准备重塑企业形象，其市场营销任务是实行（　　）。

　　A. 扭转性营销　　　　　　　　B. 恢复性营销

　　C. 刺激性营销　　　　　　　　D. 开发性营销

二、多项选择题

1. 在波士顿"成长－份额"矩阵中，企业的战略业务单位包括（　　）。

　　A. 明星类　　　　　　　　　　B. 现金牛类

　　C. 问号类　　　　　　　　　　D. 瘦狗类

2. 企业根据波士顿"成长－份额"矩阵，应针对不同的战略业务单位采取相应的投资决策。可供选择的策略有（　　　　　　）。

    A. 发展   B. 维持

    C. 恢复   D. 收割或放弃

3. 企业战略结构组成包括（　　　　　　）。

    A. 总体战略   B. 职能战略

    C. 经营战略   D. 推销战略

4. 企业设计的业务发展战略有（　　　　　　）。

    A. 密集型增长战略   B. 一体化增长战略

    C. 多元化增长战略   D. 全面化增长战略

5. 根据需求水平、需求时间和需求构成的不同，消费需求状态可归纳为（　　　　　　）。

    A. 负需求、无需求   B. 潜在需求、衰退需求

    C. 不规则需求、过剩需求   D. 饱和需求、有害需求

三、判断题

1. 战略规划过程包括界定企业使命、选择商业模式、明确企业目标、规划战略业务单位组合、设计业务发展战略五个部分。（　　　　）

2. 瘦狗类战略业务单位拥有高市场增长率和高相对市场占有率。因增长迅速，同时要击退竞争对手的进攻，需投入大量现金，因而是使用现金较多的战略业务单位。（　　　　）

3. 商业模式画布将商业模式划分为客户细分、价值主张、渠道通路、客户关系、收入来源、核心资源、关键业务、合作伙伴和成本结构九大板块。（　　　　）

4. 战略业务单位是指企业内部具有特定战略目标、使命和竞争对手的非独立核算的业务单位。（　　　　）

5. 衰退需求是指某种产品或服务的需求低于正常水平，出现衰退趋势。对此应采取开发性营销。（　　　　）

四、简答题

1. 简述企业战略规划过程包含的主要内容。

2. 如何使用波士顿"成长－份额"矩阵进行战略业务单位的分析？

3. 企业采用一体化增长战略的主要方式有哪些？

4. 针对不同的需求类型，市场营销管理的任务有哪些？

5. 什么是企业使命？在界定企业使命时应考虑哪些问题？

调查研究

（一）2023 年 1 月 31 日，新 ×× 在线发布公告，将公司名称"新 ×× 在线科技控股有限公司"更改为"×× 甄选控股有限公司"。

新 ×× 在线成立于 2005 年，2021 年年底，开始探索新业务转型，成立 ×× 甄选（北京）科技有限公司，"×× 甄选"直播间在抖音平台开播。靠着"双语带货"和"知识输出"，×× 甄选迅速走红，仅用 3 个月时间就交出了累积销售额约 22.49 亿元的"优异成绩单"。

×× 甄选定位做一个专注于为客户甄选优质产品的直播平台；一家以持续提供自营农产品为内核产品的优秀产品和科技公司；一家为客户提供愉快体验的文化传播公司。

×× 甄选不断拓宽和丰富产品线，多款自营产品的订单量已达到百万级别。2023 年 1 月，投资 1 752 万元用于自营产品工厂的扩建，资金主要用于生产车间建设、设备采购等。截止到 2023 年 4 月，共推出 70 多款自营产品，包括农产品、食品、生活用品等。

在目前直播行业竞争激烈的大环境下，有哪些企业进行了战略调整并脱颖而出？请进行调查研究并形成简要的调研报告。

（二）京东是一家主要从事电商业务的控股公司，定位于"以供应链为基础的技术与服务企业"，目前其业务已涉及零售、科技、物流、健康、自有品牌等领域。作为同时具备实体企业基因和属性，拥有数字技术和能力的新型实体企业，京东依托"有责任的供应链"，持续推进"链网融合"，实现了货网、仓网、云网的"三网通"，不仅保障了自身供应链稳定可靠，也带动了产业链上下游合作伙伴数字化转型和降本增效，更好地服务于实体经济的高质量发展。

京东集团奉行"客户为先、诚信、协作、感恩、拼搏、担当"的价值观，以"技术为本，致力于更高效和可持续的世界"为使命，目标是成为全球最值得信赖的企业。

在激烈的行业竞争中，京东集团采用了哪些业务发展战略？目前其所处行业的竞争状况如何？试完成一份调查研究报告。

力学笃行

市场营销管理过程认知——大学校园创业项目计划制订

■ **实训目标**

结合本单元知识的学习，在教师的引导下，以校园 ×× 创业项目为典型案例，对市场营销管理过程和内容开展认知性学习和研究。

■ 背景资料

2021年，国务院办公厅印发《关于进一步支持大学生创新创业的指导意见》（以下简称《意见》）。《意见》明确指出，大学生是大众创业万众创新的生力军，支持大学生创新创业具有重要意义。

《意见》指出，"深化高校创新创业教育改革""将创新创业教育贯穿人才培养全过程"，"建立以创新创业为导向的新型人才培养模式""强化高校教师创新创业教育教学能力和素养培训，改革教学方法和考核方式""加强大学生创新创业培训""打造一批高校创新创业培训活动品牌"。

近年来，越来越多的大学生投身创新创业实践，有优势也有劣势。优势是先他人步入社会锻炼，可以为将来的发展做好铺垫。劣势是大学生面临融资难、经验少、服务不到位等问题，创业容易失败。而其中最重要的原因是创业过程中缺乏准备，包括对创业项目的可行性分析、商机的把握、专业知识的支撑、成本和风险的评估等。

■ 实训要求

假如我们在大学期间选择创业，计划在学校创业街开设一家××门店（或工作室），请分析你所在高校学生的实际情况，完成一份大学校园创业计划书。该计划书需包含并不限于以下基本内容：

（1）项目概述，包括项目起源、项目简介。

（2）产品与技术分析。

（3）市场分析，包括市场的现状分析、前景预测、竞争分析、SWOT分析等。

（4）目标客户群体——大学生消费群体分析。

（5）营销推广，包括品牌建设、产品组合策略、生命周期策略、价格策略、渠道策略、促销策略等。

（6）商业模式。完成商业模式画布，注意重点项目的填写，如价值主张、客户关系、合作伙伴、收入来源等。

（7）团队人员分配。

（8）财务分析，包括资金筹集、成本和收益分析等。

（9）风险与对策，包括竞争风险、管理风险和危机风险。

注：该实训可由教师提供创业计划书模板，并在老师的引导、启发下完成。

■ 实训步骤

（1）学生按照学习小组分组讨论，确定创业项目。

（2）利用业余时间开展创业项目所涉及的大学生消费需求调研。

（3）分组进行资料的收集整理，撰写大学校园创业计划书和汇报PPT。

（4）分组演示汇报 PPT。

（5）相互点评，教师总评。

■ 实训成果

大学校园创业计划书及汇报 PPT。

<<<<<<<<<<<< 自 学自测 <<<<<<<<<<<<<<<<<<<<<<<<<<<<<<<<<<<<<<<<<<<<<<<<<<

单元二　战略规划与市场营销管理

单元三 市场营销环境分析与评价

素养目标

1. 感悟市场营销在建设全国统一大市场、构建新发展格局、实现高质量发展中的作用

2. 增进对数字中国、科技强国和网络强国的认知，提升环境保护意识

3. 厚植爱国情怀，讲好中国故事，弘扬时代精神，传承优秀传统文化

4. 提高营销道德水平，科学施策，在营销活动中能趋利避害、转危为机

知识目标

1. 熟悉市场营销环境的含义

2. 了解市场营销微观和宏观环境因素对企业营销活动的影响

3. 掌握对市场营销环境机会与威胁的综合分析与评价方法

技能目标

1. 能够对市场营销微观和宏观环境进行科学分析和评价

2. 能够运用SWOT综合分析法，发现营销机会和威胁，并适时采取合理的应对措施

思维导图

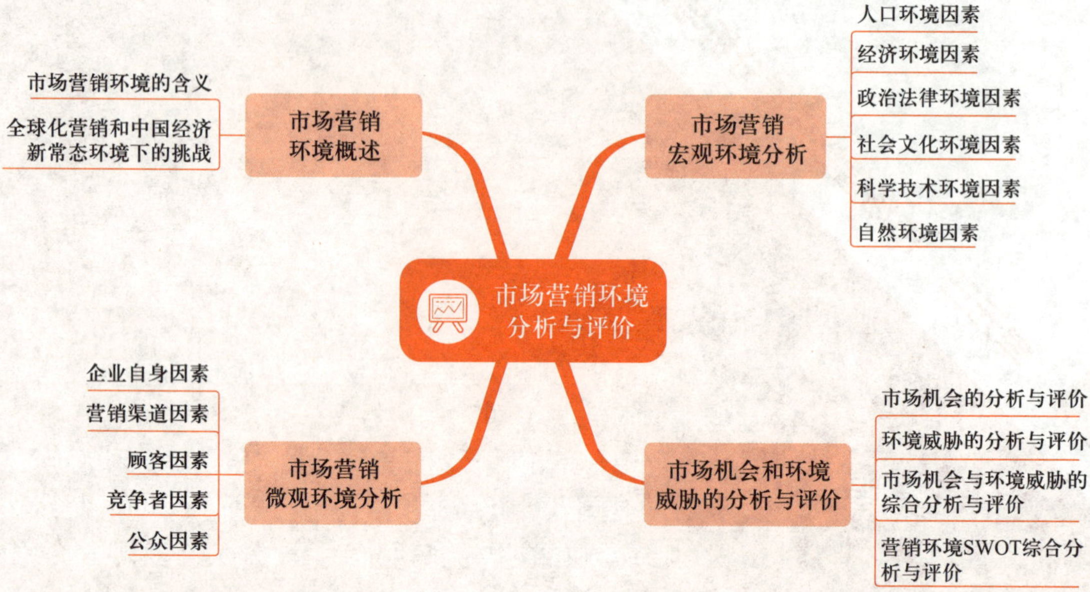

市场营销环境分析与评价
市场营销环境概述
市场营销环境的含义
全球化营销和中国经济新常态环境下的挑战
市场营销宏观环境分析
人口环境因素
经济环境因素
政治法律环境因素
社会文化环境因素
科学技术环境因素
自然环境因素
市场营销微观环境分析
企业自身因素
营销渠道因素
顾客因素
竞争者因素
公众因素
市场机会和环境威胁的分析与评价
市场机会的分析与评价
环境威胁的分析与评价
市场机会与环境威胁的综合分析与评价
营销环境SWOT综合分析与评价

学思践悟　中国茶与传统文化的“双向奔赴”

2023年初，作为首个与《中国奇谭》联名的新茶饮品牌，“奈雪的茶”推出新品“雪顶猪猪老白茶”（如图3-1所示）及系列周边，备受欢迎，取得了不俗的销量。

1. 一次传统文化与价值理念的“双向奔赴”

一个是新茶饮知名品牌，一个是火爆全网的中国原创动画，这波跨界合作可谓强强联合，因为双方在价值理念上高度契合。

首先是精益求精的价值追求。奈雪的茶始终坚持做品质茶饮，严格把控产品原料、制作工艺等方面；而《中国奇谭》的创作过程同样充满了

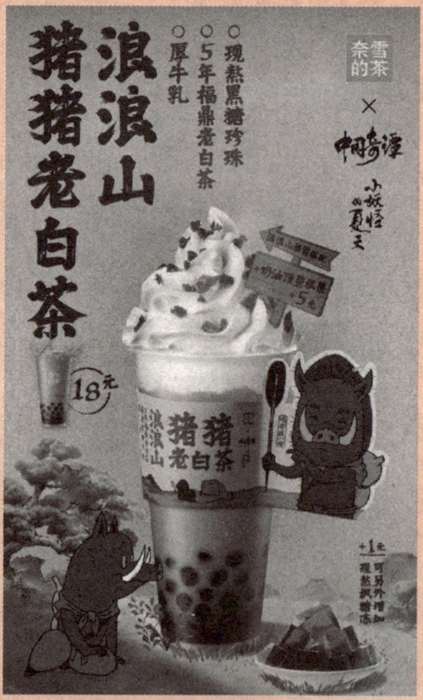

浪浪山
猪猪老白茶
○现熬黑糖珍珠
○5年福鼎老白茶
○厚牛乳
奈雪的茶
×
中国奇谭
18元

图3-1　奈雪的茶联名《中国奇谭》

"匠心"。

其次是双方对中国传统文化的传承创新。奈雪的茶致力于让全世界更多的人喝好茶，同时了解中国茶文化。《中国奇谭》作为创造无数国漫经典的上海美术电影制片厂最新力作，其浓郁的中国风、一片一特色的美学设定、立足于时代的故事创造，体现了中国传统文化的内核。

2. 打造茶饮东方美学新体验，多维破圈激活流量价值

首先，长线布局拉满跨界期待值。奈雪的茶官方微博先发布与《中国奇谭》联名的预热海报。海报里的浪浪山小猪妖一扫动画中被妖怪统领压迫的紧张感，怡然自得地坐在草地小憩；寥寥数句的诙谐文案直击春节期间消费者的心智，引发了第一波讨论热潮。

然后，国风新品触发传播破圈。奈雪的茶将极具独特韵味的东方美融入联名产品之中。《中国奇谭》中那隽永的东方美学风格、独特的国风神韵在联名新品及周边产品中都得到了体现。

最后，国风主题店赋能茶饮新体验。《中国奇谭》中独具质感的国风形象与设计被奈雪的茶同步搬到线下门店中。主题店的门店设计不仅全方位体现中式美学，更让《中国奇谭》故事中的名场面成为门店装饰，让消费者沉浸式体验动画的经典场景，在参与打卡赠礼的互动体验中，进一步延展了中国茶饮和传统文化的体验价值。

3. 中国茶文化遇上国潮，一场品牌价值的人文升维

在官宣联名《中国奇谭》前，奈雪的茶曾率先联名上海美术电影制片厂经典动画《葫芦兄弟》，以葫芦兄弟化身"制茶兄弟团"为创意，创作出8款葫芦兄弟主题杯限定款，打造了集国潮艺术审美、传统祈福文化、童年经典IP于一体的创意产品组合"葫芦杯装福禄茶"。 更早些时候，还连续4年联合非遗传承人、国画艺术家等优质伙伴，推出新春贺岁杯。奈雪的茶一直在探索传承中国传统文化的新形式、新道路，更将中国茶文化延展出更多元的价值内核。

资料来源：李东阳.奈雪的茶×《中国奇谭》：中国茶与传统文化的"双向奔赴"[EB/OL].首席营销官微信公众号，2022-12-15.

引思明理：

党的二十大报告指出，"必须坚定历史自信、文化自信""中华优秀传统文化得到创造性转化、创新性发展"。案例中，奈雪的茶联名《中国奇谭》，立足中国社会文化营销环境因素，从产品研发到门店设计全方位体现中式美学，力求讲好中国故事，在营销活动中传递中国优秀传统文化，打造茶饮消费新体验。

"十四五"期间,我国实施扩大内需战略,深化供给侧结构性改革,以创新驱动、高质量供给引领和创造新需求,改善供给体系对国内需求的适配性。

在现代市场营销过程中,企业要在变幻莫测的动态复杂的环境下,洞察和分析市场营销环境,不断发现市场机会和环境威胁,通过对自身优势和劣势的分析,制定并不断调整营销策略,使企业有限的资源能够最大限度地与营销环境相匹配,从而谋求企业内部条件、外部环境和经营目标三者之间的动态平衡。

3.1　市场营销环境概述

3.1.1　市场营销环境的含义

市场营销环境是指影响企业与目标顾客建立并保持互利关系等营销管理能力的各种角色和力量。

根据对企业营销活动产生影响的方式和程度不同,市场营销环境可分为微观市场营销环境和宏观市场营销环境。

微观市场营销环境是指与企业紧密相连,直接影响企业营销能力的各种参与者,包括企业自身、营销渠道(如供应商、分销渠道、辅助商等)、顾客、竞争者及公众等因素。由于这些环境因素对企业的营销活动有着直接的影响,因此又称直接营销环境。

宏观市场营销环境是指与企业间接相连,间接影响企业营销能力的一系列巨大的社会力量,包括人口、经济、政治法律、社会文化、科学技术及自然环境等因素。由于这些因素对企业的营销活动起着间接的影响,因此又称间接营销环境。

市场营销环境还可以分为企业内部环境和企业外部环境。企业内部环境即企业自身的环境因素,具有可控性。企业外部环境是指企业宏观环境和微观环境中处于企业之外的所有营销环境影响因素,具有不可控性,只能努力适应或对其施加一定的影响。

市场营销环境是企业赖以生存的条件,对其进行比较分析可明确企业的优势与劣势、机会与威胁,寻找市场空白点,树立差异化竞争优势,并据此制定相应的营销策略。

守 正创新

全国统一大市场建设

2022年4月10日，《中共中央 国务院关于加快建设全国统一大市场的意见》正式出台。该意见提出，我国将从强化市场基础制度规则统一、推进市场设施高标准联通等方面打造全国统一大市场。

全国统一大市场通俗的解释就是商品（包括货物和服务）和生产要素（包括资本、劳动力、技术、数据等）在全国各地区之间自由地、无障碍地流通，从而使资源能够流动到最有效率的区域，实现资源优化配置。

该意见明确，"加快建立全国统一的市场制度规则，打破地方保护和市场分割，打通制约经济循环的关键堵点，促进商品要素资源在更大范围内畅通流动，加快建设高效规范、公平竞争、充分开放的全国统一大市场，全面推动我国市场由大到强转变，为建设高标准市场体系、构建高水平社会主义市场经济体制提供坚强支撑。"所以，理解全国统一大市场，可以从高效规范、公平竞争、充分开放这三个关键词来看。

3.1.2　全球化营销和中国经济新常态环境下的挑战

党的二十大报告指出，"必须完整、准确、全面贯彻新发展理念，坚持社会主义市场经济改革方向，坚持高水平对外开放，加快构建以国内大循环为主体、国内国际双循环相互促进的新发展格局"。中国是全球最具潜力的大市场，中国制造已经成为全球产业链供应链的重要组成部分，为经济全球化做出了积极贡献。中国广阔的内需市场将继续激发源源不断的创新潜能。2020年，习近平总书记在第三届中国国际进口博览会开幕式讲话中指出："中国将秉持开放、合作、团结、共赢的信念，坚定不移全面扩大开放，将更有效率地实现内外市场联通、要素资源共享，让中国市场成为世界的市场、共享的市场、大家的市场，为国际社会注入更多正能量。"

• 德技并修

我国政府用"新常态"一词深刻揭示中国当前经济发展阶段的新变化，新常态有三个主要特点：一是从高速增长转为中高速增长；二是经济结构不断优化升级，第三产业消费需求逐步成为主体，城乡区域差距逐步缩小，居民收入占比上升，发展成果惠及更广大民众；三是从要素驱动、投资驱动转向创新驱动。

中国经济稳步发展，还面临很多挑战，主要表现为以下几点：

第一，加强具有独特市场价值的创新性产品和技术的研发。中国企业需进一步重视核心基础零部件、关键基础材料的研发投入，不断升级在国际产业价值链中的位置。

第二，中国企业需强化品牌战略意识和品牌营销经验，致力于打造一批具有国际影响力的自主品牌。

第三，中国企业需在国际竞争日益激烈的环境中，不断向价值链高端环节攀升。

3.2 市场营销微观环境分析

市场营销微观环境又称直接环境，是指与企业紧密相连、直接影响企业营销效率和能力的各种力量和因素的总和。主要包括企业自身、营销渠道、顾客、竞争者及公众等因素。市场营销微观环境因素如图 3-2 所示。

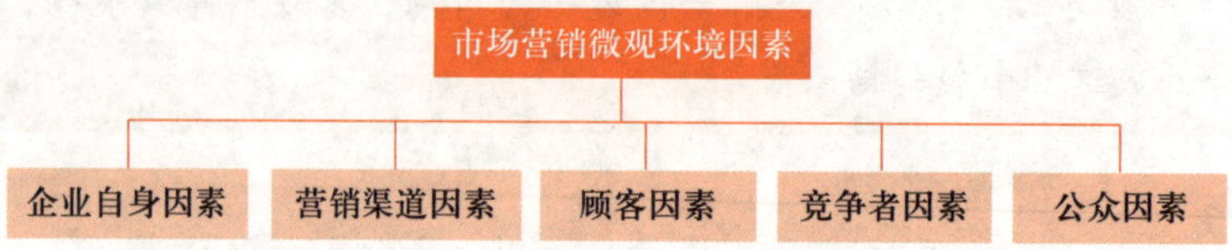

图 3-2 市场营销微观环境因素

```
                    ┌──────────────────────┐
                    │  市场营销微观环境因素  │
                    └──────────────────────┘
   ┌────────────┬────────────┬──────────┬────────────┬──────────┐
┌────────┐ ┌────────────┐ ┌────────┐ ┌────────────┐ ┌────────┐
│企业自身因素│ │营销渠道因素│ │顾客因素│ │竞争者因素│ │公众因素│
└────────┘ └────────────┘ └────────┘ └────────────┘ └────────┘
```

3.2.1 企业自身因素

市场营销部门在制订营销计划时，首先要考虑最高管理层的意图，以最高管理层制定的企业任务、目标、战略和政策等为依据。其次，要考虑企业资源的占有状况，与其他业务部门（如生产部门、采购部门、研发部门、财务部门等）的资源配置及合作等状况。最后，企业文化、企业组织结构也是需要重点考虑的因素。

3.2.2 营销渠道因素

1. 供应商

供应商是指向企业及其竞争者供应原材料、辅助材料、设备、能源、劳动力、资金、信息等资源的单位和个人。

作为价值链中重要的一环，上游供应商供货的稳定性、及时性、价格变动和质量水平对企业的营销活动产生重要影响，出现问题会导致价格上升、质量下降、降低顾客满意度，最终造成顾客流失等。

2. 分销渠道

分销渠道是指某种产品和服务在从生产商向消费者转移过程中，取得这种产品和服务的所有权或帮助所有权转移的所有企业和个人。

传统的分销渠道包括代理商和经销商。代理商没有商品所有权，专门介绍客户或与客户洽商签订合同，最终赚取佣金；经销商（如批发商、零售商等）拥有商品所有权，从生产商处购买商品并销售给顾客，从中赚取买卖差价。

现代分销渠道包括实体分销渠道和网络分销渠道，又称线下分销渠道和线上分销渠道，二者的结合称为全渠道，将在单元十中详细阐述。

3. 辅助商

辅助商是协助企业执行某种营销职能，提供各种服务的企业和组织。

（1）实体分配公司，主要是指仓储物流公司，负责包装、运输、仓储、装卸、搬运、库存控制和订单处理等服务。例如，京东物流通过布局全国的自建仓配物流网络为商家提供一体化的物流解决方案，实现库存共享及订单集成处理，可提供仓配一体的多种服务。

（2）营销服务机构，主要包括市场调研公司、数据供应公司、广告公司、数字营销公司、互联网公司、传媒机构、营销咨询公司、营销策划公司等。其中，数字营销公司也称数字营销代理商，是指专门从事数字营销业务活动的企业。有别于传统广告公司，数字营销公司利用数字技术为广告主提供广告调查、策划、设计、制作、发布等多项服务并从中获取收益。

（3）金融中介机构，主要包括银行、信贷公司、保险公司及对货物购销提供融资或保险的各种金融机构等。

3.2.3　顾客因素

顾客是企业的目标市场，是营销活动的出发点和归宿。根据购买者及其购买目的的不同进行划分，市场可分为消费者市场（B2C）和组织市场（B2B）。其中，组织市场又分为产业市场、中间商市场、政府市场，以及国际市场等。

顾客因素分析主要包括顾客的数量、购买力、需求特点和购买行为等内容。

营销实践

消费分级背后的商业机会

目前，中国是消费分层下不同层级的消费群体的消费升级。一、二线城市，商品消费向服务消费升级；三、四、五线城市，渠道能力强的大众消费品崛起。在线上交易方面，一、二线城市服务消费企业脱颖而出，如教育、医疗、养老、人力资源等行业；三、四、五线城市中具有低线城市渠道能力的企业将得到进一步发展，如化妆品、金银珠宝、母婴等行业。

拼多多的用户分布中，三线城市的用户占23%，四线及以下城市的用户占42%，一线城市用户的比例仅占8%。拼多多提供的是消费分级服务，其快速崛起反映了市场下沉成为移动互联网的新机会。高收入人群是消费升级的目标受众，其愿意为提升生活品质付费，拼多多的"海淘""定制"等高端消费类服务瞄准的是这一群体。低收入人群更在意价格，多被拼多多极有诱惑力的低价所吸引。拼多多将服务宗旨定为服务中国最广大人群的消费升级。

从物以类聚的淘宝到人以群分的拼多多，消费分级和做利基市场是拼多多的重要商业逻辑。借助消费分级与市场下沉，拼多多实现了其颠覆式创新。

在拼多多悄然崛起的2016—2017年，阿里与京东正专注于消费升级背景下新零售的竞争。由此，拼多多在三、四、五线城市和广大乡镇实现了迅猛发展，微信的流量红利被其充分运用。拼多多的崛起，让淘宝、京东感受到了压力，于是纷纷出手对拼多多进行阻击。

淘宝在2018年推出"淘宝特价版"（后改名"淘特"），主打低价拼团，提供的服务与拼多多相似。京东推出"京东拼购"（后改名"京喜"），其核心是超低价拼团和品牌清仓特卖，并以1%的低价佣金吸引大量商家入驻。

资料来源：李永平，董彦峰，黄海平.数字营销[M].北京：清华大学出版社，2021.

小试牛刀

针对中国消费市场的现状，请查阅资料并简要分析：消费分级的背后有哪些企业营销实践？企业应如何挖掘营销机会？

3.2.4 竞争者因素

企业的营销活动常受到各种竞争者的制约与包围，企业要想成功，就必须比竞争者更有效地满足消费者的需求。因此，企业必须识别不同的竞争者，采取不同的竞争对策。

竞争者主要包括：愿望竞争者（满足不同愿望的不同产品）、一般竞争者（满足相同愿望的不同产品）、产品形式竞争者（同样的产品，不同的款式）和品牌竞争者（不同的品牌）等类型。

3.2.5 公众因素

公众是指对本组织实现其市场营销目标具有实际或潜在影响力的任何团体。

公众主要包括：融资公众（如银行、保险公司、投资公司、证券经纪公司等）、媒介公众（传统媒体、新媒体）、政府公众、社团公众（如消费者权益保护组织、环保组织等）、社区公众、一般公众和内部公众等。

在内部公众中，关键意见员工（Key Opinion Employee，KOE）的作用越来越受到重视。例如，某企业凭借主播们的双语技能和知识储备使直播营销活动长期受到欢迎。

3.3 市场营销宏观环境分析

市场营销宏观环境也称间接环境，是指对企业营销活动造成市场机会和环境威胁的主要社会力量，包括人口环境、经济环境、政治法律环境、社会文化环境、科学技术环境，以及自然环境等因素。市场营销宏观环境因素如图 3-3 所示。

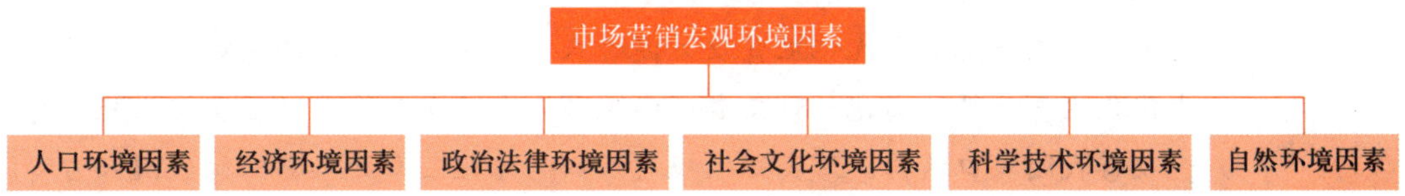

图 3-3 市场营销宏观环境因素

3.3.1 人口环境因素

人口是构成市场的第一要素。市场是由有购买欲望同时又有支付能力的人构成的，人口环境因素的变化将对市场需求带来巨大的影响。

1. 人口总量

一个国家或地区总人口数量的多少，是衡量市场潜在容量的重要因素。人口数量的变化对生活必需品的需求内容和需求数量影响很大。

目前，世界人口迅速增长，这意味着人类需求的增长和世界市场的扩大。但世界人口增长不平衡，大部分发达国家人口出生率下降甚至开始负增长，市场需求增长缓慢甚至萎缩，而很多发展中国家人口出生率上升，这些国家的市场需求潜力比较大。联合国人口统计数据显示，2022 年世界人口总数约为 80 亿人。根据第七次全国人口普查数据，2021 年中国总人口已达到 14.43 亿人。

2. 人口结构

（1）自然结构。主要包括年龄结构和性别结构。

① 年龄结构。不同年龄的消费者会形成不同的消费需求，形成各具特色的消费群体。年龄结构的变化趋势是：出生率下降，市场需求变化，儿童用品需求下降，成年人对旅游、娱乐和在外用餐等的需求增加；许多国家人口老龄

化加速，寿命延长，死亡率下降，这给老年人用品的生产经营者带来了机遇。

根据第七次全国人口普查数据，我国60岁及以上人口为26 402万人，占总人口的18.70%。65岁及以上人口为19 064万人，占总人口的13.50%。根据联合国教科文组织关于老龄化社会的标准，中国已进入中度老龄化社会。具有老年特色的旅游、医疗保健、康养护理、教育等行业将大有可为。

② 性别结构。不同的性别需求重点不同。一般来说，女性的需求偏向于化妆品、服装、家庭生活用品等。男性的需求偏向于家电、家居、汽车、电子产品等。

（2）社会结构。

① 民族结构。不同的民族，在物质和文化生活需求等方面各有特点，从而影响了其购买行为。

② 家庭结构。家庭包括家庭人口、家庭数量、家庭居住环境、家庭生命周期等，这些都与生活消费品的数量和结构密切相关。2021年7月公布的《中共中央、国务院关于优化生育政策促进人口长期均衡发展的决定》指出，进一步优化生育政策，实施一对夫妻可以生育三个子女政策及配套支持措施，有利于改善我国人口结构、落实积极应对人口老龄化国家战略、保持我国人力资源优势。这一政策给医药保健、婴儿用品、婴幼儿教育，甚至房地产及汽车行业带来了新商机。

③ 人口受教育程度与职业结构。一般来说，受教育程度和职业层次较高的消费者购买商品时更追求高雅与美观，他们注重高级娱乐、旅游、名牌商品、计算机、书籍等方面的消费；相反，受教育程度、职业层次较低的消费者在购买商品时则主要追求实用与廉价。

3. 人口的地理分布及流动

市场消费需求与人口的地理分布密切相关。一方面，人口地理分布的异同会影响需求。居住于不同地区的人群，在消费需要、购买习惯和购买行为等方面存在差异。另一方面，人口密度的不同与人口流动量的多少影响着不同地区市场需求量的大小。

3.3.2 经济环境因素

经济环境是指企业面临的外部社会经济条件，主要是指经济发展状况、收入和支出状况等。

1. 经济发展状况

（1）经济发展水平。经济发展水平较高的国家和地区，更强调产品的款式、性能和特色，侧重于发展资本密集型产业；经济发展水平较低的国家和地区，则侧重于产品的功能和实用性，重视劳动密集型产业。数字经济是指以数字化的知识和信息为关键生产要素，以数字技术创新为核心驱动力，以现代信息网络为重要载体，通过数字技术与实体经济深度融合，不断提高传统产业数字化、智能化水平，加速重构经济发展与政府治理模式的一系列经济活动。

目前，数字经济已成为驱动我国经济发展的重要力量。发展数字经济是促进经济转型升级的必由之路，也是实现网络强国的重要内容。

（2）地区发展状况。地区经济的不平衡发展对企业的投资方向、目标市场及营销战略的制定都会带来巨大影响。

（3）产业结构。一个国家的产业结构往往会反映该国的经济发展水平。

营销新知

共 享 经 济

共享经济，一般是指以获得一定报酬为目的，在陌生人之间进行商品使用权暂时转移的一种新商业模式。共享经济利用互联网降低交易成本、提高效率、减少资源浪费，可持续发展性较强。共享经济最初主要围绕消费者（C端）的住宿、交通、教育、生活服务及旅游领域，如宠物寄养、车位共享、社区服务共享等；后来又围绕企业（B端）推出了办公空间共享、企业资源共享、供应链互通等。共享经济在供给端整合资源，在需求端努力为用户提供更优质的体验。

2. 收入和支出状况

（1）消费者收入。消费者收入的高低直接影响着购买力的大小，从而决定了市场容量和消费者支出的模式。在研究收入对消费需求的影响时，常使用以下指标：①人均国内生产总值。主要是指人均GDP总额，它反映了全国市场的总规模、总容量，从总体上影响和决定了消费水平和消费结构。②消费者个人收入。它是指消费者所得的各种货币收入的总和，包括个人工资、奖金、其他劳动收入、退休金、红利、馈赠、出租收入等；其中，个人可支配收入和个人可任意支配收入对市场营销活动影响较大。

个人可支配收入是指个人收入减去直接负担的各项税款和非税性负担后用于个人消费或储蓄的那部分个人收入。根据国家统计局的数字，2022年我国年人均可支配收入达到3.69万元。

个人可任意支配收入，是指个人可支配收入减去维持生活必需的衣、食、住、行等日常支出后的余额。个人可任意支配收入是影响消费者需求变化最活跃的因素。如消费者对于奢侈品、房地产、汽车、大型器具、旅游等的消费，主要依赖于个人可任意支配收入。

收入分配不仅会影响消费者的支出能力，也会影响收入的区域或社会阶层分布，从而影响区域市场或各社会阶层的潜在消费规模。研究表明，达到中等收入水平之后，人们消费升级的需求将大幅提升：非必需品消费成为主要的支出类型，并成为人们塑造个人风格的方式。埃森哲 2022 年消费者调研显示，有 56% 的受访者"愿意增加开支购买更能彰显个人身份的产品"。在月收入超过 2 万元的群体中，超过七成的受访者愿意为彰显社会地位支付溢价。

（2）消费者支出。随着消费者收入的变化，消费者的消费结构也在相应地发生变化，这在一定程度上反映了消费者支出模式的变化。消费结构是指消费者在各种消费支出中的比例和相互关系。

食品支出占总支出的比重，称为恩格尔系数。国际上常用恩格尔系数来衡量一个国家和地区人民的生活水平。一个国家或地区人民生活越贫困，恩格尔系数就越大；反之，恩格尔系数就越小。根据联合国粮农组织提出的标准，一个国家平均家庭恩格尔系数大于 60% 为贫穷；50%~60% 为温饱；40%~50% 为小康；30%~40% 属于相对富裕；20%~30% 为富裕；20% 以下为极其富裕。国家统计局数据显示，2022 年全国居民恩格尔系数为 30.5%。

根据国家统计局资料，2022 年全国居民人均消费支出及其构成如图 3-4 所示。

• 数说营销

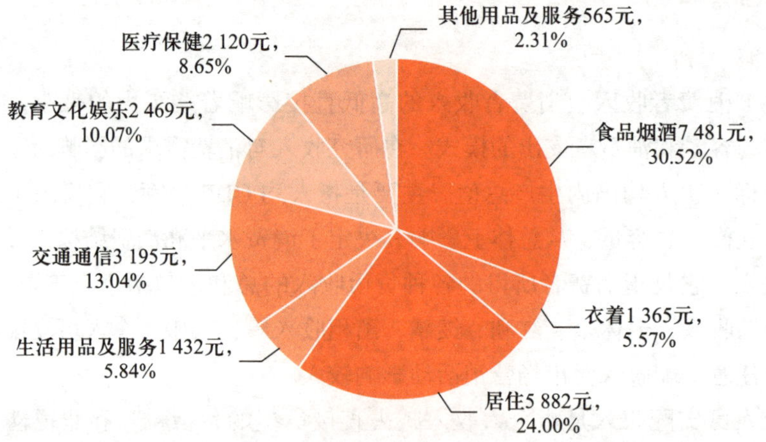

图 3-4　2022 年全国居民人均消费支出及其构成

（3）消费者储蓄和信贷。消费者储蓄和信贷是影响消费者现实购买力和潜在购买力的重要因素。消费者储蓄是一种未来的购买力，有银行存款、公债、股票和不动产等形式。一般情况下，消费者储蓄的增加会相对减少现实购买力，但又预示着潜在购买力的增加。消费者信贷是一种超前的消费方式，有分期付款、一次性偿还等形式。消费者信贷的增加会刺激消费者的现实购买。随着互联网技术的发展，消费者储蓄和信贷已不再局限于传统银行，风险较低、收益较高的互联网金融产品受到了广泛重视，改变了消费者以往的消费方式。

守 正创新

构建新发展格局

党的二十大报告提出："加快构建以国内大循环为主体、国内国际双循环相互促进的新发展格局。"

"双循环"新发展格局就是要把满足国内需求作为发展的出发点和落脚点，坚持扩大内需战略基点，把实施扩大内需战略同深化供给侧结构性改革有机结合起来，以创新驱动、高质量供给引领和创造新需求，加快构建出完整的内需体系。"双循环"的核心是加大出口转内销的力度，其根本在于建立品牌化发展的新营销。而出口转内销主要体现在新思维、新定位、新渠道于一体的新营销上。出口转内销，从短期看是外贸企业破解内销难题、促进外贸稳定发展的应急之举；从长期看，是打通国内国际两个市场、两种资源，推动实现国内国际双循环相互促进、培育国际合作和竞争新优势的长久之道。

3.3.3　政治法律环境因素

政治法律环境因素是影响企业营销活动的重要宏观环境因素。政治环境因素调节企业营销活动的方向，法律环境因素规定企业营销活动及其行为的准则。

1. 政治环境

政治环境是指企业市场营销活动的外部政治局势、方针、政策，以及国际关系等。如人口、能源、物价、财政、货币等政策，都会对企业经营活动产生重要影响。在国际市场中，还要关注不同国家干预外国企业在本国开展营销活动的政策，如进口限制、税收政策、价格管制、外汇管制等。

当前影响全球经济复苏和全球化发展的重要因素是贸易保护主义，它使贸易自由化受到严峻挑战。在此背景下，中国提出构建新型国际关系，有助于维护自由贸易秩序，推动全球化的发展和人类命运共同体的打造。从中国视角构建新型国际关系、维护贸易自由化原则，需要积极发展新型大国关系，促进新型南南合作，扎实推进"一带一路"建设，体现中国的国际担当与责任。

守 正创新

"一带一路"高质量发展

"一带一路"是"丝绸之路经济带"和"21世纪海上丝绸之路"的简称，这项合作倡议将充分依靠中国与有关国家既有的双多边机制，借助既有的、行之有效的区域合作平台，借用古代丝绸之路的历史符号，高举和平发展的旗帜，积极发展与沿线国家的经济合作伙伴关系，共同打造政治互信、经济融合、文化包容的利益共同体、命运共同体和责任共同体。

党的二十大报告指出："推动共建'一带一路'高质量发展。"在新时代，我国将实行更加积极主动的开放战略，加快构建面向全球的高标准自由贸易区网络，提升"一带一路"建设水平。

2. 法律环境

法律环境是指国家或地方政府颁布的各项法规、法令和条例等。

随着"互联网+"模式带来的新兴业态和传统行业升级，为了进一步规范市场发展环境，近年来，我国又颁布了《中华人民共和国电子商务法》《中华人民共和国数据安全法》《互联网信息服务算法推荐管理规定》等新的法律法规。

• 德技并修

大数据时代，企业在数据收集和使用过程中需要严格遵守法律法规。2021年11月1日，《中华人民共和国个人信息保护法》（简称《个人信息保护法》）正式实施，"告知-同意"是该法律确立的个人信息保护的核心规则。《个人信息保护法》对信息推送、商业营销等环节广泛存在的"自动化决策"等作出了具体要求，禁止大数据杀熟，规范个性化推荐。

守 正创新

电商直播行业的法律规范

针对电商直播行业税款缴纳不规范的问题，国家互联网信息办公室国家税务总局、国家市场监督管理总局于2022年3月联合印发《关于进一步规范网络直播营利行为促进行业健康发展的意见》，这将有利于网络直播行业的规范健康发展。

针对游戏直播内容涉及未成年人的问题，2022年4月，国家广播电视总局网络视听节目管理司、中共中央宣传部出版局联合发布《关于加强网络视听节目平台游戏直播管理的通知》，要求严禁网络视听平台传播违规游戏，加强游戏直播内容播出管理，督促网络直播平台建立并实行未成年人保护机制等。

针对游戏直播、真人秀直播存在的未成年人主播与打赏问题，中央文明办等四部门于2022年5月发布《关于规范网络直播打赏加强未成年人保护的意见》，改善未成年人网络环境。

针对网络主播行为规范缺乏统一标准的问题，国家广播电视总局、文化和旅游部于2022年6月联合印发《网络主播行为规范》，规定了31类网络主播禁止实施的行为，以提高网络主播队伍的整体素质。

3.3.4　社会文化环境因素

《管子·宙合第十一》记载："乡有俗，国有法，食饮不同味，衣服异采；世用器械，规矩绳准，称量数度，品有所成。"这句话大意是说乡里有习俗，国家有法度，饮食衣服各有不同，器械、度量标准也各有成规。与此同理，消费者在社会中生活，必然受到不同的社会文化环境因素的影响。社会文化环境因素主要包括：民族特征、价值观念、生活方式、风俗习惯、营销道德、受教育程度、语言文字和审美观念等。

其中，营销道德是市场竞争中企业应遵循的准则。营销道德是指消费者对企业营销决策的价值判断，即判断企业营销活动是否符合广大消费者及社会的利益，能否给广大消费者及社会带来价值。企业要以营销道德来规范经营行为，履行社会责任。守信、负责、公平是现代企业最主要也是最基本的营销道德要求。

• 德技并修

近年来，伴随着我国国力、国际话语权等因素的提升，我国人民的文化自信、民族自豪感也得到了增强。中国优秀传统文化与当代先进科技、审美需求碰撞、融合、创新，形成了新国货、新国牌，塑造了新的商业化文创IP，它们不仅承载了当前中国人的价值追求和审美意趣，也向全国乃至全世界传播了中华人文精神。相关应用示例如表3-1所示。越来越多的消费者愿意为中国文化消费，渴望在国潮消费中找到文化上的存在感、归属感、成就感。

表3-1　新国货、新国牌文创IP打造应用示例

彰显文化自信	传承文化，契合新时代精神
汉服、潮玩、冬奥会冰墩墩等消费现象，河南卫视的国风主题综艺晚会节目（如唐宫夜宴、龙门金刚等）	主题公园（长城、大运河、长征） 科技引领（如"神舟"遨空、"嫦娥"奔月、"天问"探火、"蛟龙"入海等）
用中国文化符号讲述中国故事	善用中式语言，善解中国文化
故宫、敦煌、三星堆、良渚等	蕴含中国主题的原创动画、游戏、小说等

营销实践

再创国风

数据表明，与"国潮""国风"相关的关键词搜索热度在过去10年中增加了五倍，约80%新生代消费者更喜欢中国品牌。他们是更为挑剔的消费者，在追随国风元素的同时，更加注重产品力、审美设计与品牌内涵。

例如，2022年七夕，安踏选定七夕限定配色，运用牛仔布和七夕鹊桥等灵感设计，推出了与传统节日巧妙结合的新款篮球鞋。此外，它持续将体现"锦鲤""山水""妙手回春""端午节"等充满中国特色文化风格的产品展示给消费者，实现了传统佳节送礼的国风回潮。

又如，国潮品牌UFZ通过研究中国印章文化，对"九叠篆"官印字体进行解构和再创作，完成"UFZ九叠篆国潮官印"系列服装设计，深度契合新生代消费者对国风审美的新诉求，带起一股"九叠篆"热潮。

而布艺玩偶品牌"问童子"专注于布艺玩偶创作，以"颠覆传统"为理念，通过中国文化与前沿设计的碰撞交融，推出了奋斗玩偶等广受欢迎的新产品。

运动品牌Champion以传统儿歌"两只老虎"为设计灵感，在虎年春节推出"虎虎系列"，结合街头涂鸦画风和毛笔笔触，将运动与街头风格生动融合，别具趣味。通过诠释"中国故事"，唤醒新生代消费者的童年回忆。

资料来源：光华研究院.重塑信心，着眼未来，品牌如何拥抱年轻消费力？[EB/OL].复旦大学消费市场大数据实验室2023-04.

3.3.5 科学技术环境因素

科学技术环境不仅直接影响企业内部的生产和经营，而且与其他环境因素互相依赖、相互作用，这既给企业创造了机会，也给企业造成了威胁。

无论是企业、城市还是国家竞争，最终取决于科技实力、市场活力和创新动力的比拼。其中，大型科技企业在竞争中发挥了重要支撑作用。2022年12月，国家知识产权局发布了《中国民营企业发明专利授权报告（2021）》，中国民营企业发明专利授权量TOP10如表3-2所示。

新兴技术创造了新的数字时代，以"大智移云"为代表的先进信息技术已成为经济发展和变革的主要动力，也为企业孕育新的经营业态、商业模式提供了大量机会。

表3-2　中国民营企业发明专利授权量TOP10

排名	企业名称	2021年发明专利授权量/件	排名	企业名称	2021年发明专利授权量/件
1	华为技术有限公司	7 630	6	北京小米移动软件有限公司	1 415
2	腾讯科技（深圳）有限公司	4 537	7	联想（北京）有限公司	1 241
3	OPPO广东移动通信有限公司	4 196	8	比亚迪股份有限公司	1 056
4	维沃移动通信有限公司	2 916	9	百度在线网络技术（北京）有限公司	1 036
5	珠海格力电器股份有限公司	2 574	10	宁波方太厨具有限公司	862

（1）新技术作为一种创造性的力量，形成了一种创造性推动力。近几年，我国数字经济规模持续扩大，与实体经济深度融合，为"中国制造"升级为"中国智造"提供了坚实基础；数字社会全面建设的成就突出，更好地满足了人民日益增长的美好生活需要。

（2）新技术革命促进了企业经营管理的现代化。例如，京东、阿里巴巴推出的无人仓实现了货物从入库、存储、包装、分拣的全流程、全系统的智能化和无人化。以此为代表的趋势使物流行业从劳动力密集型变成了技术密集型。

（3）新技术革命促使消费者改变消费方式。例如，携程等企业通过大数据、人工智能、AR等技术，积极拓展沉浸式、体验式、互动式消费新场景，推动旅游产业转型升级，打造智慧旅游新生态。

（4）新技术革命丰富了消费者与企业的交易方式。移动支付以及商品数字化的发展不断丰富交易方式和手段。例如，消费者可以在手机等智能终端通过支付宝、微信钱包、QQ钱包、京东闪付等方式完成支付。

（5）新技术革命影响企业营销组合策略的创新。这具体体现在广告媒体的多样化、沟通方式的便利化、信息传播的快速化，以及渠道的拓展性、市场范围的广阔性、促销方式的灵活性等。例如，全媒体营销、搜索引擎营销、大数据营销等创新营销方式已得到企业的重视和应用。

营销实践

元宇宙——更高阶的万物互联

元宇宙是整合多种新技术而产生的新型虚实相融的互联网社会应用形态，它基于扩展现实技术提供沉浸式体验，利用数字孪生技术生成现实世界的镜像，通过区块链技术搭建经济体系，将虚拟世界与现实世界在经济系统、社交系统、身份系统上密切融合，并且允许每个用户进行内容生产和编辑。

目前，品牌利用元宇宙进行营销传播的方式主要有：①发行NFT（非同质化代币）数字藏品；②发布虚拟偶像、虚拟数字形象代言人等；③融合游戏与社交，增强互动体验。

在未来，成熟的元宇宙类技术将具备更高阶的万物互联属性，物理空间与信息空间中的人、机、物、环境、信息等要素相互映射、适时交互、高效协同。2023年1月，上海市首批元宇宙重大应用场景需求公示，包含医疗健康、数字城市、课堂教育、商业运营、品牌娱乐、文旅出游和智能制造7个类别的20个场景。

资料来源：华迎，马双.大数据营销[M].北京：中国人民大学出版社，2022.

3.3.6　自然环境因素

自然环境由自然资源、气候和土地面积三个基本要素组成。当前自然资源日益短缺，能源成本不断涨高，环境污染日益严重，政府对自然资源的管理和干预不断加强。企业营销活动的开展必须考虑自然环境的承受能力，突出节能环保，重视新能源的开发，以实现可持续发展。

• 德技并修

对我国而言，生态文明建设是关系中华民族永续发展的根本大计。习近平总书记指出："绿水青山既是自然财富、生态财富，又是社会财富、经济财富。"企业在追求经济效益的同时要兼顾社会效益，尽量减少对环境造成的不良影响。

3.4　市场机会和环境威胁的分析与评价

市场营销环境从正反方向同时影响企业的营销活动，企业需要通过环境分析来评估市场机会与环境威胁，并分析与评价企业具备的优势和劣势，进而提出相应的对策。

3.4.1　市场机会的分析与评价

1. 市场机会的含义

市场机会，也称环境机会，是指营销环境变化对企业营销活动产生的有利影响；也指给企业带来利益空间，对企业富有吸引力的环境因素。有效地捕捉和利用市场机会是企业成功营销的前提，企业应结合自身的资源和能力，及时抓住市场机会，提高经济效益。

2. 市场机会的分析

分析市场机会主要从两个方面切入：一是分析市场机会潜在吸引力（利益）的大小；二是分析市场机会出现概率的大小。市场机会分析矩阵如图3-5所示。

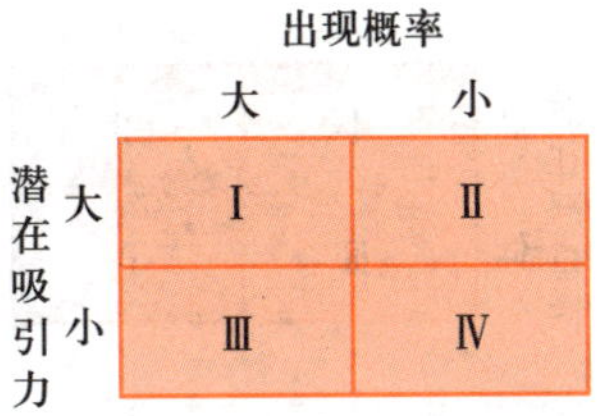

图3-5　市场机会分析矩阵

在第Ⅰ象限内，市场机会潜在吸引力大，出现概率大。表明对企业发展有利，有极大可能为企业带来巨额利润，企业应把握战机，全力发展。

在第Ⅱ象限内，市场机会潜在吸引力大，但出现概率小。表明企业暂时还不具备利用这些机会的条件，可机会一旦出现便会给企业带来很大的潜在利益，企业应积极准备条件，适时利用机会。

在第Ⅲ象限内，市场机会潜在吸引力小，但出现概率大。表明企业拥有利用机会的优势，但带来的利益不大，这需要企业慎重考虑，制定相应措施。

在第Ⅳ象限内，市场机会潜在吸引力小且出现概率小。企业应改善自身条件，注重机会的发展变化，适时地开展营销活动。

3. 市场机会的营销对策

（1）及时利用。当市场机会与企业目标一致，企业具备利用市场机会的资源和能力时，应抓住时机，争取获取最大的经济效益和社会效益。

（2）适时利用。有些市场机会相对稳定，但企业暂时不具备利用这些市场机会的条件，这时企业应积极创造条件，待时机成熟以后再利用。

（3）放弃不用。虽然存在市场机会，但企业不具备利用这种机会的条件，此时企业应尽早做出决策，果断放弃。

3.4.2　环境威胁的分析与评价

1. 环境威胁的含义

环境威胁是指营销环境中不利于企业营销活动的因素及其发展趋势，它会对企业形成挑战，对企业的市场地位构成威胁（如能源危机、政治危机、经济危机等）。企业要善于识别环境中的潜在威胁，正确评估威胁出现的概率及其影响程度，及时制定应变策略。

2. 环境威胁的分析

分析环境威胁主要从两个方面切入：一是分析威胁的潜在严重性，即影响程度；二是分析威胁出现概率的大小。环境威胁分析矩阵如图 3-6 所示。

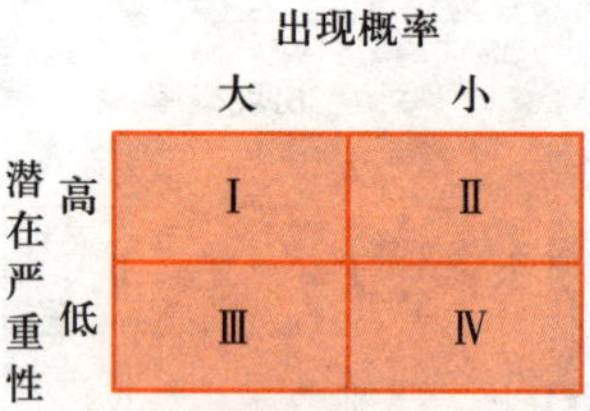

图 3-6　环境威胁分析矩阵

在第 I 象限内，环境威胁潜在严重性高，出现概率大，这表明企业面临严重的环境威胁。因此，企业应高度重视，必须严密监视和预测其发展变化趋势，积极制定相应的对策。

在第 II 象限内，环境威胁潜在严重性高，但出现概率小。企业应密切监视其出现与发展的情况，制定相应措施，力争避免受到环境威胁的危害。

在第 III 象限内，环境威胁潜在严重性低，但出现概率大。企业必须充分重视，关注其变化趋势，准备应有的对策。

在第 IV 象限内，环境威胁潜在严重性低，且出现概率小。企业应注意观察其发展变化情况，分析其是否存在向其他象限发展变化的可能性。

3. 环境威胁的营销对策

（1）限制或扭转。即利用各种手段限制不利因素对企业的威胁，或扭转不利环境使其向有利方面转化。

（2）调整并减轻。即通过调整市场营销策略来适应或改善环境，尽量降低环境威胁对企业的负面影响程度。

（3）转移或停止。即将产品转移到其他盈利情况较好的经营领域或干脆停止经营的方式。

3.4.3　市场机会与环境威胁的综合分析与评价

用上述市场机会与环境威胁矩阵综合分析、评价营销环境，企业的营销业务可分为四种不同的类型，即理想业务、冒险业务、成熟业务和困难业务，如图 3-7 所示。企业对这四种机会与威胁水平不等的营销业务应采取不同的对策。

机会水平 \ 威胁水平	低	高
高	理想业务	冒险业务
低	成熟业务	困难业务

图 3-7　市场机会与环境威胁综合分析

1. 理想业务

理想业务，指高机会、低威胁的业务。对于此类业务，企业必须抓住机遇，迅速行动。否则，将丧失机会，追悔莫及。

2. 冒险业务

冒险业务，指高机会、高威胁的业务。企业面对高风险与高利润，应全面分析自身的优势与劣势，慎重抉择，争取突破。

3. 成熟业务

成熟业务，指低机会、低威胁的业务。可将其作为企业的常规业务来开展，以维持企业的正常运转，并为开展理想业务和冒险业务提供必要的准备条件。

4. 困难业务

困难业务，指低机会、高威胁的业务。企业或者努力扭转不利局面，走出困境以减轻威胁；或者立即转移，通过换环境来摆脱困境。

营销实践

角落里的“大生意”

火车站、机场以及电影院的等候区，商场的边缘地带，餐厅的收银台旁……这些角落往往都布置有娃娃机、盲盒贩卖机、迷你KTV、VR体验游戏机、共享按摩椅、自助榨汁机、共享充电宝等机器。这些机器的出现填充了空白角落的商业想象力。

这一简单生意模式的背后是一条成熟、完善的经济链。

广州番禺星力动漫游戏产业园里驻扎着无数娃娃机制造商，以及零部件供应商。目前番禺的娃娃机产量已占全球90%以上。"你很难再找到比这里性价比更高，又能快速满足各种定制化需求的厂商了。"有制造商说，他们不仅提供设备，还能提供运营指导等，颇具竞争力。这些制造商还可制造盲盒贩卖机、口红机、共享按摩椅、共享游戏机等，基本上垄断了"角落生意链"的上游。

业内人士称，整个产业链中最赚钱的是制造商，这些制造商有两种营利模式，一种是直接卖机器，一种是收加盟费。加盟就是把机器以出租方式给当地人经营，然后利润分成。由于制造商走量，一般2~5个月就可以收回成本。

资料来源：周慧娴.角落里的生意，静悄悄[J].商界，2023（3）：19.

3.4.4　营销环境SWOT综合分析与评价

营销环境 SWOT 分析法，是指企业对营销环境中的内外部因素进行比较分析，明确企业的优势（strengths）与劣势（weaknesses）、机会（opportunities）与威胁（threats），寻找市场空白点，分析企业核心竞争力，树立差异化竞争优势，并据此制定相应的开发策略。

小试牛刀

请根据目前大学生就业的内外部环境，以及个人的专业学习情况，试完成一份大学生就业SWOT 矩阵分析报告。

1. 分析环境因素

利用各种研究方法分析企业的内外部环境因素：内部环境因素包括优势因素和劣势因素，属于可控因素；外部环境因素包括机会因素和威胁因素，属于不可控因素。

2. 构造 SWOT 矩阵

将分析得到的各种影响因素根据影响程度排序，构造 SWOT 矩阵，优先排列对企业发展有直接的、重要的影响的因素。

SWOT 矩阵如表 3-3 所示。

表3-3　SWOT矩阵

外部	威胁（T）	机会（O）
内部	优势（S）	劣势（W）

3. 制定相应战略对策

将 SWOT 各因素相互匹配组合，可制定出以下战略对策：

（1）防御型战略——WT 对策（劣势＋威胁），即着重考虑劣势因素和威胁因素，努力使这两种因素都趋于最小。

（2）扭转型战略——WO 对策（劣势 + 机会），即着重考虑劣势因素与机会因素，努力使劣势因素趋于最小，使机会因素趋于最大。

（3）多种经营战略——ST 对策（优势 + 威胁），即着重考虑优势因素和威胁因素，弥补自身不足，把握市场机会，努力使优势因素趋于最大，使威胁因素趋于最小。

（4）增长型战略——SO 对策（优势 + 机会），即着重考虑优势因素和机会因素，扬长避短，发挥项目优势，把握市场机会。

由此可见，WT 对策是企业处于最困难情况下不得不采取的对策，WO 对策和 ST 对策是企业处于一般情况下采取的对策，而 SO 对策则是一种最理想的对策。

稳 扎稳打 ‹‹

一、单项选择题

1. 直接影响企业内部生产和经营的因素是（　　　）。

　　A. 经济环境因素 　　　　　　　　B. 顾客因素

　　C. 人口环境因素 　　　　　　　　D. 科学技术环境因素

2. 不属于市场营销宏观环境的因素是（　　　）。

　　A. 供应商因素 　　　　　　　　　B. 社会文化环境因素

　　C. 人口环境因素 　　　　　　　　D. 科学技术环境因素

3. 一个国家或地区人民生活越（　　　），恩格尔系数就越大。

　　A. 贫困 　　　　　　　　　　　　B. 富裕

　　C. 平衡 　　　　　　　　　　　　D. 稳定

4. 很多消费者通过互联网订购车船票和购买产品，这要求企业在制定营销战略时应着重考虑（　　　）。

　　A. 人口环境因素 　　　　　　　　B. 经济环境因素

　　C. 社会文化环境因素 　　　　　　D. 科学技术环境因素

5.（　　　）是指低机会、低威胁的业务。可作为企业的常规业务，用以维持企业的正常运转。

　　A. 理想业务 　　　　　　　　　　B. 冒险业务

　　C. 成熟业务 　　　　　　　　　　D. 困难业务

二、多项选择题

1. 企业的市场营销微观环境因素包括（　　　　）。
   - A. 企业自身
   - B. 营销渠道
   - C. 顾客
   - D. 竞争者
   - E. 公众

2. 恩格尔系数是由（　　　　）决定的。
   - A. 食品支出
   - B. 总支出
   - C. 个人可支配收入
   - D. 个人可任意支配收入

3. 环境威胁的营销对策包括（　　　　）。
   - A. 限制或扭转
   - B. 破坏
   - C. 调整并减轻
   - D. 转移或停止

4. 使用市场机会与环境威胁矩阵法综合分析、评价营销环境，企业营销业务的类型包括（　　　　）。
   - A. 理想业务
   - B. 冒险业务
   - C. 成熟业务
   - D. 困难业务

5. 营销环境 SWOT 分析法能明确企业的（　　　　），寻找市场空白点，分析企业核心竞争力，树立差异化竞争优势，并据此制定相应的开发策略。
   - A. 机会
   - B. 威胁
   - C. 优势
   - D. 劣势

三、判断题

1. 营销渠道因素主要包括供应商、分销渠道和辅助商等，是企业营销宏观环境重要的影响因素。（　　　）

2. 竞争者主要包括愿望竞争者、一般竞争者、产品形式竞争者和品牌竞争者等类型。（　　　）

3. 科学技术是构成市场的第一要素。（　　　）

4. 个人可支配收入是影响消费者需求变化最活跃的因素。这部分收入越多，消费者的消费水平就越高，企业的营销机会就越多。（　　　）

5. 环境威胁是指营销环境中不利于企业营销活动的因素及其发展趋势，它会对企业形成挑战，对企业的市场地位构成威胁。（　　　）

四、简答题

1. 中国当前经济发展阶段所涉及的"新常态"的主要特点是什么？

2. 什么是市场营销微观环境？什么是市场营销宏观环境？它们各自主要包括哪些因素？

3. 企业如何对市场机会和环境威胁进行综合分析与评价？

4. 如何使用 SWOT 分析法对营销环境进行综合分析与评价？

5. 什么是营销道德？现代营销最主要也是最基本的营销道德是什么？

调查研究 <<<<<<<<<<<<<<<<<<<<<<<<<<<<<<<<<<<<<<<<<<<<<<<<<<

（一）围炉煮茶源自云南的"火塘烤茶"，当地人使用屋内烧水或煮饭的火坑里的火，先将土陶罐放在火塘烘烤，然后把米、茶烤香。如今流行将火塘烤食与烤茶拼合在一起，融入中式元素，这一别具仪式感和氛围感的喝茶方式，在全国各地刮起流行风潮，成为 2022 年秋冬季节的新晋"网红"。

数据显示，2022 年 12 月起大众点评上新增"围炉煮茶"服务的实体商家数量，环比 11 月同期上涨 326%，吸引了众多"95 后""00 后"走进茶馆，学习和体验茶文化，带动中国传统文化业态进一步多元化发展。

业内人士认为，围炉煮茶在社交网络上走红，一部分原因在于其能够满足打卡拍照的"网红"属性；另一部分原因则是它满足了年轻人的社交场景需求，至于喝的是什么茶、茶好不好喝、茶点好不好吃，这些问题的答案并不是年轻人热衷于围炉煮茶的核心目的。

围炉煮茶表面上卖的是产品，但实际上提供的用户价值却是体验。人们可以在人为建造的田园背景下自拍、聚会，创造社交价值，或是在自助式服务中获得新奇体验。总之，顾客在围炉煮茶里看到的不仅有炭炉、茶壶和茶点，还有宁静悠远的场景氛围，故而消费者在围炉煮茶上所获得的价值远大于表面上能够看到的。

近几年，年轻人对社交的需求显得比以往更为强烈，而围炉煮茶恰好提供了一种舒适的社交方式，有容纳三五好友的群聚空间，对内可约亲朋好友闲话家常，对外能和陌生人分享生活方式，这让消费者获得了情感上的满足。

针对以上对于围炉煮茶的年轻人消费心理的调查研究，哪些行业和领域可以利用相似机遇创造营销商机？

（二）两轮电动车作为一种高效、环保、经济的出行交通工具，在现代化交通网络中占有重要比例。叠加"低碳环保""电动化""智能化""绿色出行"等因素，以及油价持续上涨、交通拥堵、限行限号、疫情下的出行方式改变等现实环境，两轮电动车行业获得了持续增长的动力。随着两轮电动车进入智能化时代，新产品不断出现，多重技术的运用为两轮电动车的全面升级提供了助力。

2022 年两轮电动车品牌线下渠道销量排名如图 3-8 所示。

•**数说营销**

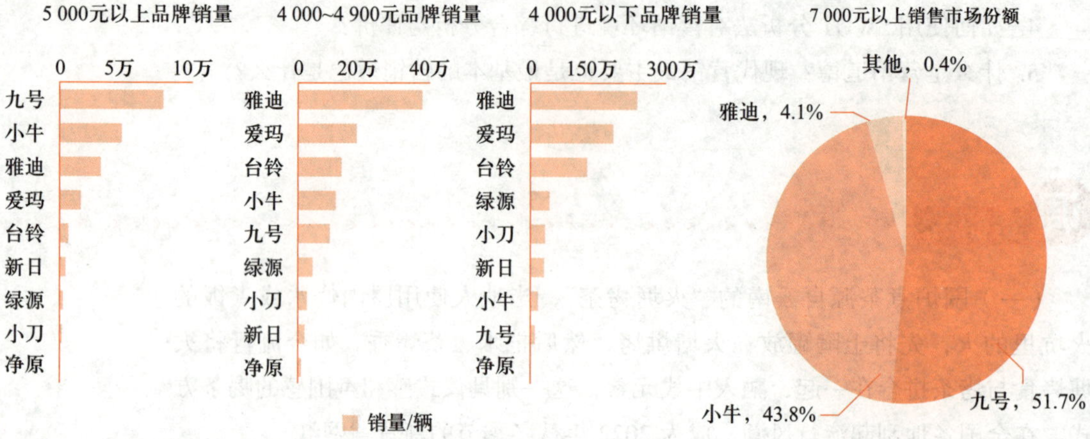
5 000元以上品牌销量
0 5万 10万
九号
小牛
雅迪
爱玛
台铃
新日
绿源
小刀
净原
4 000~4 900元品牌销量
0 20万 40万
雅迪
爱玛
台铃
小牛
九号
绿源
小刀
新日
净原
4 000元以下品牌销量
0 150万 300万
雅迪
爱玛
台铃
绿源
小刀
新日
小牛
九号
净原
7 000元以上销售市场份额
其他，0.4%
雅迪，4.1%
小牛，43.8%
九号，51.7%
销量/辆

图3-8　2022年两轮电动车品牌线下渠道销量排名

同年，国家颁布多项政策，进一步倡导绿色出行，完善城市慢行交通体系，推动智慧交通与智慧城市协同发展，大力支持互联网、大数据、人工智能等新技术与交通行业深度融合。两轮电动车作为绿色出行和慢行交通工具，在政策利好的大环境下，将会充分利用互联网、人工智能等新技术快速发展。

选取某一两轮电动车企业开展调查研究，分析并构建该企业的营销环境分析 SWOT 矩阵。

力 学笃行

营销环境分析与评价——企业营销机会挖掘

■ 实训目标

项目小组选择某一典型行业、领域或企业，收集资料，深入研究消费升级和科技发展对该行业、领域或企业的营销创新产生的影响，以掌握市场营销环境分析与评价的实践认知。

■ 背景资料

2022 年是一个重要节点。新一轮科技革命和产业革命正在进行，数字时代已经来临，互联网、云计算、大数据等新型技术与模式正深刻改变着人们的思维、生产和学习方式。5G、物联网、区块链、人工智能、3D 打印等技术的发展影响了各行各业，数字产品、电子支付、新零售、全渠道、智慧物流等概念日渐为大众所熟悉，企业的商业模式和消费者的消费行为都发生了本质变化。数字化转型正成为国家创新发展的关键形式和重要方向。

这是一个历史性节点，中国正在改变过去 40 余年的发展方式，增长引擎正在发生切换，由量向质转变；而严峻的外部形势又增加了极大的难度和不确定性。

■ 实训要求

分小组进行实地调研，通过互联网或专业杂志等搜集资料，小组讨论，选定一个热点话题。

选题建议：中国制造、国潮、乡村振兴、创新创业、消费升级、新媒体营销、直播电商、元宇宙、人工智能、虚拟数字人、新零售、汉服、新茶饮、新能源汽车、无人机等。

根据搜集的资料，制作 1 个 ×× 行业（企业、品牌）营销创新的典型文字案例，制作 1 个视频解读案例。文字案例要做到图文并茂，格式工整；视频案例要有条理拍摄，内容要完整，并标注项目团队制作信息。

■ 实训步骤

（1）按项目小组讨论并确定一个行业、领域、企业或品牌为本次研究对象。

（2）通过调查研究，搜集整理相关资料。

（3）分组撰写一份 ×× 行业（企业、品牌）的营销创新文字案例，并在此基础上完成一份视频制作脚本。

（4）剪辑制作一个视频解读案例。

（5）收集小组作业，以班级为单位进行分享。

（6）相互点评，教师总评。

■ 实训成果

×× 行业（企业、品牌）的营销创新文字案例、视频制作脚本、视频案例各一份。

自 学自测 <<<<<<<<<<<<<<<<<<<<<<<<<<<<<<<<<<<<<<<

单元三　市场营销环境分析与评价

素养目标

1. 没有调查就没有发言权，要注重调查研究，以调研事实为依据，进行科学预测和决策

2. 培养科学的数据素养，提高数据敏感性，提升大数据信息技术的应用和创新意识

3. 遵守数据管理法律法规，在营销调研实践中合法合规地使用客户数据

知识目标

1. 了解市场营销信息系统的组成

2. 熟悉市场营销调研的类型及主要内容

3. 掌握市场营销调研的程序及主要方法

4. 掌握市场营销调研问卷和调研报告设计、撰写的主要内容

5. 了解市场营销预测的内容及主要方法

技能目标

1. 能够形成主动进行市场营销调研的行动意识

2. 能够敏锐观察周围企业经营管理活动并主动收集相关信息资料

3. 能够制定调研方案，设计调研问卷，运用不同的调研方法开展调研工作，并撰写比较完整有效的调研报告

思维导图

市场营销信息系统
├─ 市场营销信息的含义
├─ 市场营销信息系统的含义
└─ 市场营销信息系统的组成

市场营销调研与预测

市场营销调研
├─ 市场营销调研的含义
├─ 大数据时代的市场营销调研
├─ 市场营销调研的类型及主要内容
├─ 市场营销调研的程序
├─ 市场营销调研的方法
├─ 市场营销调研问卷的设计
└─ 市场营销调研报告的撰写

市场营销预测
├─ 市场营销预测的含义
├─ 市场营销预测的内容
├─ 市场营销预测的步骤
└─ 市场营销预测的方法

学 思践悟　**海尔的大数据营销信息系统构建**

　　在数字经济时代，各种数据都在爆发式地增长，企业所能获取的数据信息类型和数量都在大幅度增加。与此同时，随着大数据、人工智能、区块链、云计算等新兴数字技术的迅猛发展和普及应用，企业营销信息系统的精度与响应速度等都得到了前所未有的提升。

　　海尔是我国家电行业的领先品牌，它非常重视营销信息系统的构建，重视新兴数字技术在市场调研活动中对传统营销信息系统的赋能和优化，通过调研，建立了一个精准细分、活跃度高的社交化客户关系管理（Social Customer Relationship Management，SCRM）大数据平台。该平台定位于打通企业内部的全流程数据，以用户最佳体验为导向驱动全流程数据的优化增值，同时也与企业外部的全网络数据动态连接，最终形成全流程用户体验生态圈。

　　1. 数据的核心是人

　　海尔秉承这样一种观念：回款不是交易的结束，而是交互的开始。企业需要洞察消费者，研究用户需求。海尔分两个层面运营用户数据：

底层数据平台是SCRM大数据平台，打通8类数据资产，核心是1.4亿用户数据；上层会员平台是海尔梦享会员俱乐部，活跃会员超过3 000万人。该平台实行会员制，用户注册梦享会员后会产生很多数据，均存放在SCRM大数据平台。此外，该平台还存放产品销售数据、售后服务数据、官方网站数据、社交媒体数据等。

2. 数据采集的核心是连接

数据不等于有价值的信息，经过连接才能变成信息。海尔以用户数据为核心，将分散在各个信息化系统中的数据都连接起来，进行数据融合。通过数据清洗，识别出每个海尔用户的具体数据信息。为了更全面地认识用户，海尔通过SCRM大数据平台合理获取用户公开的网络行为数据，进行全网识别，洞察用户的特点、爱好和生活习惯，并为他们打上数据标签，生成360度用户画像。

3. 数据挖掘的核心是预测

在进行数据挖掘时，最核心的工作是预测，包括预测消费者接下来会发生什么样的行为，会有什么样的需求，或者对已有的产品、方案有什么更新的需求。海尔经过数据融合、用户识别，生成数据标签，建立数据模型。现已建立3类、10个数据模型，用量化分值评估用户潜在需求的高低。

4. 数据应用的核心是场景

数据采集和挖掘的最终目的是使用数据。数据平台要分析业务部门在什么时候、开展什么业务、可能遇到什么问题，在解决这个问题时需要用到哪些办法，这些办法中哪些可以通过数据挖掘的路径来达到目的。数据平台将这些业务应用场景进行梳理，开发相应产品。海尔将场景分为线上场景和线下场景，线上场景有上网浏览、电商购物、线上社交；线下场景有居家生活、门店购物、电话交流等。消费者无论出现在哪个场景，海尔都可以在正确的时间、地点推送合适的产品或方案。

引思明理：

没有调查就没有发言权。党的二十大报告强调要深入调查研究。大数据时代，企业日益重视新兴数字技术的应用和先进营销信息系统的构建，提升了企业在市场营销调研过程中数据搜集、处理和分析的能力。海尔成功应用数据驱动相关技术，开展用户数据收集、价值挖掘、需求预测和场景分析等营销活动，用数字洞察来驱动营销决策并优化经营活动，这值得营销人员学习和借鉴。

近几年，互联网和移动互联网的普及，推动了云计算、物联网、大数据为代表的新一代信息技术在企业市场调研与预测中的应用，提升了企业捕捉和利用市场机会的潜力。企业要了解市场商品供求状况，了解竞争对手和自身的运行状况，占领市场，就必须建立市场营销信息系统，开展市场营销调研，充分掌握信息，并在此基础上科学地进行分析、预测和决策。

4.1 市场营销信息系统

4.1.1 市场营销信息的含义

市场营销信息简称营销信息，是指在一定时间和条件下与企业的市场营销活动（包括相联系的生产与服务）有关的各种消息、情报、数据、资料的总和。它由语言、文字、数据、符号等组成。

4.1.2 市场营销信息系统的含义

市场营销信息系统是一个由工作人员、计算机程序及相关数据构成的相互作用的复合体，企业通过该系统进行营销数据的收集、存储、挖掘，进而分析、评估和发布营销相关信息，为改进营销计划、实施营销控制工作提供依据。

数字经济时代，企业的数据量呈倍数增长，远超人脑能够处理的量级。管理者无法仅凭直觉做出营销决策，而应该整合、分析海量的营销数据，进行智能营销洞察。从市场营销信息系统的角度分析，企业营销数字化转型的本质就是利用数据分析等信息化技术为企业发展赋能，为营销决策提供智能化的决策支撑。

与市场营销信息系统关联紧密的数据概念包括：

（1）大数据。大数据是一种巨大规模的数据集合。它在获取、存储、管理、分析方面远远超出传统数据库软件工具能力范围，需要具有更强决策力、洞察力和流程优化能力的新处理模式，才能转化为多样化的信息资产。

（2）数据库。数据库是指按数据结构来存储和管理数据的计算机软件系统。数据库是数据管理的新方法和技术，它能更合适地组织数据、更方便地维护数据、更严密地控制数据和更有效地利用数据。

数 据 中 台

数据中台是指在数字化转型过程中，企业通过业务数据沉淀构建的包括数据技术、数据治理、数据运营等关于数据的建设、管理、使用体系，以实现数据赋能。

数据中台不单指系统或工具，而是一个职能部门，通过一系列平台、工具、流程、规范来为整个组织提供数据资产管理和服务。数据中台的主要工作包括集成全域数据、加工和管理数据资产、向前台业务部门和决策部门提供数据服务等。因此，数据中台的核心职能是数据资产管理和数据赋能。近几年，越来越多的企业都开始重视数据中台的建设。

（3）数据存储。数据存储是指将数据流在加工过程中产生的临时文件或加工过程中需要查找的信息，以某种格式记录在计算机内部或外部存储介质上的过程。在"大智移云"时代，成本低廉、具有高可扩展性的云存储得到了广泛应用。

（4）数据挖掘。数据挖掘是指利用人工智能、机器学习、模式识别、统计学、数据库、可视化等技术，高度自动化地分析企业的数据，进行归纳推理，从大量数据中提取有效信息的过程。

（5）数据隐私保护。数据隐私保护是指对企业敏感数据进行保护的措施。每个企业都拥有敏感数据，包括其商业秘密、知识产权、专利技术、关键业务资料和重要客户及合作伙伴信息等数据。此类数据必须根据企业规章、行业标准和相关法规的具体要求妥善保存起来。

良品铺子的客户大数据洞察

零食品牌良品铺子运用大数据洞察消费者需求，在生产、营销、运营等方面进行持续改进。良品铺子设立了顾客体验小组负责通过收集电商平台网购评论、对线下门店顾客进行调研等方式，获取顾客反馈数据，并将相关数据应用于产品改善、内部运营、销售增长等多个方面。

数据显示，良品铺子全域会员超过9 700万人，来自微信、抖音、快手、微博、天猫、京东、美团、小红书等29个渠道，良品铺子统一了这些渠道的会员数据和权益管理，通过良品铺子App实现了全渠道的会员通、订单通、商品通。良品铺子为每个会员ID建立了超过70个标签。导购人员通过相关系统可以查询到会员的忠诚度、会龄、生日、年龄、商品偏好、购买力水平、消费习惯等内容，根据相关数据进行商品优化和精准营销。

对外，企业整合外部流量平台用户数据和商品数据；对内，企业打通商城、订单、会员、客服等系统，聚合全域数据，对消费者进行洞察，通过改善商品和精准营销提升业绩。这是零售业企业推进数字经济与实体经济融合发展的典型场景。

4.1.3　市场营销信息系统的组成

1. 内部报告系统

内部报告系统是指由企业内部的财务、生产、销售等部门组成的，定期提供控制企业全部营销活动所需信息（包括订货、销售、库存、生产进度、成本、现金流量、应收账款等）的信息系统。

早在古代，我国商人就坚持注重客户需求信息的收集。例如，创建于清咸丰年间的内联升鞋店专门经营朝靴，它注意对客户的身份特征、背景材料、足部尺寸、朝靴样式偏好等信息的收集，按系统等级记录整理，形成详细周全的用户数据档案《履中备载》，并时常补充、更新、完善，以此作为生产朝靴的依据。实际上，这就是数据库营销的雏形。

数字营销时代，很多企业都重视数据库营销，建立起内部数据库，通过大数据系统进行数据分析，开展用户画像，作为后续营销策略制定和调整的依据。

营销新知

大数据时代的内部报告系统

互联网和大数据的发展对企业传统的内部报告系统提出了挑战。数据已成为很多企业的核心产品，如何快速从海量数据中提取有用信息，并将其通过图表展示出来，已成为管理企业内部报告系统的重要问题。很多企业都在已有的内部报告系统的基础上搭建了商业智能系统。一些企业将数据资产变现，进一步基于内部数据开发数据产品，为其他企业提供信息服务。例如，阿里巴巴在内部数据基础上发布了"数加"产品平台。基于该平台，其他企业可以监测网站交易数据，搭建销售数据分析子平台，通过机器学习分析海量用户交易日志、预测金融投资风险等。

2. 营销情报系统

营销情报系统是指企业营销人员取得外部市场营销环境中的有关资料的程序或来源的信息系统。该系统可以通过公共媒体、权威部门、互联网、行业专家等发布的新闻、出版物、广告、资料等取得信息；也可以通过消费者、供应商、经销商、竞争者、内部员工等方面的反应来取得有关信息。

现如今，企业获取外部信息不再局限于传统媒体，而是更关注消费者在互联网媒体上发表的观点、意见和情绪。很多企业上线了舆情监测系统，通过技术手段抓取与自身或竞争对手相关的言论，分析热点、情绪和趋势，及时响应。

3. 营销调研系统

营销调研系统是指针对确定的市场营销问题，收集、分析和评估有关的信息资料，并对研究结果提出正式报告，供决策者有针对性地用于解决特定问题，以减少由主观判断可能造成的决策失误的信息系统。

4. 营销分析系统

营销分析系统是指借助各种数理模型（统计分析模型和市场营销模型）和信息处理技术，对收集来的数据资料进行分析归纳，帮助营销人员分析复杂营销问题的信息系统。

营销实践

数字化的奶茶

喜茶的目标是致力于打造"年轻化、科技化、国际化"的中式新茶饮，这主要归功于它的"数字化运营"。

1. 优化"会员系统"，做深用户价值

据喜茶官方披露，其会员数已超过3 500万。喜茶会员系统内的用户数据包括：性别、出生日期、电话号码、电子邮箱、第三方平台的用户名、所在省市、会员等级、卡内余额、使用会员服务的日期与频率、货品品类和口感的喜好、送餐时的收货人姓名、电话号码和地址等信息。基于这些数据，喜茶构建了会员信息系统，开展数字化用户运营，从供应链管理、产品研发到市场营销、优惠推送、售后服务，实现全链路智能化。

2. 数据驱动挖掘细分需求，推出独特新品

在用户分析方面，喜茶利用用户行为数据进行精准的用户喜好预测，获取产品研发灵感，推出更贴近用户的独特新品。例如，"00后"选择正常糖的比例是41.8%，而"80后"仅为17.1%……基于年长者对糖分的顾虑，喜茶在行业中率先推出可降低90%热量的"甜菊糖"饮品。

3. 千人千面推送，定制化营销更个性

喜茶通过会员数据的科学化分析，高效刺激和提升会员消费水平，根据对会员的精准画像，推出灵活的奖励政策以及专属定制化服务，满足个性化需求。根据消费者在打开小程序时的定位，喜茶会自动分配距离最近的门店；根据门店数据，喜茶会将目前最热销、存量较多的产品优先展示；实施灵活的折扣策略；根据不同的时间段推荐早餐、下午茶等不同的组合……自动化的千人千面营销，不仅可灵活控制库存，还能有效提高销量，提升用户体验，第一时间把需要的信息与产品呈现在用户面前。

喜茶在大数据运营和会员管理方面，收集客户行为和偏好数据，成功利用数据驱动开展营销活动，它数字化的营销信息系统应用值得茶饮界同行学习和借鉴。

资料来源：华迎，马双.大数据营销[M].北京：中国人民大学出版社，2022.

4.2 市场营销调研

4.2.1 市场营销调研的含义

市场营销调研，是指运用科学的方法，有目的、有计划、系统地收集、整理、分析研究有关市场营销方面的信息和资料，提出解决问题的建议，供营销管理人员了解营销环境，发现机会与威胁，并将其作为市场预测和营销决策依据的过程。

市场营销调研主要具备三种功能：①描述。通过调研描述当前市场环境与行业状况、顾客需求与目标市场状况、竞争对手及自我经营状况等。②分析。根据描述来分析行业、市场、顾客、自身经营状况、竞争者现状、投资项目的可行性等。③预测。根据分析对未来做出尽可能准确的预测。

市场营销调研是企业营销活动的出发点，其作用主要有以下几个方面：

（1）有助于经营管理者把握宏观市场环境，加深对所从事行业的了解。

（2）有助于确定消费者需求，生产其需要的产品。

（3）有助于发现新的市场机会和需求，以便于有针对性地开发新产品。

（4）有助于了解企业自身的产品和经营状况，发现产品的不足及经营中的缺点，及时反馈并予以纠正，改进企业的经营策略。

（5）有助于及时掌握竞争者动态，了解其经营状况与策略、产品或服务的优劣势，以及市场份额的大小，以便及时调整和改进经营策略，降低决策风险，提高成功的可能性。

4.2.2　大数据时代的市场营销调研

2015 年 9 月，国务院印发《促进大数据发展行动纲要》，明确推动大数据发展和应用，打造精准治理、多方协作的社会治理模式，建立运行平稳、安全高效的经济运行新机制，培育高端智能、新兴繁荣的产业发展新生态。

在大数据时代，随着大数据、人工智能、云计算等技术的快速发展，数据收集处理的思维、方法发生了极大变化，企业的市场调研能够更加高效、快捷地服务于企业日常的决策活动。

（1）基于互联网进行市场营销调研提高了效率、降低了成本。企业利用网络设置电子调研问卷，以新产品试用或抽奖的方式吸引消费者完成问卷，降低了调研成本，提高了消费者参与积极性。

（2）基于大数据应用生成的用户画像，可以有效锁定用户需求。互联网企业可以通过客户浏览、消费等行为数据为用户画像，了解用户喜好和习惯，这有助于提升用户体验并提供客户分级管理。

（3）移动终端提供了实时、动态、全面、客观的消费者信息。大量的手机应用程序为实时采集消费者信息提供了可能性，移动终端的信息分析在购买时点、产品渗透率及回购率、奖励促销效果评估等方面可发挥重要作用。

（4）零售终端信息采集系统能够帮助企业了解市场。企业通过零售终端信息采集系统可以掌握商业渠道的商品名称、规格、购进价、零售价、购买地点等动态信息，以适时调整营销策略。

（5）互联网技术提供了智能化信息采集、储存及分析手段。具体包括：①超大容量的数据库，②专业、高效的搜索引擎，③基于云计算的数学分析模型等。

4.2.3　市场营销调研的类型及主要内容

1. 市场营销调研的类型

按调研的目的不同，市场营销调研可分为：

（1）探索性调研。它是指企业经营者感到营销活动中存在问题，但对问题的性质或范围不甚明确，为找出问题症结，明确进一步调研的内容和重点而进行的非正式的初步调研。例如，产品销售不畅但原因不明时，可进行探索性调研。

（2）描述性调研。它是指企业在已明确所要研究问题的内容与重点的前提下，拟定调研计划，对所需资料进行收集、记录和分析的调研。例如，某连锁店新开一家分店，公司对来店顾客进行调研。

（3）因果性调研。它是指企业为了弄清市场变量之间的因果关系，收集有关市场变量的数据资料，运用统计分析和逻辑推理等方法，判明自变量（原因）、因变量（结果），以及变动规律的调研。例如，调研产品价格高低对产品销售的影响结果，或是不同的媒体推广组合对产品销售的影响结果。

2. 市场营销调研的主要内容

（1）市场营销环境调研。市场营销环境调研可以帮助企业及时发现市场机会和环境威胁因素，结合企业内部的优势和劣势及时制定相应的营销策略。

（2）消费者心理及行为调研。主要是指针对满足消费者需求的购买动机、购买行为模式、购买过程等消费者心理及行为进行的调研。消费者需求调研是该调研的主要内容，包括何人购买、为何购买、购买什么样的商品、以何种价格购买、何时购买、在何地购买、如何购买和谁参与购买。

数字营销时代，大数据分析技术应用已经成为消费者心理及行为调研的主要工具，企业运用相关技术进行调研分析，可以获得更精准的用户画像。

（3）市场需求调研。主要包括市场需求总量及其构成的调查；目标市场需求的调查；市场份额及其变化情况的调查。

（4）市场竞争调研。主要包括竞争者产品策略调研、竞争者价格策略调研、竞争者分销渠道策略调研和竞争者促销策略调研等。

（5）企业自身调研。主要包括企业自身的产品开发信息调研、价格制定及调整信息调研、渠道推广信息调研、促销活动信息调研和企业形象调研等。

4.2.4 市场营销调研的程序

1. 调研准备阶段

（1）确定调研目的。调研目的主要是明确为什么要进行此次营销调研、通过调研要了解哪些情况、调研结果的具体用途等。

（2）拟定调研方案。调研方案应包含以下内容：调研目的、调研区域、调研对象及样本、调研时间及地点、调研方法、调研工具、分析方法、调研报告编写方式、调研费用和调研团队成员等。

（3）建立调研团队。根据调研任务和规模大小，选拔企业内部人员、聘用兼职人员或委托专业调研公司组成营销调研团队，并开展相应的学习和培训。

（4）进行初步调研。调研组成员应先了解调研公司、市场、竞争者、销售等情况，初步提出问题，通过访问业内专家、企业高管、典型消费者等方式收集企业内外部的相关信息资料，初步分析研究，找出问题中相互影响的因素及其之间的联系，做好正式调研的基础。

（5）设计调研问卷。根据初步调研的结论调整调研计划，拟定调研问卷及相关应用表格。

小试牛刀

假设你所在的专业要进行一次优秀毕业生调研，请设计一份调研方案。

2. 调研实施阶段

调研实施阶段即调研的执行阶段，主要任务是组织调研团队成员按照调研方案的要求，通过各种方式全面、系统地收集各种营销信息资料和数据。同时要注意调研前的准备工作，如表4-1所示。

表4-1　调研前的准备工作

准备工作	主要内容
明确任务	明确调研目的、性质、内容、范围、形式、时间、质量等要求
完成团队分工	明确团队人员组成、任务分工及协作关系
收集资料	调查城市区位、商圈、POP广告、报刊、网站等公开信息与内部资料
准备工具	准备表格、问卷、访谈提纲、公司资料、数码相机、摄像机等调研工具
考察路线	考察调研区域的交通工具、入口、行走方向、重要节点、出口等
安排时间	包括调研时段的安排，考察时间的估算，考察项目、地段顺序的确认等

如今，随着数据收集技术、工具的不断创新，获取调研数据变得比过去更简单易行，成本也更为低廉。

营销信息资料分为一手资料和二手资料两类。一手资料又称原始资料，是指需要通过调研人员实地调研取得的资料。二手资料又称间接资料，是指已存在的、已加工整理好的资料，主要包括企业收集的资料、各种出版文献和电子资料等。

（1）收集一手资料。以前，企业主要依靠实地调研的方法来收集一手资料，常用的经典方法有观察法、访谈法（如面对面访谈、电话访谈）、问卷法、实验法等。信息资料针对性强、适用性好，具有较高的参考价值，但成本较高。

实地调研又称"扫街"，其主要目的是学习（市场定位、产品特色、促销手段、价格定位等）、借鉴（卖点、价值诉求点等）、发现（专业能力、营销水平等）和挖掘（销售数据、主要客户等）。实地调研根据情况可以以真实身份、客户身份、同行身份等多重身份开展。实地调研后，需要对调研资料进行整理汇总，填写调研信息表，并针对数据进行简要分析。

在数字营销时代，企业主要对消费者网络消费的行为痕迹数据等一手资料进行收集。

行为痕迹数据，是指在网络与信息技术时代，消费者在搜索、浏览、交易、评论、分享等线上行为中留下的痕迹，以数据的形式存放在互联网信息平台。它主要包括用户网络行为数据（活跃人数、页面浏览量、访问时长、激活率、外部触点、社交数据等）、用户行为数据（浏览路径、页面停留时间、访问深度、唯一页面浏览次数等）、用户内容偏好数据（浏览/收藏内容、评论内容、互动内容、生活形态偏好、品牌偏好等）、用户交易数据（贡献率、客单价、连带率、回头率、流失率等）等。

（2）收集二手资料。二手资料的获取有内部和外部两种来源，它具有获取成本低、时间短的特点，但要注意二手资料的公正性、有效性、可靠性和时效性。

① 内部资料主要来源于企业内部的数据信息。如企业自身的物资供应、生产资料、财务资料、销售资料、客户资料、统计资料等；企业供应商、分销商提供的信息资料等；企业通过网络收集的竞争者的企业信息、产品信息、价格信息、广告信息、促销信息等。

随着互联网技术的发展，企业开始重视网络交流平台的建设，以便于企业从内部收集顾客的投诉和建议。例如，大众点评、美团、京东、天猫等网络平台每一款产品都设置有评价栏目和奖励政策，鼓励顾客评价并提出建议，以便及时发现问题，提升客户体验。

② 外部资料主要来源于社会上公开发布的信息，包括网络上的和纸质版的专业报告、资料及书籍、报刊等。

营销研究者和从业者常用的网站如表4-2所示。

表4-2 营销研究者和从业者常用的网站

网站类型	常用网站
统计与经济信息网站	国家统计局官网、国务院发展研究中心信息网、中国经济网等
市场营销专业网站	营销传播网、中国广告网、销售与市场网等
互联网营销研究网站	艾瑞网、中国互联网络信息中心、阿里研究院、中文互联网数据资讯中心等
学术资料共享网站	中国知网、百度文库、道客巴巴、栖息谷等

目前，很多互联网企业都推出了消费者行为数据分享平台及工具。如百度指数、头条指数、微指数（微博）、微信指数、搜狗指数、阿里指数等。同时，它们也加大在搜索领域的布局，应用内搜索用户数量持续增长。例如，字节跳动推出独立搜索产品"悟空搜索"，形成"头条搜索＋悟空搜索＋抖音搜索"的产品矩阵；微信"搜一搜"逐步满足用户的多元化需求，为内容创作者、服务提供者和入驻商户提供更好的服务。此外，企业也可以利用爬虫技术对网络中的各种文本信息进行抓取、整理、聚类和分析。

"爬虫"也被称为网络蜘蛛或网络机器人，它是一种能自动浏览网页并提取相关数据的程序。企业可以利用爬虫技术对网络中的公开信息进行抓取、整理、聚类和分析，对已发现的需求做进一步印证，辅助商业决策。

《中华人民共和国数据安全法》明确规定："国家保护个人、组织与数据有关的权益，鼓励数据依法合理有效利用，保障数据依法有序自由流动，促进以

• 德技并修

100

数据为关键要素的数字经济发展。"爬虫作为促进数据流动和有效利用的一种技术，本身不被法律禁止，但在使用过程中一定要遵守营销道德。

守正创新

经营者不得过度收集消费者个人信息，禁止"大数据杀熟"

中国消费者协会督促经营者要切实落实《个人信息保护法》的相关规定，深入尊法、学法、守法、用法，依法完善个人信息处理规则，履行公示告知义务，规范个人信息处理程序，采取必要措施保障消费者个人信息安全。

1. 切实落实"告知—同意"规则

经营者应当明示处理个人信息的目的、方式和范围，遵循公开、透明原则，制定并公开处理消费者个人信息的规则，明示处理的目的、方式和范围，并向消费者提供便捷的撤回同意的方式。

任何组织、个人不得非法收集、使用、加工、传输消费者个人信息，不得非法买卖、提供或者公开消费者的个人信息。企业应在事先充分告知的前提下收集消费者个人信息，保证消费者知情并征得消费者本人同意。经营者不得采取一揽子授权、强制同意等方式处理消费者个人信息。未经消费者同意，经营者不得向消费者推送商业信息。

2. 不得过度收集消费者个人信息

经营者收集使用个人信息应当具有明确、合理的目的，并限制在对个人权益影响最小的方式和实现处理目的的最小范围，不得过度收集消费者个人信息。

除法律、行政法规另有规定外，个人信息的保存期限应当为实现处理目的所必要的最短时间。除了提供产品或者服务所必需的个人信息外，经营者不得以消费者不同意处理其个人信息或者撤回同意为由，拒绝提供产品或者服务。手机App等服务方不得因用户不同意提供非必要个人信息而拒绝用户使用其基本功能的服务。

3. 严格限制对敏感个人信息的处理

敏感个人信息是指一旦泄露或者非法使用，容易导致自然人的人格尊严受到侵害或者人身、财产安全受到危害的个人信息，包括生物识别、医疗健康、金融账户、行踪轨迹等信息，以及不满十四周岁未成年人的个人信息。

《个人信息保护法》设置了特殊处理规则，规定"只有在具有特定的目的和充分的必要性，并采取严格保护措施的情形下，个人信息处理者方可处理敏感个人信息。"

4. 禁止"大数据杀熟"等行为

《个人信息保护法》规定，"个人信息处理者利用个人信息进行自动化决策，应当保证决策的透明度和结果公平、公正，不得对个人在交易价格等交易条件上实行不合理的差别待遇。通过自动化决策方式向个人进行信息推送、商业营销，应当同时提供不针对其个人特征的选项，或者向个人提供便捷的拒绝方式。"

因此，经营者不能利用自身掌握的消费者经济状况、消费习惯，以及对价格的敏感程度等信息，对消费者在交易价格等方面实行歧视性的差别待遇，也不能在未获得消费者授权的情况下，通过用户画像来开展精准营销。

3. 分析总结阶段

（1）调研资料的整理分析。市场营销调研的重要目的是从所收集信息或数据中提炼出有用的结果。这就要求把收集上来的信息进行整理、分析：①进行甄审整理。②进行分类编号。③进行统计，将已分类的资料进行统计计算，系统地制成各种计算表、统计表、统计图（如柱状图、条形图、饼状图、线形图等，见图4-1）。④运用统计分析软件对各项资料中的数据和事实进行比较分析，导出可说明有关问题的统计数据，得出必要的调研结论。

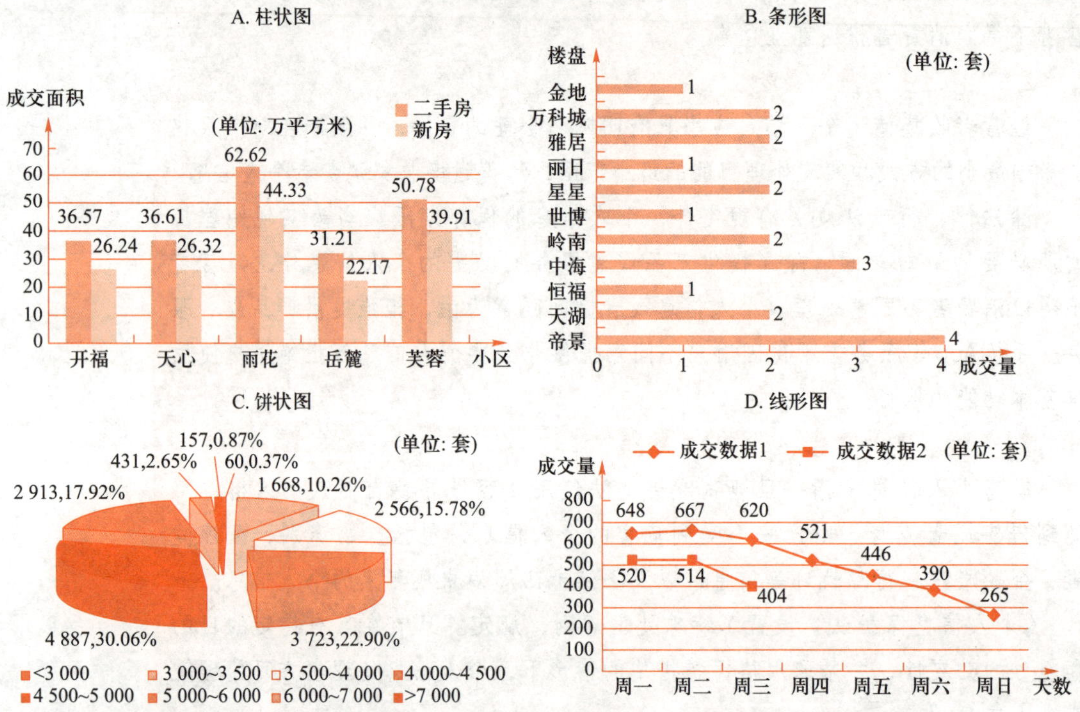

图4-1 柱状图、条形图、饼状图、线形图示例

（2）撰写和提交调研报告。调研报告是市场营销调研成果的一种表现形式，主要通过文字、分析数据、图表等形式来表现。撰写调研报告时，应对调研目标做清楚而简洁的说明，对采用的调研计划或方法进行全面解释，概括性地介绍调研发现的主要问题，最后明确提出结论和对决策者的建议。

营 销新知

商务数据分析

商务数据分析以商业理论为基础，以决策优化为目的，依靠统计工具洞察数据背后的规律，从而为商业活动创造最大价值。商务数据分析不仅需要向管理层提供各种数据，而且需要采用更深入的方法来记录、分析和提炼数据，并以易于理解的方式呈现结果。商务数据分析经常应用于行业分析、客户分析、产品分析及运营分析等商业领域。

从企业经营角度来看，商务数据分析的目的和价值是帮助企业解决经营决策（如战略决策、投资决策、营销决策等）的难题。从企业应对风险的角度来看，商务数据分析就是将数据与风险相关联，对风险进行数据化的监督，最大程度地发挥数据的价值，以应对企业的已知风险、可预测风险和不可预测风险。

4.2.5　市场营销调研的方法

市场营销调研的方法有很多，其中最主要的有问卷法、文案法、访谈法、观察法、实验法和网络调研法等。

1. 问卷法

问卷法是调研者运用统一设计的问卷向被选取的调研对象了解情况或征询意见的调研方法。消费者需求调研和满意度调研是问卷法的常见调研内容。

2. 文案法

文案法又称二手资料调研法、间接调研法或文献调研法，是指通过查找或阅读图书、统计资料或研究成果等资料，获得所需信息的过程。

3. 访谈法

访谈法是调研人员将要调查的事项，以当面、电话或书面的方式询问调研对象，以获得所需资料的一种调研方法。**访谈法是市场调研方法中最常用、最基本的方法**，常见的方式有面谈调研、电话调研、邮寄调研和焦点小组调研。

其中，焦点小组调研一般由 8~12 人组成，在一名主持人的组织下，对某一主题或观念进行深入的讨论，其目的在于了解人们的想法及原因，了解调研对象对一种产品、观念、想法或组织的看法，了解所调研的事物与他们生活的契合程度和感情上的融合程度。

4. 观察法

观察法是调研人员直接到调研现场进行观察的一种资料收集方法，也可安装照相机、手机、摄影机、智能传感器等设备进行现场拍摄和收录。

神秘顾客调研法是一种隐蔽的观察法，它借助于经过相关培训或指导的个人，以潜在消费者或真实消费者的身份对任意一种顾客服务过程进行体验与评价，然后通过某种方式详细客观地反馈其消费体验。目前，神秘顾客调研法在很多大型连锁企业、电信业、银行业等领域都有广泛应用。

5. 实验法

实验法是市场调研者有目的、有意识地改变一个或几个影响因素，来观察市场现象的变动情况，以认识市场现象的本质特征和发展规律的调研方法。

实验法按照实验的场所不同，可分为实验室实验和现场实验。实验室实验是指在人造的环境中进行实验，研究人员可以进行严格的实验控制，比较容易操作，时间短、费用低。现场实验是指在实际环境中进行实验，其实验结果一般具有比较大的实用意义。

6. 网络调研法

网络调研法是以网络为载体，收集、整理、分析特定对象统计资料的一种调研方法。

常见的网络调研法包括网上问卷调研法、网上讨论法、网上测验法和网上观察法等。此外，随着大数据技术的发展，很多企业开始采用大数据采集系统或软件工具来完成信息采集工作。

常用的网站有问卷星、第一调查网等，为了鼓励用户使用，它们多设有积分奖励。此外，微信调查也较为常见，可利用朋友圈转发、公众号推送等方式让用户直接填写问卷。

营销实践

问 卷 星

问卷星是一个专业的在线问卷调查、测评、投票平台，专注于为用户提供功能强大、人性化的在线设计问卷、采集数据、自定义报表、分析调查结果服务。与传统调研方式和系统相比，问卷星具有快捷、易用、成本低的优势，得到了大量企业和个人的广泛使用。

问卷星的使用流程分为下面几个步骤：

（1）在线设计问卷：问卷星的设计问卷界面支持多种题型以及信息栏和分

页栏，并可以给选项设置分数，设置跳转逻辑，同时还提供了数十种专业问卷模板供使用者选择。

（2）发布问卷并设置属性：问卷设计好后可以直接发布并设置相关属性，如问卷分类、说明、公开级别、访问密码等。

（3）发送问卷：可通过邀请邮件、公司网站嵌入或者通过QQ、微信、微博直接发送等方式将问卷分发给相关人员填写。

（4）查看调研结果：可以通过柱状图和饼状图查看统计图表，卡片式查看答卷详情，分析答卷来源的时间段、地区和网站。

（5）创建自定义报表：在自定义报表中可以设置一系列筛选条件，不仅可以根据问卷答案来做交叉分析和分类统计（如统计"00"后女性受访者的使用数据），还可以根据填写问卷所用时间、来源地区和网站等条件筛选出符合要求的答卷集合。

（6）下载调查数据：调查完成后，可以下载统计图表到Word文件中保存、打印，或者下载原始数据到Excel、SPSS等软件中，做进一步的分析。

4.2.6　市场营销调研问卷的设计

调研问卷又称调查表，是市场营销调研过程中的重要工具。调研问卷因其具有的灵活性而成为收集第一手资料的最普遍工具。

1. 调研问卷的构成

调研问卷的结构一般按照顺序由开头、正文、结尾三个部分组成。

（1）开头。主要包括问卷编号、问卷标题、问候语及致谢、问卷说明。以下是某房地产项目调研问卷的开头设计。

××市居民住房状况及需求调研（DC005）

先生/女士：您好！我是××公司的调研员，正在进行一项××市居民住房状况及需求的市场研究，想听听您的宝贵意见和建议。完成调研以后，您将收到一份小礼品。我们将对您的回答严格保密。希望您能在百忙之中抽出一点时间协助我们完成这次调研，请问可以吗？

谢谢您的支持与合作！

（2）正文。正文主要包含以下内容：

① 甄别问卷部分。甄别问卷的主要目的是根据调研目的和环境对调研对象进行筛选。

例如，房地产需求调研问卷的甄别问卷部分问题：

请问您（家庭）未来3年内在××市购买住宅的可能性有多大？

A. 肯定不会买（终止）　　　　　B. 可能性比较小（终止）

C. 可能性比较大（继续）　　　　D. 肯定会买（继续）

如果您家要购买商品住宅，请问您是不是主要决策者或者重要参与人呢？

A. 否（终止）　　　　　　　　B. 是（继续）

② 问卷主体部分。又称资料收集部分，这是问卷设计的重点，主要包括调研要了解的问题和备选答案。主要调研内容有消费区域、消费场所、消费频率、消费者偏好、消费能力、消费方式，以及各种意见或建议等。

③ 背景资料部分。被调研者的背景资料与研究目的密切相关，包括个人情况（如性别、年龄、职业、职务、收入、文化程度及家庭结构等）和单位情况（如单位性质、规模、行业、所在地等）。被调研者对此通常比较敏感，应根据调研需要谨慎设计。

（3）结尾。调研问卷的结尾可设置开放式问题，征询被调研者的意见和感受，记录调研情况，也可以表达感谢或添加其他补充说明。

调研情况记录又称作业记载，主要包括两部分内容：① 访问员填写的相关资料，主要包括被访者姓名、联系电话、被访者住址，以及访问员姓名、访问日期、访问时长、访问地点等基本资料；② 审核和复核记录，由公司审核人员填写，主要对问卷进行质量控制。例如：

```
以下内容在访问结束后填写：
被访者姓名：_____        联系电话：_____
被访者住址：_____
访问员姓名：_____        访问日期：_____
访问开始时间：____时____分           访问结束时间：____时____分
访问时长：_____分钟                访问地点：_____
以下由公司人员填写：
一审审卷结果：□合格 □补问 □作废 □作弊    一审签名：_____
二审审卷结果：□合格 □作废 □作弊          二审签名：_____
质控复核结果：□合格 □作废 □作弊          复核签名：_____
```

2. 调研问卷问题的主要类型

（1）封闭式问题。封闭式问题包括提出问题和列出可供选择的标准化答案选项两部分，调研对象在已提供的选项间选择自己认同的答案。

例如：（单选）贵公司销售的汽车中（　　　）价位的汽车销售量比较高。

A. 10 万元以下　　　B. 10 万~20 万元　　　C. 20 万~30 万元

D. 30 万~50 万元　　E. 50 万~80 万元　　　F. 100 万元以上

（2）开放式问题。开放式问题只提出问题，不列出答案，由调研对象根据自己的情况回答。题型可以是填空式的，也可以是问答式的。

例如：您认为我们销售的汽车产品还有哪些您不满意的地方？（问答式）

（3）半封闭式问题。半封闭式问题兼有封闭式问题与开放式问题的特点。既列出答案，又留有调研对象自由回答的空间。

例如：（多选）贵公司销售的新能源汽车的优势是（请勾选）：

A. 性价比高　　　　　　　B. 外观漂亮、大气

C. 品牌知名度高　　　　　D. 促销活动吸引力大

E. 售后服务好　　　　　　F. 质量好，返修率低

G. 其他：_____

除以上三种外，调研问卷问题的类型还有是非判断题（是或否）、程度测量题（很好、较好、一般、较差、差等）、比较题（排列顺序）等形式。可根据问卷的需要灵活进行设计。

小试牛刀

请拟定一个营销相关主题，设计一份调研问卷。

4.2.7　市场营销调研报告的撰写

规范的市场营销调研报告由封面、目录、索引、摘要、正文、附录等部分组成。

1. 封面

封面的版面应根据调研机构的要求来设计，一般要求严肃、精致。主要内容和要求包括：①调研报告的标题设计要言简意赅，可根据需要增加副标题；②列出所有参与的调研机构的名称，必要时可附上其联络方式；③列出该调研项目负责人的姓名；④列出调研报告完成的日期。

2. 目录

目录是关于调研报告中各项内容的一览表。调研报告的目录应列出正文各部分内容的标题名称及页码，一般要求至少列出二级标题，如果需要还可列出更多的下级标题。

3. 索引

在调研报告中，如插入的图表较多，为阅读方便，可列出图表索引。索引的内容与目录相似，即列出图表的编号、名称及所在页码。

4. 摘要

摘要是对调研活动获得的主要结果的概括性说明，是调研报告的重要组成部分，应简明扼要地写明调研的背景目的、方式方法、主要内容、主要结果和结论等。

5. 正文

（1）调研背景。调研要以有关的背景资料为依据，分析企业或产品在经营、营销推广等方面的资料，对本次调研的由来或受委托情况进行说明。

（2）调研目的。调研目的一般根据委托方的要求来确定。例如，了解某品牌在市场上的知名度、消费者的信息来源、消费者与媒体的接触情况、消费

者对某品牌的忠诚度等。

（3）调研内容。调研内容主要包括调研的对象（如产品、市场环境、消费者情况及竞争对手情况等）、时间、范围、地点及理由等。

（4）调研方法。即调研所采用的具体操作方法及样本抽取方法、调研资料处理与分析的方法和工具等。

（5）调研结果。该部分内容宜采用图表和文字结合的形式将调研所得资料呈现出来。图表主要用来展示调研数据，文字部分主要是对调研数据进行解释，即需要说明数据中包含的关系、规律和趋势等。对调研结果的解释通常包括说明、推论和讨论三个层次。例如，某新生代兴趣爱好调研报告的图表结果如图4-2所示。

• 数说营销

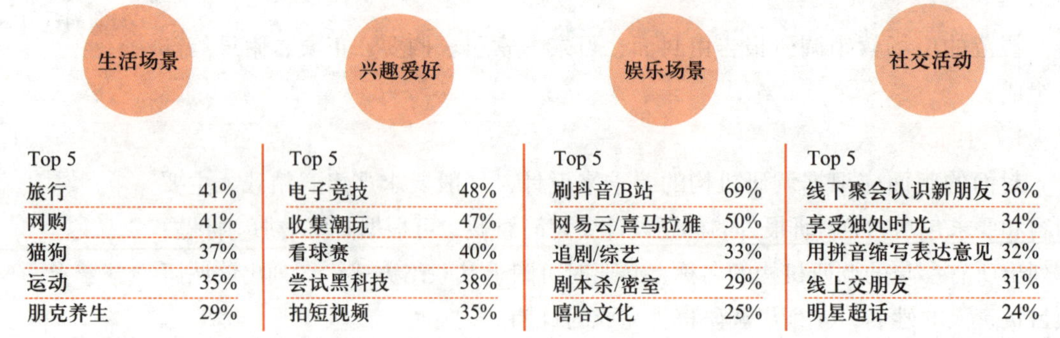

图4-2　某新生代兴趣爱好调研报告的图表结果

（6）结论与建议。结论与建议部分要说明本次调研获得了哪些重要结论，以及应采取的相应措施。

6. 附录

附录部分主要呈现与正文相关的各种资料，以备读者参考。附录中的资料通常包括调研问卷、原始数据表（正文中的图表只是汇总）、资料来源说明、其他补充说明等。

营销实践

养"娃"囤粮，年轻人的"萌宠依赖"

当下，随着年轻人养宠需求的升级，从宠物健康到时尚领域，宠物营销成了多领域品牌渗透年轻人圈层的热门方式。

1. "它经济"的发展趋势

调研数据显示，2021年城镇犬猫的市场规模达2 400亿元，同比增长20.6%，宠物猫数量近五年来增长55%。宠物经济行业规模及品牌数量不断增长。从宠物零售到宠物服务都向精细化发展，产品及服务贯穿宠物生命的全周期。宠物行业产品与服务如图4-3所示。

宠物零售类			宠物服务类		宠物产品/服务消费渠道	
主粮	玩具	牵引绳	宠物医疗	宠物摄影	宠物店	宠物医院
处方粮	猫窝/狗窝	宠物服饰	宠物保险	寄养/托运	电商平台	私域团购
冻干/罐头	美容仪器	宠物背包	宠物美容	宠物殡葬	海外代购	……
营养补剂	宠物厕所	……	宠物训练	……		

图4-3　宠物行业产品与服务

2. 年轻人群如何与宠物相处？

调研数据显示，城镇养宠人群中，"90后""95后"增长最快，2021年的占比达到46%，宠物主逐渐年轻化，"Z世代"人群的宠物消费金额涨幅较大。调研数据显示，疗愈心灵、获得陪伴是年轻人养宠的主要原因，"云养宠"现象在年轻人中较为普遍。年轻人养宠原因及养宠行为表现调查数据如图4-4所示。

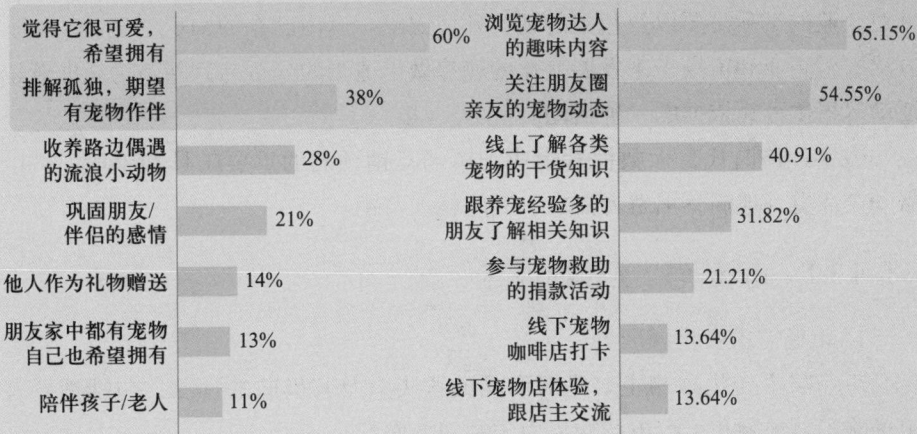

觉得它很可爱，希望拥有 60%	浏览宠物达人的趣味内容 65.15%
排解孤独，期望有宠物作伴 38%	关注朋友圈亲友的宠物动态 54.55%
收养路边偶遇的流浪小动物 28%	线上了解各类宠物的干货知识 40.91%
巩固朋友/伴侣的感情 21%	跟养宠经验多的朋友了解相关知识 31.82%
他人作为礼物赠送 14%	参与宠物救助的捐款活动 21.21%
朋友家中都有宠物自己也希望拥有 13%	线下宠物咖啡店打卡 13.64%
陪伴孩子/老人 11%	线下宠物店体验，跟店主交流 13.64%

图4-4　年轻人养宠原因及养宠行为表现调查数据

68%的年轻人会为宠物取名，宠物昵称五花八门，美食、名人、宠物样貌成为主要的灵感来源。52%的养宠家庭会为宠物打造独立空间，购置"宠物别墅"是主要方式。

散步遛弯儿是年轻人带宠物出门最多的场景，带宠物野餐郊游是第二大热门场景，美容护理、选美赛跑、就医问诊等再次之。大部分宠物主会定期带宠物到宠物店进行美容保养。就医难、清洁难则是养宠人群面临的两大痛点问题。

3. 年轻人如何为爱宠消费？

调研数据显示，48%的人群每月为宠物消费200~500元；25%的人群月均花费500~1 000元，"00后"占比高于其他代际人群；仅8%的人群花费在1 000元以上，该类人群一般家中同时饲养多种宠物，以"85后""95后"为主。

作为宠物消费主力军，猫狗主人的主粮、日用品、医疗品类花费最多。猫主人对主粮的消费需求最强，狗主人对宠物零食的消费金额高于饲养主粮，小型犬对日用品及玩具消费金额最多，大型犬对宠物医疗消费金额最多。

价格、口碑、品质是影响用户宠物用品消费决策的首要因素，除此之外，熟人推荐及智能化因素对用户消费决策的影响较大。

资料来源：TopKlout克劳锐.养"娃"囤粮，年轻人的"萌宠依赖"创造营销新空间[EB/OL].微信公众号，2022-10-10.

4.3 市场营销预测

4.3.1 市场营销预测的含义

市场营销预测是指企业在通过市场营销调研获得一定信息资料的基础上，针对企业的实际需要以及相关的现实环境因素，运用已有的知识、经验和科学方法，对企业和市场未来发展变化的趋势做出适当的分析与判断，为企业营销活动等提供可靠依据的一种活动。

数字经济时代，大数据营销成为市场营销预测的重要工具和手段，可以帮助企业更好地洞察消费者需求，实施精准营销。

4.3.2 市场营销预测的内容

1. 市场需求变化预测

市场需求变化预测主要是对商品的购买力及其投向的预测，包括消费者市场购买力预测和组织市场购买力预测两方面。

2. 消费结构变化预测

消费结构变化预测主要是对消费品市场的产品构成以及其相应比例关系的预测，包括预测消费者消费支出在不同商品之间的分布比例和变动趋势等。

3. 产品销售预测

产品销售预测主要是对产品销售前景的判断，包括对销售的品种、规格、价格、销售量、销售额，以及销售利润等方面变化的预测。

4. 产品价格预测

产品价格预测主要是根据企业产品以及同类产品的市场价格，对企业产品未来市场价格变化进行预测。

4.3.3　市场营销预测的步骤

1. 确定预测目标

根据各时期的任务来确定预测目标，如上级布置的预测任务，本单位制订计划的需要，本单位急需解决的问题等。

2. 收集、整理资料

根据预测目标的要求进行营销调研，取得所需要的资料，并对资料进行整理，为市场营销预测做好充分准备。

3. 选定预测方法

市场营销预测往往是定性预测与定量预测相结合，可根据具体问题灵活选用多种方法进行预测。

4. 预测分析与评价

针对已收集的信息资料进行综合分析，对未来的市场发展进行评判。此过程需要多轮修正与调整，确保结果科学有效。

5. 编写预测报告

预测报告应包含预测目标、预测对象和对相关因素分析的结论、主要资料和数据、预测方法的选择、模型的建立，以及对预测结论的评估、分析和修正等。

4.3.4　市场营销预测的方法

市场营销预测的方法有很多，一般可分为以市场营销调研为基础的定性预测法和以统计资料为基础的定量预测法两大类。

1. 定性预测法

定性预测法是指依靠熟悉业务知识、具有丰富经验和综合分析能力的人员与专家，根据已掌握的历史资料和直观材料，凭借业务知识、经验和综合分析能力，对事物发展的趋势、方向和重大转折点做出的估计和推断。

定性预测法是市场营销预测中常使用的方法。优点是简单易行，适用于难以获取全面资料进行统计分析的问题。缺点是预测的结果完全取决于经验，不易提供准确的定量数据。

常见的定性预测法有个人判断法、销售人员意见法、专家调查法、使用者期望法和经理人员意见法等。

2. 定量预测法

定量预测法是以准确、全面、系统、及时的资料为依据，运用数学或其他分析手段，建立科学合理的数学模型，对市场发展趋势进行分析。

定量预测法的优点是偏重数量方面的分析，重视预测对象的变化程度，能做出变化程度在数量上的准确描述；将历史统计数据和客观实际资料作为预测的依据，运用数学方法进行处理分析，受主观因素的影响较少；可利用现代化的计算方法，进行大量的计算和数据处理，求出最佳数据曲线。缺点是比较机械，不易灵活掌握，对信息资料质量要求较高。

常见的定量预测法有时间序列法、因果关系法等。

稳 扎稳打 <<<<<<<<<<<<<<<<<<<<<<<<<<<<<<<<<<<<

一、单项选择题

1. 市场营销调研主要具备三种功能：描述、分析和（　　　）。

    A. 收集   B. 整理

    C. 研究   D. 预测

2. 市场营销调研根据调研的目的不同，可划分为探索性调研、（　　　）和因果性调研三种类型。

    A. 分析性调研   B. 描述性调研

    C. 研究性调研   D. 以上都不是

3. （　　　）是指企业营销人员取得外部市场营销环境中的有关资料的程序或来源的信息系统。

    A. 内部报告系统   B. 营销情报系统

    C. 营销调研系统   D. 营销分析系统

4. （　　　）又称间接资料，是指已存在的、已加工整理好的资料，主要包括企业收集的资料、各种出版文献和电子资料等。

    A. 一手资料   B. 二手资料

    C. 三手资料   D. 原始资料

5. 调研问卷问题的类型主要有封闭式问题、（　　　）和半封闭式问题三种形式。

    A. 开放式问题   B. 问答式问题

    C. 访谈式问题   D. 以上都不是

二、多项选择题

1. 市场营销调研是指运用科学的方法，有目的、有计划、系统地
（　　　）有关市场营销方面的信息和资料，提出解决问题的建议，供营销管理人员了解营销环境，发现机会与威胁，并将其作为市场预测和营销决策依据的过程。

  A. 收集   B. 整理

  C. 分析研究   D. 预测

2. 市场营销调研的主要内容包括（　　　　）。

  A. 市场营销环境调研   B. 消费者心理及行为调研

  C. 市场竞争调研   D. 企业自身调研

  E. 市场需求调研

3. 市场营销信息系统组成部分包括（　　　　）。

  A. 内部报告系统   B. 营销情报系统

  C. 营销调研系统   D. 营销分析系统

4. 市场营销调研的方法很多，其中最主要的有（　　　　）和网络调研法。

  A. 问卷法   B. 访谈法

  C. 观察法   D. 实验法

  E. 文案法

5. 一份完整的调研报告的正文应包括（　　　　）、结论与建议。

  A. 调研背景   B. 调研目的

  C. 调研内容   D. 调研方法

  E. 调研结果

三、判断题

1. 基于互联网进行市场营销调研提高了效率、降低了成本。（　　　）

2. 因果性调研是指企业经营者感到营销活动中存在问题，但对问题的性质或范围不甚明确，为找出问题症结，明确进一步调研的内容和重点而进行的非正式的初步调研。（　　　）

3. 内部报告系统是由企业内部的财务、生产、销售等部门组成的，定期提供控制企业全部营销活动所需信息的信息系统。（　　　）

4. 一手资料的收集主要依靠于实地调研，常用的方法有观察法、访谈法、问卷法、实验法等。（　　　）

5. 市场营销预测是指企业在通过市场营销调研获得一定信息资料的基础上，针对企业的实际需要以及相关的现实环境因素，运用已有的知识、经验和科学方法，对企业和市场未来发展变化的趋势做出适当的分析与判断，为企业

营销活动等提供可靠依据的一种活动。（　　　）

四、简答题

1. 按照调研目的划分，市场营销调研可以划分为哪些类型？

2. 市场营销调研的主要内容有哪些？其程序包含哪些步骤？

3. 调研问卷和调研报告一般分别由哪些部分组成？

4. 市场营销预测的主要内容有哪些？通常可采用哪些方法？

5. 根据《个人信息保护法》的相关规定，企业在调研时应如何保障消费者的个人信息安全？

调查研究

（一）根据中国互联网络信息中心的统计，截至 2022 年 12 月，我国手机网民规模达 10.65 亿，较 2021 年 12 月增长 3 636 万，网民使用手机上网的比例达 99.8%。随着手机科技的进步，智能手机用户数量激增。在人们的日常生活中，智能手机扮演的角色已经不只是沟通工具，其强大的扩展性不仅满足了用户日常生活中个人信息处理方面的需求，也渗透进人们生活的各个方面，多种 App 的存在满足了人们日常生活中社交、娱乐、消费、信息获取等方面的需求。

按照功能的不同，手机 App 大致分为以下几类：

（1）聊天通信类：包括文字通信、语音通信、视频通信、邮件通信等。

（2）娱乐休闲类：包括影视类，音乐类，有声读物、游戏类，社群类等。

（3）购物类：包括传统电商、直播电商、团购电商等。

（4）新闻资讯以及阅读类：包括新闻、报刊、小说、漫画、知识付费等。

（5）旅游出行类：包括地图导航、酒店、火车、高铁、公交地铁、汽车、门票等。

（6）智能办公类：包括办公工具、网盘存储、办公软件等。

（7）生活服务类：包括支付工具、本地服务、二手交易等。

（8）工具类：包括浏览器、搜索引擎、小程序、图片美化、视频制作等。

（9）财务类：包括支付、银行、股票投资、彩票、记账等。

对于现代大学生，手机 App 在学习生活中的地位越来越重要，影响着大家的娱乐、生活、学习甚至工作方式。请以小组为单位，拟定一份大学生手机 App 使用情况调研问卷，并利用问卷星开展问卷调研。问卷数要超过 50 份。针对回收问卷进行数据资料分析，根据分析结果撰写调研报告。

（二）中国已连续多年成为全球汽车产销量第一的市场，也已经连续多年位居全球新能源汽车产销量第一。

伴随着汽车"新四化"的全面兴起，中国汽车消费者的喜好正在发生变化，据《2023麦肯锡中国汽车消费者洞察》报告，其主要特征包括①消费升级仍为主流，理性客户占比扩大；②外资光环渐趋黯淡，品牌格局加速重塑；③电动汽车忠诚显现，用户经营至关重要；④全渠道模式成标配，客户体验亟待提升；⑤软件变现大门渐启，商业模式快速迭代；⑥低碳理念逐步建立，支付意愿渐成气候。

以所在学院（系部）的老师和同学为调研对象，制定一份家庭轿车消费情况调研问卷，并开展问卷调研。分析回收问卷情况，撰写调研报告。

根据调研结果填写以下问题：

（1）家庭轿车品牌认可度：

第一品牌：_____ 第二品牌：_____ 第三品牌：_____

（2）国产品牌、国外品牌认可度（百分比表示）：

国产品牌：_____ 国外品牌：_____

（3）价位认可情况（百分比表示）：

6万元以下：_____ 6万~10万元：_____ 10万~15万元：_____

15万~20万元：_____ 20万元以上：_____

（4）对汽车功能、性能、车型、颜色等其他需求的分析：

_____

力 学笃行 <<<<<<<<<<<<<<<<<<<<<<<<<<<<<<<<<<<<<<<<<<<<<<<<<

市场营销调研——大学生茶饮产品消费调研

■ **实训目标**

项目小组选择茶饮产品作为调研对象，制定调研问卷，实施市场营销调研并撰写调研报告，掌握市场营销调研的主要内容。

■ **背景资料**

近几年，随着消费者饮茶方式的不断变迁，新式茶饮行业蓬勃发展，从供给端发力，不断创新茶饮产品，推动茶叶从传统泡饮向新茶饮等方向转变，以满足消费者特别是年轻消费者对茶饮产品的多样化需求。

2017—2023年中国新茶饮行业市场规模及预测如图4-5所示。

根据艾媒咨询及华经产业研究院数据测算，2022年新式茶饮行业的市场规模超过2 900亿元，同比增长3.7%；在门店数量方面，2022年全国约有45万家门店。其中，奈雪的茶的门店总数突破1 000家，居于直营品牌首位。预

• **数说营销**

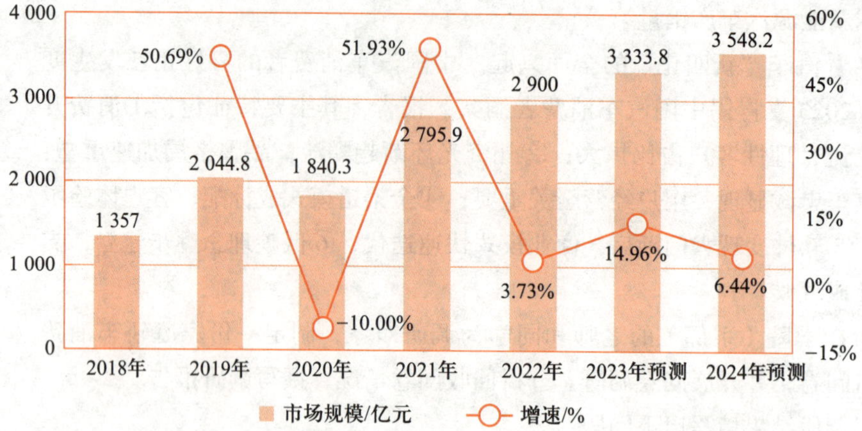

数据来源：霸王茶姬官网.

图4-5　2017—2023年中国新茶饮行业市场规模及预测

计2023—2025年，我国现制茶饮的零售额规模将增长至3 400亿元。

■ **实训要求**

针对本校大学生设计并制作一份大学生茶饮产品消费调研问卷，完成问卷调研，并根据搜集的资料，完成一份大学生茶饮产品消费调研报告。

注：本调研问卷及报告需要针对大学生消费较多的几个茶饮品牌的产品品牌命名、包装、价格、产品卖点、广告宣传等情况进行重点分析。

■ **实训步骤**

（1）以项目小组为单位，制作大学生茶饮产品消费调研问卷。

（2）组内学员利用课余时间发放并回收问卷。

（3）分组讨论、整理搜集的调研资料。

（4）分组撰写大学生茶饮产品消费调研报告及汇报PPT。

（5）分组演示汇报PPT。

（6）相互点评，教师总评。

■ **实训成果**

关于大学生茶饮产品的消费调研问卷、调研报告和汇报PPT。

<<<<<<<<<<<<<< 自学自测 <<<<<<<<<<<<<<<<<<<<<<<<<<<<<<<<<<<<<<<<<<<<

单元四　市场营销调研与预测

素养目标

1. 培养主动观察市场的积极性，培养敏锐的营销直觉，提升消费者行为洞察力

2. 树立正确的购买行为价值观，提倡理性消费，合理调动消费者积极性，科学引导其购买行为

知识目标

1. 熟悉消费者市场的含义及其特征，了解消费者购买行为的影响因素

2. 掌握消费者市场购买行为的模式、类型及其购买决策过程

3. 了解产业市场、中间商市场及政府市场的特征

4. 掌握产业市场、中间商市场及政府市场购买行为分析的主要内容

技能目标

1. 能够准确判断消费者市场购买行为类型，制定并实施有针对性的营销策略

2. 能够根据消费者市场购买决策过程及影响因素分析制订并实施相应的营销策略

3. 能够根据不同组织市场的购买行为表现制订并实施相应的营销策略

思维导图

市场购买行为分析
- 消费者市场及购买行为分析
  - 消费者市场的含义
  - 消费者购买行为的影响因素
  - 消费者购买行为分析
  - 消费者购买决策分析
- 组织市场及购买行为分析
  - 产业市场购买行为分析
  - 中间商市场购买行为分析
  - 政府市场购买行为分析

学 思践悟

大美敦煌　文创破圈

对新一代年轻消费者而言，国潮不仅是他们的市场购买行为特征，也是专属于他们的生活方式与文化潮流。2023年5月，新华网发布了《国潮品牌年轻消费洞察报告》，生动呈现了当下年轻人的国潮消费图鉴。从报告中既可以看到他们对国潮的热情，也可以看到他们对颜值审美、情感共鸣、文化内容和仪式感表露的新需求。以敦煌文创为代表的国潮品牌也紧跟这一市场购买行为变化新趋势，纷纷打开"年轻化"大门。

敦煌文创是敦煌文旅集团创设的文化品牌。自成立以来，它对敦煌文化进行内容创新，持续研发具有实用性、欣赏性和收藏价值的文物衍生产品和文化创意产品，先后推出敦煌壁画盲盒、九色鹿奇幻冷暖杯、万象敦煌晴雨伞、秘制敦煌香薰跑马灯等文创产品。每一款产品都被注入了文化元素、创作灵感和设计匠心，散发着敦煌气质。如今，敦煌文创已注册敦煌文创、敦煌风尚、敦煌影业等品牌商标，研发设计"多彩敦煌""乐舞飞天""文墨玉关""盛世遗风""一鹿有你""沙海灵驼""三生三世"等20个产品系列、2 000余款文创产品。

围绕"敦煌文创IP"，敦煌文创与相关科技公司签署协议，共同在数字藏品领域展开深入合作，陆续发售了限定版敦煌集换式收藏卡牌、"榆林窟四大天王""献璎珞飞天""千年一瞬·敦煌"等数字藏品。

敦煌文创积极探索抖音直播新业态，在抖音平台开设旗舰店，出售敦煌文创西域香氛、敦煌莫高窟壁画款口罩、3D鸣沙山·月牙泉书签等商品，通过抖音号矩阵圈粉，形成敦煌文化内容的长期输出。

2022年，敦煌文创与抖音仔仔、中国航天博物馆进行联动，通过抖音App搜索"抖音仔仔"，可直达"仔仔正当潮"活动，参与者自行选取、搭配融合敦煌飞天、中国航天、中国风等元素的国潮服饰，可保存成自己抖音专属的敦煌元素动态图像，展现了富有新时代特色的东方美。

敦煌文创开创了敦煌首家集敦煌书籍、敦煌字画、敦煌文创、敦煌活动于一体的生活美学空间"敦煌书局"，在室内设计中融入藻井、飞天、九色鹿等敦煌元素，如图5-1所示。

图5-1　敦煌书局

除了可阅读、品茗，这个文化空间还涉及敦煌壁画临摹、壁画保护及修复研究、敦煌石窟研究、雕塑研究创作、简牍、边塞文化研究等多个方面，不仅学者和艺术家们可以驻足交流，孩子们也可感受沉浸式的文化体验。

资料来源：牛莹．张陇堂．大美敦煌，文创破圈［EB/OL］．敦煌文博会官网，2023-02-23.

引思明理：

企业在制定营销策略时，需要精准洞察目标市场的消费心理和购买行为。党的二十大报告提出："加快构建中国话语和中国叙事体系，讲好中国故事、传播好中国声音，展现可信、可爱、可敬的中国形象。"敦煌文创立足于消费者市场，以"文"为根本，以"创"为核心，以"科技"为支撑，通过富含中华优秀传统文化特质的文创产品彰显了中国文化魅力；同时敦煌文创也深入进行市场购买行为分析，制定合理的营销策略，积极进行营销创新。

数字经济时代，消费者可以利用互联网作为重要的信息来源和有力的购买支持，借助移动互联网实现随时随地的搜索、传播和购买，通过社交媒体分享观点，与企业有效互动。企业借助"大智移云"等技术可以获取大量的消费数据，对消费者购买行为进行高效、精准的量化分析，进而为其提供更好的产品或服务，以最大化地实现顾客价值，提高顾客满意度。

根据消费者购买目的或用途的不同，市场可分为消费者市场和组织市场两大类。消费者市场又称为B2C市场，服务于为满足生活消费需要而购买产品和服务的个人或家庭。组织市场又称为B2B市场，包括产业市场、中间商市场、政府市场、国际市场等。两大市场的购买行为有着明显的区别，企业应针对其不同的消费行为表现，分析其购买决策过程，制定并采取不同的营销策略，提高营销管理活动的效率和效果。

5.1 消费者市场及购买行为分析

随着我国社会主要矛盾的转变，人民对美好生活的向往进入了一个新的发展阶段。党的二十大报告指出，要"着力扩大内需，增强消费对经济发展的基础性作用和投资对优化供给结构的关键作用"。与此同时，随着科技赋能市场营销和社会生活，消费者参与市场活动的行为发生了很大的变化。

5.1.1 消费者市场的含义

消费者市场又称消费品市场或生活资料市场，是指个人或家庭为满足生活消费需要而购买产品和服务的市场。

消费者市场是企业从事经营活动的主要服务对象，具有以下基本特征：①非营利性；②多样性；③易变性；④分散性；⑤伸缩性；⑥非专业性（即买卖双方之间的信息不对称性）；⑦可诱导性。

例如，美团关于轻食餐饮的调研结果显示，在美团外卖平台上，轻食消费的主力军为20—30岁的学生或已工作的女性。在选择轻食的人群中，77%是为了配合健身和身材管理。以"95后"为代表的新消费者迅速崛起，他们追求品质饮食和美好生活方式，希望以更少的时间享受更高品质的体验，成为轻食餐饮的主力消费人群。

5.1.2 消费者购买行为的影响因素

消费者购买行为主要受文化因素、社会因素、个人因素和心理因素的影响。

1. 文化因素

随着数字技术和移动互联网的发展，消费者往往借助网络媒体平台寻找自己所属的文化社区或社会阶层，其购买决策受到该社区或阶层整体价值观或内部成员的影响。

（1）文化与亚文化。文化是指人类创造的物质财富与精神财富的总和。主要体现在整个社会的价值观、风俗习惯，以及审美观等方面。亚文化又称集体文化，主要体现为不同的民族亚文化、地理亚文化等。

（2）社会阶层。社会阶层是指一个社会按照其社会准则将其成员划分为相对稳定的不同层次。消费者所处的社会阶层是由其收入、财产、受教育程度、价值观和生活方式等多种因素综合所决定的。相同社会阶层内部成员的消费特征具有相似性。

2. 社会因素

在社会生活中，人与人之间的各种关系都会对消费行为产生很大的影响。

（1）参照群体。参照群体是个人在做出购买决策时用来作为参照、比较的个人或群体。可分为直接参照群体与间接参照群体。直接参照群体又分为首要群体（如亲友、同学和同事等）和次要群体（如各种社会团体、协会组织等），间接参照群体又分为向往群体（如知名学者、科学家、运动员等）和厌恶群体。

参照群体的存在，会引起成员的仿效欲望，影响其对有关消费品消费的态度，但应注意法律约束。主要表现为：①名人效应（以名人或公众模范人物为代言人推荐产品）；②专家效应（以专业领域专家为代言人推荐产品）；③普通人效应（以普通顾客的真实好评推荐产品）。

（2）虚拟社群。虚拟社群又称网络社群，是指通过互联网渠道实现与用户聚集、交流、沟通并分享信息，从而形成具备社区意识与情感的群体。在虚拟社群里，用户通过内容与兴趣的交互形成精神层次的联系，如集体归属感。

"物以类聚、人以群分"，消费者喜欢与有共同兴趣爱好的人群交流，从而形成了特定的社交和消费圈子。虚拟社群则是围绕某一相同的兴趣爱好集聚的"圈层"（如科技潮玩圈层、运动圈层、国风圈层、二次元圈层等）。

信息与网络技术的发展，形成了大量的虚拟社群平台（如 QQ 群、微信群、朋友圈、微博、小红书等），社群营销应运而生，其核心是基于社群信任基础上的口碑裂变，成本低、效率高。任何消费者都可以借助网络平台分享购买和消费经验，成为网络社群的成员。网络达人（KOC、超级用户、行业专家、主播等）成为社群成员（粉丝）消费的主要参照群体，推动了直播电商、自媒体电商等营销新业态的快速发展。

小试牛刀

目前你处于哪些圈层？它们对你的购买行为产生了哪些影响？

正确认识粉丝经济与网红经济

粉丝经济泛指架构在粉丝和被关注者关系之上的经营性创收行为，是一种通过提升用户黏性并以口碑营销形式获取经济效益与社会效益的商业运作模式。粉丝经济被广泛应用于文化娱乐、商品销售、服务提供等领域。

网红经济是指依托互联网聚集社会关注度，形成庞大的粉丝量和定向营销市场，并围绕网红个人IP而衍生出的各种消费市场，最终形成完整的网红产业链条的一种新经济模式。需要注意的是，近几年粉丝经济和网红经济乱象颇多，针对非理性的、过度的粉丝行为和网红行为，国家于2021年8月发布《关于进一步加强"饭圈"乱象治理的通知》，对不良粉丝文化进行整顿。对于个人消费者而言，应审慎认知这些新生事物，努力做到理性消费，独立思考。

• 德技并修

（3）家庭。家庭（及其成员）是对消费行为影响最大的参照群体。传统情况下，家庭中的男主人主要是房屋、汽车、大型家电等大件商品的购买决策者；女主人则主要是食品、服饰、儿童用品等家庭用品的购买决策者。现在的家庭则更多是依据家庭成员的喜好、特长而进行购买决策，更为多元化。

（4）社会角色和地位。一个人在各自的群体、组织和社会中扮演着不同的社会角色，处于不同的社会地位。不同的角色和地位对消费者的购买决策有着重要影响，许多产品、品牌由此成为一种身份和地位的标志或象征。

例如，柒牌男装的文案是"生活就是一场战斗，谁都可能暂时失去勇气，要改变命运，先改变自己，男人就应该对自己狠一点，柒牌男装，迎着风向前。"被很多男士用来激励自己。

3. 个人因素

（1）年龄与家庭生命周期阶段。消费者的欲望和行为，因年龄不同而发生变化。

家庭生命周期是一个家庭生活的全过程，从青年独立生活开始，到年老后并入子女的家庭或死亡时为止。家庭生命周期阶段划分为单身期（成年并独立生活）、新婚期（新婚前后）、满巢Ⅰ期（子女6岁以下）、满巢Ⅱ期（子女6~18岁）、满巢Ⅲ期（子女成年，与父母同住）、空巢期（子女另立家庭）和孤独期（丧偶后）七个阶段。在不同阶段，同一消费者及家庭的购买力、兴趣和对产品的偏好会有较大的差异。基于数字技术的发展，处于不同阶段的家庭均可以通过网络平台找到所属的网络社群。如表5-1所示。

表5-1 家庭生命周期各阶段的需求、消费特征及网络社群

家庭生命周期阶段	需求及消费特征	网络社群
单身期	购买能力相对较强，注重社交和娱乐需要，是新消费观念的带头人，注重时尚性、流行性消费，如电子通信产品、服装、旅游、社交和娱乐等	交友、娱乐类
新婚期	人生的关键时期，购买力强，有住房、高档家具、厨房设备、家用电器等耐用品的消费需要，注重产品、服务的质量和档次	婚庆类
满巢Ⅰ期	孩子刚出生，购买重心转向儿童用品，注重婴幼儿的营养、健康、教育和娱乐方面的消费	育儿类
满巢Ⅱ期	注重档次较高的商品及子女的教育投资，文化娱乐消费增加，部分家庭会增大旅游方面的消费	培训、教育类
满巢Ⅲ期	注重改善性消费，更新家居、汽车及房屋等耐用消费品，在注重储蓄的同时有高品质的消费需求，有一定的理智性和计划性；子女已成年，独立性消费较明显	学习、技能类
空巢期	注重健康需要，部分经济较好的家庭消费出现一定的补偿性，娱乐、保健、旅游、老年大学、家政服务等消费支出增加	中老年生活类
孤独期	注重情感、健康需要，注重安全保障，对医疗、保健、社会服务有较大的需求	健康、养生类

（2）生活方式、个性和自我概念。人们追求的生活方式不同，对产品的喜好和追求也就不同，对他们选择何种产品及品牌有决定性的影响。通过生活方式可分析消费者不断变化的价值观及其对消费行为的影响。

个性是一个人特有的心理特征，个性的不同表现为气质、性格和能力的不同。营销者要充分分析消费者个性对所购商品品牌和类型产生的影响。

消费者都有一个自我概念（自我观念）的判断，使其有意无意地寻求与其形象一致的产品和品牌，采取与自我概念一致的消费行为。营销者要了解消费者的自我概念与其购买行为之间的关系。

（3）职业、性别和经济状况。不同职业的消费者，会对不同产品及品牌表现出不同的看法和购买意向，有不同的消费习惯。同时，性别也是影响消费者购买服装、鞋帽、化妆品等商品的重要因素。消费者的经济状况则包括可供其消费的收入、储蓄与财产、借债能力和对消费与储蓄的态度等。

（4）消费能力。消费者的消费能力包括：①从事一般消费活动所需的能力，包括感知辨别商品的能力、分析评价商品的能力、决策能力、记忆力等；②从事特殊消费活动所需的能力，如购买某些专业性较强的商品的科学决策能力；③消费者对自身权益的保护能力。

营销新知

宅　经　济

市场有两个主体，一个是生产者，一个是消费者。当两者分隔时，"宅经济"就会兴起。在人、货、场被分隔时，"宅经济"成为拉动经济增长的重要引擎。"宅＋云买菜、云购物""宅＋云教育、云办公""宅＋云就医、云旅游""宅＋云签约、云招聘"等纷至沓来，呈现出一派"万物皆可云"的景象。

一部手机，通过"宅＋"模式，便将分散的人、事、物、流程重新联系起来，服务了人们"宅在家""宅在社区""宅在本地"等一系列"宅需求"，释放了"宅消费"，形成了"宅经济"。"宅经济"并非只是特殊时期的产物，而是属于数字经济串联万物的重要组成部分，是"互联网＋"发展的新业态。如今，"宅经济"生态链的深度与广度得到了更大程度的普及，开始朝着深层次演变，与消费需求、工作需求、娱乐需求和更深层次的个性化需求紧密结合。

"居家、自主、便利、健康、悦己"已成为时代需求，可以预见，"宅经济"将会改变人们的工作生活方式，深刻塑造未来的消费形态，进一步推动到家市场的蓬勃发展。

资料来源：美团·新餐饮研究院. 2023新餐饮双主场行业报告［EB/OL］，2023-04.

4. 心理因素

（1）需要与动机。消费者的购买行为是消费者解决需要问题的行为。心理学家马斯洛将需要分成生理需要、安全需要、情感和社交需要、尊重需要、自我实现需要五个层次。由低到高，逐一满足，如图5-2所示。

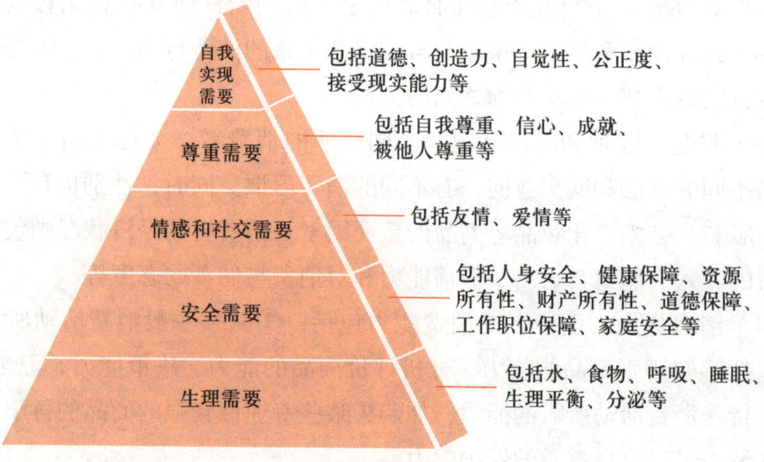

图5-2　马斯洛需要层次理论

（金字塔图内容）

自我实现需要——包括道德、创造力、自觉性、公正度、接受现实能力等

尊重需要——包括自我尊重、信心、成就、被他人尊重等

情感和社交需要——包括友情、爱情等

安全需要——包括人身安全、健康保障、资源所有性、财产所有性、道德保障、工作职位保障、家庭安全等

生理需要——包括水、食物、呼吸、睡眠、生理平衡、分泌等

动机由需要而产生，可以分为生理动机和心理动机两种。后者又可进一步分为理性动机、感性动机和惠顾动机（顾客为获得优惠或额外利益而多次光顾）。

营销实践

露营消费新潮流

《2022中国消费趋势报告》显示，中国消费者更加关注内在的自我，期待更好的感官体验，更个性化的消费潮流。草地上帐篷"疯长"，山顶上野炊烧烤，冰雪上放飞自我，乡村里享受田园……在工作和生活压力之下，高品质的户外成为都市人的新选择，"露营"作为一个不需要过高门槛，且人人都可参与的消费风潮，成为人们一种替代远足旅游的新休闲方式。2017—2022年中国露营经济市场规模及预测分析如图5-3所示。

• 数说营销

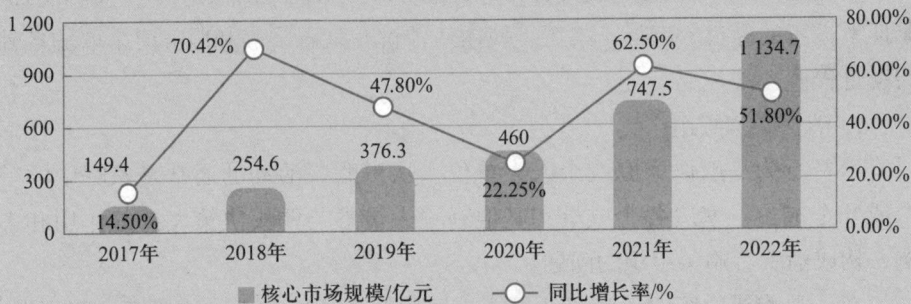

图5-3 2017—2022年中国露营经济市场规模及预测分析

数据来源：中信证券研究院.

露营体验远不止看风景或是户外吃顿便饭，相伴而生的剧本杀、露天电影、荧光瑜伽、飞盘等活动更受年轻人喜爱。为了更好地露营，消费者开始购买各种装备：手推车、野餐布、烧烤炉、木炭等关联商品的销量快速上升；电风扇、小电锅、烧水壶、煮蛋器、多功能锅，与露营相关的便携式小家电销量猛增；户外电源成为露营必需品，还有可以挂在树上的帐篷、野营炉具等新品也颇受欢迎。

露营的火爆，体现着中国消费者希望更加亲近自然的需求，不仅要有仪式感，还要有精致感和社交价值。未来将演变出更多的露营相关概念，即营地和内容主题的深度结合和体验。

资料来源：肖明超——趋势观察. 露营，还能火多久？[EB/OL]. 微信公众号，2022-06-28.

（2）认知。消费者的认知是指消费者在消费过程中通过感觉、知觉、注意、记忆、思维和想象等方式对商品或服务等外部信息加以接收、整理、加工、存储，从而形成的综合性认识过程。数字媒体时代，如何利用图片、短视频、直播，以及线上沟通来强化消费者的认知过程，成为营销者研究的重要内容。

（3）学习。消费者为了获得丰富的消费知识和经验，提高对环境的适应能力，会在行动过程中不断学习，并不断调整和改变消费行为。

（4）态度与信念。态度与信念影响人们的购买行为。消费者对企业营销活动肯定或否定的态度，会影响自己甚至周围人群是否重复消费。信念会影响情感，并制约消费行为倾向，从而导致某种态度，进而影响人的消费情绪。

5.1.3　消费者购买行为分析

消费者购买行为是指消费者为满足自己的生活需要，在一定的购买动机驱使下进行的寻找、选择、购买、使用、评价及处置产品和服务时采取的各种活动过程。

1. 消费者购买组织

消费行为一般以家庭或个人为单位，从事购买活动的通常是家庭中的一个或几个成员。家庭各个成员和其他有关人员参与购买决策发挥的作用和影响，构成消费者购买组织的问题。

在一项购买决策中，消费者可能扮演发起者、影响者、决策者、购买者、使用者等不同角色。

在消费者购买行为后期，消费者还承担营销者"种子用户"的功能。种子用户就是在消费了产品之后，对产品有很高的黏度，同时又可以帮助企业做免费的宣传，甚至凭借自身的影响力去吸引更多的目标用户，从而有利于帮助企业培养产品氛围的第一批用户。

2. 数字营销时代消费者购买行为的特征

随着信息技术、通信技术和移动技术的发展，以及数字营销时代的来临，消费者的购买行为具备以下新特点：

（1）消费者可以使用在线资源作为强大的信息和购物辅助。

（2）消费者可以随时随地利用移动链接进行搜索、交流和购物。

（3）消费者可以利用社交媒体分享观点和表达忠诚。

（4）消费者可以积极地与企业进行互动。

（5）消费者可以拒绝接收那些不合时宜甚至讨厌的营销信息。

（6）消费者可以从他们已有的产品中获得更多的价值。

3. 消费者购买行为模式

数字经济时代，消费者购买行为具有明显的差异性，但又具有某种共同的规律性。这种消费者购买行为中的共性或一般规律就是消费者购买行为模式。

（1）刺激—反应模型。消费者购买行为是由刺激引起的，在各种因素的刺激下产生动机，在动机的驱使下做出购买商品的决策，实施购买行为，最终做出购后评价。刺激—反应模型如图 5-4 所示。

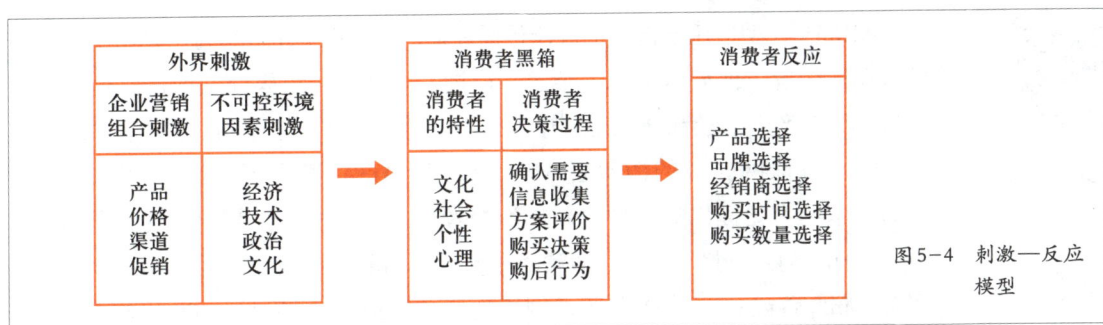

外界刺激		消费者黑箱		消费者反应
企业营销组合刺激	不可控环境因素刺激	消费者的特性	消费者决策过程	产品选择 品牌选择 经销商选择 购买时间选择 购买数量选择
产品 价格 渠道 促销	经济 技术 政治 文化	文化 社会 个性 心理	确认需要 信息收集 方案评价 购买决策 购后行为	

图 5-4　刺激—反应模型

① 外界刺激。外界对消费者的刺激有两类：一类是企业营销组合刺激，主要包括产品、价格、渠道和促销等因素；另一类是不可控环境因素刺激，主要包括经济、技术、政治、文化等因素。

② 消费者黑箱。消费者黑箱是消费者接受外界刺激时的所思所想，是消费者进行信息处理的过程。消费者黑箱由两个部分组成：一是消费者的特性（文化、社会、个性和心理等）；二是消费者决策过程（确认需要、信息收集、方案评价、购买决策、购后行为等）。

③ 消费者反应。外界刺激经过消费者黑箱处理后，便会产生一系列看得见、摸得着的反应，即消费者对产品、品牌、经销商、购买时间、购买数量等做出的选择。

营销新知

场景、场景营销与场景创新

场景是指戏剧、电影中的场面，泛指情景。

场景营销是一种体验式营销，企业利用大数据、社交媒体等不断发展的移动互联网技术打造双向的互动体验，挖掘商品在不同场景下的功能价值，以及消费者在不同场景下的需求，将商品的价值与消费者的需求精准匹配，最终产生最大化的市场价值。

场景创新是指企业通过场景的培育，创造需求、打磨产品、提供数据、改进算法、提供市场、迭代商业模式，进而产生全新的业态、商业模式、服务产品等。例如，创业咖啡卖的不是咖啡，是创业场，要实现对用户"无限场景"的触达和多元化互动，从而打造个性化体验。

（2）AIDMA模型。该模型总结了消费者购买心理过程，即引起注意（attention），产生兴趣（interest），激发欲望（desire），形成记忆（memory），最终促成购买行动（action）。

AIDMA模型适用于传统的大众传播环境，卖方占据主导地位，消费者是信息的被动接受者，他们从报纸、杂志、广播、电视等传统媒介获取产品信息，被广告吸引，产生兴趣和认同感，激发消费欲望，记住产品信息，最终购买产品。

消费者购买决策模型

（3）互联网时代的消费者AISAS模型。AISAS模型是针对互联网时代消费者需求的变化提出的一种全新的消费者行为分析模型。AISAS模型同样具有五个环节：①通过广告吸引消费者的注意（attention）；②激发消费者的购买兴趣（interest）；③消费者通过网络搜索（search）信息，为购买决策提供依据；④消费者实施购买行动（action）；⑤消费者在网络平台分享（share）其消费经验与产品信息。

AIDMA模型与AISAS模型如图5-5所示。

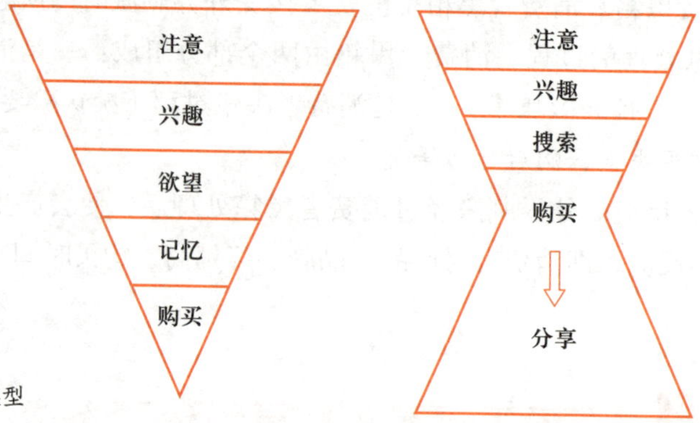

图5-5 AIDMA模型与AISAS模型

AIDMA模型描述了消费者从了解到购买的倒金字塔漏斗状进程，消费者数量随着进程持续而不断减少。而AISAS模型则描述了消费者从了解到分享的哑铃漏斗状进程，消费者数量会随着正向分享的持续而增加。

基于互联网的AISAS模型不仅要引起消费者的注意使其产生兴趣，更重要的是能够让消费者通过主动搜索信息参与消费的全过程，并在消费后积极自发地向周围分享传播信息。其中搜索和分享体现了互联网时代与传统媒体时代的本质差别。

营销新知

从"种草"到"拔草"的互联网内容营销

在互联网内容营销的活动过程中，内容创作者（营销企业和个人）希望通过传播承载品牌和产品信息的内容来影响消费者的心智，进而促进消费者采取购买行为，这就是所谓的"种草"和"拔草"过程。在这一过程的不同阶段，所发布的内容也不相同。企业开展内容营销的链路正是AISAS模型的应用，如图5-6所示。

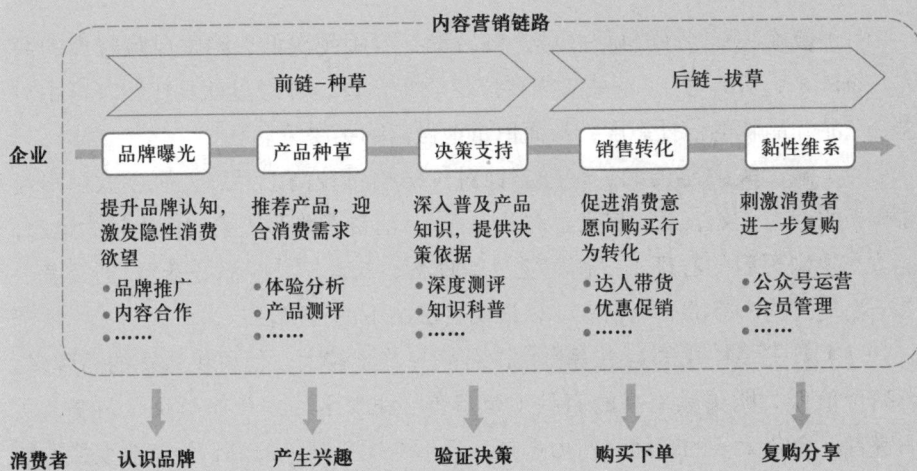

图5-6　内容营销的链路

内容营销的前链阶段被称为"种草"，主要目标是提升消费者对品牌和产品的认知。创作者会根据消费者的需求为他们推荐产品，并深入地普及产品知识，为消费者提供决策依据。

内容营销的后链阶段被称为"拔草"，主要目标是流量转化和黏性维系。营销的内容应更加注重激励消费者将购买意向转化为购买行为，并引导他们进一步复购。

资料来源：艾瑞咨询. 2021年种草内容平台营销价值白皮书. 2021.

4. 消费者购买行为的类型

消费者在购买商品时，会因商品价格、购买频率的不同而不同程度地参与。消费者参与程度包括：①消费者在购买过程中的谨慎程度及所花费时间和精力的多少。②参与购买过程的人数。根据消费者在购买过程中的参与程度和品牌间的差异程度，消费者的购买行为可分为以下四种类型，如图 5-7 所示。

品牌差异 \ 参与程度	高	低
大	复杂的购买行为	寻求多样化的购买行为
小	减少失调感的购买行为	习惯性的购买行为

图 5-7　消费者购买行为类型

（1）复杂的购买行为。针对价格昂贵、购买频次低、隐藏风险较大的商品（如汽车、房产等），消费者需要广泛收集信息，并经过认真比较，产生对这一产品和品牌的信任态度，从而慎重地做出购买决策。

（2）减少失调感的购买行为。针对价格相对较高但品牌差别不大、不经常购买的产品（如服装、家电、化妆品等），消费者购买决策的产生较为迅速，容易产生购买后的心理不平衡感觉（如价格、款式、售后服务等）。消费者会广泛收集已购产品的有利信息，以证明自己决策的正确性。

（3）寻求多样化的购买行为。针对品牌差异较大，但可供选择的品牌多、产品价值低、购买频率高的商品（如牙膏、洗发水、方便面等快速消费品），消费者不会花太多的时间和精力选择，且不专注于某一产品，经常会变换所购产品的品牌。

（4）习惯性的购买行为。针对价值较低、消耗较快、经常购买、品牌差异小的产品（如厨房调味品、服饰洗涤用品等），消费者比较了解其品牌特点且具有一定的偏好，因而不会花很多时间和精力去选购，而是习惯性地做出决策。

5.1.4　消费者购买决策分析

1. 消费者购买决策的主要内容

消费者购买决策的主要内容有：①买什么（what）——确定购买对象；②为什么买（why）——购买目的或购买动机；③为谁买和由谁买（who）——确定使用者和购买者；④以什么价格买（how much）——确定购买价位；⑤买多少（how many）——确定购买数量；⑥在哪里买（where）——确定购买地点；⑦何时买（when）——确定购买时间；⑧如何买（how to buy）——以什么方式购买。

营销实践

闲鱼 App 的"咸鱼翻身"

"闲鱼"二字取义"闲余"，泛指闲置多余的物品；取音"咸鱼"，泛指期望闲置物品"咸鱼翻身"，呼唤大家对闲置物品物尽其用。诞生之初，闲鱼原本只是"淘宝二手"的移动客户端，改版后以"闲鱼"的名字重新上线。截至 2022 年，闲鱼交易额突破 5 000 亿元，月活用户数达 1.25 亿，在线卖家数超 3 000 万，数码、服装、家具、母婴等成为其重要交易品类。

闲鱼的成功在于消费者消费习惯及消费观念的改变，以绿色、循环、社交为关键词的闲置经济慢慢崛起。闲置物品交易的背后，既是生活方式的分享化，也是兴趣爱好的集结。对全社会而言，物品循环再利用的趋势不可逆转。

闲鱼的市场定位是为拥有闲置物品的用户和愿意购买闲置物品的用户提供交易平台，解决低价买好物和闲置物品变现的需求。闲鱼提供用户与用户相互交流的社区，侧重于以兴趣、爱好为纽带连接不同用户，这也提高了用户使用闲鱼的频率，在让用户参与的同时也是维系顾客的一种重要手段。

资料来源：孟韬. 市场营销——课程思政与互联网创新［M］. 2 版. 北京：中国人民大学出版社，2021.

2. 消费者购买决策过程

消费者购买决策过程又称为消费者旅程，主要包括确认需要、收集信息、评估选择、购买决策和购后行为五个阶段。

（1）确认需要。内在刺激因素和外在刺激因素都可以激发人们的认知需要。大数据时代，企业能够根据消费者的日常浏览及购物记录等信息运用个性化内容推送技术推送符合其需要的产品。

（2）收集信息。消费者信息来源主要有：①个人来源（家庭、微信群、朋友圈、同事、熟人等）；②公共来源（大众媒体、政府机构、消费者组织、专业测评网站、社交平台、在线评论等）；③商业来源（网站、广告、推销员、商场/门店、直播间、展会等）；④经验来源（消费者购买、使用产品等）。

消费者有明确需求时，常见的查找商品/服务信息的渠道如图 5-8 所示。

以上数据显示，2017—2021 年间，电商网站、商场/门店体验、社交分享平台、直播间/视频分享网站等信息渠道的增长最明显。

目前，随着人工智能、区块链、云计算、大数据等新兴技术的飞速发展，消费者可以自由地在各种商业平台查阅和分享商品信息，借助 VR（虚拟显示技术）、AR（增强现实技术）体验虚拟场景，在社交媒体进行分享互动，发表

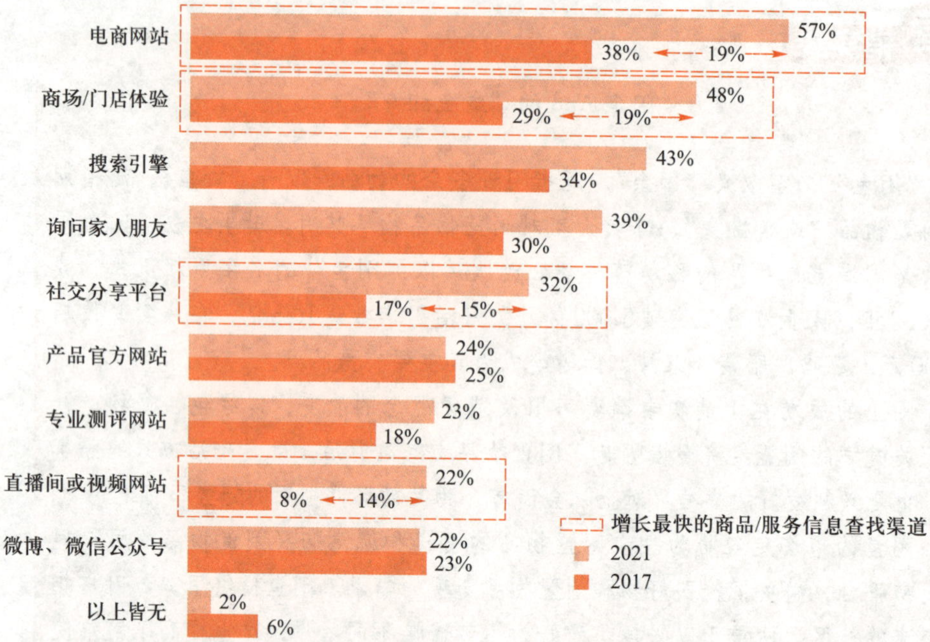

数据来源：迈向美好生活——埃森哲2022中国消费者洞察.

图5-8　消费者查找商品/服务信息的渠道来源

• 数说营销

观点和评价。互联网提高了信息收集的时效性和便利性，降低了信息的不对称性，成为消费者搜集信息的重要工具。

营销新知

智能客服

数字经济时代，自然语言处理技术和文本情感分析技术逐步成熟，智能客服越来越多地替代了人工客服的工作，其服务范围覆盖了消费者购买的全过程，响应速度极快，提供24小时在线的实时服务。

在购买前，智能客服洞察消费者行为，如商品浏览情况和接入渠道等，提供智能导购和推荐客服等服务；在购买过程中，智能客服会预设如何回答消费者可能提出的问题，通过机器学习向消费者提供千人千面的智能服务；在购买后，智能客服主动将服务前置，促进消费者的再次购买行为。此外，智能客服还能为消费者提供商品、服务卡片、订单状态查询、物流信息查询、退换货引导和智能判决等服务，并根据消费者行为标签建模，实现整个购买流程的自动化。

资料来源：王永贵，项典典.数字营销——新时代市场营销学［M］.北京：高等教育出版社，2023.

（3）评估选择。收集信息后，消费者要根据个人的经济实力、兴趣爱好及商品的效用满足程度，对可供选择的产品进行分析比较并做出评估。消费者的评估选择一般要经历以下过程：①分析产品属性；②建立属性等级；③确定品牌信念；④进行效用比较；⑤做出最终评价。

例如，根据复旦大学消费市场大数据实验室的资料调研，新生代消费者针对"潮品"的消费评估属性及属性等级情况如图5-9所示。

• 数说营销

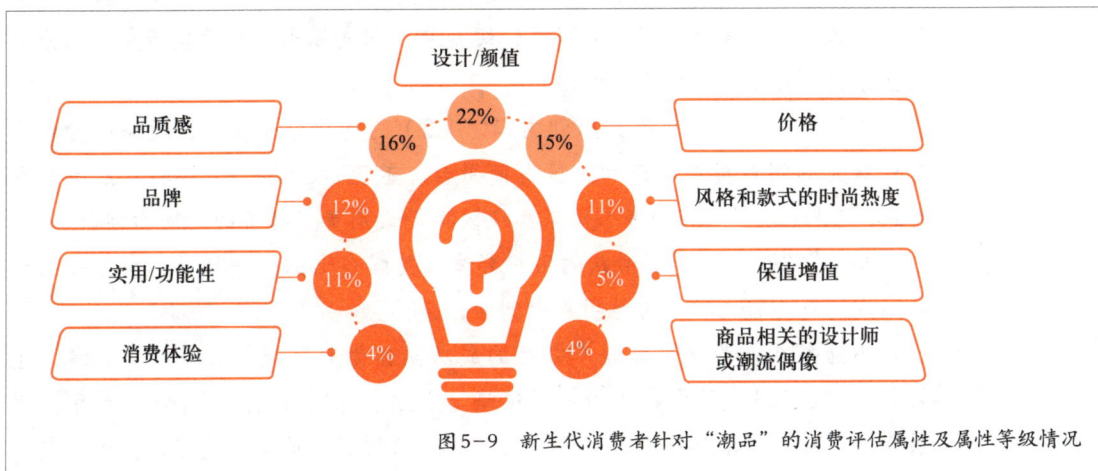

图5-9　新生代消费者针对"潮品"的消费评估属性及属性等级情况

消费者在评估选择过程中还会重点考虑购买、配送、使用、维护、处置五大环节的影响因素。

（4）购买决策。消费者经过收集信息和评估选择后，将做出是否购买的决策。消费者需要对以下内容做出具体决策：①产品种类；②产品属性；③产品品牌；④时间；⑤地点（渠道）；⑥价格；⑦数量；⑧付款方式等。

在做出购买决定后，他人的否定评价、意外情况（如经济条件的变化等）和预期风险（如价格发生变化、功能无法达到预期、产品有害健康、故障维修困难等）都可能使消费者推迟或取消购买决定。

（5）购后行为。消费者在使用商品的过程中，会将购前的期望与实际使用效用相衡量并决定满意程度。购买后的满意程度决定了消费者的购后行为。如果满意，消费者将会给予好评，重复购买，推荐他人购买并形成品牌忠诚度；如果不满意，消费者则会给予差评，拒绝二次购买，阻碍他人购买，退货、投诉。

数字时代，企业应关注全媒体社交平台并开通相关账号，及时了解消费者的满意程度，建立消费者投诉和建议系统，定期开展消费者满意程度调查，了解消费者对产品的意见、建议，及时、恰当地解决问题，改进企业原有的产品和服务，提升消费者满意程度。同时，也可以利用折扣、优惠券等方式激励消费者，合理地进行口碑营销。

营销实践

小红书：年轻人的数字分享社区

小红书是年轻人的生活方式平台，以"标记我的生活"为口号，以"Inspire Lives分享和发现世界的精彩"为使命，覆盖时尚、美妆、旅行、美食、家居等生活领域，用户可以通过短视频、图文等形式记录生活点滴，分享生活方式，并基于兴趣形成互动。

小红书是一个深耕用户原创内容（UGC）的购物分享社区，至今已发展成全球最大的消费类口碑库和社区电商平台。截至2022年，小红书月活用户数超过2亿，成为全球200多个国家和地区年轻人消费者必备的"购物神器"，其中"90后""95后"是最活跃的用户群体。艾媒咨询的数据显示，小红书的女性用户比例为78.64%，男性用户比例为21.36%。

小红书在消费者内容分享方面的成功操作为其沉淀了大量用户资源，也为其向"社区＋电商"转型做好了铺垫。小红书打造海淘顾问形象，为用户提供境外购物攻略，解决了"去哪儿买、什么值得买"的购物痛点，极大地便利了用户。

小红书致力于打造以数字分享为前提，带动饮食、服装、娱乐、旅行、购物等多方面的"种草"营销，通过"收藏＋笔记"的分享模式，对UGC和PGC（专业生产内容）进行裂变传播，增强优质内容的传播力度。其电商团队利用大数据甄选产品，使用户完成全流程体验及购买行为，一站式解决用户需求。

资料来源：阳翼. 数字消费者行为学［M］.北京：中国人民大学出版社，2022.

5.2 组织市场及购买行为分析

组织市场是指所有为满足自身需求而购买产品和服务的组织机构所构成的市场。与消费者市场相对应，组织市场主要包括产业市场、中间商市场、政府市场等。

随着互联网的发展和普及，B2B 电子商务成为组织市场购买的重要形式。B2B 电子商务是指两个或两个以上的企业或组织之间利用互联网进行贸易的过程，包括信息、产品、服务的交换。

5.2.1　产业市场购买行为分析

产业市场，又叫生产者市场，是指一切购买产品和服务并将它们用于再生产，以供销售、出租或供应产品或服务给他人的个人和组织。

1. 产业市场购买对象及市场特征

产业市场购买对象一般可分为：

（1）材料和部件，它们完全参与生产过程，价值全部转移到最终产品。

（2）资本项目，包括设施装备和配套设备。它们辅助生产，价值通过折旧和摊销方式部分转移。

（3）供应品和服务。供应品是指维持企业正常生产经营所消耗的不形成最终产品且价值较低、消耗较快、购买批量较小、可替代性较强的产业用品。供应品包括生产补给品、维修保养品、办公用品等。服务包括维修保养服务和商业咨询服务等。

产业市场的特征主要有：购买者数量较少，购买规模较大；地理位置相对集中；需求具有派生性，多由消费者市场需求派生和引申而来；需求波动性较大，缺乏弹性。此外，产业市场还有专业购买，参与人员多，决策时间长；直接采购，长期互惠合作；租赁方式广泛存在等其他特征。

产业市场的现代采购具有以下趋势：①全球采购（以跨国公司为主）；②共同采购（多家购买商联合向供应商采购）；③无库存采购（降低库存成本，长期合作）；④B2B电子采购（利用网络平台进行招标、竞标、谈判、采购等）；⑤"业务外包"采购（借助专业采购服务供应商进行购买）；⑥社会责任采购（依据相关国际标准采购）。

营销实践

探索未来"智造"之路

犀牛智造是阿里巴巴的新制造平台，也是一座面向未来而建设的数字化实验工厂。犀牛智造致力于服务中小商家数字化转型，通过产业全链路数字化改造和云化升级，构建需求实时响应、极小化库存，以及"100件起订、7天交付"的小单快返新模式，实现供需精准匹配和更高水平的动态平衡，促进传统制造产业高质量发展。

犀牛智造的整体思路是：通过构建端到端全链路体系化的数字化解决方案，实现供需的精准匹配和动态平衡。目前，犀牛智造已经可以为包括针织、梭织、羽绒、牛仔在内的超过70%的服装类目提供一站式柔性快速反应供给，实现批量"小"、交付"快"、质量"稳"、库存"零"。犀牛智造服务了超过

200个品牌企业，通过"小快稳零"的新模式，直接降低了中小品牌的创业门槛。犀牛智造的产业全链路数字化模式让品牌能更好适应快速变化的市场需求，为制造工厂提效降本，同时也推动了企业的数字化改造。

2. 产业市场购买决策的参与者

除了专职的采购人员外，企业还有其他人员参与企业购买决策过程。所有的参与人员构成了采购组织的决策单位，市场营销学称之为采购中心。

企业采购中心通常包括五种成员：使用者、影响者、采购者、决定者和信息控制者。企业采购中心多由产品研发、生产管理、采购管理、销售管理、设备管理、质量控制和财务管理等多个职能部门的人员组成，不同职能部门对采购活动的关注侧重点不同。

3. 产业市场的购买行为类型

一般来说，产业市场的购买行为可分为三种类型：

（1）直接重购。也称连续重购，即生产者市场的用户根据过去和供应商打交道的经验，按照既定方案，不作任何修订，直接进行的重新订购业务。

（2）修订重购。也称变更重购，即生产者市场的用户为了更好地完成采购任务，修订采购方案，适当改变产品的规格、型号、价格、数量和条款，或寻求更合适的供应者。

（3）全新采购。是指生产者市场的用户第一次采购某种产业用品或服务。主要包括知晓、产生兴趣、收集信息、评价、试用和采用等阶段。

4. 产业市场的购买决策过程

产业市场的购买决策过程与消费者市场的购买决策过程有一些相似之处，但也有许多不同，其大致可以分为以下几个阶段。

（1）认知需求。认知需求是生产企业购买决策的开始。一般由两种刺激引起：①内部刺激。包括企业开发、生产新产品需购置新设备和原材料；设备淘汰报废，需购买零部件或新设备；已购生产资料存在缺陷，需更换供应商等。②外部刺激。如企业发现可采购的新生产资料、更好的替代品等。

（2）确定需求。认知需求后，企业需要确定所要购买产品的种类、特征、数量等。采购人员应和工程技术人员、使用者共同分析并确定所需产品的基本需求。

（3）拟定规格要求。确定需求后，企业还要对所需产品的规格、型号等技术指标作详细说明。要在技术性、经济性、适用性等方面做出整体性评价，写出技术说明书，以便由采购中心的有关人员选择和确定最佳的采购方案。

（4）寻找供应商。采购企业通常会利用工商企业名录、商业广告、行业及企业网站、搜索引擎、贸易展览会等途径寻找供应商，了解供应商的实力及信誉状况，并根据企业需要对符合条件的供应商进行初步选择。

（5）征求建议书。对初步选出的供应商提出要求，征求他们的信息和建议，请他们尽快寄来样品或说明书、价目表等有关资料。大批量的采购往往采用招标的形式，由采购企业发放招标信息，供应商根据招标要求制作标书。

（6）选择供应商。采购企业在得到供应商的有关资料（如标书等）后，通过比较分析选择供应商。此时企业主要考虑以下因素：①产品质量、价格、规格；②生产技术水平；③交货能力；④结算方式；⑤维修服务能力；⑥企业信誉；⑦企业管理和财务状况；⑧地理位置等。

（7）签订并执行合同。在选择了供应商以后，采购企业与其签订供货合同，明确所需产品的规格、数量、要求、交货期、保修条件、结算方式等。合同签订后，按照合同的约定执行合同，购进产品，验收入库。

（8）绩效评估。购进产品后，采购部门主动与使用部门联系，了解、检查所购产品的使用情况，评估、检查供应商的合同履行情况，为后期采购或新一轮采购提供依据。

当然，并不是每一次采购决策过程都要经过这八个阶段，要根据不同类型的采购业务和决策来取舍。

> **小试牛刀**
>
> 招投标是企业采购过程中的重要工作。请查阅相关资料并总结：企业招投标包含哪些工作环节和注意事项？

营销实践

华为的采购管理

华为的采购部门由多个物料专家团（简称CEG）组成，每个CEG负责采购某一类物料。通过制定不同的物料采购策略，华为对各种物料供应商或服务供应商进行采购认证和选择，对供应商进行日常管理以及绩效评估。在技术、价格、质量、交货、响应速度以及创新等方面，CEG需要充分了解供应商的能力和特点，掌握供应商的竞争优势，在确保华为利益的前提下，推动采购业务的持续改进和有效实施。

（1）华为的采购策略必须与业务策略相匹配，实现采购综合竞争优势，向行业主流供应商汇聚，排除低质供应商，与关键供应商建立互信共赢的长期合作关系。

（2）采购不仅要关注采购交易价格，还要关注全流程采购综合成本的降低，实现价值采购。与研发体系、市场体系形成紧密协同，构建公司的全价值链体系。

（3）对供应商实行分层分级管理，对不同层级供应商采取不同的采购合作策略。

（4）任何采购原则上不指定二级供应商，杜绝关联供应商。

（5）采购员工必须严格遵守华为员工商业行为准则，任何以身试法者将面临法律的审判并追回自违反准则之日起的内部股票收益，包括分红和增值。

资料来源：华新学社. 华为是如何做采购管理的？［EB/OL］. 微信公众号，2022-05-19.

5. 企业数字化采购

在数字经济大背景下，数字新基建技术（包括工业互联网、人工智能、云计算等）的普及应用为采购业务数字化发展提供了机遇。采购在企业经营发展中已从辅助职能逐步转变为竞争性战略。数字化采购技术赋予采购业务全流程可控、效率提升、综合成本降低等特点。

为实现最大化收益，采购人员需要不断提高管理手段，善用数字化工具，降本增效。传统的采购管理依赖人工的线下管理，效率低下，采购成本、人工成本和管理成本均居高不下。数字化采购则通过引入大数据、人工智能、云计算等技术，升级企业采购管理方式，以线上化、数字化的技术贯穿供应商寻源、招投标、供应商准入、签约及交付全流程，提高采购效率，降低采购综合成本。企业数字化采购流程如图 5-10 所示。

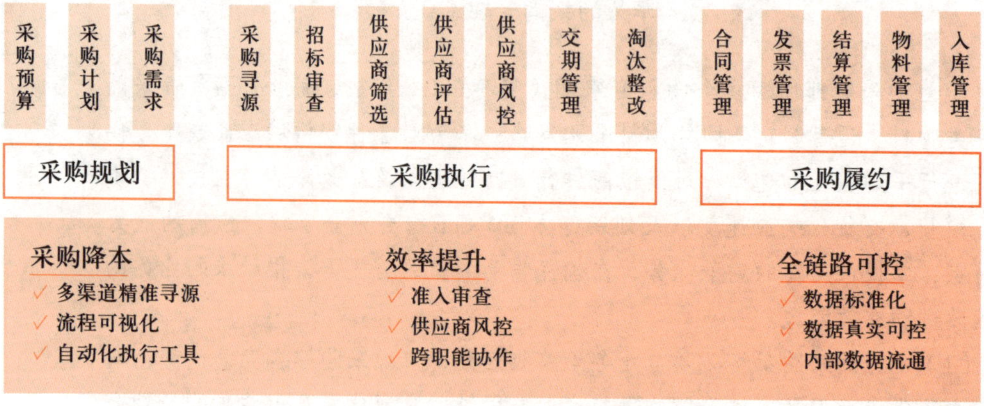

图 5-10　企业数字化采购流程

企业可通过大数据平台精准、高效地挖掘优质供应商资源，在准入环节标准化内部审查标准；利用数字化工具开展多维度资信风险排查，有效规避招投标采购中的围标串标风险；在合作过程中实施供应商信息化管理，利用智能风控技术进行供应商、供应链及关联股东高管的风险监控。

由亿邦智库联合中国物流与采购联合会公共采购分会共同发布的《2022

数字化采购发展报告》指出，我国企业采购已步入数字供应链阶段，超七成的被调研企业借助数字化采购平台实施采购，并积极启动供应链数智化转型。数字化采购大大降低了采购成本，提高了采购效率。较常见的数字化采购平台有京东企业业务、1688 企业采购平台、海尔企业购等。

5.2.2　中间商市场购买行为分析

中间商市场亦称转卖者市场，由所有以营利为目的从事转卖或租赁业务的个体和组织构成。中间商不提供形式效用，而是提供时间效用、地点效用和占有效用。中间商主要包括批发商和零售商。

1. 中间商市场的特征

中间商市场的特征包括：①购买者数目较多，供应范围较广泛；②对商品的需求由消费者市场需求引发；③批量购买、组合配置、定期进货；④对交货期、信贷条件等要求较高。

2. 影响中间商市场购买行为的主要因素

作为购买者之一，中间商的购买行为不仅要受到环境因素、组织因素、人事因素和个人因素的影响，还要受到以下因素的制约：

（1）购买者需求。中间商购买什么、购买多少、以什么价格购买，都需考虑其购买者——消费者个人、家庭，以及生产企业的需求和愿望，要按照他们的需求和愿望制定购买决策。

（2）存货管理。储存货物是中间商的基本职能之一。储存什么、储存多少是影响中间商购买行为的重要因素。

（3）供应商策略。中间商购买商品是为转售他人，供货条件、价格折让、运费折让、促销津贴等供应商策略与其商品转售有直接关系，进而影响中间商的购买决策。

3. 中间商市场购买决策的主要内容

（1）决定购买时间和购买数量。中间商常将提出订单的时间延迟，以便更准确地把握消费者和其他买主的需要，使所购买的商品适销对路，避免库存积压的风险。一旦提出订单，就要求尽快到货并转手卖给买主，以免占用资金。

一般而言，中间商做出的购买数量决策依据是现有的存货水平和预期的需求水平。大量订购，可降低采购成本，并获得较大的折扣；少量订购，可以减少库存成本。中间商应据此进行成本与效益比较，进而做出有利的决策。

（2）选择供应商。面对众多的供应商，中间商应根据交易的优惠条件、合作的诚意，以及所处市场环境、产品销路、经营能力、本身的经营风格等加以甄选。

（3）选择购买条件。购买条件的优劣直接影响中间商的经济效益。因此，中间商希望从供应商处得到尽量多而优厚的购买条件。如价格折扣、推迟付款和广告津贴；交货及时、迅速；充分的使用保证；无条件承担质量责任；等等。

（4）选择购买商品的编配组合。对企业经销的商品进行合理的编配组合是中间商最基本、最重要的购买决策。中间商可采取的商品编配组合有：①独家编配（只经销某一家厂商的产品）；②深度编配（同时经销多家厂商生产的多种不同规格、型号、花色、款式的同种产品）；③广度编配（同时经销多家厂商生产的多种类相关产品）；④综合编配（同时经销多家厂商生产的互不相关的多种类、多规格的产品）。

营 销实践

宜家的采购模式

宜家采用的是全球化的采购模式。宜家的产品在从各贸易区域采购后，先运抵全球26个分销中心，再送至宜家的商场进行出售。宜家的采购理念及对供应商的评估主要包括4个方面：持续的价格改进、严格的供货表现/服务水平、质量好且健康的产品、环保及社会责任。

宜家在全球设立了16个采购贸易区、46个贸易代表处，分布于32个国家和地区。其贸易代表处的工作人员根据宜家的最佳采购理念评估供应商，在总部及供应商之间进行协调，实施产品采购计划，监控产品质量，关注供应商的环境保护、社会保障和安全工作等条件。

5.2.3 政府市场购买行为分析

政府市场是为满足各级政府部门的日常工作及公共消费需要而购买、租用产品和服务的各级政府单位。在许多国家，政府部门是产品和服务的重要购买者。

1. 政府市场购买的目的

政府市场购买的目的通常有：①履行政府职能；②刺激国内需求，保护民族工业的发展；③节约财政开支，提高资金使用效率。目前，我国的政府市场购买主要分为中央政府购买、省级政府购买和地方政府购买。

2. 政府市场的特征

政府市场具有如下特征：①需求受到较强的政策制约；②需求的计划性

较强，规模较大；③购买方式多样，以招标采购为主；④购买行为应受到社会公众的监督；⑤购买目标具有多重性（包括经济性、政治性、军事性、社会性等）。

3. 政府市场购买过程的参与者

（1）使用人，一般是指国家各级政府部门具体使用产品或服务的工作人员。

（2）采购人，一般是指使用财政性资金采购物资或服务的国家机关工作人员，多由政府采购机构工作人员担任。

（3）政府采购机构，是指政府设立的负责本级财政性资金的集中采购和招标组织工作的专门机构。政府财政部门是政府采购的主管部门，负责管理和监督政府采购活动。

（4）招标代理机构，是指依法取得招标代理资格，从事招标代理业务的社会中介机构。政府采购多采用委托招标代理的方式。

4. 政府市场购买的主要方式

（1）公开招标。公开招标应当按照采购主管部门规定的方式向社会发布招标公告，并有至少三家符合投标资格的供应人参加投标。

（2）邀请招标。采购项目具有特殊性，只能从有限范围的供应商处采购的，或者采用公开招标方式的费用占政府采购项目总价值的比例过大的，可采取邀请招标的方式。

（3）竞争性谈判。竞争性谈判适用于以下情况：①招标后没有供应商投标、没有合格标的或者重新招标没有成立的；②技术复杂或者性质特殊，不能确定详细规格或者具体要求的；③招标所需时间不能满足用户紧急需要的；④不能事先计算出价格总额的。

其主要程序是：成立谈判小组；制定谈判文件；确定邀请参加谈判的供应商名单；谈判；确定成交供应商。

（4）单一来源采购。单一来源采购适用于以下情况：①只能从唯一供应商处采购的；②发生了不可预见的紧急情况，不能从其他供应商处采购的；③必须保证原有采购项目的一致性或者服务配套的要求，需要继续从原供应商处添购，且添购资金总额不超过原合同采购金额10%的。

（5）询价。对于现货货源充足且价格变化幅度小的政府采购项目，可以采用询价方式采购。采用询价方式采购的程序是：成立询价小组；确定被询价的供应商名单；询价；确定成交供应商。

5. 政府网上采购

政府网上采购即政府部门以电子化方式与供应商通过互联网进行采购交易以及支付处理作业。政府网上采购能够更好地体现公开、公平、公正的原则。采用这种方式可以克服传统招标形式下文件数量多、程序复杂、耗时长、有些厂商不能及时获得信息而失去机会等问题。政府网上采购的流程一般包括网上招标、网上评标、签订电子合同和网上支付。

稳扎稳打

一、单项选择题

1. 消费者市场中的消费者通常缺乏准确认识产品所必需的专业知识，买卖双方信息存在不对称性，这体现了消费者市场的（　　）特征。

  A. 异变性　　　　　　　　　　B. 非专业性

  C. 专业性　　　　　　　　　　D. 可诱导性

2. 消费者购买决策过程的第三个阶段是（　　）。

  A. 确认需要　　　　　　　　　B. 收集信息

  C. 评估选择　　　　　　　　　D. 购买决策

3. 有些产品品牌差异较大，但消费者不愿花长时间来选择，而是不断变换所购产品的品牌，这种购买行为称为（　　）。

  A. 习惯性的购买行为　　　　　B. 寻求多样化的购买行为

  C. 减少失调感的购买行为　　　D. 复杂的购买行为

4. （　　）是指生产者市场的用户为了更好地完成采购任务，修订采购方案，适当改变产品的规格、型号、价格、数量和条款，或寻求更合适的供应者。

  A. 直接重购　　　　　　　　　B. 修订重购

  C. 全新采购　　　　　　　　　D. 密封投标

5. 中间商同时经销多家厂商生产的多种不同规格、型号、花色、款式的同种产品，这种商品编配组合属于（　　）。

  A. 独家编配　　　　　　　　　B. 深度编配

  C. 广度编配　　　　　　　　　D. 综合编配

二、多项选择题

1. 消费者市场是企业经营活动的主要服务对象，下列选项中，属于其特征的有（　　）。

  A. 非营利性　　　　　　　　　B. 多样性

  C. 集中性　　　　　　　　　　D. 可诱导性

  E. 分散性

2. 消费者的心理动机主要包括（　　　　　）。

    A. 理性动机　　　　　　　　B. 感性动机

    C. 惠顾动机　　　　　　　　D. 满意动机

3. AISAS 模型将互联网时代的消费者行为归纳为（　　　　　）这几个环节。

    A. 注意　　　　　　　　　　B. 兴趣

    C. 搜索　　　　　　　　　　D. 行动

    E. 欲望　　　　　　　　　　F. 分享

4. 产业市场的特征主要有（　　　　　）。

    A. 购买者数量较少，购买规模较大

    B. 地理位置相对集中

    C. 需求具有派生性

    D. 需求波动性较大，缺乏弹性

5. 政府市场购买的主要方式有（　　　　　）。

    A. 公开招标　　　　　　　　B. 直接采购

    C. 竞争性谈判　　　　　　　D. 单一来源采购

    E. 询价　　　　　　　　　　F. 邀请招标

三、判断题

1. 在社会生活中，参照群体是个人在做出购买决策时用来作为参照、比较的个人或群体。（　　）

2. 注重改善性消费，更新家居、汽车及房屋等耐用消费品，在注重储蓄的同时有高品质的消费需求，有一定的理智性和计划性；子女已成年，独立性消费较明显。这是空巢阶段家庭的典型特征。（　　）

3. 生产者市场的用户根据过去和供应商打交道的经验，按既定方案，不作任何修订，直接进行重新订购业务。此方式属于全新采购。（　　）

4. 中间商只经销某一家厂商的产品属于广度编配。（　　）

5. 采购项目具有特殊性，只能从有限范围的供应商处采购，或者采用公开招标方式的费用占政府采购项目总价值的比例过大的，应采取公开招标的方式。（　　）

四、简答题

1. 影响消费者市场购买行为的因素有哪些？

2. 不同家庭生命周期阶段的需求及消费特征有何不同表现？

3. 消费者购买决策的主要内容有哪些？购买决策过程包含哪些阶段？

4. 产业市场的购买决策过程包含哪些阶段？

5. 什么是虚拟社群？作为一名大学生，你参与了哪些与专业学习、创新创业以及提升个人综合素养相关的虚拟社群？

调查研究

（一）2023 年，以 ChatGPT、文心一言等为代表的大语言模型人工智能应用迅速引起了人们的关注。

什么是 ChatGPT？通俗来说，这是一款人工智能聊天机器人程序，但不同于目前已有的传统聊天机器人，它是由人工智能研究实验室 OpenAI 公司在 2022 年年底上线的对话式预训练 AI 模型，能实现写代码、回答问题、撰写邮件、写论文、翻译、求医问药等指令。

ChatGPT 的出现让投资者再次将目光聚集在 AIGC（人工智能创作内容）赛道，该赛道中的 AI 绘画技术曾引起舆论关注。目前，AIGC 产业处于高速发展期，百度、腾讯、阿里巴巴、浪潮等互联网企业都相继推出了自己的预训练 AI 大模型，迅速加入这场技术竞赛。

ChatGPT 高度拟人化的对话问答模式具有更好的交互体验，将进一步加强 NLP（自然语言处理）技术的应用，如人机交互、智能客服、机器翻译、智能写作等。未来落地场景涉及代码生成、药物研发等多个领域。

近几年随着人工智能的发展，消费者的消费行为和生活方式发生了哪些变化？请选择一个预训练 AI 大模型进行调查研究，形成调研报告。

（二）剧本杀是由 COSPLAY（角色真人扮演）演化而来。COSPLAY 游戏只是角色扮演，剧本杀则是全程以剧本为核心，由真人扮演不同角色并根据剧本情节推进的体验业态。在体验的过程中，演员可以围绕剧本提纲自由发挥，但全程有主持人引领，以防出纲。这些剧本可以涵盖未来科幻、悬疑推理、历史文化等题材。

相关数据显示，在中国消费者偏好的线下潮流消费模式中，剧本杀占比仅次于电影和运动健身。2022 年中国剧本杀行业市场规模达 238.9 亿元，同比增长 40.4%。"剧本杀"主力消费人群为 26—40 岁的年轻人群，占比高达 76.2%。来自美团的数据显示，作为都市年轻人的日常聚会玩乐方式之一，63.5% 的用户会在两周内消费剧本杀 1 次及以上，超四成用户的消费频次在一周 1 次以上。

• 数说营销

剧本杀消费人群的消费需求有哪些？哪些行业、企业和领域可以借助剧本杀创新挖掘商业机会？请进行调查研究并形成调研报告。

力 学笃行 <<<<<<<<<<<<<<<<<<<<<<<<<<<<<<<<<<<<<<<<<<<<<<<<<<<

市场购买行为分析应用——房地产项目推介

■ **实训目标**

通过项目小组选择就读城市的某一房地产项目作为调研对象，前往现场进行参观并收集资料，分析项目产品推广方式与消费者需求及购买行为，拍摄制作一份××房地产项目推介视频，掌握消费者市场购买行为分析的主要内容。

■ **背景资料**

2022年是房地产的"政策大年"，降准降息、限购放松、"三箭"齐发、房企纾困、保交楼等，都是积极推动市场复苏的动作。2023年，随着房地产再度被重申为"国民经济支柱产业"，"保交楼、保民生、保稳定"成为房地产行业新一年的关键词，刚性和改善性需求也将得到更有力的支持。

房地产产品是家庭消费品中的特殊商品，一个优秀的房地产项目必须在针对消费者心理和行为分析的基础上，抓住消费者的消费需求，准确定位。

■ **实训要求**

本次实训，选择一个房地产项目，从其产品设计、广告宣传的角度，分析该项目是从哪些因素抓住消费者心理，吸引消费者注意的。

小组选择某一个房地产项目，亲临该项目售楼处听取置业顾问的沙盘介绍，参观项目现场和样板间。在参观过程中注意拍摄项目、沙盘及样板房的照片、影像（经允许后），搜集现场的广告宣传资料。完成一份××房地产项目介绍[①]PPT。

■ **实训步骤**

（1）按小组选择某一知名房地产项目作为本次实训研究对象。

（2）现场参观售楼处、项目现场、样板间，搜集整理相关资料。

（3）拍摄制作一份××房地产项目推介视频。

（4）分组展示视频作品。

（5）相互点评，教师总评。

■ **实训成果**

××房地产项目介绍PPT和推介视频。

---

① 项目介绍是指站在房地产开发公司或置业顾问的角度，面对普通购房消费者，针对其关注的若干购房需求展开的产品卖点介绍。

单元五　市场购买行为分析

素养目标

1. 在目标市场营销战略执行的过程中保持科学严谨的工作态度，培养创新意识

2. 提升东方美学素养，讲好中国故事，传播好中国声音

知识目标

1. 掌握目标市场营销战略决策——市场细分、目标市场选择和市场定位的含义

2. 熟悉市场细分的依据、方法和程序

3. 了解用户画像的含义、类型、步骤和作用

4. 掌握目标市场的模式选择、策略选择和影响因素

5. 熟悉市场定位的含义、依据、步骤和策略

技能目标

1. 能够运用所学知识，对企业面对的市场进行细分并选定恰当的目标市场

2. 能够科学合理地进行用户画像构建，借助用户画像提升目标市场选择效果

3. 能够根据营销环境的具体变化，为不同产品选定目标市场，对产品进行合适的市场定位

思维导图

市场细分
- 市场细分概述
- 市场细分的依据
- 市场细分的一般方法
- 市场细分的程序

目标市场营销战略决策

目标市场选择
- 目标市场的含义
- 目标市场的选择依据
- 用户画像
- 目标市场模式选择
- 目标市场策略选择

市场定位
- 市场定位的含义
- 市场定位的依据
- 市场定位的步骤
- 市场定位策略的实施

学 思践悟　让世界看见东方美

近几年，作为国货国风美妆品牌代表之一的花西子，以彩妆为载体，以文化为媒介，以"东方彩妆，以花养妆"为市场定位，通过聚焦年轻人崇尚的个性化消费，向世界传递东方文化，让世界看见东方美。

1. 致敬经典，通过国风广告占领用户心智

在新消费时代，国风成为中国营销市场的新力量。为了实现营销的有效触达，花西子将国风这一热点与品牌特质融合，建立起品牌与消费者联系的新窗口。"铸百年国妆，为国妆传美名。"花西子致敬经典动画《张敞画眉》，发布了全新的七夕主题广告，讲述了张敞夫妻二人的故事。花西子巧妙地将主推产品螺黛生花眉笔与同心锁口红融入广告动画片中，同心锁成了他们举案齐眉、永结同心的爱情见证。在传递品牌的东方浪漫之余，实现了产品与广告内容的自然融合。同时，花西子还策划了"七夕画眉"活动，如图6-1所示，成功吸引了用户的注意力。

2. 跨界联合，重新定义国风美妆潮流

花西子通过与不同圈层的品牌进行联名，将品牌文化从美妆延伸到了音乐、电影等领域，在弘扬国风文化的同时，重塑自己的品牌美学，

扩大了品牌的知名度，并将花西子独特的东方魅力推向了世界舞台。

花西子选择与知名汉服品牌联合，推出以国风为基调的粉色系汉服；与王者荣耀推出国风基调的美妆产品；聘请知名歌手为花西子推广官，展现品牌美；与电影IP《花木兰》合作推出古风仿妆……在展现东方文化魅力之余，提升品牌价值。同时，花西子不断在社交媒体上创建互动话题，实现品牌与用户之间的关联和互动。

图6-1 花西子"七夕画眉"活动

3. 切入细分市场，进行精细化营销运作

在B站，花西子与众多"UP主"联合推出仿妆，一方面引导用户参与活动，增加了用户的参与感，有利于品牌凭借产品本身与用户建立更值得信赖的关系，另一方面切入细分市场，找到与用户交流的窗口，给品牌提供了广告展示的位置，有利于品牌积蓄流量与实现转化。

花西子能够在营销上持续发力并让营销内容自然不违和，得益于品牌自身展示东方美的特色精髓；融入品牌基因中的东方色彩是其营销成功的关键。

资料来源：兵法先生. 迅速赢得年轻人市场的花西子，究竟做对了什么？[EB/OL].营销兵法公众号，2021-11-15.

引思明理：

目标市场营销战略理论是企业制定营销战略的重要内容。现代企业只有经过市场细分，根据自身优势锁定目标市场，并实施差异性市场定位，才能在激烈的市场竞争中脱颖而出。花西子在市场细分的基础上以文化为媒介，通过"让世界看见东方美"的定位聚焦目标市场的个性化消费，传递东方美学文化与东方式浪漫，这既是目标市场营销战略理论的充分应用，也是贯彻落实党的二十大精神"传承中华优秀传统文化"的体现。

由于在消费心理、购买习惯、收入水平、资源条件和地理位置等方面存在差异，不同消费者对同类产品的消费需求和消费行为具有很大的差异性。因此，企业在开发新业务时，必须实施目标市场营销战略。

营销企业需要通过移动互联网、人工智能、云计算、大数据等信息技术展开市场调研，大量收集信息，将消费者细分为需求不同的若干群体；结合特定的市场营销环境和自身资源条件选择某些群体作为目标市场；进行恰当的市场定位，满足目标市场的需求。所以，市场细分（Segmenting）、目标市场选择（Targeting）、市场定位（Positioning）构成了确定目标市场营销战略的全过程，如图6-2所示。这一战略因此又被称为STP战略。

图6-2 目标市场营销战略过程

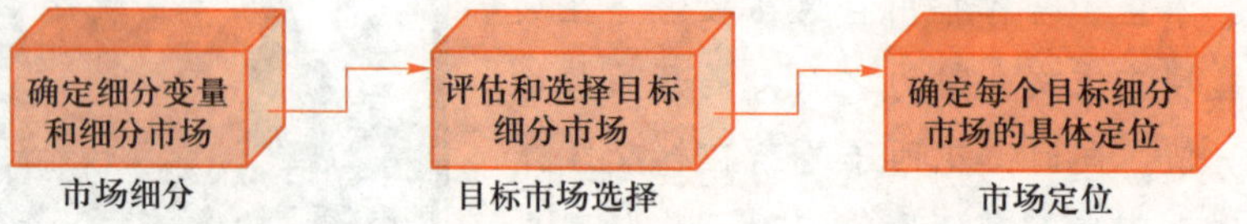

```
确定细分变量          评估和选择目标          确定每个目标细分
和细分市场    →        细分市场      →        市场的具体定位
市场细分              目标市场选择              市场定位
```

<h2>6.1 市 场 细 分</h2>

<h3>6.1.1 市场细分概述</h3>

市场细分是企业在市场调研的基础上，根据消费者需求的差异性，把某一产品的整体市场划分为若干个在需求上具有某种相似特征的消费者群体，从而形成各种不同细分市场的过程。每一个消费者群体就构成了一个细分市场（也称子市场），同一个细分市场中的消费者具有相似的需要和欲望。

市场细分的理论依据是消费者需求的绝对差异性和相对同质性（即群体需求相似性）、企业资源的有限性，以及市场的竞争性等。

市场细分对企业有着以下重要作用：①有利于企业分析、发掘新的市场机会，形成新的富有吸引力的目标市场；②有利于企业集中使用资源，最大限度地满足消费者需求，增强市场竞争力；③有利于企业制定和调整市场营销组合策略，实现市场营销战略目标。

近年来，很多企业采用数据挖掘技术进行市场细分，实现对目标客户群体的个性化、差异化营销。一方面，海量数据的产生为企业进行市场细分创造了更多的资源；另一方面，大数据等新兴技术的发展带来了更加多样和高效的数据分析、数据挖掘工具，促使企业市场营销精准化。据此进行定向营销，可以节省营销成本，提高营销效果。

企业在实施市场细分时，应当遵循以下基本原则：可区分性、可测量性、可进入性、可盈利性和相对稳定性。

6.1.2 市场细分的依据

主要从消费者市场和产业市场两个角度来分别阐述。

1. 消费者市场细分的依据

消费者市场细分的依据比较多，常见的有地理因素、人口统计因素、消费心理因素、消费行为因素和互联网市场因素，每一类因素又包含一系列细分变量。

（1）地理因素。其细分标准包括：国家、地区、城市规模、气候、人口密度、农村及交通运输条件等。例如，某服装公司北方市场主营羽绒服等御寒产品，在南方则转为销售轻薄衣物。

（2）人口统计因素。其细分标准包括：年龄、性别、民族、职业、家庭收入、家庭规模、家庭生命周期、受教育程度和国籍等。例如，某房地产企业针对不同生命周期家庭的需求，提供单身公寓、婚房、改善性住房、投资性住房、度假型住房、养老房等不同类型的产品。

（3）消费心理因素。其细分标准包括：社会阶层、生活方式、个性、购买动机、消费态度等。根据不同社会阶层细分的不同市场，对汽车、服装、家具、娱乐和零售商存在不同的偏好，企业应为特定的阶层设计不同的产品或服务。

（4）消费行为因素。其细分标准包括：购买时机与频率、追求的利益、使用者情况、使用率、品牌忠诚度等。例如，根据利益标准的不同，春节出游可以分为跟团游、私家团、自由行、半自助游、定制游、一日游等类型。

营销实践

新一代潮流网购社区

得物App是一个新一代潮流网购社区，正品潮流电商和潮流生活社区是该平台的两大核心服务。目前，得物的商品品类已经覆盖潮鞋、潮服、潮搭、手表、配饰、潮玩、3C数码、家居家电、美妆、汽车等。作为新一代潮流网购社区，得物App提供了新、潮、酷、炫的各类商品，也是各类潮流品牌发售和运营的一个首选平台。

作为年轻人的潮流生活社区，得物App聚集了一大批热爱球鞋、潮品穿搭和潮流文化的爱好者，得物App社区通过持续沉淀潮流话题内容，正在成为年轻用户的潮流风向标和发声阵地。

得物App在传统电商模式的基础上增加了鉴别真假与查验瑕疵的服务，创设了"先鉴别后发货"的购物流程，以"强中心化"的平台定位把控商品质量，保证用户收到在得物App购买的商品前，该商品已经通过多道鉴别查验工序，以此为用户提供"多重鉴别，正品保障"的全新网购体验。

（5）互联网市场因素。互联网市场同样可以通过地理、人口、消费心理和消费行为四类变量进行细分，消费心理是其中最重要的细分变量，最能体现互联网市场的特殊性，包括个性、价值观、生活方式、活动、兴趣以及观念等。

在互联网时代，消费者行为正在从个人行为转变为群体行为，消费者不再是单独的个人，而是一个有共同兴趣、爱好与价值的网络社区的一部分。企业最重要的使命就是与消费者共建网络社区，并成为这个社区中产品与服务的提供者。

综合细分标准，互联网市场可以划分为社交网络社区、交易社区、品牌社区、教育社区、娱乐社区、员工社区等子市场。

2. 产业市场细分的依据

消费者市场的细分依据大多也适用于产业市场。但由于产业市场还具备消费者市场不同的市场特性，因此还存在以下细分依据：

（1）最终用户行业。在产业市场上，不同最终用户行业对同一类产品的使用往往不相同，对同类产品的需求也不同。截至 2022 年 12 月，我国物联网终端应用于公共服务、车联网、智慧零售、智慧家居等领域的规模分别达到 4.96、3.75、2.5 和 1.92 亿户，进一步丰富了物联网最终用户行业场景，持续提升产业市场的数字经济和实体经济融合水平。

（2）用户规模。在产业市场上，按用户规模可细分为大量用户、中量用户、少量用户、非用户。大量用户的数量虽少，但购买力强；少量用户数量虽多，但购买力弱。

（3）用户地理位置。对于地理位置较集中的用户，可采取直销的方式，便于产品运输，降低成本。对于较分散的用户，则可利用中间商分销。

（4）用户采购方式。是租赁产品还是购买产品？是单一供应源还是双重供应源？是招标采购还是谈判采购？不同的采购方式可推导出不同的市场细分。

（5）其他变量。企业还可根据用户能力（包括需要很多服务、需要一些服务、需要很少服务等）、用户采购标准类型（包括追求价格型、追求服务型、追求质量型等）等变量细分市场。

6.1.3　市场细分的一般方法

1. 一元细分法

一元细分法是指对某种产品整体市场，选择影响消费者或用户需求最主要的某一因素作为细分标准，进行市场细分。例如，女性化妆品差异的主要影响因素是年龄，可以针对不同年龄阶段的女性消费者设计适合不同需要的化妆品。

2. 多元细分法

多元细分法是指根据两个或两个以上的细分标准，对某种产品的整体市场综合细分的方法。该方法使用的细分标准是并列的，无先后顺序和重要与否的区别。例如，某服装公司以性别、年龄和收入三个变量将市场划分为多个细分层面，为收入较高的年轻女性细分市场提供高档职业女装。

3. 系列变量细分法

系列变量细分法是指根据企业经营的特点和影响消费者需求倾向的多个细分标准，按照一定的顺序由粗到细地进行市场细分的方法。

4. 完全细分法

完全细分法是指对某种产品整体市场所包括的消费者进行最大限度细分的方法。使用此方法时，每一个消费者都是一个细分市场。例如，近几年流行的服装定制、全屋定制等个性服务，大致上都是完全细分法的应用。

6.1.4 市场细分的程序

市场营销学家总结出了市场细分的整套程序，具体包括以下步骤：

（1）选定产品的市场范围，即确定进入什么行业，生产什么产品。

（2）列举该市场范围内所有潜在消费者的基本需求。

（3）了解不同潜在消费者的不同需求。

（4）排除潜在消费者的共同需求，以其特殊需求作为细分标准。

（5）根据细分标准，将市场划分为不同的群体或细分市场，并为每个细分市场命名。

（6）进一步归纳每一个细分市场的需求与购买行为特点，并分析其原因，以便在此基础上决定是否可以对这些细分出来的市场进行合并，或做进一步细分。

（7）估计每个细分市场的规模。在市场调研的基础上，估计每一个细分市场的消费者数量、购买能力、购买动机、购买频率、平均单次购买数量等，并对细分市场上的产品竞争状况及发展趋势做出分析。

6.2 目标市场选择

6.2.1 目标市场的含义

目标市场，是指在对整体市场进行细分的基础上，企业根据自身条件、市场环境、经营宗旨等标准对不同的细分市场进行评估之后准备进入的细分市场。

企业在营销活动中必须选择和确定目标市场。企业应先确认具体的服务对象，这是企业制定营销战略的首要内容和基本出发点，只有那些和企业资源条件相适应的细分市场才对企业具有较强的吸引力，才是企业的最佳目标市场。例如，比亚迪汽车的目标市场以关注科技、环保和新能源的消费者为主，他们的主要需求为安全、经济和舒适。

在数字化时代，企业应具备运用大数据、人工智能等信息技术发现和识别目标市场的能力，并针对这些目标市场开展定制化营销活动，在满足顾客需求的同时，获取更多企业利润。

6.2.2　目标市场的选择依据

1. 一定的市场规模和增长潜力

目标市场的规模是与企业规模和实力相适应的。目标市场的增长潜力是指该市场要有尚未满足的需求，有充分发展的潜力，会给企业带来长久的利润。

党的二十大报告提出，"全面推进乡村振兴。""坚持农业农村优先发展，坚持城乡融合发展，畅通城乡要素流动。加快建设农业强国，扎实推动乡村产业、人才、文化、生态、组织振兴。"在实现共同富裕的总目标下，随着乡村振兴的不断推进，三、四级市场存在极大的市场规模和增长潜力，满足下沉市场的需求成为很多企业的关注焦点。

• 德技并修

2. 足够的市场吸引力

市场吸引力主要是指从获利的角度看细分市场长期盈利率的大小。同行业竞争者、潜在竞争者、替代产品、购买者和供应商五种竞争性力量决定了市场的长期内在吸引力，这五个因素构成了波特五力模型。该模型被广泛应用于STP战略的执行，特别是目标市场的选择。

3. 符合企业的发展目标和资源

某些细分市场虽然有较大吸引力，但不能推动企业实现发展目标，这种市场企业应考虑放弃。同时，只有选择企业有条件进入、能充分发挥其资源优势的市场作为目标市场，企业才会立于不败之地。

6.2.3　用户画像

用户画像

在大数据时代，企业通过采集不同环境下的数据来解读目标客户。构建用户画像可以帮助企业更好地了解目标客户的需求与动机，选择正确的营销渠道和沟通方式，这便于企业进行个性化推荐，实现精准化营销与精细化运营。

1. 用户画像的含义

用户画像是标签化的消费者模型，是企业以线上线下海量数据为基础，通过各个维度对用户的特征属性进行刻画，并针对这些属性进行统计分析，以标签合集进行数学建模，挖掘潜在价值信息，最终抽象出的消费者商业特征。典型消费者画像示例如图6-3所示。

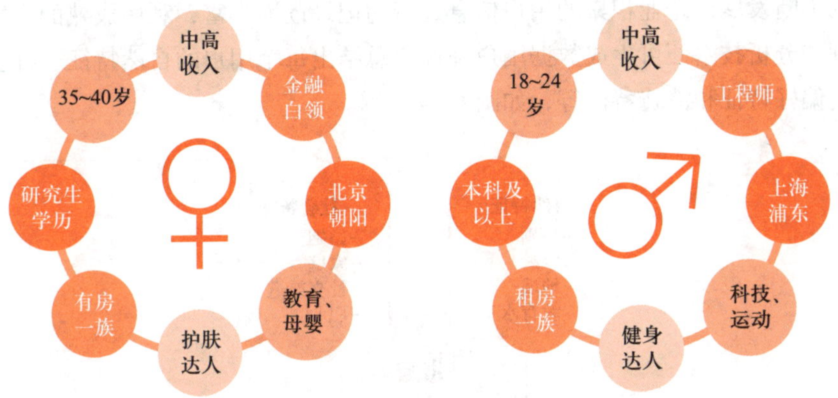

图6-3 典型消费者画像示例

用户画像是从真实的用户行为中提炼特征属性并形成"标签化"的用户模型，代表了不同的用户类型、态度或行为。用户画像是勾画目标客户的有效手段，能够帮助企业对客户信息进行全面分析，对用户进行细分，进而挖掘高价值客户，定位潜在客户，实现精准广告投放，提供个性化产品或服务。

一个典型的用户画像一般包括如表6-1所示的几个维度。

表6-1 用户画像的维度

维度	具体特征
人口统计学	年龄、性别、收入、受教育程度等
生活方式	休闲偏好、服饰偏好、美食偏好、教育选择、购买力等
线上行为	网站浏览行为、搜索行为、App或网站的使用痕迹等
线下行为	出行规律、差旅习惯、购物场所等
社交行为	社交人群属性、社交软件使用规律等

2. 用户画像的类型

（1）虚拟用户画像。虚拟用户画像是指通过对用户多方面信息的调研和了解，企业将多种信息分类聚合而形成的有典型特征和气质的虚拟用户形象"速描"。这种用户画像没有数据的参与构建，描述比较粗糙，仅可以定义用户的基本特征。

例如，一个用户最近开始购买育婴类商品，如育婴书籍、孕妇专用的日化用品、婴儿服饰等。商家可以根据用户购买的商品种类与数量，结合用户的年龄、性别形成虚拟用户画像，大致推断其是否为新妈妈，以及可能的预产期和未来所购商品的偏好。

（2）数据用户画像。数据用户画像反映用户核心层面的信息。随着互联网的不断发展，企业积累的用户信息、行为记录逐渐丰富，利用成熟的大数据处理和分析技术便可生成数据用户画像，总结出每个用户的自然特征、社会特征、偏好特征和消费特征等，如图6-4所示。

自然特征
－性别
－年龄
－地域
－教育水平

社会特征
－婚姻
－家庭
－社交渠道
－职业

用户

偏好特征
－兴趣爱好
－使用App/网站
－品牌偏好
－产品偏好

消费特征
－收入及购买力
－已购商品
－购买频次
－购买渠道

图6-4　数据用户画像的用户特征要素示意

3. 如何构建用户画像

用户画像是在系统的调研分析与数据统计基础上得出的科学结论。用户画像一般是多个，并非一成不变。

（1）用户画像的构成元素。①显性画像：用户群体可视化特征描述，如年龄、性别、职业、地域、兴趣爱好等。②隐性画像：用户内在深层次特征的描述，包括用户使用产品的目的与使用场景、用户需求与偏好等。

（2）用户画像的步骤。

① 采集基础数据。数据是构建用户画像的核心依据。大数据时代，数据可来自线上线下的多种场景和多个平台。在分析结果时，可采用关键词提炼法对共性数据进行汇总。

② 分析建模。收集用户画像所需的资料和基础数据后，要对资料数据分析加工，提炼关键要素，构建可视化模型。

③ 画像呈现。画像呈现就是从显性画像、隐性画像、场景和需求等方面给用户打标签。要先将收集到的信息进行整理、分析与归类，创建出用户角色框架，然后根据产品侧重点提取出需要的用户信息，进行用户评估分级，再结

合用户规模、用户价值和使用频率进行划分，最后确定主要用户、次要用户和潜在用户。

营销实践

小鹏车主的用户画像

小鹏车主画像：年轻高知、中年高收入者居多，女性车主更青睐产品。

在年龄上，小鹏车主主要有两个群体，一是18~24岁刚步入社会的年轻人，二是35~39岁的中年群体，它们所占的比例明显高于其他年龄段。在收入上，年收入20~25万元和50万元以上的两个群体占比更高，年龄和收入结构在一定程度上呈哑铃状分布。另外，高学历居多和女性车主偏多也是两个明显的特点。如图6-5所示。

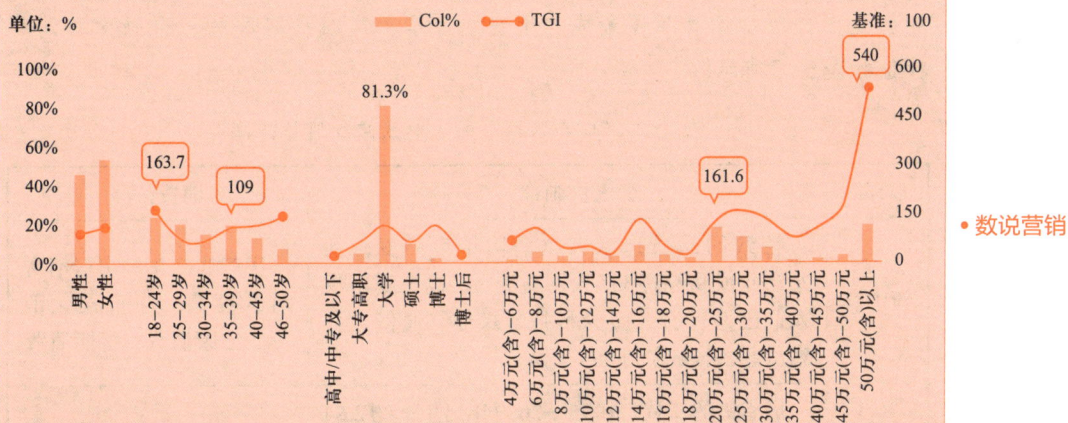

指标说明：TGI是指人群相较于总体人群的偏好度，其基准是100，高于100即代表偏好度较高。

图6-5 小鹏车主用户画像

• 数说营销

4. 用户画像的作用

（1）用户分析。企业通过用户画像识别不同用户群体的特征、偏好和需求，进行市场细分和目标市场选择，精准触达、分类管理，有针对性地开展营销活动。

（2）产品创新。通过对用户需求的全面洞察，生产企业可设计制造更加适合用户的产品，提升用户体验。中间商企业可进行重点客户识别，精准选品采购，实现千店千面。

（3）精准营销。通过用户画像对用户进行分析，开展精准营销，如渠道选择、广告投放、个性化推荐等，评估活动效果，避免无效营销。

（4）策略调整。通过用户画像分析用户数据，及时发现用户偏好和需求的变化，调整营销策略（如产品优化、价格调整、渠道优化、媒介或平台调整等）。

营销新知

四新人群：新中产、新生代、新老人、新小镇青年

我国消费主体的变化及消费需求的多元化，给新消费市场提供了巨大的增长空间。受国力提升、国民收入水平提升、民族文化自信增强、消费升级等方面因素影响，我国消费主体及其消费行为也发生了巨大变化，消费需求圈层化趋势明显。新中产、新生代、新老人、新小镇青年以更加鲜明的消费理念和消费偏好逐渐成为市场和新消费品牌的新焦点。其中，新中产经济增势持续走高；新生代以更加鲜明的消费理念不断"造风"；新老人逐渐成为品牌商关注的新焦点；新小镇青年逐渐成为消费主力军。这四种群体的人群画像和消费特征如表6-2所示。

表6-2 "四新人群"的人群画像和消费特征

人群	人群画像	消费特征
新中产	精致的品质追求者。平均年龄35岁，到2025年或将超过5亿人，高学历，高家庭年收入，已婚已育，多为科技、媒体、通信、金融从业者，成熟理性	房产、汽车、出行消费活跃度高，注重文化消费、健康消费、智能消费
新生代	最幸福的一代。1995—2009年出生，约2.64亿人，移动互联网原住民，受过高等教育，独生子女，多为城市居民，住房压力小，晚婚晚育，经济状况好	悦己、个性化、乐于尝鲜、热衷国货、重颜值与品质，注重参与和体验
新老人	与时俱进的一代。60岁以上，超3亿人，2050年或将超5亿人，时间自由，有较强消费能力，爱网购，候鸟型老人，兴趣化生活	追求品质，好旅游，健康消费、文化类消费特征显著
新小镇青年	精神青年。25—35岁，约2.27亿人，三四线及以下城市，慢生活，压力小，喜爱新事物，收入有限但消费力强，爱手机，爱网络，易被种草	品质消费、体验消费、国货经济、信贷消费、看重性价比

资料来源：微播易，MMA，魔镜市场情报. 2022年中国新消费品牌发展趋势报告[Z/OL]，2022-11.

6.2.1 目标市场模式选择

企业在评估不同的细分市场以后，可以根据自身情况选择一个或几个目标市场，通常可以在以下五种目标市场模式中选择，如图6-6所示。

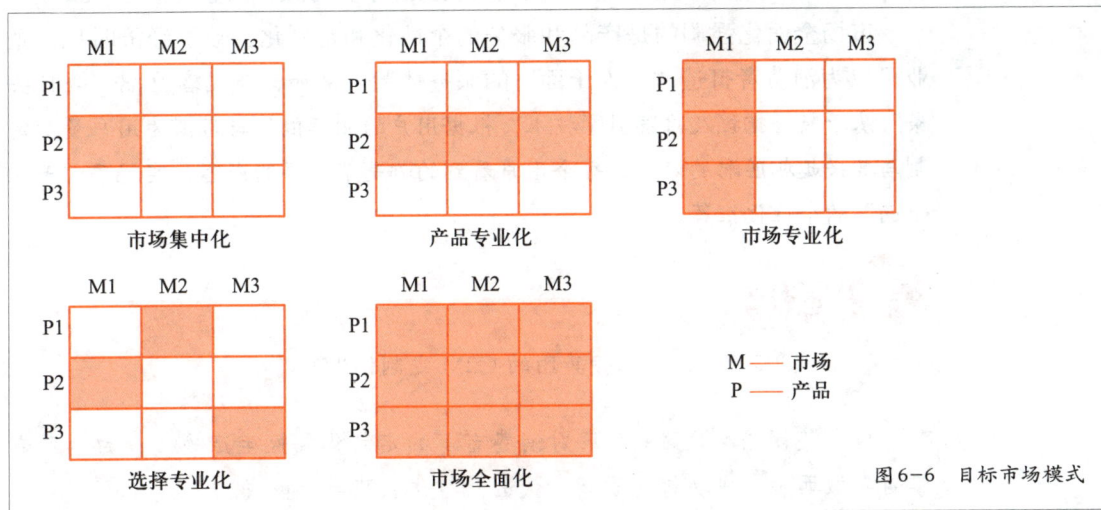

图6-6 目标市场模式

1. 市场集中化

市场集中化即企业从消费者（或产品）的角度选择一个目标市场的消费者群体，提供某一种产品，集中力量为之服务。该模式比较适合实力弱小的企业使用。例如，某小型蛋白粉生产企业针对运动员和健身人群生产增肌蛋白粉，帮助目标用户提高肌肉水平、身体素质和运动能力。

2. 产品专业化

产品专业化即企业选择几个细分市场，对其消费者群体同时供应某种产品。面对不同的细分市场，产品的式样、档次有所不同。例如，海尔家电实行多品牌策略，海尔、卡萨帝、统帅、AQUA 等子品牌分别瞄准不同的细分市场，可以适应不同需求的消费者。

3. 市场专业化

市场专业化即企业为满足某一细分市场消费者群体的需要，专门生产这类消费者需要的多种产品。例如，针对宠物市场，某企业开发有宠物交易、宠物食品、宠物用品、宠物医疗、宠物美容、宠物培训、宠物保险等相关产品和业务。

4. 选择专业化

选择专业化即企业选择几个不同细分市场的消费者群体，有针对性地为其分别提供不同种类的产品，尽力满足其中不同消费者群体的不同需求。例如，腾讯针对年轻人、成年人和商务办公人群分别推出的通信软件 QQ、微信和企点商通（腾讯企业 qq 升级版）。

5. 市场全面化

市场全面化即企业决定全面进入各细分市场，用各种产品满足各种消费者群体的需求，全面覆盖市场。该模式主要适于实力强大的企业。

市场全面化强调的是产品和服务的个性化和定制化，数字经济时代，企业可以为消费者打造"千人千面"的服务体验。例如，新闻客户端"今日头条"基于数据挖掘及推荐引擎技术，根据用户的阅读偏好与习惯为用户量身定制与其兴趣相匹配的内容，每个用户看到的都是不一样的内容，实现了"千人千面"的个性化推荐。

营销实践

红领集团的 C2M 定制化生产

红领集团采用 C2M（工厂对消费者）的定制化柔性生产模式，为消费者量身定做西装，成功打造了新一代的数智化服装生产模式。

首先，用户通过红领集团的网站、App、门店，以及可移动的"魔幻大巴"量体下单，向平台提供身材数据以及对西装的定制需求。其次，红领集团人工核对用户的身材数据并确认需求，在计算机系统上制作生成 RFID（电子标签）射频卡。再次，流水线上的员工用计算机读取 RFID 射频卡的数据信息，进行加工生产，工厂在 7 天内完成生产任务。最后，红领集团两周之内将成品交付给用户。

红领集团的 C2M 定制化柔性生产模式打破了生产制造业"生产先行"的固有思维，它运用数字化技术和智能化平台，让工厂对接市场，直达用户，依需而造，构成了从市场到生产，从消费者到工厂的智能数字化生态系统。

6.2.5 目标市场策略选择

为了有效地服务目标市场，企业必须先选择区别于竞争对手的目标市场策略，从而为目标市场设计相应的市场营销组合。企业的目标市场策略选择受企业实力、产品性质、产品生命周期、市场竞争状况等因素的影响。

1. 目标市场策略的类型

通常有以下几种不同的目标市场策略可供企业选择：

（1）无差异性市场营销策略，即企业不考虑细分市场的差异性，把整个市场作为一个目标市场，企业只提供一种产品，采用一种市场营销组合，试图在整个市场上满足尽可能多的消费者需要，集中力量为之服务的目标市场策略。

采用该策略的企业一般具有大规模、单一、连续的生产线，拥有广泛或大众化的分销渠道，能开展强有力的促销活动，投放大量的广告并进行统一宣传。因此，无差异性市场营销策略只有少数大型企业才适宜采用。

（2）差异性市场营销策略，即企业在市场细分的基础上选择两个或两个以上，乃至全部细分市场为目标市场，针对各个不同的细分市场设计不同产品，选择不同的市场营销组合，满足不同消费者需求的目标市场策略。

差异性市场营销策略是目前普遍采用的策略。很多企业实行多品种、多规格、多款式、多价格、多分销渠道、多广告形式的多种营销组合，满足不同细分市场的需求。

（3）集中性市场营销策略，即企业在市场细分的基础上以一个细分市场为目标市场，设计生产一种或一类产品，运用一种市场营销组合，实行专业化生产和经营的目标市场策略。

集中性市场营销策略主要适用于资源有限的中小企业或是初次进入某个新市场的大企业。

营销实践

"他经济"升级

近几年，适用于男性消费者的化妆品与护肤品不断趋向于精细化、专业化和高端化。在网络上，"潮牌"是"00后"男性的高频搜索词汇。男性消费集中在体育、游戏、3C电子、汽车、旅游和健身等领域，不同年龄段的男性消费侧重点有所不同。男性在消费中越来越注重"展现自我"，并倾向于通过消费彰显自己的消费个性、社会地位和生活品质。理智果断的男性消费者，呈现出客单价高、品牌忠诚度高的消费特征。

例如，"得物"App这个男性潮流运动电商平台不同于小红书的内容分享种草模式，它以球鞋潮服鉴别的核心业务起家，这得到了重视个性与品质的男性消费者的认可。如其广告"这里，只玩尖儿货"所言，得物设计富有科技感，风格硬朗整洁，符合男性使用习惯，内置文玩、运动、工具、腕表、穿搭、影音等类别，每一款产品都附有一篇详细的体验报告。"有图有真相"的特色符合男性直观感强的消费心理。

此外，斗牛、Nice、XY等电商平台都将男性品质用户作为主要目标市场：斗牛以高客单价、高垂直细分的特点独树一帜；Nice则增添了更多社交元素——"标签"和"贴纸"，成为当下年轻人的时尚潮流聚集地；男性跨境电商平台XY所呈现出来的则是要"为男性消费者提供一站式生活用品解决方案，引导男性高端生活方式"。

资料来源：趋势君. 型男驱动"他经济"升级［EB/OL］. 微信公众号"肖明超—趋势观察"，2019-06-11.

2. 影响目标市场策略选择的因素

（1）企业实力。企业实力较强，可选择差异性市场营销策略或无差异性市场营销策略；企业实力较弱，则可选择集中性市场营销策略。

（2）产品性质。企业如果生产同质产品（如米、蔬菜、水果等），可选择无差异性市场营销策略；企业如果生产异质产品（如家用电器、家具等），则可选择差异性市场营销策略或集中性市场营销策略。

（3）市场性质。如果市场同质，即消费者对某些产品的需求欲望、兴趣爱好大致相同，需求差异性不大，企业则可选择无差异性市场营销策略；反之，则可选择差异性市场营销策略或集中性市场营销策略。

（4）产品的市场生命周期。产品的市场生命周期包括导入期、成长期、成熟期和衰退期（将在单元八中详细阐述）。处在导入期和成长期初期的新产品可采用无差异性市场营销策略，或针对某一特定子市场实行集中性市场营销策略；产品进入成长期后期和成熟期时，市场竞争加剧，可采用差异性市场营销策略；当产品进入衰退期后，则可采用集中性市场营销策略。

（5）市场竞争状况。如果竞争对手强大并采取无差异性市场营销策略，企业应选择差异性市场营销策略或集中性市场营销策略。如果竞争对手与自身实力相当或实力较弱，企业则可选择采用与之相同或相近的目标市场策略。例如，竞争对手进行差异性市场营销，企业则应实行更深入的差异性市场营销策略或集中性市场营销策略。

6.3 市 场 定 位

6.3.1 市场定位的含义

市场定位，又称产品定位或竞争定位，是企业根据竞争者现有产品在细分市场上所处地位和消费者对产品某些特征或属性的重视程度，塑造出本企业产品与众不同的鲜明个性或形象并传递给目标市场，使该产品在细分市场上占有强有力的竞争位置。

市场定位，是企业在消费者心目中为自己的产品或品牌塑造的一种独特的形象，既具有物质价值，又具有精神价值。

在企业的营销活动过程中，市场定位具有以下作用：①有助于强化产品特质，突出消费者需求差异；②是企业制定后期市场营销组合策略的依据和前提；③有助于突出经营特色，树立企业独特的品牌和产品形象，取得竞争优势。

6.3.2 市场定位的依据

1. 产品属性定位

产品属性定位是指根据产品本身的特征确定其在市场上的位置。如产品构成成分、原材料、类别及消费感受等。例如，"牛奶香浓，丝般感受——德芙巧克力"是根据产品口感感受加以定位。"不是所有的牛奶都叫特仑苏"开创了高品质牛奶的新品类。百雀羚的"植物草本，健康自然"突出了其天然健康的产品属性。

2. 产品质量、价格及档次定位

产品质量、价格和档次通常是消费者最关注的要素，有的消费者需要物美价廉的商品，有的消费者需要物有所值的商品，而有的消费者需要高质量、高价格、高档次的商品。例如，奥克斯空调的"让你付出更少，得到更多"和戴尔公司的"物超所值，实惠之选"都突出了其高性价比的定位；劳力士、浪琴、江诗丹顿手表显示了"高贵、成就、完美、优雅"的形象和地位；奥迪A4的"撼动世界的豪华新定义"彰显产品的尊贵和气派；蜜雪冰城的"国民级饮品"则代表品牌走平价下沉路线。

3. 顾客利益定位

产品本身的属性及由此衍生的利益、解决问题的方法能使顾客感受到它的定位。例如，夸克浏览器（如图6-7所示）的"纯净、稳定、专业、极速下载、无任何广告及插件"，雅迪电动车的"一次充电，多跑一倍"的超长续航，华为MATE50无信号盲区的"卫星通信功能"，千禾酱油的"零添加"，

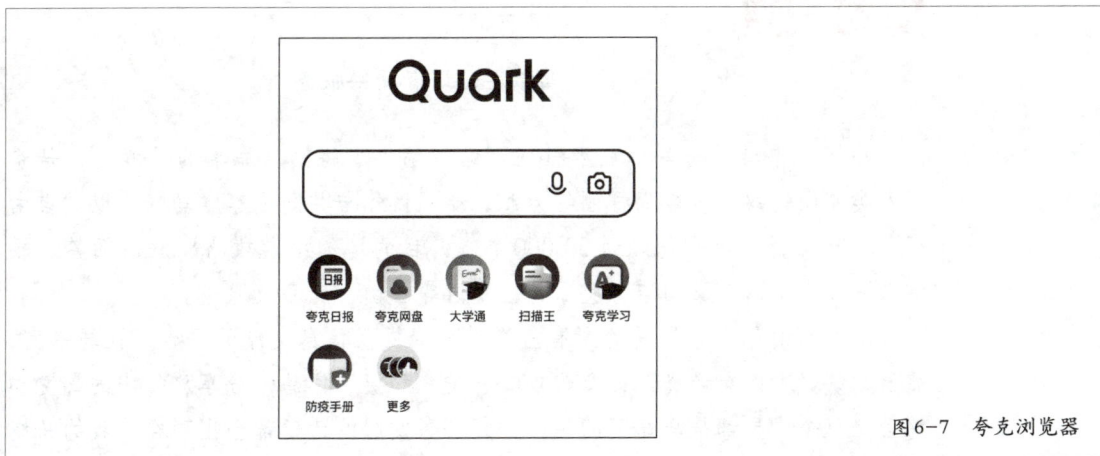

图6-7 夸克浏览器

元气森林的"0糖0脂0卡"等都抓住了消费者的痛点。

4. 产品使用场合定位和产品用途（或功效）定位

某些产品可以根据其使用场合和特定的用途（或功效）进行定位，从而显示与竞争者产品的区别。例如，"口腔问题，找云南白药牙膏""冷热酸甜，想吃就吃——冷酸灵牙膏""年轻就要醒着拼"（如图6-8所示）等，都是根据产品的使用场合及功能进行定位。

图6-8　年轻就要醒着拼

5. 使用者定位

根据使用者的心理与行为特征及特定消费模式塑造出恰当的形象，可展示其产品的定位。例如，运动社交平台Keep定位于80%的健身小白用户，提供室内及户外健身指导与消费服务，包括健身、跑步、瑜伽、骑行等教程服务，自有品牌产品、主食产品及代餐产品，控卡饮食方案等，消除现代年轻人的健康焦虑。

营销实践

专注于向旅游爱好者提供服务

马蜂窝旅游网是一个旅游社区网站，创办者将网站命名为马蜂窝，是希望人类能像蚂蚁、蜜蜂那样团结无私、相互协作与共同分享。马蜂窝以"自由行"为核心，提供全球超过60 000个旅游目的地的旅游攻略、旅游问答、旅游点评等资讯，以及酒店、交通、当地游等自由行产品及服务。

马蜂窝的创办宗旨是为所有旅游爱好者提供信息交流的平台。在马蜂窝，旅游爱好者可以交换资讯，交流攻略、美食和摄影作品，分享旅行中的喜悦和感动。每个成员都是马蜂窝的主人，每一条发起的话题都会出现在"我的马蜂窝"里。马蜂窝的景点、餐饮、酒店等点评信息均来自上亿用户的真实分享，每年帮助过亿的旅行者制定自由行方案。

为了激发用户的分享，马蜂窝推出了一系列措施：个性化的界面创新，优化用户阅读攻略、撰写游记和行程体验；通过旅游点评、旅游问答，以"所有人帮助所有人"的方式解决用户的疑问并提供决策参考；通过等级制度、虚拟货币（蜂蜜）、分舵、同城活动以及分享旅游"足迹"等，激励用户交流和互动。

6. 竞争者定位

根据竞争者的特色与市场位置，结合企业自身的发展需要，将本企业产品或定位于与其相似的另一类竞争者产品的档次，或与竞争有关的不同属性或利益。例如，五谷道场针对方便面行业中油炸面饼热量偏高的问题推出了非油炸方便面，强调"非油炸更健康""慢下来，享受一碗非油炸好面"，满足了消费者对健康和美味的需要，突出了与竞争对手的差异性。其广告如图6-9所示。

图6-9　五谷道场方便面广告

6.3.3　市场定位的步骤

市场定位的关键是企业设法在自己的产品上找出比竞争者更具有竞争优势的特性。市场定位的步骤包括：

1. 识别企业的潜在竞争优势

企业市场营销人员需要通过各种调研手段，系统地设计、收集、分析并报告收集的资料和研究结果，把握和确定企业的潜在竞争优势。

2. 确定企业的独特竞争优势

独特竞争优势是指与主要竞争对手相比，在市场上可获取的超过竞争者的竞争优势（如经营管理、商业模式、技术开发、采购、生产、营销、财务、产品等）。

3. 制定发挥竞争优势的营销策略

企业通过一系列宣传促销活动等营销策略，将其独特的竞争优势准确传递给潜在顾客，并在顾客心目中留下深刻印象。企业往往通过品牌的价值主张突出竞争优势，即品牌差异化的基础和定位的利益组合。常见的价值主张有：优质优价、优质同价、优质低价、同质低价和低质更低价。例如，瑞幸咖啡的文案："你喝的是咖啡，还是咖啡馆？我们不需要你为空间付费。""好的咖啡，其实不贵。"向消费者传递"高价不是衡量好咖啡的标准"的价值主张。

营销实践

茶饮品牌的差异化定位

近几年，茶饮行业受到了众多创业者和投资者的广泛关注，导致行业竞争越来越激烈。各知名茶饮品牌纷纷实施了差异化定位的战略竞争手段。

"沪上阿姨"：专注于为年轻用户提供现制茶饮，其品牌定位成功抓住了2大关键点，一是时髦，二是总部位于上海。品牌将这2大关键点融入品牌的定位"时髦之茶，源自沪上"中，在赋予品牌时尚韵味之余，更让用户将品牌与上海这样的时尚都市联系到一起，极具辨识度。

"奈雪的茶"：同样以年轻用户群为目标人群，在其他品牌以茶饮为主要发力点时，"奈雪的茶"采用"捆绑式"方式，让"一杯好茶，一口软欧包"成为品牌的记忆点，通过"茶＋软欧包"形成品牌的差异化。

"书亦烧仙草"：倡导"新鲜、健康、时尚"，将产品成分特点作为自身的差异化竞争点，主打"半杯都是料"，展现了产品的实力及其区别于其他同类产品的差异点。

"蜜雪冰城"：定位下沉市场，以学生群体或刚迈入社会收入不高的年轻人为主，注重性价比。同时，充分运用拿着冰激凌权杖，头戴皇冠的"雪王"超级品牌IP进行宣传推广。

6.3.4 市场定位策略的实施

企业市场定位策略主要有以下几种类型：

1. 差异性定位策略

（1）产品实体差异化。是指企业产品实体所包含的产品形状、特色、性能、质量、可维修性、风格和设计等方面与竞争者产品实现差别。

（2）服务差异化。是指企业向目标市场提供与竞争者不同的优质服务，包括订货、送货、安装、用户培训、咨询、维修等方面。

（3）渠道差异化。是指企业通过设计和采用不同的分销渠道策略，在渠道覆盖面、专业化、模式、绩效等方面取得差异化优势。

（4）人员差异化。是指企业通过聘用和培训比竞争者更优秀的人员以获取差别优势。市场竞争归根到底是人才的竞争。

（5）形象差异化。是指通过标志、文字、视听媒体、气氛、事件等方式塑造不同的产品形象，以获取差别优势。

2. 迎头定位策略

迎头定位策略是一种对抗性定位，是指企业选择在目标市场上与现有的竞争者靠近或重合的市场定位，与竞争对手争夺同一目标市场的消费者。如某瓶装水品牌上市时，针对农夫山泉"大自然的搬运工"的广告语，设计了广告语"我们搬运的不是地表水"，强调其销售的是地下深处自然涌出的未污染的水，是真正的健康好水。

3. 避强定位策略

避强定位策略是指企业尽力避免与实力较强的其他企业直接发生竞争，寻找新的尚未被占领但又为许多消费者重视的市场进行定位。如当众多巧克力产品都在被定位成代表"爱情和甜蜜"的礼物时，费列罗定位为"豪华的和具有异国情调的礼品"，士力架定位为"运动""能量""扫饥饿"，而德芙的"年年得福"更是将其定位为中国春节大众的礼物，避免了与其他对手的直接竞争。

4. 重新定位策略

重新定位策略是指对销路少、市场反应差的产品进行二次定位。这种定位旨在摆脱困境，重新获得增长与活力。如东阿阿胶早期的定位是"宫廷御用补品"；后重新定位为年轻人都在吃的"保健品零食"，推出了以"国潮"形象包装的"桃花姬阿胶糕"（如图6-10所示），颇受年轻人喜爱。

图6-10　"桃花姬阿胶糕"

稳扎稳打 <<<<<<<<<< <<<<<<<<<< <<<<<<<<<< <<<<<<<<<< <<<<<<<<<< <<<<<

一、单项选择题

1.（　　　）是企业在市场调研的基础上，根据消费者需求的差异性，把某一产品的整体市场划分为若干个在需求上具有某种相似特征的消费者群体，从而形成各种不同细分市场的过程。

　　A. 市场细分　　　　　　　　　B. 目标市场选择

　　C. 市场定位　　　　　　　　　D. 产品细分

2. 企业为满足某一细分市场消费者群体的需要，专门生产这类消费者需要的多种产品。这种目标市场模式称为（　　　）。

　　A. 市场集中化　　　　　　　　B. 产品专业化

　　C. 市场专业化　　　　　　　　D. 选择专业化

3.（　　　）是标签化的消费者模型，是企业以线上线下海量数据为基础，通过各个维度对用户的特征属性进行刻画，并针对这些属性进行统计分析，以标签合集进行数学建模，挖掘潜在价值信息，最终抽象出的消费者商业特征。

　　A. 市场定位　　　　　　　　　B. 用户画像

　　C. 市场细分　　　　　　　　　D. 消费需求分析

4. 根据目标市场营销战略，在选择和确定目标市场之后，企业要进行（　　　）。

　　A. 环境分析　　　　　　　　　B. 选择竞争优势

　　C. 市场细分　　　　　　　　　D. 市场定位

5.（　　　）是一种对抗性定位，是指企业选择在目标市场上与现有的竞争者靠近或重合的市场定位，与竞争对手争夺同一目标市场的消费者。

　　A. 差异性定位策略　　　　　　B. 迎头定位策略

　　C. 避强定位策略　　　　　　　D. 重新定位策略

二、多项选择题

1. 目标市场营销战略的全过程包括（　　　　　　　）。

　　A. 市场细分　　　　　　　　　B. 目标市场选择

　　C. 市场定位　　　　　　　　　D. 产品细分

2. 消费者市场细分的主要依据有（　　　　　　　）。

　　A. 地理因素　　　　　　　　　B. 互联网市场因素

　　C. 人口统计因素　　　　　　　D. 消费心理因素

F．消费行为因素

3. 可供企业选择的目标市场策略有（　　　　　）。

A．无差异性市场营销策略　　　　B．差异性市场营销策略

C．集中性市场营销策略　　　　　D．定位性市场营销策略

4. 影响目标市场策略选择的因素有（　　　　　）。

A．企业实力　　　　　　　　　　B．产品性质

C．市场性质　　　　　　　　　　D．产品的市场生命周期

E．市场竞争状况

5. 企业市场定位策略有（　　　　　）等类型。

A．差异性定位策略　　　　　　　B．迎头定位策略

C．避强定位策略　　　　　　　　D．重新定位策略

三、判断题

1. 虚拟用户画像构建没有数据参与，描述比较粗糙，仅可以定义用户的基本特征。（　　）

2. 系列变量细分法是指根据两个或两个以上的细分标准，对某种产品的整体市场综合细分的方法。选择的细分标准并列，无先后顺序和重要与否的区别。（　　）

3. 市场定位是指在对整体市场进行细分的基础上，企业根据自身条件、市场环境、经营宗旨等标准对不同的细分市场进行评估之后准备进入的细分市场。（　　）

4. 产品专业化即企业选择几个细分市场，对其消费者群体同时供应某种产品。（　　）

5. 避强定位是指企业尽力避免与实力较强的其他企业直接发生竞争，寻找新的尚未被占领的但又为许多消费者所重视的市场进行定位。（　　）

四、简答题

1. 消费者市场和产业市场的细分分别有哪些主要依据？

2. 用户画像在市场营销研究中的作用有哪些？

3. 目标市场选择的主要依据是什么？有哪些基本模式？影响因素有哪些？

4. 企业进行市场定位的依据有哪些？

5. 乡村振兴包含哪些基本内容？请结合目标市场营销战略决策简述乡村振兴中的创业机会。

调查研究

（一）抖音发布的《抖音运动健身报告》显示，2021 年健身类主播直播收入同比增长 141%。B 站的《2021 年 B 站创作者生态报告》则显示，其体育创作者的规模年增长超 7 成。

根据灼识咨询报告，2021 年中国的健身人群为 3 亿，居世界首位，2026 年有望达到 4.2 亿。与此同时，2021 年中国健身人群的平均年支出为 2 596 元，市场潜力较大。

根据《"健康中国 2020" 战略研究报告》，中国 18 岁以上居民中有超过八成的人从不参加体育锻炼，而很多新运动用户入门时都曾有怕受伤、无法坚持等问题。这也使得娱乐属性更强的大内容平台比起 "专精尖" 的垂类产品，在争夺健身入门人群这部分用户，扩大健身行业容量的道路上更具备优势。

查阅资料并围绕运动健身消费人群进行分析，该人群存在哪些不同的消费需求？使用思维导图工具完成该消费市场市场细分的调研工作。

（二）中国的新生代高度认同中华优秀传统文化。在大国崛起与文化自信的背景下，国潮国风、传统文化 IP 跨界这一趋势仍将延续，中国优秀传统文化得以推广，中国审美得以塑造。

·数说营销

中国汉服市场快速发展，2022 年市场规模达到 125.4 亿元，2025 年有望达到 191.1 亿元，同比增长 13.2%。未来汉服市场仍有较大的上行空间。中国汉服消费者画像如图 6-11 所示。

艾媒咨询（iiMedia Research）调研数据显示，近七成的消费者购买汉服的渠道为淘宝、闲鱼等线上购物平台，49.8% 的消费者从线下汉服实体店购买汉服。线上平台的汉服类型丰富，价格较低，而线下实体店给汉服消费者的体验感更好。随着汉服产业的发展，汉服写真、汉服租赁、汉服体验馆也将成为其中必不可少的一环，有助于汉服品牌打破原有用户圈层，提升品牌知名度。

汉服主要针对哪些目标人群及圈层？汉服产品的消费场景有哪些？为更好地推广汉服产品，可以与哪些行业与领域跨界合作？请进行调查研究并形成简要的调研报告。

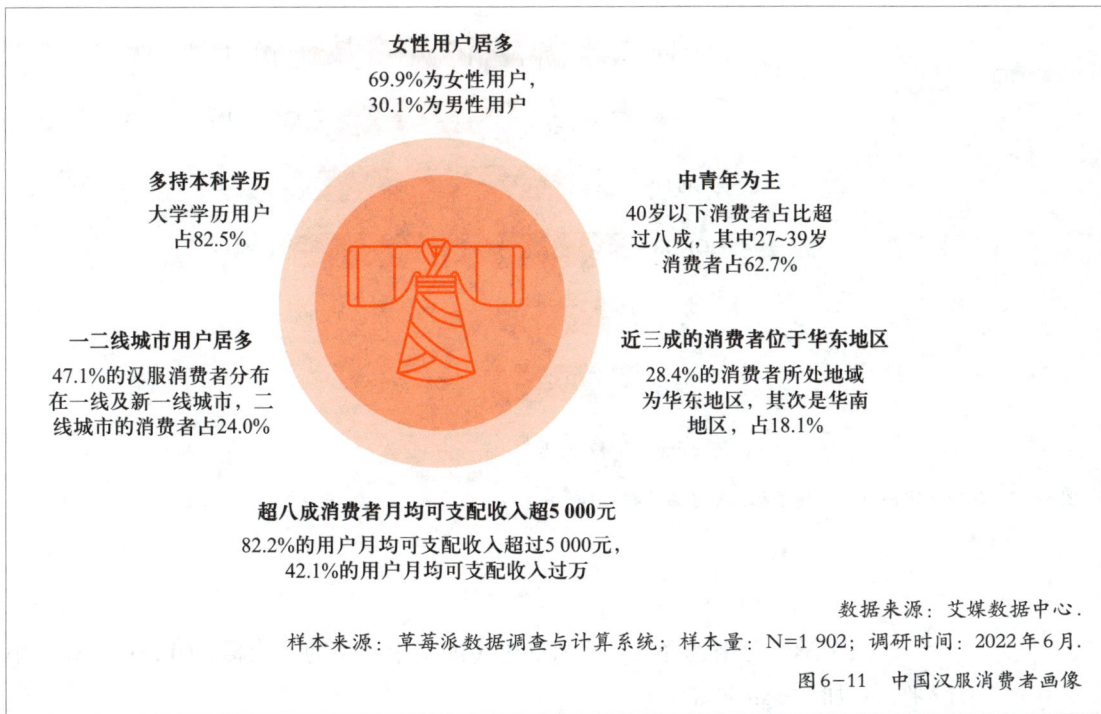

女性用户居多
69.9%为女性用户，
30.1%为男性用户

多持本科学历
大学学历用户
占82.5%

中青年为主
40岁以下消费者占比超
过八成，其中27~39岁
消费者占62.7%

一二线城市用户居多
47.1%的汉服消费者分布
在一线及新一线城市，二
线城市的消费者占24.0%

近三成的消费者位于华东地区
28.4%的消费者所处地域
为华东地区，其次是华南
地区，占18.1%

超八成消费者月均可支配收入超5 000元
82.2%的用户月均可支配收入超过5 000元，
42.1%的用户月均可支配收入过万

数据来源：艾媒数据中心.

样本来源：草莓派数据调查与计算系统；样本量：N=1 902；调研时间：2022年6月.

图6-11　中国汉服消费者画像

力 学笃行

目标市场营销战略决策——手机品牌目标市场营销战略分析

■ **实训目标**

项目小组选择某一手机品牌作为研究对象，收集资料，分析该品牌的目标市场和市场定位。了解该品牌是如何针对目标市场开展品牌宣传的，掌握企业目标市场营销战略决策的主要内容。

■ **背景资料**

2022年国内市场智能手机出货量占比排行榜如图6-12所示。智能手机市场竞争极为激烈，不同的手机品牌，其目标市场及市场定位有所差别。

■ **实训要求**

本次实训，每个小组选择一个手机品牌，通过网络等媒体搜集资料，针对其目标市场营销战略决策展开分析。

根据搜集的资料，制作完成一份××手机目标市场营销战略解析视频作品。内容包括品牌发展状况、目标市场分析、产品定位、品牌推广等。从某自媒体主播评析的角度进行设计，期间可使用PPT、视频、照片、动画等资料，对××品牌手机的目标市场营销战略进行解析。

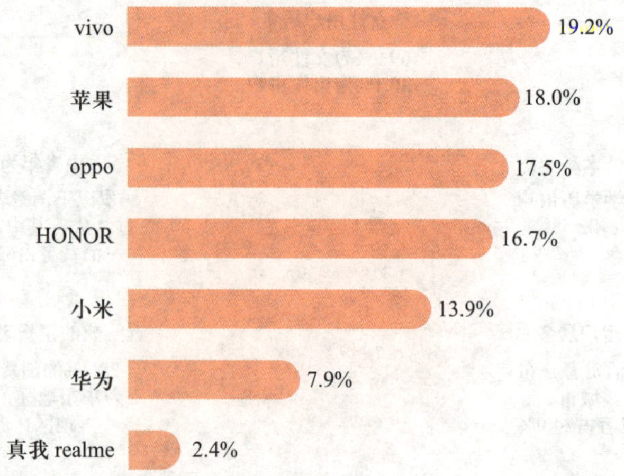

图6-12　2022年国内市场智能手机出货量占比排行榜

■ 实训步骤

（1）学生分组选择某一手机品牌（如苹果、华为、荣耀、OPPO、vivo、小米、一加、realme 等）。

（2）通过实体门店和网络搜集整理相关文字、视频资料。

（3）分组制作完成 ×× 手机目标市场营销战略解析视频作品。

（4）分组演示视频。

（5）相互点评，教师总评。

■ 实训成果

×× 手机目标市场营销战略解析视频作品一份。

自 学自测

单元六　目标市场营销战略决策

单元七　市场竞争战略决策

素养目标

1. 诚实守信、公平竞争，遵守营销道德，提倡合作共赢，共同营造良好营商环境

2. 弘扬企业家精神，勇于创新，承担社会责任，拓展国际视野，增强核心竞争力

知识目标

1. 了解行业结构竞争性影响因素的组成

2. 熟悉行业竞争者不同类型的识别方法

3. 掌握行业竞争者评估及措施制定的基本程序

4. 掌握处于不同竞争角色的企业的不同竞争战略

技能目标

1. 能够正确分析企业在所处行业中的竞争地位，并提出相应的竞争战略选取建议

2. 能够发现、分析和解决企业参与市场竞争的实际问题

3. 能够对周围企业的竞争态势保持敏感度，及时提出应对策略

思维导图

行业竞争性分析
- 竞争者识别
- 行业结构竞争性影响因素分析
- 行业竞争基本战略分析
- 行业竞争者评估及措施制定

市场竞争战略决策

市场地位与竞争战略分析
- 市场领导者的竞争战略分析
- 市场挑战者的竞争战略分析
- 市场追随者的竞争战略分析
- 市场补缺者的竞争战略分析

学 思践悟　字节跳动的市场竞争战略

北京字节跳动科技有限公司（简称"字节跳动"）成立于2012年3月，是最早将人工智能应用于移动互联网场景的科技企业之一。公司以"激发创造，丰富生活"为使命，以建设"全球创作与交流平台"为愿景，将"正直向善、科技创新、创造价值、担当责任、合作共赢"作为公司的社会责任理念。公司的社会责任战略为：依托公司产品与技术，结合字节跳动公益平台与北京字节跳动公益基金会，聚焦"推动科技普惠""丰富文化生活""增进社会福祉""共创绿色未来"四大方向，推动公司产品价值、商业价值和社会价值的统一。

字节跳动的全球化布局始于2015年，"技术出海"是字节跳动全球化发展的核心战略，其旗下产品涉及通用信息平台、视频分享平台、网文阅读平台、医疗健康平台、汽车资讯平台、家装服务平台、工具类软件、在线办公平台、数字化营销服务等领域。据英国《金融日报》报道，其2022年净利润为250亿美元（约合17.8亿元人民币），增长近80%，首次超过腾讯和阿里巴巴。

短短十多年间，字节跳动能够快速发展的核心原因主要有三个：自身强大的智能算法，用户碎片化时间的有效利用以及全民创作热潮的激发。字节跳动的首个爆款App今日头条之所以能脱颖而出，就是靠其优秀的算法做到了有效的定向推送，为其积累了巨大的用户基础。随后，公司推出了多款短视频App，其核心切入点就是进一步利用用户的碎片化时间并激发全民创作的热情。

资料来源：前瞻产业研究院. 2021年中国独角兽企业研究报告［R/OL］. 2022-7-20.

引思明理：

企业在市场竞争中要充分分析行业竞争性，制定合理的竞争战略。党的二十大报告指出，要"坚持创新在我国现代化建设全局中的核心地位。"字节跳动运用人工智能技术，把"算法+内容"和"流量+数据"打造成自己的核心竞争力，快速成为中国互联网领域的代表性企业。中国企业只有持续增强创新这个第一动力，深入实施创新驱动发展战略，牢牢掌握科技的命脉，自立自强，才能在国际市场竞争中不断提升我国企业发展的独立性、自主性和安全性。

在市场经济条件下，任何一个企业都处于竞争者的包围之中，竞争者的动向对企业的影响很大。健康有序的竞争是企业自我发展和提升的动力源泉。"知己知彼，百战不殆"，企业必须认真研究竞争者，并根据自身条件有的放矢地制定市场竞争战略和策略，在激烈的市场竞争中求得生存和发展。

7.1　行业竞争性分析

7.1.1　竞争者识别

竞争者识别可以通过对竞争者的不同类型进行分析。

1. 按照竞争者识别的不同角度分类

（1）行业竞争者，又称产业竞争者，从行业角度看，是指提供同一类产品或可相互替代产品的企业。它们构成一种行业并互为竞争者（如汽车行业、家电行业、食品行业、移动互联网行业等）。

根据行业内企业数量的多少，竞争又可以分为完全垄断（一定地理区域内某一行业只有一家企业）、完全寡头垄断（某一行业内只有少数几家大公司提供产品，占绝大部分市场，且产品差异不大）、不完全寡头垄断（在某一行业内存在少数几家大公司，它们占绝大部分市场且产品存在差异）、垄断竞争（某一行业内有许多卖主且产品存在差异）和完全竞争（某一行业内有许多卖主，但产品不存在差异）。

（2）市场竞争者，即满足相同市场需要或服务于同一目标市场的企业。

无论是否属于同一行业，都可能是企业的潜在竞争者。

2. 按照竞争者满足不同需求的角度分类

（1）愿望竞争者，是指提供不同的产品以满足不同需求的竞争者。例如，汽车、房产、出国旅游等不同家庭需求提供者之间的竞争。

（2）一般竞争者，是指提供不同的产品以满足相同需求的竞争者。例如，飞机、火车、汽车等不同交通工具提供者之间的竞争。

（3）产品形式竞争者，是指生产同类但规格、型号、款式不同的产品的竞争者。例如，计算机产品中的分体台式机、一体台式机、笔记本电脑、平板电脑等构成产品形式之间的竞争。

（4）品牌竞争者，是指生产规格、型号、款式相同或相似的产品，但品牌不同的竞争者。例如，手机产品市场中苹果、OPPO、小米等众多品牌在同价位机型之间的竞争。

3. 按照企业在竞争环境中的不同地位分类

（1）市场领导者，是指在某一行业的产品市场上占有最大份额，并在新产品开发、产品定价、分销渠道设立和促销活动开展中处于主导地位的企业。例如，公开数据显示，大疆无人机占消费级无人机全球市场七成以上的份额和国内市场九成以上的份额，占据了无人机市场的领导者地位。

（2）市场挑战者，是指在行业市场上处于次要地位，并主动向竞争者或市场领导者挑战的企业。例如，以"手擀现烤堡胚"为产品特色的塔斯汀向西式快餐发起挑战，并将西式汉堡内馅替换为中国不同地域的风味美食，成为中式汉堡的一个代表。

（3）市场追随者，是指在行业市场上处于次要位置，但在产品、技术、价格、渠道和促销等大多数营销战略上模仿或追随市场领导者的企业。例如，王老吉开启了巨大的凉茶市场，成了行业的先行者；和其正作为后来者则主要采取了先模仿后创新的市场追随者策略。

（4）市场补缺者，是指精心服务市场上被大企业忽略的某些细小部分，不与那些主要的大企业竞争，只通过专业化经营来占据有利市场位置的企业。例如，河南地平线传媒专注于为企业开拓县乡市场提供整体营销推广服务，拥有超过300万块的优质户外墙体广告，覆盖全国约3万个乡镇，是阿里巴巴、腾讯、中国移动等500多家知名企业的合作伙伴。它运营的"乡媒网"是全国最大的县乡媒体运营平台，可实现广告"一夜覆盖全中国"的高效投放。

4. 按照竞争的现实程度分类

（1）现实竞争者，又称直接竞争者，是指本行业内现有的、与企业生产同样产品的其他企业。

（2）潜在竞争者，是指在未来一段时间内，随着营销环境的变化，新进入本行业生产与本企业相同产品的企业。

（3）替代品竞争者，是指生产与本企业产品具有相同功能、能满足同一需求的其他种类产品的企业。例如，瑞幸咖啡的现实竞争者是星巴克、COSTA、麦咖啡等咖啡品牌，同时还有跨界进入咖啡行业的潜在竞争者（如李宁咖啡、邮局咖啡等），以及大量的茶饮企业、饮料品牌等替代品竞争者。

7.1.2　行业结构竞争性影响因素分析

营销学者指出，在一个行业内，存在五种基本的竞争性力量，即行业内现有竞争者、潜在进入者、替代品的威胁、供应商和顾客的讨价还价能力。这一理论被概括为"波特五力模型"。根据该模型，影响行业结构竞争性的主要因素包括：

（1）销售商数量及产品差异化程度。描述一个行业的出发点就是要确定销售商的数量以及产品是同质的还是高度差异化的。

（2）进入与流动障碍。企业进入各个行业的难易程度存在很大差别，主要障碍包括：企业缺乏足够的资本，不能实现规模经济，无专利和许可证条件，企业缺乏场地、原料或缺少分销商、信誉等条件。

（3）退出与收缩障碍。当某个行业利润水平很低甚至亏损时，企业会选择收缩生产规模模式主动退出，但会存在一定的障碍，主要有：企业存在对消费者、债权人或职工法律上和道义上的义务；过分专业化或设备技术陈旧引起的资本利用价值低；缺少市场机会；企业高度纵向一体化；感情障碍等。

（4）成本结构。各个行业从事经营活动所需的成本大小及结构不同。企业应把注意力放在最大成本上，努力在不影响经营业务发展的前提下减少这些成本。

（5）纵向一体化。在某些行业，企业通过前向或后向一体化来取得竞争优势。纵向一体化可以降低成本，控制生产，并在其所经营业务的各个细分市场中控制其价格和成本。

（6）全球性经营。全球性经营必须以全球化竞争为基础。在国际市场上，企业需要明确其可持续发展的核心竞争力，充分利用自身的核心技术等优势，挖掘国际市场商机。

营销实践

拼多多：红海突围

拼多多是一家致力于C2B拼团的第三方社交电商平台，于2015年9月成立。它在淘宝、京东、苏宁等电商巨头的夹击下迅速突围，截至2023年3月，年活跃买家数达到9.1亿，2022全年营业收入为1 306亿元，已成为电商头部企业。拼多多的业务定位为"社交＋拼团"，口号是"多实惠，多乐趣"，希望在给用户提供丰富、高性价比的商品的同时，能够在消费者购物中带来更多乐趣。

1. 首创电商拼团模式，一炮走红

拼多多的拼团模式在中国电商行业属于首创。它围绕拼团模式设计购物逻辑，用户可选择一件开团，也可单独购买，但优惠不同。拼多多鼓励用户选择拼团限时抢低价。若拼团未成功，付款金额将返还，这极大地提升了客户转化率。平台拼团商品数量达数百万件，形成规模效应，在产品供应上具备了极强的讨价还价能力。

2. 目标用户超级精准，超低价打赢三四线市场

近几年，中国人口增速放缓，阿里、京东、苏宁等电商巨头认为中低端消费客群增长很难持续，市场已饱和，消费升级，应往高端走。拼多多则看重下沉市场的巨大潜力，把营销重心放在三四线及以下乡镇市场的低收入人群（价格敏感度高），以"低价＋折扣"模式大量吸引用户。

3. 帮砍价，小钱换取超大流量

最初，针对新用户拼多多推出"0元购"：只要凑齐一定数量帮忙砍价的微信朋友，就有机会获得一份心仪的免费且包邮的商品。"0元购"表面上是一笔赔本的买卖——但其本质是吸引用户注意，为未来的流量变现筑好护城河。

4. 借助微信分享，形成社交电商模式

拼多多把网购和社交媒体（如微信）紧密结合，以拼单获取低价，实现用户数和销售额的爆炸式增长，这是一种"病毒式"营销。它鼓励买家通过微信将活动推给熟人，相互拼团，从而完成了拉新、获客和推广。

5. 极致压缩供应链条，短平快取胜

拼多多使用"少SKU（最小存货单位）、高订单、短爆发"的模式，不存储海量商品，主动推送货品，提升客户浏览商品和下单的效率，摆脱对商品搜索工具的依赖。拼多多采用C2M（顾客对工厂）模式，推出如免佣金、免费上首页等方法和手段，吸引大量商家进驻平台。

未来，拼多多将大力缩减营销成本，选择把更多的资源和精力投入数字技术、农业科技和农产品物流等领域。

资料来源：吴勇毅. 拼多多何以能在寡头垄断的红海中突围 [J]. 销售与市场·管理版，2019（2）：48—51.

小试牛刀

查阅资料，拼多多的竞争对手有哪些？它们各自具备哪些核心竞争力？

7.1.3　行业竞争基本战略分析

竞争战略是企业为了自身的生存和发展，为在竞争中保持或提高其竞争地位而采取的各项策略的组合。

企业基本的竞争战略有以下几种：

1. 成本领先战略

成本领先战略是指通过有效途径，使企业的全部成本低于竞争对手的成本，以获得超过同行业平均水平的利润。例如，春秋航空采用成本领先战略，通过低成本支撑低价机票，与其他航空公司进行市场竞争。

2. 差异化战略

差异化战略是指为了使企业的产品与竞争对手的产品有明显区别，通过形成与众不同的特点来形成竞争优势的竞争战略。

企业实现差异化战略的类型有商业模式差异化、产品差异化、服务差异化、人员差异化、渠道差异化和形象差异化等。

例如，近几年众多在线短租平台在"民宿大战"中脱颖而出。其中，途家公寓民宿强调"低廉的价格，星级的享受，比等价酒店空间更大，设施更齐全"；蚂蚁短租则聚焦家庭旅游，推出"房客安心计划"，旨在开辟行业新标准，保障消费者的入住安全和卫生。

营销实践

抖音和快手的差异化布局

抖音和快手作为目前的头部短视频平台，在不同算法机制和用户画像下，有一定的电商模式差别（如表7-1所示），形成"人货场"差异化布局。

表7-1　抖音和快手电商模式对比

项目	抖音	快手
算法机制	爆款机制，通过千人千面的个性化推荐算法，将海量内容高效分发给用户	普惠机制，社区属性更强，通过内容、用户、环境特征进行推荐
用户画像	以一二线城市用户为主，25~35岁用户较多	以新二三线及以下城市用户为主，24岁以下用户更爱使用
用户黏性	用户与主播互动较弱，对作品内容感兴趣，对创作者信任度较低，用户黏性较小	用户与主播互动频繁，对创作者的认可度较高，信任度较强，用户黏性较大

续表

项目	抖音	快手
带货品类	以美妆个护和网红产品为主，品牌产品较多	以食品、农产品、服饰、生活用品为主，性价比高的产品较多
带货店铺	淘宝、天猫、京东、考拉、唯品会、苏宁易购、抖音小店等	淘宝、京东、拼多多、快手小店、有赞等
主播带货本质	属于内容营销，注重关键词和算法	属于社交营销，强社交链、强私域化

抖音强调"兴趣电商"，通过兴趣内容触达用户。"人"：搭建主播体系并提高主播的直播频次及活跃度。"货"：依托抖音大数据算法的精准匹配能力做好选品，鼓励自有供应链的主播入驻。"场"：抖音以"短视频＋直播＋抖音小店"为载体，为品牌提供良好的运营环境以吸引其入驻。

快手以内容和社交为驱动，在人货场方面为用户赋能。"人"：原生主播自带供应链，进行常态化直播，易形成粉丝黏性。"货"：与京东合作搭建供应链体系，同时也搭建自己的供应链体系，较早提出为用户提供性价比高的"源头好货"，强调"品质好物"。"场"：在搭建基础设施的同时，将组织架构调整为涉及商业、运营产品等多个部分，加快电商布局。

资料来源：王永贵.市场营销［M］.2版.北京：中国人民大学出版社，2022.

3. 聚焦战略

聚焦战略，又称集中战略，是指企业把经营的重点目标聚焦于某一特定购买者集团、某种特殊用途的产品或某一特定区域内，以此来建立企业的竞争优势及市场地位。

企业实现目标集聚战略的类型有产品线聚焦战略、顾客聚焦战略、地区聚焦战略等。例如，飞猪旅行App聚焦于出行人群，提供机票、酒店、火车票、汽车票、景点门票、用车、周末游、跟团游、自由行、自驾游、游轮等出行产品，突出其优惠、便捷、高性价比的竞争优势。

4. 竞合战略

竞合战略是指通过与其他企业在竞争中合作，来获得企业竞争优势或战略价值，以求得双赢、多赢的结果。

例如，饿了么和抖音合作，以小程序为载体，与抖音一起通过丰富的产品场景和技术能力，助力数百万商家为抖音用户提供从内容种草、在线点单到即时配送的本地生活服务。安踏与华为运动健康合作，以智能科技赋能运动装备，以创新科技驱动安踏产品专业性能提升，共同开发具有针对性的跑步装备，共创未来智能运动场景。

竞合战略要求企业做到"竞争中求合作，合作中有竞争"。企业之间可以通过产业集群、战略联盟、企业集团、平台型企业等方式形成网络化组织，从而获得规模效应、成本效益、协同效应和创新效应。其中，战略联盟是竞合战略的一种常见形式。战略联盟是指两个或两个以上的企业为了抓住战略机会或达成共同的战略目标，通过各种协议、契约而形成的优势互补、资源共享、风险共担、生产要素双向或多向流动的一种松散的合作组织。

从联盟对象来看，战略联盟可以分为纵向、横向和交叉三种不同类型。纵向战略联盟表现为企业与供应商和购物者结成的战略联盟；横向联盟为企业与同业竞争者、替代品生产者和潜在进入者结成的战略联盟；交叉联盟则是前两者的混合。

7.1.4 行业竞争者评估及措施制定

对行业结构竞争性影响因素和行业竞争者进行分析之后，企业需要对竞争者的战略、目标、优势与劣势、反应模式等进行评估，并在评估的基础上采取相应的措施。

1. 建立完备的竞争者信息系统

企业应建立完善的竞争者信息系统，收集竞争者的信息资料，全面、综合地了解竞争者的经营策略，为科学评估竞争者奠定基础。

2. 识别竞争者及其经营战略

企业应从行业和市场的不同角度识别主要的竞争者，同时也要识别现实竞争者和潜在竞争者的威胁。

竞争者战略识别的目的是帮助企业了解竞争者正在做什么和能做什么，从而清晰地了解对方的经营战略状况。

例如，在"双十一"的竞争中，各大电商企业都意识到纯价格竞争已不能满足消费者，其竞争逐渐扩展到产品、服务等方面。如与苏宁易购相比，京东的弱势是跨境电商，而与沃尔玛的合作强化了京东的供应链，实现了线上线下的价值互补；苏宁易购则与天猫进行了强强联合，补强了各自的产品体系。

3. 识别竞争者的经营目标

竞争者的经营目标主要体现在对未来产品盈利能力、市场占有率、销售增长率、技术领先地位和服务领先地位等不同经营目标的制定上。

4. 评估竞争者的优势与劣势

对竞争者优势和劣势的评估主要集中在创新能力、生产能力、营销能力、融资能力和管理能力等方面。企业需找出竞争者的优势，作为自身模仿和改进的目标；找到竞争者的劣势，作为自身赶超对方的机会。

5. 判断竞争者的反应模式

当企业采取某些挑战性的措施和行动后，应根据不同的竞争者反应模式，开展不同的竞争策略。根据反应模式的不同，竞争者一般分为以下几种：①从容型竞争者；②选择型竞争者；③凶猛型竞争者；④随机型竞争者。

营销新知

红海战略与蓝海战略

1. 红海战略——竞争"随需应变"

红海战略是指在现有的市场空间中竞争，通常是在价格或者推销上做降价竞争。竞争是红海战略永恒的主题。公司提升市场份额的典型方式就是努力维持和扩大现有客户群，而这通常会引发对客户偏好的进一步细分，以便提供量身定做的产品。这种通过对客户需求变化的追踪来提升自己的应变能力，即"随需应变"。

2. 蓝海战略——价值创新与需求创造

蓝海意味着未开垦的市场空间、需求的创造，以及利润高速增长的机会。价值创新是蓝海战略的基础，力图使客户和企业的价值都出现飞跃，由此开辟一个全新的、非竞争性的市场空间。蓝海战略者的着眼点应该从供给转向需求，从竞争转向创造新需求。

6. 选择对策

企业最终选择的竞争对策可根据以下的竞争者情况做出决定：

（1）强竞争者与弱竞争者。以较弱的竞争者为进攻目标，可以节省时间和资源，事半功倍，但获利较少；以较强的竞争者为进攻目标，可以提高自身的竞争能力并且获利较大，但可能遭受强烈的反击。

（2）破坏性竞争者和良性竞争者。行业中的竞争者根据其对本企业的影响分为破坏性竞争者和良性竞争者两种。

① 破坏性竞争者。破坏性竞争者常常不顾一切地冒险，或用不正当手段争夺客户、挤占市场份额，扰乱行业正常经营秩序。对于该类竞争者，应竭尽全力回击，迫使其停止恶性竞争行为甚至退出竞争市场。

② 良性竞争者。在市场经济条件下，竞争是一种正常的市场行为，良性竞争者的存在可以增强本企业的竞争优势，改善产业结构，开发市场，提高行业进入门槛。对于该类竞争者，企业应正确对待，择机积极与其开展合作。

7.2　市场地位与竞争战略分析

企业在进行行业竞争性分析之后，必须明确自己在同行业竞争中所处的位置，进而结合自己的目标、资源和环境，以及在目标市场上的地位等来制定市场竞争战略。根据在市场上的竞争地位不同，企业可以分为市场领导者、市场挑战者、市场追随者和市场补缺者四种类型。

7.2.1　市场领导者的竞争战略分析

为了维护自己的市场优势，巩固自己的领导地位，市场领导者通常采取以下三种竞争战略：

1. 扩大市场需求总量

在行业内部产品结构基本不变的条件下，市场领导者可以通过扩大市场需求总量开辟新的盈利空间，巩固其相对优势地位。具体可选择以下三种途径：

（1）开发新用户。其途径有：①转变未使用者，使现有市场中的潜在顾客变为现实顾客；②进入新的细分市场；③地理扩展，将企业的产品销售到其他地区。

（2）开辟新用途。努力发现并推广产品的新用途。

（3）增加使用量。提高使用频率和单次使用量，扩充使用场所等。

2. 保护市场占有率

市场领导者在努力寻求扩大市场需求总量的同时，还必须确保现有市场占有率不受侵犯。因此需要采取适当的措施，维持现有经营规模，不断进取。具体可选择以下三种途径：

（1）创新。可以进行原始创新或者改良创新。

（2）防御。对竞争者的防御可采取：①阵地防御（围绕目前主要产品和业务进行防御）；②侧翼防御（在主阵地的侧翼建立副阵地）。

（3）进攻。在处于行业领先位置时，采取主动进攻或被动反击的方式进攻竞争者。

3. 提高市场占有率

在市场总规模不变的条件下，市场领导者可以根据市场变化调整自身的营销组合，用进攻方法达到防御目的，努力扩大自己的市场占有率。具体可选择以下几种途径：①产品创新；②质量领先；③多品牌经营；④大量广告投放；⑤强力销售促进。

营销实践

大疆：科技领先，创新驱动

到目前为止，创立于2006年的深圳市大疆创新科技有限公司（简称"大疆"）占据超过70%的全球民用无人机市场。与绝大多数出海的中国品牌不同，大疆走高端品牌路线，属于"生而全球化"的企业，聚焦海外发达市场。目前，大疆以北美和欧洲市场为主体的海外营业收入占总营业收入的80%以上。

大疆是创新型产品驱动企业，从2013年推出第一款畅销产品"精灵"后，每年都有新产品问世，且都实现了技术上的显著跨越。大疆通过长期的研发投入，已成为民用无人机市场的技术领导者。它依托自身掌握的核心技术构建了强大的竞争壁垒。

大疆充分利用种子用户和KOL进行推广，形成口碑效应。最初，大疆面向无人机发烧友，如航模论坛用户和关注航拍技术的影视人员等。通过向他们提供产品的免费试用积累了最初的口碑，获取了有价值的用户反馈，并以此不断改进产品性能，逐渐完善用户体验。在"精灵"成功推出后，大疆开始接触好莱坞和硅谷，让影视和科技行业的KOL试用产品，使得一批影视明星和科技名流成为首批粉丝，并通过其影响力打开局面。

在触达大众市场方面，大疆善用社交媒体平台，借助于各类航拍照片和视频比赛，鼓励用户把作品上传到社交媒体上分享。大疆还参与全球各类赛事，如航拍直播2015年于洛杉矶举办的"Air+Style"单板滑雪比赛，开创了无人机被用于大型现场直播的先河。

在全球化渠道上，大疆采取以官网为基础，多家国内外电商平台并进的方式。大疆把自己定位为一个面向全球的企业，构建了一支高水平的国际化管理团队。在组织架构上，大疆根据每个地区的核心能力设立相应的海外机构，实现了企业核心职能的全球化布局。

大疆以创新性、时尚设计、速度和极致性价比为核心特征。虽然定位高端，但其产品对所有价格区间进行了全覆盖，极致性价比是其核心竞争力之一。大疆成功的另一个核心因素是无人机的主要受众是年轻人。他们喜爱简单易用、性价比高、时尚美观、高科技、令人振奋和快速推陈出新的产品，而这恰恰是大疆的优势所在。

资料来源：尹一丁.中国品牌正迎来"大航海时代"[J].销售与市场,2022（11下）:50—51.

7.2.2　市场挑战者的竞争战略分析

如果要向市场领导者和其他竞争者挑战，企业必须先确定自己的战略目标和挑战对象，再选择适当的进攻战略。

（1）正面进攻。当市场挑战者具有较强的实力时，可采用正面进攻（局部或全面）的策略攻击对方的强项。如经营和竞争对手相同的产品，开展价格战，实施势均力敌的促销措施等。例如，徕芬吹风机在戴森吹风机带火的高速吹风机赛道上，选择了走"技术普惠"的发展路线，让消费者只花费戴森价格的 1/5 就能体验到性能相近的产品，一跃成为国内高速吹风机行业的领军品牌。

（2）侧翼进攻。即市场挑战者集中优势力量攻击竞争对手的弱点。侧翼进攻可以分为地理性侧翼（对手力量薄弱的区域）进攻和细分性侧翼（对方未涉足的细分区域）进攻。例如，麦当劳、肯德基、汉堡王的套餐价格均定位在 25~40 元之间，国产品牌华莱士定位在 12~20 元之间，而塔斯汀则主打 12 元以下的产品，在三四线市场极具吸引力。

（3）包围进攻。包围进攻是一种全方位、大规模的进攻策略，以迫使对手全面防御。当进攻者具有资源优势时，可采用这种策略。

（4）迂回进攻。迂回进攻是完全避开对手现有阵地，而在对手没有防备或不可能防备的区域组织进攻，以扩大自己的市场份额。

7.2.3　市场追随者的竞争战略分析

市场追随者需要确定一种不会引起竞争性报复的发展战略，通常可采取以下三种追随方式：

（1）紧密追随。尽可能在各个细分市场和营销组合领域仿效市场领导者，但不从根本上危及市场领导者的地位，不发生直接冲突。

（2）距离追随。在目标市场、产品创新和分销渠道等方面追随市场领导者，但在包装、广告和价格方面又与市场领导者保持若干差异。

（3）选择追随。在某些方面紧跟市场领导者，而在另一些方面又自行其是。要择优追随，不盲目选择，不进行直接的竞争。

7.2.4　市场补缺者的竞争战略分析

市场补缺者面对的补缺市场多表现为风险较小但有利可图，这种市场常为小企业所青睐。这种竞争战略的关键是在市场、顾客、产品或营销组合上实行专业化。

1. 补缺市场的基本特征
理想的补缺市场应具备以下特征：①具有明确的需要；②具有相当规模的

小试牛刀

试举例说明：在哪些行业或领域中有成功的市场挑战竞争案例？

购买力及成长潜力，可盈利；③强大的竞争者对该市场无兴趣；④企业具备为该市场服务的能力和资源；⑤企业已建立良好的信誉，能以此抵御竞争者的攻击。

2. 市场补缺策略

（1）按最终使用者专业化，专门为某类最终使用者服务。例如，IT行业企业专门针对某一类用户（如物业公司、写字楼、网吧等）进行服务。

（2）按垂直层面专业化，专门为生产与分销渠道中的某些层面服务。如某橡胶生产企业为电动车企业生产轮胎。

（3）按顾客规模专业化，专门为某一种规模（大、中、小）的客户服务。如某医疗器械生产企业专门为那些被大企业忽略的小门诊服务。

（4）按特定顾客专业化，专门为某一个或几个主要客户服务。如某些生产企业专门为某家大型连锁商超公司供货。

（5）按地理区域专业化，专门为国内外某一地区或地点服务。如某企业专门向长江以北但不供暖的区域销售冬季的电暖器产品。

（6）按产品或产品线专业化，专门生产经营一大类产品。如某食品企业专门生产经营巧克力这种产品。

（7）按质量和价格专业化，专门生产经营某种质量和价格的产品。如专门生产高质高价产品或低质低价产品。

（8）按服务项目专业化，专门提供某一种或几种其他企业没有的服务项目。如某中餐企业专门针对高档写字楼提供营养午餐。

稳 扎稳打

一、单项选择题

1.（   ）是指企业把经营的重点目标聚焦于某一特定购买者集团、某种特殊用途的产品或某一特定区域内，以此来建立企业的竞争优势及市场地位。

    A. 成本领先战略   B. 差异化战略

    C. 聚焦战略   D. 竞合战略

2.（   ）即两个或两个以上的企业为了抓住战略机会或达成共同的战略目标，通过各种协议、契约而形成的优势互补、资源共享、风险共担、生产要素双向或多向流动的一种松散的合作组织。

    A. 连锁加盟   B. 战略联盟

    C. 前向一体化   D. 后向一体化

3. 在某一行业的产品市场上占有最大份额，并在新产品开发、产品定价、分销渠道设立和促销活动开展中处于主导地位的企业被称为（   ）。

A. 市场领导者　　　　　　　B. 市场补缺者

C. 市场挑战者　　　　　　　D. 市场追随者

4.（　　）是指通过与其他企业在竞争中合作，来获得企业竞争优势或战略价值，以求得双赢、多赢的结果。

A. 成本领先战略　　　　　　B. 差异化战略

C. 聚焦战略　　　　　　　　D. 竞合战略

5.（　　）是指精心服务市场上被大企业忽略的某些细小部分，不与那些主要的大企业竞争，只通过专业化经营来占据有利市场位置的企业。

A. 市场领导者　　　　　　　B. 市场补缺者

C. 市场挑战者　　　　　　　D. 市场追随者

二、多项选择题

1. 按照竞争者满足不同需求的角度，竞争者分为（　　）。

A. 愿望竞争者　　　　　　　B. 产品形式竞争者

C. 一般竞争者　　　　　　　D. 品牌竞争者

2. 按照企业在竞争环境中的不同地位，竞争者分为（　　）。

A. 市场领导者　　　　　　　B. 市场补缺者

C. 市场挑战者　　　　　　　D. 市场追随者

3. 企业的基本竞争战略包括（　　）。

A. 成本领先战略　　　　　　B. 差异化战略

C. 聚焦战略　　　　　　　　D. 市场补缺战略

E. 竞合战略

4. 在一个行业内存在的基本的竞争性力量包括（　　）。

A. 行业内现有竞争者　　　　B. 潜在进入者

C. 替代品的威胁　　　　　　D. 供应商

E. 顾客的讨价还价能力　　　F. 政府政策法规

5. 市场领导者为了维护自己市场的优势，巩固自己的领导地位，可采取的竞争战略有（　　）。

A. 扩大市场需求总量　　　　B. 缩小市场范围

C. 保护市场占有率　　　　　D. 提高市场占有率

三、判断题

1. 一般竞争者是指生产同类但规格、型号、款式不同的产品的竞争者。（　　）

2. 市场追随者是指在行业市场上处于次要位置，但在产品、技术、价格、

渠道和促销等大多数营销战略上模仿或追随市场领导者的企业。（　　）

3. 潜在竞争者是指生产与本企业产品具有相同功能、能满足同一需求的其他种类产品的企业。（　　）

4. 差异化战略是指通过有效途径，使企业的全部成本高于竞争对手的成本，以获得超过同行业平均水平以上的利润。（　　）

5. 紧密追随是指市场追随者尽可能在各个细分市场和营销组合领域仿效市场领导者，但不从根本上危及市场领导者的地位，不发生直接冲突。（　　）

四、简答题

1. 影响行业结构竞争性的主要因素有哪些？
2. 行业竞争者评估和制定措施的主要步骤有哪些？
3. 市场追随者的追随方式具体有哪些？
4. 理想的补缺市场应具备哪些特征？
5. 举例说明，新时代"中国制造"的优秀代表企业有哪些？它们采取了怎样的市场竞争战略？

调查研究

（一）《中共中央　国务院关于做好 2023 年全面推进乡村振兴重点工作的意见》强调，要深入实施"数商兴农"和"互联网＋"农产品出村进城工程，鼓励发展农产品电商直采、定制生产等模式，建设农副产品直播电商基地。提升净菜、中央厨房等产业标准化和规范化水平。培育发展预制菜产业。

相关数据显示，中国预制菜企业数量已超过 7 万家，2022 年我国预制菜市场规模达 4 196 亿元，预计 2026 年市场规模将突破万亿元。

从广义上来说，预制菜是以农、畜、禽、水产品为原料，通过预加工/预烹调而成的预包装成品或半成品菜肴。预制菜可分为即食类（即食卤味、即食罐头食品、即食沙拉等）、即热类（自热火锅、自热米饭、即热比萨、便利店便当等）、即烹类（即烹酸菜鱼、调味牛排、椰子鸡火锅等）和即配类（净蔬菜、冷藏冷冻肉、处理鸡肉等）。

宅家文化、懒人经济、烹饪小白等多重因素的叠加，助推了国内预制菜的发展。随着外卖的兴起，餐饮企业接单方式由线下变为"线上＋线下"，这就要求他们的一些菜品必须预制。同时，预制菜也是最符合餐饮规模化、资本化的模式。

哪些企业开展了预制菜业务？我国预制菜行业的竞争状况如何？请进行

预制菜市场竞争战略调研并形成简要报告。

（二）近几年，瑞幸咖啡业绩向好，门店总数于 2022 年底达到 8 214 家，已超过入华耕耘 20 多年的星巴克；坐拥超 5 万个营业点的中国邮政开始跨界卖咖啡；Seesaw 咖啡完成数亿元 A++ 轮融资；已开出超 400 家门店的 Tims 中国持续扩大其在国内的市场份额；风靡全球的 Blue Bottle 也登陆中国市场，试图续写"开一家火一家"的传奇，半年完成 4 轮融资；2 平方米小店 Manner Coffee 跳出"开一家纯粹的咖啡馆"的情怀故事，开放外卖，一口气开出 200 家新店，在咖啡圈中再次掀起热度。

根据弗若斯特沙利文的数据，中国咖啡市场从 2013 年开始高速发展，年均增长率达 29.54%，并预计以 25.99% 的年增长率继续增长。2023 年市场规模预计将达 1 806 亿元。有调研机构预测，中国人均咖啡消费杯数将从 2021 年的 9 杯提升至 2023 年的 11 杯。国内的咖啡市场远未饱和。

● 数说营销

按产品类型分类，咖啡行业可分为零售咖啡和现磨咖啡两大细分市场。其中，零售咖啡又包括速溶咖啡、即饮咖啡、咖啡粉、咖啡豆、浓缩咖啡液、挂耳咖啡和其他咖啡产品。现磨咖啡则是目前咖啡行业发展的主流方向。

基于不同的咖啡消费需求，现磨咖啡饮品行业的竞争状况如何？各品牌如何突出其竞争优势？是否具备核心竞争力？请进行调查研究并形成简要报告。

力 学笃行 ‹‹‹‹‹‹‹‹‹‹‹‹‹‹‹‹‹‹‹‹‹‹‹‹‹‹‹‹‹‹‹‹

竞争性营销战略分析——×× 行业（企业）竞争性营销战略分析

■ **实训目标**

由项目小组选择某一行业（企业）作为研究对象，收集资料，分析该行业（企业）的竞争状况，完成一份 ×× 行业（企业）竞争性营销战略分析报告，掌握竞争性营销战略分析的主要内容。

■ **背景资料**

市场竞争是市场经济中同类经济行为主体以自身利益为考虑，增强自己的经济实力，排斥同类经济行为主体的相同行为的表现。市场竞争的内在动因是各个经济行为主体自身的物质利益。市场竞争的基本内容主要包括：①商品竞争；②素质能力竞争；③服务竞争；④信息竞争；⑤价格竞争；⑥信誉竞争。

■ **实训要求**

本次实训，每个小组选择一个竞争激烈的行业或某一典型企业，搜集资料（文章、广告、新闻等），针对其行业或企业的竞争状况展开分析。

互联网行业：阿里巴巴、腾讯、百度、字节跳动、360 等。

新能源汽车行业：比亚迪、特斯拉、小鹏、哪吒、理想、蔚来等。

家电行业：美的、格力、海尔、长虹、海信、奥克斯等。

手机行业：苹果、三星、华为、OPPO、小米、vivo 等。

牛奶行业：蒙牛、伊利、光明、辉山、三元、现代牧业等。

饮料行业：可口可乐、百事可乐、娃哈哈、统一、农夫山泉等。

餐饮行业：海底捞、星巴克、瑞幸咖啡、五爷拌面等。

服装行业：安踏、李宁、特步、361° 等。

根据搜集的资料，完成一份 ×× 行业（企业）竞争性营销战略分析报告。

■ 实训步骤

（1）学生分组选择以上某一行业及企业。

（2）网络搜集整理相关资料。

（3）分组撰写 ×× 行业（企业）竞争性营销战略分析报告及汇报 PPT。

（4）分组演示汇报 PPT。

（5）相互点评，教师总评。

■ 实训成果

×× 行业（企业）竞争性营销战略分析报告、汇报 PPT。

自学自测

单元七　市场竞争战略决策

单元八 产品策略决策

素养目标

1. 培养敬业、专注、创新的工匠精神，树立高质量发展意识

2. 理解并践行"由中国制造向中国创造，由中国速度向中国质量，由中国产品向中国品牌转变"的产品创新发展理念

3. 坚持适度包装、绿色包装，践行绿色营销的环保理念

知识目标

1. 掌握产品的整体概念和产品分类的主要内容

2. 了解产品组合策略具体实施的基本内容

3. 掌握新产品开发和产品生命周期的核心内容和主要策略

4. 掌握品牌策略和包装策略的主要内容

技能目标

1. 能够运用产品组合理论，对产品组合策略提出合理建议

2. 能够根据企业经营的需要，对新产品开发提出一定的建议

3. 能够运用产品生命周期理论，及时发现不同阶段的市场需求和竞争环境的变化，提出相应的营销策略建议

4. 能够运用品牌与包装策略理论，对本企业所经营产品的品牌建设和包装提出合理化建议

思维导图

学 思践悟　安踏的世界，世界的安踏

"做世界的安踏"是安踏集团的发展目标。

安踏集团成立于1991年，是一家专门从事设计、生产、销售运动鞋服、配饰等运动装备的综合性、多品牌的体育用品集团。2022年，它的年营业收入为339.28亿元，同比增长40.7%；净利润为53.44亿元，增幅达到30.25%。

近几年，中国体育产业发展空间巨大，人们的健康意识提高，更是带来了更多的体育用品消费。

1. 把握机会，与体育和奥运结缘

1999年，安踏开始在CCTV-5体育频道投放广告，开创了"体育明星代言+CCTV"的营销模式。2000年，安踏与悉尼奥运结缘，其营业额增至2亿元。2005年，安踏成立运动科学实验室。2008年北京奥运会，安踏携手央视推出系列广告。2009年，安踏签约成为中国奥委会最高级别的"战略合作伙伴"，助力中国体育健儿征战世界赛场。随后成为2010年温哥华冬奥会、2012年伦敦奥运会、2016年里约奥运会、2021年东京奥运会、2022年北京冬奥会等赛事的运动装备提供商。

2. 跨国并购，实施多品牌策略

2007年，安踏在香港上市。2009年收购斐乐在中国的商标使用权和专营权，打造高端运动时尚品牌。2015年收购英国户外休闲、登山运动品牌Sprandi。2016年收购日本滑雪户外品牌迪桑特。2017年收购童装品

牌小笑牛（Kingkow）。2019年，收购芬兰体育巨头Amer Sports，布局户外生活方式。Amer Sports旗下拥有始祖鸟、萨洛蒙、威尔逊、阿扎米克、颂拓等13个知名户外运动品牌，产品线覆盖全面，在欧洲、美国和亚太等世界主要市场均有布局。

3. 勇于转型变革，拥抱数字化。

安踏是最早进行"零售转型"（由"品牌批发"转为"品牌零售"）的运动鞋服企业。近几年来，安踏逐渐重视直面消费者模式和数字化转型，将3 500家门店转为直营门店，这些门店的运营标准、货品体系、服务体系均保持一致。安踏削减了品牌端与用户端之间的经销层级，简化了包括经销商、加盟商、代理商在内的多种销售渠道，提升了用户体验和运营效率。同时，安踏加大数字化建设，借助数字化手段和工具赋能前端零售渠道，降本增效、提高运营效率，实现后端的精细化运营。

引思明理：

产品策略是企业市场营销组合决策中的核心问题之一。企业应致力于产品质量的提升、产品组合结构的优化、品牌的塑造，以及新产品的研发与迭代，以更好地满足市场需要，获得更好的经济效益。安踏努力践行"推动中国产品向中国品牌转变、中国速度向中国质量转变、中国制造向中国创造转变"的产品策略，为中国企业和品牌的发展树立了榜样。

数字经济时代，消费需求升级，每个企业都应致力于产品质量的提高和产品结构的优化；同时，随着新产品开发和产品生命周期的发展变化来灵活调整产品策略和营销策略，从而更好地满足市场需要，取得最佳经济效益。

品牌是产品的重要组成部分。党中央、国务院高度重视品牌发展工作，为了扩大我国自主品牌的知名度和影响力，自2017年起，国务院批准将每年的5月10日设立为"中国品牌日"。同时，随着我国消费水平的提高，消费者对商品包装的个性化设计也产生了较高层次的需求，企业需要将其纳入产品策略中统一考量。

8.1　产品的整体概念与分类

8.1.1　产品的整体概念

产品是指提供给市场，用于满足人们某种欲望和需要的任何事物。它既包括有形的劳动产品（其属性如品质、款式、品牌、包装等），也包括无形的服务类产品（如可供出售的行为、体验等）。因此，商业活动和市场上的知识、音乐会、旅游、家居、装修设计、企业诊断等都属于产品的范畴。

产品的整体概念由以下三个基本层次构成。

（1）核心产品层，是指消费者在购买产品或服务时所获得的能够解决问题的核心利益，即产品满足消费者的基本功能或效用。例如，近几年出现的网约车、移动支付、餐饮外卖等新服务为消费者提供了良好、快速、便捷的体验。

（2）有形产品层，是指核心产品得以实现的具体形体和外在表现。对于有形产品，形式产品由质量、品牌、设计、特征和包装等构成；对于无形产品，形式产品则由服务的程序、人员、地点、时间和品牌等构成。例如，消费者去餐厅消费获得的形式产品包括品种、味道、服务速度、服务质量、环境气氛等。

（3）附加产品层，是指营销者提供产品时增加的、购买者希望得到的附加服务和利益。主要是指在产品售前、售中、售后环节为顾客提供的各种服务。

例如，蔚来汽车通过蔚来 App、蔚来顾问（蔚来 Fellow）、蔚来日（蔚来 NIO Day）、蔚来中心、蔚来服务网点等渠道为用户提供服务。包括为车主提供上门补胎、机场代泊、免费洗车、免费代驾、违章代办等服务；还有车主专属的微信群进行实时沟通。

营销新知

知 识 付 费

知识付费是让知识的接受者付出相应的资金成本，其本质在于把知识变成产品或服务，以实现商业价值。知识付费有利于消费者高效筛选信息，也激励优质内容的生产。相关数据显示，2022年中国知识付费市场规模达到 1 126.5 亿元，预计2025年市场规模将达到 2 808.8 亿元。

借力于知识付费平台的成熟，知识付费的产品形态不断演进，可以划分为平台型和工具型两类，具体又表现为以下形态：①付费专栏，如喜马拉雅 FM、得到、豆瓣时间、简书等；②直播互动，如知乎Live、荔枝微课堂、一直播等；③付费问答，如在行一点、微博问答等；④线下约见，如混沌研习社、在行等；⑤付费群组，如知识星球、贵圈等；⑥第三方支持：短书、小鹅通等。

• 数说营销

小试牛刀

请选择一个知识付费平台，了解其内容并介绍给同学。

8.1.2　产品的分类

1. 按照产品是否耐用和有无实体分类

（1）有形产品。这是指使用价值必须借助有形物品才能发挥其效用，且该有形部分必须进入流通和消费过程的产品。主要可分为耐用品和非耐用品两种类型。

① 耐用品，是指在正常情况下能多次使用，不需要经常购买的有形产品（如住房、汽车、大型家电、家居产品等）。

② 非耐用品，又称快消品，是指价值较低、消耗较快（甚至是一次性使用），消费者经常购买的有形产品（如饮料、食品、化妆品、汽车燃油等）。

（2）无形产品。又称非实体产品，泛指各种服务、体验、信息、创意、构思等。服务是无形产品中较常见的类型。

按照产品中无形部分所占比例的大小，可以把产品分为五种类型：①纯粹有形产品（如肥皂、矿泉水）；②伴随服务的有形产品（如附带售后服务的家电产品）；③有形产品与服务的混合（如餐饮服务）；④主要服务伴随小部分实物（如航空服务赠送饮料食品）；⑤纯粹服务（如文化娱乐服务）。

服务具有无形性、差异性、可变性、不可分离性、不可储存性等特性。

营销新知

第 三 空 间

社会学家提出了"第三空间"的概念：家庭居住空间为第一空间，职场为第二空间，酒吧、咖啡店、博物馆、图书馆、公园等公共空间为第三空间。在宽松、便利的环境中可以自由地释放自我是第三空间的主要特征。

第三空间具有积聚资源和人气的功能，因此逐渐演绎成现代商业活动战略规划和定位的核心，是一个城市最能体现其多样性和活力的地方。

早在中国古代便已经有了第三空间，茶馆便是其中之一。从古至今，茶的生活属性和社交属性是密不可分的。在许多文人雅士的生活和社交场景中，"茶饮"都是必不可少的主角。我国茶馆历史悠久，最早的雏形是茶摊，出现于晋朝时期；唐中期逐渐发展为茶馆。

现代企业将第三空间概念引入书店和咖啡店中，文化、精神和环境的体验是其核心。例如，西西弗书店以"图书＋咖啡＋文创"的形式，将线下书店变成了一个提供综合服务和文化体验的空间，有效吸引了年轻消费者和非阅读爱好者的注意。

2. 按照产品的不同用途分类

（1）消费性产品，是指主要为了满足家庭或个人生活消费需要而购买的产品。按消费者购买行为的特征分类，主要有以下四种类型：

① 便利品，又称日用品，是指价格较低，消费者不愿意花很多时间和精力比较，需重复购买的日常所需商品（如纸巾、肥皂、洗衣粉、牙膏等）。

② 选购品，是指价格和耐用程度都比便利品高，不需要经常购买，消费者愿意花较多时间对多家商品的质量、价格和样式等进行比较之后才决定购买的商品（如流行时装、高档化妆品、耐用家具、大型家电等）。

③ 特殊品，是指消费者对产品具有强烈的品牌偏好，价格较高，使用期较长，消费者愿意投入相当多的时间和精力观察、询问、比较，然后才选择购买的消费品（如家庭汽车、住宅、高档家具、收藏品等）。

④ 非渴求品，又称潜在需要产品，是指消费者尚未知道或者虽然知道但不愿意购买的产品（如刚上市的保险险种、新兴娱乐项目等）。

（2）产业用品，是指企业制造产品所需的原材料和零部件或用于业务活动的产品。

产业用品可按其使用目的划分为以下几种类型：①直接进入成品的物品（包括原材料、加工过的材料和零部件等）。②间接进入成品的物品（包括建筑物及土地权、重型设备、轻型设备，以及维护、修理和经营用品等）。③无形产品——服务（包括金融服务、法律咨询服务、市场调研服务、市场营销策划服务等）。

3. 根据产品之间的销售关系分类

（1）独立品。是指销售状况不受其他商品销售变化影响的产品。例如，电视机与空调互为独立品。

（2）互补品。是指销售互为补充，即一种产品销量的增加必然导致另一种产品销量增加的两种产品。例如，打印机与硒鼓，手动刮胡刀的刀架与刀片，投影机与灯泡等，都是互补品。

（3）替代品。是指一种产品销售的增加必然导致另一种产品销售的减少，互为替代品的两种产品。例如，茶与咖啡互为替代品。

营销新知

现代服务业

党的二十大报告指出："构建优质高效的服务业新体系，推动现代服务业同先进制造业、现代农业深度融合。"近几年，伴随着供给能力和增长质量的显著提升，服务业已发展成为促进我国经济增长、提升人民生活质量的主引擎之一。现代服务业是相对于传统服务业而言的，更适应现代人和现代城市发展的需求，而产生和发展起来的具有高技术含量和高文化含量的服务业。

现代服务业主要包括以下四大类：①基础服务（包括通信服务和信息服务）；②生产和市场服务（包括金融、物流、批发、电子商务、农业支撑服务，以及中介和咨询等专业服务）；③个人消费服务（包括教育、医疗保健、住宿、餐饮、文化娱乐、旅游、房地产、商品零售等）；④公共服务（包括政府的公共管理、基础教育、公共卫生、医疗，以及公益性信息服务等）。

进入数字经济时代，大数据、人工智能、云计算等新型数字技术的发展推动了传统服务业的转型升级，一些新的服务形式和业态不断涌现（如线上线下一体化的生鲜超市、无接触物流配送和线上就医等）。

8.1.3　互联网产品与服务

新的互联网产品与服务在产品属性、商业模式和营销策略上都不同于传统产品，基于互联网产品和服务的创业项目蕴藏了巨大商机，营销者需要予以关注。

例如，今日头条是一个通用网络信息服务平台，致力于连接人与信息，让优质丰富的信息得到高效精准的分发，帮助用户看见更大的世界。今日头条目前拥有推荐引擎、搜索引擎、关注订阅和内容运营等多种分发方式，囊括图文、视频、问答、微头条、专栏、小说、直播、音频和小程序等多种内容体裁，涵盖科技、体育、健康、美食、教育等超过 100 个内容领域。

互联网产品与服务有个性化、数字化和虚拟化的特点：其生存发展依靠在服务范围内表现出的信息服务个性化；其赖以生存的基础是互联网——与数字化基础共存；其核心价值是信息，借助信息技术在虚拟空间进行加工和生产。例如，网约车服务就是依靠大数据、云计算等新型互联网技术，为用户提供不同的出行方式，满足用户的个性化需求。

互联网产品与服务主要包括：①互联网基础产品（网线、服务器、网卡等）；②可数字化的平台产品（软件、网站、App、搜索引擎、小程序等）；③可数字化的文化产品（音乐、电影、小说、游戏、自媒体作品等）；④网络渠道销售的传统有形产品。

营销新知

数 字 藏 品

数字藏品是指使用区块链技术，为对应的特定作品或艺术品生成的唯一数字凭证，在保护其数字版权的基础上，实现真实可信的数字化发行、购买、收藏和使用的虚拟收藏品。

作为数字经济的衍生物，数字藏品受到越来越多的人的关注。国内多家博物馆推出馆藏国宝"越王勾践剑""长信宫灯""铜奔马""圆明园虎首"等数字藏品；神舟十三号着陆，央视网推出航天纪念款NFT数字藏品"阳阳"和"师师"；阿里、腾讯相继推出数字藏品发行平台"鲸探"和"幻核"；等等。

根据消费内容不同，互联网产品与服务的类型又可以分为：基础应用类（搜索引擎、网络新闻、即时通信等）、商务交易类（网络支付、网络购物、旅行预订等）、网络娱乐类（网络视频、网络音乐、网络文学、网络游戏、网络直播等）和公共服务类（在线政务、在线教育、远程办公、远程医疗等）。

8.2 产品组合、新产品开发和产品生命周期策略

8.2.1 产品组合策略

1. 产品组合及其相关概念

（1）产品组合、产品线与产品项目。产品组合是指一个企业提供给市场的全部产品线和产品项目的组合，即企业的业务经营范围。

产品线又称产品大类，是指产品在技术上和结构上密切相关，具有相同、相似或相关使用功能，规格不同但满足同一目标消费群需求的一组系列产品。例如，腾讯公司在用户市场提供通信与社交、数字内容、金融科技服务、工具4大板块的产品与服务，即有4条产品线。

产品项目是指企业生产和销售的产品线内不同品种、规格、质量和价格的某一特定产品。即通常说的某一产品的具体品名和型号。例如，腾讯公司的通信与社交产品线包括微信、QQ、QQ空间3种产品，即3个产品项目。

（2）产品组合的宽度、长度、深度和关联度。产品组合的宽度、长度、深度和关联度，构成了产品组合的四个维度。

产品组合的宽度又称产品组合的广度，是指企业拥有的不同产品线的数目。企业拥有的产品线越多，其产品组合就越宽；反之，则越窄。

产品组合的长度是指企业产品组合中包含不同规格的所有产品项目的总和。用产品项目总和除以产品线的数目，就是该产品组合的平均长度。

产品组合的深度是指一条产品线上每一种产品包含的不同花色、规格、尺码、型号、功能、配方等产品项目数目的多少。产品组合的深度越大，企业

产品的规格　品种就越多。

产品组合的关联度是指企业各类生产线在最终用途、生产条件（原材料、设备、技术）、分销渠道或其他方面相互联系的紧密程度。例如，生产冰箱和空调的产品组合比生产冰箱、电视机的产品组合的关联度要强。

仍以腾讯公司为例，其产品组合情况如表8-1所示，其产品组合宽度为4，长度为30，深度分别为3、10、10、7。

请选择一家新茶饮门店，对其产品进行调研，列出它的产品组合。

表8-1　腾讯公司产品组合

产品线	产品项目	产品组合深度
产品线1：通信与社交	微信、QQ、QQ空间	3
产品线2：数字内容	腾讯游戏、腾讯视频、腾讯影业、微视、腾讯新闻、腾讯体育、腾讯动漫、腾讯音乐娱乐、阅文集团、腾讯电竞	10
产品线3：金融科技服务	微信支付、QQ钱包、理财通、信用卡还款、手机充值、乘车码、腾讯区块链、腾讯自选股、退税通、财付通商企付	10
产品线4：工具	腾讯手机管家、腾讯电脑管家、QQ浏览器、腾讯地图、应用宝、QQ邮箱、微信小程序	7

资料来源：腾讯公司官网，截止到2023年5月。

营销实践

支付宝的服务项目

支付宝是国内领先的独立的第三方支付平台，由阿里巴巴集团创办。支付宝提出"生活因支付宝而简单"的口号，提供以下服务：

（1）便民生活。主要包括：手机充值、生活缴费、医疗健康、市民中心、我的快递、阿里健康、菜鸟、哈啰、铁路12306、高德打车、飞猪旅行、交管12123、车生活、国家政务服务平台、国务院客户端、医保、就业等。

（2）购物娱乐。主要包括：饿了么、淘票票、消费券、淘特、彩票、口碑团购、支付宝会员、体育服务、淘宝、支付宝直播、读书听书等。

（3）理财管理。主要包括：花呗、借呗、基金、转账、余额宝、信用卡还款、芝麻信用、红包、网商银行、股票、余利宝、蚂蚁保、稳健理财、支付宝荷包、亲情卡等。

（4）教育公益。主要包括：蚂蚁森林、运动、蚂蚁庄园、芭芭农场、3小时公益、支付宝公益、蚂蚁新村、神奇海洋等。

资料来源：支付宝App，截止到2023年7月，有整理。

（3）产品组合策略。产品组合策略是指企业根据市场情况和自身的营销实力，制定的使产品组合的宽度、深度和关联度有机结合的策略。

合理运用产品组合策略有利于满足不同人群的需求，吸引更多顾客消费，同时能够更好地挖掘企业的营销潜力，分散投资风险。

2. 产品组合的优化和调整

一个企业的产品组合应根据营销环境的变化，在对未来发展趋势进行分析和评价的基础上适时调整，从而使产品组合保持动态优化。具体措施包括：

（1）扩展产品组合策略。主要包括：拓宽产品组合的宽度（增加产品线）；增加产品组合的长度和深度（增加产品项目）；增加产品组合的关联度。例如，主营瓜子的洽洽食品进军坚果赛道，推出洽洽小黄袋每日坚果，并坚持全产业链生产模式不变，保证洽洽小黄袋每日坚果的高品质。

（2）缩减产品组合策略。企业在市场不景气的情况下，从产品组合中剔除那些获利小甚至亏损的产品线和产品项目，节约企业成本，集中优势发展获利更多的产品线和产品项目，有利于企业利润总额的上升。例如，波司登曾通过收购、合资等方式进军男装、女装、童装、商务男装、家居等业务，但多元化经营的效果并不理想，于是又"砍掉"了很多非羽绒服业务，将资源重新向羽绒服主业集中。

（3）产品延伸策略。

① 向下延伸，即企业在原有生产较高档产品线的基础上，决定增加较低档的产品项目。例如，华为公司早期在"华为"品牌定位中高端的基础上针对年轻人推出较低档的"荣耀"品牌（2020年出售），突出其性价比定位；小米手机有针对性地推出了较低价位的"红米"品牌。

② 向上延伸，即企业在原有生产较低档产品线的基础上，决定在产品线中增加较高档的产品项目。例如，雅迪电动车与保时捷设计工作室合作推出全新城市高端出行子品牌"VFLY"，产品售价较高。

③ 双向延伸，是指原定位于中档产品的生产企业在掌握了一定的市场优势后，决定向高档和低档两个方向同时延伸，力求扩大产品的市场阵地。例如，格兰仕在厨电产品上既向下延伸，开发了高性价比的迷你小电锅等产品；又向上延伸，开发了高端智能电饭煲等产品。

8.2.2 新产品开发策略

党的二十大报告指出："坚持创新在我国现代化建设全局中的核心地位。"创新是引领企业发展的第一动力，在市场营销活动中，企业要重视新产品开发，因为抓创新就是抓发展，谋创新就是谋未来。

1. 新产品的含义

产品整体概念中任何层次的更新和变革所引起的产品材料、质量、性能、品种、特色、结构、服务等某一方面或若干方面的变化，而与原有产品有一定差异，并为消费者带来新利益的产品，都可以称为新产品。

企业获取新产品的途径有：①购买专利或生产许可；②自己开发新产品。

2. 新产品的类型

（1）全新新产品，是指采用新原理、新结构、新技术、新工艺、新材料制造的前所未有的产品（如自动驾驶汽车、移动支付、智能可穿戴设备等）。

（2）换代新产品，也称革新新产品，是指在原有产品的基础上部分采用新技术、新材料而制成的性能有显著提高的新产品。例如，手机产品的换代新产品革新路径：大哥大手机—翻盖手机—触屏手机—折叠屏手机。

（3）改进新产品，是指对企业现有产品在质量、结构、品种、材料等方面进行必要的更新换代，赋予旧产品以新的功能或价值的产品。

（4）仿制新产品，是指企业仿制市场上已出现的产品，通过局部改进和创新而推向市场的新产品。这种仿制应在不侵犯对方知识产权的前提下进行。

（5）企业新产品，是指企业生产自身从未生产的市场上正在销售的产品。例如，商汤科技推出的公司首个家庭消费级人工智能产品"元萝卜SenseRobot" AI下棋机器人，包含了AI学棋、残局挑战、棋力闯关、巅峰挑战等多个功能。

营销新知

品类创新与品牌打造

市场竞争日益激烈，品类创新成为企业抢占市场的重要手段。品牌竞争基于品类，如果品类是购买需求，品牌则是给消费者购买的理由。在消费者心目中，谁能成为某品类的第一品牌，就能获得绝对的竞争优势。例如，元气森林通过品类创新，开创了一个全新的品类细分市场：零糖零卡零脂气泡水；瑞幸咖啡推出全新品类——奶咖，其爆款产品丝绒拿铁和生椰拿铁使它成为该品类销售第一。

营 销实践

"凉白开"开启熟水市场

1. 瓶装饮用水概念升级——需求细分

凉白开设计了"更适合中国人的肠胃／不喝生水喝熟水／中国自古喝熟水"等一系列广告词，针对中国消费者对健康消费理念的强需求，建立熟水的品类认知。熟水成为瓶装水领域的小"风口"。2016年，今麦郎推出"凉白开"。2019年，旺旺推出"旺旺凉白开"。2020年，康师傅推出"喝开水"。2022年，农夫山泉推出"白开水"，统一推出"格泉凉开水"。

据今麦郎集团内部透露，2021年其产品大卖24亿瓶；欧睿数据显示，2019-2021年，今麦郎凉白开连续三年蝉联瓶装熟水全国销量第一。

2. "产品＋科技＋营销"，落实瓶装水品类创新

产品方面：以十二时辰为主题，推出玻璃瓶系列产品，开辟熟水赛道的高端线。

科技方面：创造了世界上第一条熟水生产线（125UHT热杀菌处理技术）。

营销方面：举办熟水论坛，强化熟水安全健康的品类认知；赞助体育运动，借助CBA联赛等提升品牌力；针对Z世代进行精准营销，实现品牌年轻化。

3. 新产品开发的程序

（1）寻求创意。产品创意，是指企业从自身的角度考虑能够向市场提供的可能产品的构想。创意的主要来源有：①内部来源（企业内部员工）；②外部来源（供应商、分销商、竞争者、顾客、辅助商、政府、公众等）；③众包来源，即通过众创平台征集产品创意。

（2）筛选创意。是指企业取得足够多的创意之后，要对这些创意加以评估，研究其可行性，并挑选出可行性较强的创意。

（3）形成并测试产品概念。产品概念形成，是指将经过筛选保留下来的产品创意进一步发展成为产品概念。产品概念测试，是指将已形成的产品概念提交给潜在客户，请他们对其进行评价，以了解潜在客户的反应，为进一步优选产品概念提供依据。

（4）制订市场营销计划。具体由三个部分组成：①描述目标市场的规模、结构、行为、新产品在目标市场上的定位等。②制定新产品的计划价格和营销预算。③规划长期销售额、目标利润，以及不同时间的市场营销组合。

（5）可行性分析。包括：①技术可行性分析，即考察产品方案对各种技术性能的实现程度。②市场可行性分析，又称商业分析、经济效益分析，即企业的营销管理者从财务角度来复查新产品将来的销售额和对成本与利润的估计，判断其是否符合企业的目标以及是否具有较强的商业吸引力。

（6）产品开发。即由研究开发部门和工程技术部门把这种新产品概念转变成为产品，进入设计和研制阶段。

（7）试用与试销。在试用与试销时应注意以下问题：①地区范围；②时间；③所需得到的资料；④所需费用和开支；⑤试用或试销成功后需进一步采取的战略措施。

（8）批量上市。企业需做好以下决策：①何时推出；②何地推出；③向谁推出；④如何推出。

8.2.3　产品生命周期策略

产品生命周期是指一种产品从投放市场开始一直到被市场淘汰为止的整个产品市场生命循环过程。

依据产品的市场占有率、销售额、利润额的差异，典型的产品生命周期可分为开发期、导入期、成长期、成熟期和衰退期五个阶段。其中，开发期是产品的培育阶段，它始于新产品构思。在此阶段，产品的销售量为零，企业的利润为负值，企业投资逐渐增加。由于这仅仅是新产品的试验阶段，产品在市场上并未实际出现，所以产品生命周期策略一般按照产品的导入期、成长期、成熟期和衰退期四个阶段分析，如图8-1所示。

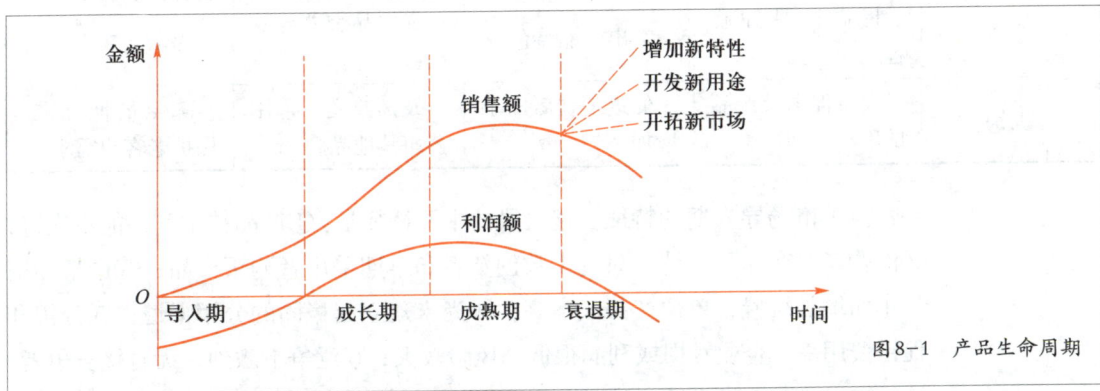

图8-1　产品生命周期

在产品生命周期的不同阶段，产品的销售额、利润额等都呈现出不同的特征。企业需要根据不同阶段的产品特征，制定不同的营销策略，如表8-2所示。

1. 市场导入期的特征及营销策略

市场导入期也称介绍期或引入期，是产品开始进入市场，销售缓慢增长的时期。部分新产品在此阶段可能会夭折。

表8-2 产品生命周期各阶段的特征及营销策略

	要素	导入期	成长期	成熟期	衰退期
产品特征	销售额	低，缓慢增长	快速增长	缓慢增长至最大，逐渐下降	下降
	成本	高	低	随着竞争的加剧增长	下降或增长
	利润	亏或低	迅速增长	增长至最高点，逐渐下降	下降，低或亏
	价格	高或低	适当	降低	降低
	顾客	创新使用者	早期使用者	中期使用者	落后者、忠诚者
	竞争者	没有或很少	增多	达到最多后逐渐减少	减少，逐渐退出
营销策略	营销目标	建立产品知名度，提高产品使用率	追求市场最大占有率	竞争，保护市场占有率及利润率	减少支出，增加利润，留住忠诚客户
	产品	新产品，基本产品	改进产品质量及特色，产品延伸	促成产品及品牌差异化、多样化	改进产品，开发新产品
	价格	撇脂定价或渗透定价	渗透性定价	竞争性定价	降价
	分销	选择性分销	密集式分销	深入密集式分销	评估、重组渠道
	广告	提高产品知晓程度	突出产品特色	突出品牌差异及利益	提示老客户
	促销	大量促销及产品试用	促进消费者需求增加	鼓励改变，采用公司其他品牌	降至最低标准，保护老客户需求

（1）市场导入期的特征。该阶段的主要特征是：①产品技术和性能不完善；②消费者对产品不了解，只有少数创新者和早期采用者购买产品；③产量和销量小而增长缓慢，单位产品成本高；④尚未建立起稳固的分销渠道；⑤分销和促销费用高，企业亏损或利润很低，风险较大；⑥竞争不激烈，无直接竞争者。

（2）市场导入期的营销策略。该阶段的营销策略是突出"准"和"快"，即市场定位和营销组合要准确无误，同时加速推进产品进入成长期。

在市场导入期，根据产品价格的高低和促销成本的高低，有以下四种策略可供选择，它们构成了价格—促销矩阵，如图8-2所示。

① 快速掠取策略，又称高价格高促销策略。目的是：通过高价格尽快赚取较大的利润，收回投资；以大量促销活动加速产品的市场渗透率，迅速占领市场；建立市场品牌偏好，抵御来自竞争者的威胁。

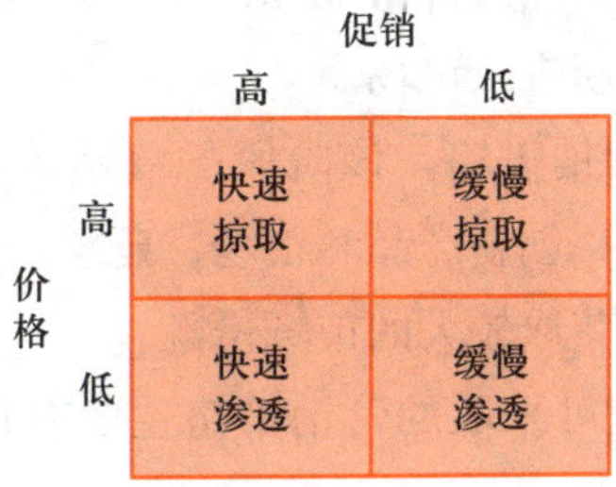

图8-2　价格—促销矩阵

②　缓慢掠取策略，又称高价格低促销策略。目的是：降低营销成本，获得尽可能高的利润回报。

③　快速渗透策略，又称低价格高促销策略。目的是：使产品快速占领市场，企业获得较快的市场渗透率和较高的市场占有率，以便在后期获得较多的利润。

④　缓慢渗透策略，又称低价格低促销策略。目的是：扩大产品销量，提高产品市场占有率，降低促销成本，提高净利润回报。

2. 市场成长期的特征及营销策略

市场成长期，是产品迅速被市场接受，销售量迅速增长，销售利润也由负变正并快速上升的时期。

（1）市场成长期的特征。该阶段的主要特征是：①产品已定型，技术较成熟；②消费者已熟悉产品，销量和利润迅速上升；③老顾客重复购买并带来新顾客；④生产规模逐步扩大，成本逐渐降低；⑤竞争者加入市场，竞争加剧，到成长期后期，会因竞争成本上升而导致利润下降；⑥已建立较稳定的分销渠道并继续扩大；⑦为了适应竞争或维持市场继续成长，需保持或适量增加促销费用，但单位产品的促销费用大幅度下降。

（2）市场成长期的营销策略。该阶段的营销策略是突出"好"和"稳"，传递产品差异性和独特优势，尽可能维持其市场增长率，使获取最大利润的时间得以延长。

市场成长期，企业可采取的营销策略主要有：①改进和完善产品；②改变广告宣传的重点；③寻求新的细分市场；④在适当的时期采取价格调整策略；⑤加强对分销渠道的管理，建立高绩效的分销渠道体系。

3. 市场成熟期的特征及营销策略

市场成熟期是产品已被大多数潜在顾客接受从而造成销售额和利润额增加缓慢甚至下降的时期。

（1）市场成熟期的特征。该阶段的主要特征是：①竞争者增多，竞争加剧，出现大量同类产品；②市场需求达到饱和，销售增长缓慢，达到最高峰后缓慢下降；③利润达到最高点并缓慢下降；④多数消费属于现有顾客的重复购买，只有少数迟缓购买者新进入市场。

（2）市场成熟期的营销策略。该阶段的营销策略是突出"争"和"创"，增强与竞争者的竞争优势，创新产品和市场，延长产品生命周期或促使其再度循环，巩固市场占有率，获取较大的市场份额。

在市场成熟期，企业可采取的营销策略主要有市场改良、产品改良和其他市场营销组合因素改良等。

4. 市场衰退期的特征及营销策略

市场衰退期又称滞销期，是产品逐渐被新产品取代而退出市场的阶段。

（1）市场衰退期的特征。该阶段的主要特征是：①产品销量由缓慢下降变为迅速下降；②促销费用大幅缩减，销售利润大幅下降，产品销售微利甚至负利；③产品老化，新产品进入市场；④消费者退出市场或持币待购；⑤竞争对手纷纷退出，价格下降到最低水平。

（2）市场衰退期的营销策略。市场衰退期的营销策略是突出"转"和"开"，企业应有计划、稳步地撤出老产品，同时有目的、有步骤地开发新产品。

在市场衰退期，企业可采取的营销策略主要有：①加强策略。即增加投资，集中力量在最有价值的细分市场上，使企业处于支配地位或强有力的竞争地位，以获取该市场的剩余利润。②维持策略。由于部分竞争者退出，处于有利地位的企业暂不退出，维持现有策略，继续在原有市场上销售，直到产品完全退出为止。③集中策略。即企业简化产品线和产品项目，缩小经营范围，把企业的资源集中使用，以其优势赢得尽可能多的利润。④收缩策略。也称榨取策略，即企业大幅度降低促销费用，尽量减少营销成本，保持或增加一定的利润。⑤放弃并转移策略。经市场调研，产品无法再取得预期利润时，企业应当机立断地放弃那些迅速衰落的产品，将资源转向开发新的产品和经营项目。

8.3　品牌与包装策略

在产品策略决策中，品牌与包装策略是两个重要因素。品牌作为企业的无形资产，是产品竞争的核心要素，在国际市场上更是国家软实力的重要象征。而包装策略的正确应用则可以显著提高产品价值。

8.3.1　品牌策略

1. 品牌的概念

品牌俗称牌子，是指制造商或经销商给自己的产品起的商业名称，通常由文字、标记、符号、图案和颜色等要素组合构成，以便同竞争者的产品有效区分。

品牌是一个集合概念，它包括品牌名称、品牌标志、商标和品牌标语四部分。

（1）品牌名称。也称品名，是指品牌中可以用语言文字表述的部分。如华为（HUAWEI）、DJI 大疆、今日头条、东方甄选、菜鸟驿站等。在互联网行业有个有趣的现象，企业在给品牌命名时喜欢从动植物中寻找灵感。如天猫、搜狗、闲鱼、途牛、豆瓣、荔枝、西瓜等。

（2）品牌标志。也称品标（logo），是指品牌中的图案、符号、颜色、标记、设计等可识别但不能用语言文字直接表述的部分。品牌色作为品牌标志的一部分，在品牌设计中越来越受到重视。例如，中华牙膏的红色、OPPO 的绿色、钉钉的蓝色、美团的黄色等。

（3）商标。商标是一个法律术语，是指由文字、图形或者文字与图形相结合而形成的，经过注册登记后标识"R"，享有专利并受到法律保护的商品标志。

（4）品牌标语。即品牌口号（slogan），是指品牌宣传中较长时期内反复使用的特定的广告语，是在品牌定位的基础上传递的品牌主张。例如，"你关心的，才是头条（今日头条）""微信，是一种生活方式""记录美好生活（抖音）""有问题上知乎"等。

营销新知

品牌与品牌IP

品牌与品牌IP是两个不同概念，但它们密切相关。IP是知识产权（Intellectual Property）的缩写，其概念不只停留在知识产权上，还含有更多的意义，一切具有自传播属性的话题和流量统称为IP。IP是品牌，品牌不一定是IP。对于品牌来讲，IP是打造品牌的一种新工具，可以是人物，如东方甄选的创始人和主播，可以是品牌，如百果园，也可以是产品，如拉面说等。

当品牌为自身塑造鲜明的人格和形象，通过内容与用户持续进行有价值的互动，赢得用户喜爱时，流量转化为销量，品牌就变成了IP。IP的终极目标是追求价值和文化认同，即IP提供给消费者的不是产品的功能属性，而是一种精神寄托。

例如，憨憨的旺仔是"旺旺"品牌的IP，"旺旺"推出的一系列食品，在包装上都有"旺仔"（如图8-3所示），开心的笑脸，永远张开的双臂，全身上下散发着一种欢乐、喜庆的气

图8-3　旺旺品牌IP示意

质。"旺仔"同时衍生出很多不同动作和场景，其亲切可爱的卡通形象的主要受众是儿童和青少年消费者。

2. 品牌的作用

品牌是企业乃至国家竞争力的综合体现，无论对生产经营者还是消费者而言，都具有十分重要的作用。

（1）针对生产经营者的作用。品牌建设有助于①提高产品销售和市场占领；②稳定产品价格，减少价格弹性；③细分和定位市场；④开发新产品，帮助企业节约成本；⑤抵御竞争者的攻击，保持竞争优势。

（2）针对消费者的作用。品牌建设有助于①使消费者辨别所需要的产品或服务；②消除消费者对新产品的疑虑；③监督产品质量，保护消费者权益；④对同类商品性价比进行比较。

守 正创新

• 德技并修

中国品牌日

习近平总书记提出，要"推动中国制造向中国创造转变、中国速度向中国质量转变、中国产品向中国品牌转变"。2017年4月，国务院批准将每年5月10日设立为"中国品牌日"。2023年中国品牌日的活动主题是"中国品牌，世界共享；品牌新力量，品质新生活。"

中国品牌日的标识为由篆书"品"字为核心的三足圆鼎形中国印，如图8-4所示。

"品"字一方面体现了中国品牌日的"品牌"核心理念，昭示开启品牌发展的新时代；另一方面蕴含"品级、品质、品位"之意，象征品牌引领经济向高质量发展。

"鼎"是中华文明的见证，是立国重器、庆典礼器、地位象征。作为中国品牌日标识符号要素，鼎象征着品牌发展是兴国之策、富国之道、强国之法，彰显中国品牌声誉大名鼎鼎，中国品牌承诺一言九鼎，中国品牌发展迈向鼎盛之时。

"印章"是我国传统文化的代表，是易货的凭证、信誉的标记、权力的象征。以印章作为中国品牌日标识符号要素，体现了中国品牌重信守诺，象征着中国品牌发展的国家意志。

图8-4 中国品牌日标识

3. 品牌的内涵

品牌具有复杂的内涵，其整体含义可以分成以下六个层次：

（1）**属性**。一个品牌首先代表着基于产品的特定的商品属性，是品牌最基本的含义。例如，早期小米手机的品牌定位："为发烧而生"，以手机发烧友为目标群体，强调其产品的"高性价比"。

（2）**利益**。消费者购买的不仅是产品的一系列属性，更要产品的某种特定的功能性或情感性的利益。例如，海尔的品牌标语"真诚到永远"代表了对消费者良好售后服务的承诺，以及多年积累的消费者的良好口碑。

（3）**价值**。品牌价值分为消费者价值和企业价值。消费者价值包括功能价值（如有问题，上知乎）、情感价值（如湾仔码头，妈妈的味道）、自我表达价值（如安踏，永不止步；红牛，你的能量超乎你想象）。针对企业，品牌是一笔无形的资产。例如，在品牌咨询公司"品牌金融"（Brand Finance）发布的 2023 年全球品牌价值排行榜中，中国工商银行以 695.45 亿美元的品牌价值位居世界第 7 名。

（4）**文化**。品牌代表着一定的文化。例如，故宫博物院推出的故宫食品"朕的心意"和"植物煮宜"两大品牌，让古代宫廷文化深入日常消费。新中式茶饮"霸王茶姬"定位国风茶饮，将中国茶文化和戏曲文化融合起来。

（5）**个性**。品牌反映一定的个性联想。例如，中粮的品牌含义："专注营养，倡导国人健康饮食生活方式"，强调天然、质朴，符合现代人的饮食理念。

（6）**用户**。品牌暗示着购买或使用产品的消费者类型。例如，8848 手机品牌的名称来源于珠峰的高度，象征着成功者的地位和格局。

营销实践

三星堆背后的文化商业价值

"沉睡三千年，一醒惊天下。"从2020年起再次挖掘的三星堆遗址自带强大的流量和话题度，新出土的大量珍贵文物神秘、神奇又神圣，文化内涵丰富，视觉冲击力强，引起国内外的极大关注。

三星堆博物馆围绕着丰富的考古文物展开了品牌IP开发，展现出强大的商业价值。通过动漫、电影、小说、网游等多元传播载体，揭开了三星堆的神秘感，使其被大众了解和接近，并逐渐产生文化认同感、自豪感。

1. 深挖独特创意，构建文创产品体系

三星堆博物馆基于自身丰富的文物宝藏和独特神秘的川蜀文化，打造了品类丰富、独具特色、受年轻人喜欢的文创周边。三星堆博物馆陆续推出了系列主题文创产品，如"祈福神官"系列盲盒，以三星堆出土的青铜大立人、青铜戴冠纵目面具、平头金面青铜人头像等文物为原型设计，颇受欢迎。

同时，三星堆博物馆围绕"三星堆＋生活美学"的理念，将自身文化特色和时尚潮流结合起来，相继推出渔夫帽、水杯、帆布袋、项链、耳钉、扑克牌、口罩等一大批颇受消费者喜爱的文创产品。

2. IP授权＋跨界联名，持续扩展IP边界

"三星堆巫族世界"携手新锐咖啡品牌Seesaw，推出限定"出土"联名套餐，如图8-5所示。其中，虎虎生威拿铁以商铜眼形器为原型，吸引了众多咖啡爱好者；青铜兽面抹茶酥则以陶猪与商铜人面具为灵感，展现了历史文物的厚重与沧桑。

三星堆博物馆联手中国工商银行推出联名银行卡，版面以青铜色为主基调，金色线条勾勒文物造型，配以祥云、太阳纹等元素，具有吉祥、祈福、祥瑞的美好寓意。三星堆博物馆还联合中国邮政设计建造了三星堆主题邮局，整体风格年轻活泼。

同时，三星堆博物馆也对外进行IP授权，先后与长虹集团、北京那摩、深圳瑞东等企业合作，设计开发

图8-5　三星堆IP联名

三星堆元素文创IP产品。通过跨界联名和IP授权，三星堆用高颜值、有内涵的文创产品俘获着新一代消费者，强化和夯实了自己独特的品牌竞争优势。

资料来源：张淑敏. 网红三星堆背后，没那么简单［J］. 销售与市场,2021（11下）：66-68.

4. 品牌定位

品牌定位是品牌建设的前提，品牌定位的本质是差异化，即目标顾客的差异化、顾客价值的差异化、企业文化的差异化。

为了实现这种差异化，企业应设计企业形象识别系统（Corporate Identity System，CIS），有意识、有计划地将本企业的各种特征向社会公众主动展示与传播，使公众在市场环境中对某一个特定的企业有一个标准化、差别化的印象

和认识，以便更好地识别并留下良好的印象。

企业形象识别主要包括企业的理念识别（Mind Indentity，MI）、行为识别（Behaviour Identity，BI）和视觉识别（Visual Identity，VI）。企业形象识别的核心目的是传达企业理念，树立企业形象。

（1）理念识别。是指识别企业在长期生产经营过程中所形成的企业员工共同认可和遵守的价值准则与文化观念，以及由企业价值准则和文化观念决定的企业经营方向、经营思想和经营战略目标，具体包括经营理念、使命、愿景、价值观等。例如，乳业品牌"认养一头牛"的品牌理念：奶牛养得好，牛奶才会好。它从奶源角度构建独特的核心价值定位，树立只为用户养好牛的品牌使命，满足消费者对牛奶新鲜、安全、营养的品质诉求。

（2）行为识别。是指识别企业理念的行为表现，包括在理念指导下的企业员工对内和对外的各种行为，以及企业的各种生产经营行为。例如，海底捞招牌式的标志性接待动作，即右手抚心，腰微弯，面带自然笑容，左手自然前伸做请状。体现海底捞体贴入微、无处不在、无时不有的周到贴心的服务和温馨自然的人文关心。

（3）视觉识别。是指识别企业理念的视觉化，即通过广告、标识、商标、品牌、代言人、产品包装等媒介及方式向大众表现、传达企业理念。例如，2019年6月，美团宣布变更品牌颜色，从之前的蓝色变为黄色（美团黄）。黄色代表着热情、温暖和积极向上，契合了美团"帮大家吃得更好，生活更好"的使命。

5. 品牌资产

品牌资产也称品牌权益、品牌价值，是指商品和服务在冠以品牌后，所产生的超越产品功能价值的附加价值。这种附加价值是顾客愿意购买有品牌的产品，为此支付较高的价格而使企业获得的额外收益，如品牌溢价等。从顾客的角度，它表现为顾客对品牌的偏好、态度和忠诚；从财务的角度，品牌资产可以直接用货币的价值表现，如为收购品牌而支付的价格。

品牌名称和品牌标识物是品牌资产的物质载体，品牌知名度、品牌美誉度、品牌忠诚度、品牌联想度和其他品牌资产是品牌资产的有机构成。

（1）品牌知名度。是指某品牌被公众知晓、了解的程度，表明品牌为多少或多大比例的消费者所知晓。

（2）品牌美誉度。是指某品牌获得公众信任、支持和赞许的程度。品牌美誉度的资产价值体现在口碑效应上，即口碑宣传的效果。

（3）品牌忠诚度。是指来自消费者对产品的满意并形成忠诚的程度。根据品牌忠诚度的不同，消费者可以分为无忠诚度者、习惯购买者、满意购买者、情感购买者和忠诚购买者。

（4）品牌联想度。是指消费者想到某一品牌时能记起的与该品牌相联系的信息，如产品特点、适用场合、品牌个性等。例如，喜之郎的广告语"果冻我要喜之郎"，使消费者在喜之郎和果冻之间产生了联想。

（5）其他品牌资产。是指附属于品牌之上的商标、专利、专有技术、分销渠道、客户资源等企业的专门财产。

6. 品牌与商标

品牌是一个市场术语，是产品和服务在市场上通行的牌子，强调与产品及其相关的质量、服务等之间的关系，其实质是品牌使用者对顾客在产品特征、服务和利益等方面的承诺。

商标是一个法律术语，我国商标有注册商标 R 与非注册商标之分。《中华人民共和国商标法》（简称《商标法》）规定，注册商标是指受法律保护、所有者享有专用权的商标。非注册商标是指未办理注册手续、不受法律保护的商标。国家规定，使用注册商标的特定商品必须申请商标注册，未经核准注册的，不得在市场销售。

近几年，越来越多的企业开始增强商标权保护意识。例如，阿里巴巴拥有"阿里爷爷""阿里奶奶""阿里姐姐""阿里妹妹"等阿里系商标家族，共计注册 6 000 多个相关商标，形成了"商标护城河"。

商标除"R"标识之外，还有"TM"标识。TM 是英文 trademark 的缩写，它与 R 不同，并不能对商标起到保护作用，TM 表示的是该商标已经向国家商标局提出申请，并且国家商标局下发了《受理通知书》，进入了异议期，这样就可以防止其他人提出重复申请，也表示现有商标持有人有优先使用权。

驰名商标是指在国际上通用的、为相关公众熟知的、享有较高声誉的商标，始见于《保护工业产权巴黎公约》，可受到特殊保护。与普通商标相比，驰名商标有其独特的专属独占性：①驰名商标的专用权跨越国界，在《保护工业产权巴黎公约》成员国之间均受到法律的保护；②驰名商标的注册权超越优先申请原则，且不受商品范围的限制；③驰名商标受到侵权可在更长时间（5 年）内提出异议。

营销实践

中国最早的商标"认门前白兔儿为记"

一块不起眼的铜板上，中间刻着白兔拿着铁杵捣药。白兔四周刻着密密麻麻的小字。这块源于北宋的铜版印刷图文据考证是世界上最早的广告。

铜板上的白兔相当于现代的产品商标。白兔上头的铜字刻的是招牌

中国最早的商标
广告

"济南刘家功夫针铺"，白兔两边刻着"认门前白兔儿为记"，就是告诉人家要认准商标。白兔下面刻着"收买上等钢条，造功夫细针，不误宅院使用。转卖兴贩，别有加饶，请记白"。意思是此店用上等原料造针，使用方便。如果有人要批发购买，还可以优惠。这充分说明了中国古代的商人已经认识到了商标和广告的效果。

北宋针铺广告铜印版如图8-6所示，现存于中国国家博物馆。

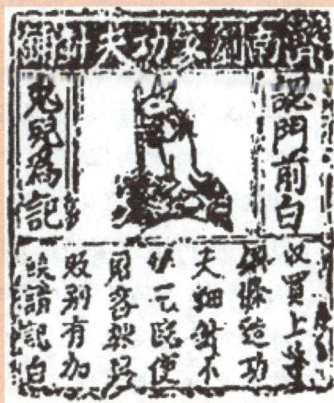

图8-6　北宋针铺广告铜印版

7. 品牌策略决策

（1）品牌有无策略。即企业做出的有无品牌的决策。它存在两种情况：使用品牌和不使用品牌。品牌的有益作用是企业选择使用品牌策略的重要原因。但有的企业为了节约包装、广告等费用，降低价格，吸引低收入人群购买，常采用无品牌策略。

（2）品牌使用者策略。有以下三种可供选择：①生产者品牌（制造商品牌），即生产企业使用自己的品牌。②中间商品牌，又称自有品牌、自营品牌，即中间商从生产企业购买产品或者自己组织产品生产，使用自己的品牌销售。例如，东方甄选的代销产品占比较大，但其自营品牌产品一直在增加，截至2023年4月，已达近100种。盒马鲜生自有品牌占比达17%，盒马X会员店自有品牌占比达40%，SKU（最小存货单位）超过1 000个。③租用第三者的品牌（即许可使用，贴牌）。

随着电子商务的发展，诞生了大量的电商品牌，早期的淘宝平台孵化出的品牌称为"淘品牌"，即"淘宝商城和消费者共同推荐的网络原创品牌"，麦包包、韩都衣舍、小狗电器都是较成功的淘品牌的代表。2012年"淘品牌"改名为"天猫原创"。近几年，随着直播电商的发展，又诞生了抖品牌（抖音电商）、快品牌（快手电商）、团品牌（社团电商）等。

（3）品牌统分策略。企业使用自己的品牌时，有四种方式可供选择：①统一品牌（所有产品统一使用一个品牌）；②分类品牌（不同类别的产品分别使用不同的品牌）；③个别品牌（不同的产品分别使用不同的品牌）；④企业名称加个别品牌。

（4）品牌战略决策。主要包括以下几种策略：

①品牌延伸策略。是指企业利用其成功品牌的声誉来推出改良产品或新产品。例如，小米公司利用"米粉"的优势，在主推小米手机的基础上，目前

213

已构架起横跨智能家居、出行、办公等多种场景的智能产品矩阵。

② 多品牌策略。是指企业同时为一种产品设计两种或两种以上互相竞争的品牌的策略。例如，阿里巴巴集团曾构建全面覆盖高、中、低端市场的多品牌策略："天猫＋淘宝＋淘特"，其中，天猫主打国内乃至全球的一线消费市场，淘宝主打大众消费市场，而淘特主要服务于下沉市场。

③ 品牌再定位策略。是指全部或部分调整或改变品牌原有市场定位的过程。例如，老乡鸡在 2003 年成立，最初叫"肥西老母鸡"，将肯德基、麦当劳作为竞争对手，定位为"特色老母鸡快餐"。在安徽快速开出 400 家店后，它把品牌名改为"老乡鸡"，重新定位为"安徽最大连锁快餐"。再后来，老乡鸡走向全国，又重新定位为"中式快餐全国领先品牌"。

小试牛刀

请选择某一快销品企业，试为其策划一个新的年轻化子品牌。

8.3.2 包装策略

1. 包装的含义

包装是指对某一品牌商品设计并制作容器或包扎物的一系列活动。包装有两方面含义：其一，包装是指为产品设计、制作包扎物的活动过程，即包装方法；其二，包装是指产品的外部包扎物和容器，即包装材料。在实际营销工作中，两者统称为产品包装。

一般来说，产品包装多指产品的内包装、外包装、说明书、铭牌等一切附带文字、图案等信息，包括商标或品牌、形状、颜色、图案、材料、标签等要素的包装内容。

2. 包装的作用

包装的作用有：①保护商品；②提供便利；③促进销售；④创造价值。例如，在功能性饮品中，500 ml 的大瓶东鹏特饮广受欢迎，其原因是物流行业的从业者是功能性饮品的一大客户群，在开车这一消费场景中，外卖小哥、快递员、司机都更需要大瓶装、可以便捷关闭的功能性饮料。

近几年餐饮外卖电商平台飞速发展，广受以年轻人为主的消费者的欢迎。但大量的外卖订单同时带来了巨量的塑料垃圾，造成了巨大的资源浪费和生态破坏，绿色包装的研究和推广已成为政府和行业主管部门重视的问题。

3. 包装标签与包装标志

（1）包装标签，是指附着或系挂在商品销售包装上的文字、图形、雕刻及印制的说明。通常，包装标签主要包括商品名称（品类名）、商标、logo、指标参数、包装内商品数量、使用方法及用量、编号、储藏注意事项、执行标准、质检号、生产日期、有效期、制造者或销售者的名称和地址等内容。值得注意的是，印有彩色图案或实物照片的标签有明显的促销功效。例如，三顿半咖啡的包装标签采用 1 号到 6 号的数字编码，数字越大，代表咖啡风味越偏苦、越醇厚，便于消费者区分和选择。

随着科技的发展，条形码、二维码标签及扫描管理系统在产品生产、运输、仓储、销售、消费过程中得到广泛应用。

（2）包装标志，是指在运输包装的外部印制的图形、文字和数字以及它们的组合。包装标志主要有运输标志、指示性标志、警告性标志三种。不同类别的商品有不同的包装标签、包装标志等包装信息的国家标准供企业遵循。

营 销实践

包装标签上的"助销文案"

（1）特殊（独有）生产技术工艺：如汇源果汁的"无菌冷灌装"、乐百氏纯净水的"27层净化"、胡姬花花生油的"古法小榨"。

（2）原料产地正宗/经典、原料稀缺、有机、绿色等：如蒙牛特仑苏的"来自专属牧场，成就3.3克优质乳蛋白"、鲁花花生油的"非转基因"。

（3）古代专业/知名典籍记载：如东阿阿胶早期的"《神农本草经》记载：滋补三大宝，人参、鹿茸和阿胶"。

（4）权威机构背书说明：如鲁花花生油早期的"人民大会堂国宴用油"、蒙牛牛奶的"中国航天员专用牛奶"。

（5）悠久历史背书：如"中华老字号"品牌普遍采用的"文字+logo+起始年份"的包装标签。

（6）大型体育赛事赞助商：如现代汽车的"2022FIFA世界杯全球官方赞助商"。

（7）个性化情感诉求：如湾仔码头手工水饺的"妈妈的味道"。

（8）品牌的广告语：如王老吉的"怕上火，喝王老吉"、格力空调的"让世界爱上中国造"。

（9）品牌故事：如全聚德烤鸭的"引百名元首竞折腰"、吴裕泰茶庄的"热情书生成佳话"。

（10）消费场景：如黑马山楂饮品"消时乐山楂爽"的"大鱼大肉消时乐、欢聚时刻消时乐"。

4. 包装策略决策

常用的包装策略有以下几种：①无包装策略；②类似包装策略；③分量包装策略；④等级包装策略；⑤组合包装策略；⑥复用包装策略；⑦附赠品包装策略；⑧绿色包装（生态包装）策略；⑨更新包装策略等。

营销实践

一罐一姓一图腾

王老吉推出"百家姓氏罐"曾风靡一时，2022年王老吉在保留姓氏罐的基础上，增加"姓氏定制＋姓氏图腾"的个性化设计，深受网友的喜爱。上架之后，王老吉姓氏罐饮品迅速被抢购一空。

其罐体背面印有代表姓氏的图腾，并向消费者普及115个姓氏图腾及其背后的起源故事。传统元素的注入无形之中增添了饮用的仪式感。为了让消费者沉浸式体验姓氏文化，王老吉在上海、广州、深圳等6个城市的地铁站进行了广告投放，把人流密集的通道变成姓氏图腾的"红色长廊"，让人感受到浓烈的春节氛围。此外，王老吉上线"姓运翻转罐互动H5"，用户在探索姓氏图腾奥秘的同时，还有机会获得奖品，极大地激发了用户的购买热情。线下与线上的巧妙联动让品牌形成高效传播，推动其成为社交媒体用户关注的焦点。

王老吉此次的包装营销以高颜值的罐身为载体，借中国传统姓氏文化为品牌赋能，再融合趣味的玩法，在春节这个重要的时间节点，既向消费者传达了新年的美好祝愿，也与消费者建立起特殊而深刻的情感连接。

资料来源：王琅. 一罐一姓一图腾［J］. 销售与市场，2022（3上）：101.

稳扎稳打

一、单项选择题

1. 产品组合是指一个企业提供给市场的全部产品线和（　　）的组合，即企业的业务经营范围。

　　A. 产品包装　　　　　　　　　B. 产品规格

　　C. 产品项目　　　　　　　　　D. 以上都不是

2. （　　）又称产品大类，是指产品在技术上和结构上密切相关，具有相同、相似或相关使用功能，规格不同但满足同一目标消费群需求的一组系列产品。

　　A. 产品线　　　　　　　　　　B. 产品系列

　　C. 产品项目　　　　　　　　　D. 以上都不是

3. （　　）即企业在原有生产较高档产品线的基础上，决定增加较低档的产品项目。

  A. 向上延伸   B. 向下延伸

  C. 双向延伸   D. 左右延伸

4.（　　　　）是指品牌中的图案、符号、颜色、标记、设计等可识别但不能用语言文字直接表述的部分。

  A. 品牌名称   B. 品牌标志

  C. 品牌色   D. 品牌 IP

5.（　　　　）也称品牌权益、品牌价值，是指商品和服务在冠以品牌后，所产生的超越产品功能价值的附加价值。

  A. 品牌资产   B. 品牌价格

  C. 品牌信誉   D. 品牌忠诚

二、多项选择题

1. 消费性产品的购买主要是为了家庭或个人生活消费，按消费者购买行为的特征可将其分为（　　　　）。

  A. 便利品   B. 选购品

  C. 特殊品   D. 非渴求品

2. 产品组合的维度包括（　　　　）。

  A. 宽度   B. 长度

  C. 深度   D. 关联度

  E. 覆盖率

3. 根据价格－促销矩阵，企业新产品在市场导入期的营销策略有（　　　　）。

  A. 快速掠取   B. 缓慢掠取

  C. 快速渗透   D. 缓慢渗透

4. 品牌具有复杂的内涵，其整体含义可以分成多个层次，包括属性、利益、价值、（　　　　）和用户。

  A. 文化   B. 个性

  C. 质量   D. 类型

5.（　　　　）和其他品牌资产是品牌资产的有机构成。

  A. 品牌知名度   B. 品牌美誉度

  C. 品牌忠诚度   D. 品牌联想度

三、判断题

1. 服务具有无形性、差异性、可变性、不可分离性、不可储存性等特性。

（　　　）

2. 针对市场成熟期的产品，企业的营销策略就是突出"争"和"创"。（　　）

3. 改进新产品也称革新新产品，是指在原有产品的基础上部分采用新技术、新材料制成的性能有显著提高的新产品。（　　）

4. 品牌名称也称品名，是指品牌中可以用语言文字表述的部分。（　　）

5. 品牌忠诚度是指某品牌获得公众信任、支持和赞许的程度。（　　）

四、简答题

1. 产品整体概念包含哪几个基本层次？产品组合优化和调整包含哪些方式？

2. 新产品开发的程序分为哪几个步骤？

3. 产品生命周期四个阶段的主要特征及营销策略有哪些？

4. 如何理解品牌的概念？

5. 查阅资料，最近三年的中国品牌日的主题分别是什么？都开展了哪些主题活动？

调查研究

（一）霸王茶姬于 2017 年创立，选定国风茶饮赛道，定位为"原叶鲜奶茶 + 东方新茶铺"。在一众新茶饮将门店装修成时尚或工业风格时，霸王茶姬另辟蹊径，进行中式设计与装修：门店整体呈现木质纹理，门头由古建筑榫卯结构装饰而成，空间内陈列汉服、茶、手工艺纸鸢等 10 多个文创周边产品。它的每一家门店都是具有浓厚国风属性的体验空间，具有明显的品牌记忆点和区隔性，给消费者极具冲击力的感知。其品牌名称则直接取材自中国经典史诗故事"霸王别姬"，能让消费者迅速捕捉到品牌"有戏"的精神内涵；同时融入中国传统戏曲元素作为品牌的视觉符号，打造了以戏曲脸谱为创作基底的 logo。

2021 年下半年，霸王茶姬完成了品牌升级。品牌 logo2.0 融合了西方几何线条，从多色变成单色，以红白色为主调，同时将品牌英文名"CHAGEE"作为识别主体，以匹配海外发展需求。整体上，通过融合西方文化，形象上更为简洁、年轻、时尚化，减少了此前的沉重感。

在品牌跨界层面，霸王茶姬 2022 年发布"国家宝藏·三星堆乐队"的合作联名，将古蜀文化 IP 与国风茶饮大胆碰撞。同时，霸王茶姬还将国风文化带出国门。如在马来西亚的门店推行"穿汉服，免费喝茶"的活动，吸引了不少当地非华裔居民参与。

霸王茶姬通过哪些方式进行品牌策划并传递国风茶饮品牌文化？其茶饮产品有哪些创新？请进行线上线下的调查研究，形成调研报告。

（二）中华老字号（China Time-honored Brand）是指历史悠久，拥有世代传承的产品、技艺或服务，具有鲜明的中华民族传统文化背景和深厚的文化底蕴，取得社会广泛认同，形成良好信誉的品牌。其标牌如图 8-7 所示。　　• 德技并修

图 8-7　中华老字号标牌

中华老字号标志的外形轮廓依据中国印章造型进行深化，巧妙地连接成"字""号"两个汉字的组合，贴切地表达出中华老字号的意义。"字""号"紧密结合，自成一体，显示出中华文化的博大精深，也预示着传统文化在现代社会中的旺盛活力。用金石篆刻的手法也显示出老字号的历史感，突出其久远悠长的韵味和时间积淀。图形上下融会贯通，体现出了商业流通与老字号之间相互影响共同发展的美好前景。

资料显示，目前我国有中华老字号 1 128 家、地方老字号 3 277 家，其中有 701 家中华老字号创立至今超过 100 年。

2023 年，商务部、文化和旅游部、国家文物局联合印发《关于加强老字号与历史文化资源联动促进品牌消费的通知》。该通知围绕加强老字号历史文化资源挖掘、促进老字号历史文化资源利用并激发品牌消费潜力三个方面提出了一系列政策举措和具体任务，着力提升老字号与非物质文化遗产、文物、博物馆等历史文化资源的联动、融合、发展水平，积极推动中华优秀传统文化创造性转化、创新性发展。

你就读的城市或省市有哪些中华老字号？它们是否与时俱进地推出了一些创新营销活动？请以此为主题进行调查研究。

力 学笃行

<<<<<<<<<<< 产品策略分析——××企业系列产品开发策略研究

■ 实训目标

项目小组选择某一企业的产品组合作为研究对象，收集资料并分析该企业的产品组合情况，对新产品开发提出思路，以掌握产品策略决策的主要内容。

■ 背景资料

产品都有其由从成长到衰退的生命周期。因此，企业不能只经营单一产品，但也不是经营的产品越多越好。一个企业应该生产和经营哪些产品才有利？这些产品之间应该有什么配合关系？这就是产品组合问题。同时，不断开发新产品是形成竞争优势的一个主要因素。市场营销学中的新产品概念不是从纯技术角度理解的，产品只要在功能或形态上得到改进，与原产品产生差异并为顾客带来新的利益，即视为新产品。

■ 实训要求

本次实训，每个小组选择一个典型的快消品企业，搜集资料（文章、广告、新闻等），针对其提供的产品组合情况以及新产品开发思路展开分析。

备选行业及企业：

洗化用品行业：上海家化、佰草集、珀莱雅、拉芳等。

食品饮料行业：娃哈哈、蒙牛、伊利、统一、农夫山泉、汇源等。

坚果行业：百草味、良品铺子、洽洽、来伊份、沃隆等。

根据搜集的资料，完成一份××企业产品组合情况汇总表和一张新产品开发思维导图。

■ 实训步骤

（1）按项目小组选择以上某一行业及企业。

（2）搜集整理相关资料。

（3）编制完成××企业产品组合汇总表，设计一张新产品开发思维导图。

（4）分组演示汇报以上图表。

（5）相互点评，教师总评。

■ 实训成果

××企业产品组合汇总表，××企业新产品开发思维导图。

自 学自测 <<<<<<<<<<<<<<<<<<<<<<<<<<<<<<<<<<<<<<<<<<

单元八　产品策略决策

单元九 价格策略决策

素养目标

1. 树立义利并重的价值观，形成正确的价值定价理念，合理定价，避免无意义的价格竞争

2. 提高法治意识，在价格策略决策中遵守法律法规、行业准则和职业道德，反对价格欺诈

知识目标

1. 熟悉影响价格制定的内外部因素

2. 掌握企业定价的目标、程序和方法

3. 掌握企业的定价策略和价格调整策略，了解相关策略在实际中的运用方式

技能目标

1. 能够在企业产品定价过程中对影响因素进行全面分析

2. 能够运用成本导向定价法、需求导向定价法和竞争导向定价法对产品进行合理定价

3. 能够针对企业营销环境的变化，提出合理的价格调整建议

思维导图

```
                              ┌─ 影响价格制定
              ┌─ 影响价格       │   的内部因素
              │  制定的因素 ────┤
              │               └─ 影响价格制定
              │                   的外部因素
              │
              │               ┌─ 企业定价的程序
  价格策略 ───┤  企业定价的 ───┤
   决策       │  程序与方法     └─ 企业定价的方法
              │
              │               ┌─ 定价策略
              └─ 定价策略与 ───┤
                 价格调整策略   └─ 价格调整策略
```

学思践悟 中国民用航空公司的价格策略创新

近几年，中国商旅消费市场逐渐回暖，为了重振消费者出行信心，满足旅游、探亲、商务等航空出行的潜在需求，国内各民用航空公司大胆实施价格策略创新，针对不同的客户，制定不同的价格促销活动；提升客户体验，赋能业务高效运营，取得了良好的营销绩效。

2020年5月，山东航空在抖音平台上首秀，开始尝试"直播带货"，在线发售机票兑换券、抵价券。为此，山东航空专门制定了很多价格优惠政策，包括9.9元抵100元经济舱机票券、199元机票通兑券、航空文创全场2.5折起等，它推出的"成都飞石家庄159元，成都飞宁波199元，成都飞上海320元"特价机票颇受欢迎。2022年，山东航空对其会员又推出了"全年乘机次数达到奖励标准可获赠价值898元升舱券或神州专车百元充值券"的活动，进行价格策略创新。

2020年"6·18"期间，东方航空推出3 322元/人的半年卡、不限次数的周末"随心飞"等活动。相关特价活动上线后，10万套票在4小时内被一抢而空。为持续进行价格策略创新，2022年，东方航空又针对交通银行联名信用卡的"东方万里行会员"新客户推出了自有渠道购票专属优惠，票价直减、积分赠送、首购专享3.1折票价等价格促销活动。

为重振航空出行需求，春秋航空、厦门航空、深圳航空、首都航空、西藏航空等多家航空公司，也纷纷利用五一、国庆、春节等节假日推出

"超级爆款价格"优惠政策，提供"白菜价"机票以招徕客户。同时还送出新航线免费机票、酒店免房券、航空周边精美礼品等赠品，持续吸引消费者关注。

2023年5月28日，我国研发的商业大飞机C919从上海虹桥飞抵北京首都国际机场，展示了我国在航空交通领域的技术实力和市场潜力，提升了我国在国际民用航空市场上的话语权和影响力。由东方航空运营的C919首飞票价为919元，同时赠送2万左右东航积分（约可兑换一张免费机票），该纪念票一开售便火爆售罄。

资料来源：郭国庆.市场营销［M］,4版.北京：中国人民大学出版社，2021.

引思明理：

价格是营销组合因素中十分敏感又难以控制的因素，营销组合中其他因素所创造的顾客价值，需要通过合理定价给企业带来回报。企业在制定产品价格时要立足市场、积极应变、主动创新，以此获得更多的竞争优势与发展机遇。中国民用航空公司有效把握客户需求，利用App、直播间等多种渠道围绕价格策略大胆创新，组织了灵活的价格促销活动，同时向乘客提供更为周到细致的服务，获得了良好的营销效果。

党的二十大报告指出，要"完善支持绿色发展的财税、金融、投资、价格政策和标准体系""倡导绿色消费，推动形成绿色低碳的生产方式和生活方式"。价格是企业创造和获得顾客价值的重要工具，是营销组合中唯一与收益直接相关的要素。互联网技术的发展增强了消费者价格信息收集和获取的便利性，如何把产品的价格定得既让消费者乐于接受，又能为企业带来较多的收益，充分发挥价格的杠杆作用，取得竞争优势，是企业在制定价格策略时需要重点研究的内容。

9.1 影响价格制定的因素

价格是企业向使用商品或接受服务的消费者收取的费用，也是消费者为了换取商品或服务的使用权、拥有权而付出的价值的总和。市场营销活动中的价格主要由四个要素构成，即生产成本、流通费用、税金和利润。企业的价格制定受内外部因素的共同影响。

9.1.1　影响价格制定的内部因素

1. 定价目标

定价目标是企业选择定价方法和制定价格策略的依据。主要有以下几种：

（1）以利润为定价目标。利润是企业从事经营活动的主要目标，也是企业生存和发展的源泉。在企业经营中，很多企业直接以获取利润作为定价目标，具体分析，又可分为以下三种目标：①以获取投资收益为定价目标，即企业以获取投资收益为定价基点，加上总成本和合理的利润作为产品销售价格的一种定价目标。②以获取最大利润为定价目标，即企业以总收入减去总成本的差额最大化为定价基点，确定单位商品价格，争取最大利润。③以获取合理利润为定价目标，即企业在激烈的市场竞争压力下，在补偿正常情况下社会平均成本的基础上，加上适度利润作为商品价格。

（2）以保持和提高市场占有率为定价目标。企业经常采用价格手段，制定出对潜在消费者有吸引力的较低价格，以开拓销路，追求市场占有率领先地位。例如，在电动汽车市场，柳州五菱推出宏光 MINIEV 电动汽车，定价仅 3.76 万元左右，2021 年在中国市场累计销售 42.6 万辆，名列中国电动汽车市场单一车型销量第一。

（3）以应对或防止市场竞争为定价目标。在市场竞争日趋激烈的环境中，企业一方面可对竞争者发起的价格挑战进行反击，另一方面可通过价格设置进入壁垒，以阻拦潜在竞争者。

（4）以产品质量领先为定价目标。企业在产品研发及生产质量等方面进行较大的投入，给予产品和服务以较高的价格，树立产品质量的良好形象。例如，云南白药牙膏的成功很大程度上与其高端的定位和定价有关，当众多牙膏定价为 5~10 元时，云南白药牙膏的定价则为 20~30 元，充分显示了质量领先的定价目标。

（5）以维持企业生存为定价目标。通常在市场竞争激烈、企业生存受到威胁的情况下，应以维持生存为定价目标。在此定价目标下，企业应为其产品制定较低的价格，以求收回成本，使企业得以生存。

2. 产品成本水平

产品成本是指产品在生产过程和流通过程中产生的物质耗费及支付的劳动报酬的总和。产品的最低价格即定价下限取决于该产品的成本。企业价格制定只有在补偿生产经营成本的基础上尚有一定利润，才能保证其生产经营活动顺利进行。产品成本包括固定成本（包括厂房设备折旧、产品设计费、租金、管理人员工资等）和变动成本（包括用于原材料、燃料、运输、存储等方面的支出，以及生产工人工资、部分市场营销费用等）。

从整个企业生产运营角度看，成本又可分为：采购成本、生产成本、库存成本、运营成本等。

随着电子商务竞争的加剧，中小企业入驻电商平台的运营成本越来越高，主要包括流量成本和物流配送成本。

3. 企业的实力

企业的实力会影响价格制定。当企业有较强的资金实力或技术研发能力时，往往更重视新产品研发，会推出与竞争对手相比具有明显优势和差异的产品，或领先行业的升级换代产品，以高质量为基础制定高价格，获得消费者的认可；反之，则要考虑采用合理的低价策略。

当企业在市场上与竞争对手直接展开价格竞争时，资金雄厚或具备成本优势的企业，可以制定并长期采用低于竞争对手价格的竞争策略，从而在价格竞争中取得优势。

4. 产品自身的特性

产品自身的特性将直接影响企业价格策略的选择。一般包括以下内容：

（1）产品满足的需求层次。产品满足的需求层次不同，消费者对各类产品注重的因素会有所不同，其需求也存在较大差别。

（2）产品的质量。产品的质量是影响产品价格制定的重要内在因素，一般可分为三种情况：按质论价、物美价廉、质次价高。

（3）产品生命周期的不同阶段。在产品生命周期的不同阶段，成本和销量差异很大，这就要求企业针对产品所处的不同阶段制定不同价格。如导入期价格、成长期价格、成熟期价格和衰退期价格等。

营销实践

蜜雪冰城的盈利模式

蜜雪冰城以现制饮品市场的"价格屠夫"著称，据其招股书显示，截至2022年第一季度末，它拥有21.09%的营业利润率，毛利率则达到30.89%。在维持低价的同时保持不错的利润率的原因是核心原料自产、庞大的加盟门店订单量、自建物流体系、以加盟店为主的轻资本模式。

蜜雪冰城的业务分为六大板块：向加盟商销售食材、包装材料、设备设施、营运物资及其他产品、收取加盟商管理费用、通过直营门店向消费者直接销售食品及周边产品。蜜雪冰城的盈利依赖于向加盟商供应食材、包装材料等产品，其中以营收占比高达72%、毛利率30.91%的食材销售为核心，包括奶茶粉、水果、果酱、茶叶等。而直营门店承担了更多新品测试、周边产品销售等非核心业务。同时，偏向核心商业区的选址策略抬高了门店的租金成本，对直营店的盈利能力产生了影响。

此外，在奶茶店的开店成本中，核心是门店租金和装修费用，加盟模式可以规避高额的门店运营费用，并专注于食材销售等核心业务。

加盟的本质是风险外包。蜜雪冰城通过少量直营店带动海量加盟店的策略，掌握品牌体系中食材、耗材销售的稳定业务，并向加盟商收取加盟、培训、管理等费用，保障了品牌稳定的营利能力。

资料来源：白芨.近650亿元市值的蜜雪冰城，高估还是低估？[J].销售与市场，2022（11上）：78-79.

9.1.2　影响价格制定的外部因素

企业在进行价格决策时，除了考虑内部因素，还需要考虑外部因素的制约。

1. 需求因素

决定产品价格下限的是产品的成本水平，而决定价格上限的则是产品的市场需求。分析市场需求对定价的影响时，应把握以下几点：

（1）供求关系。在其他因素不变的情况下，商品的供给量随价格的上升而增加，随价格的下降而减少。而商品的需求量则随价格的上升而减少，随价格的下降而增加。

（2）需求弹性。产品的最高价格取决于该产品的市场需求，而市场需求又受价格和收入变动的影响。价格和收入等因素引起的需求的相应变动率叫作需求弹性。需求弹性可分为需求的收入弹性、价格弹性和交叉弹性三类。在此主要介绍需求价格弹性。

需求价格弹性是指因价格变动而引起需求量的相应变动率，它反映了需求变动对价格变动的敏感程度。需求价格弹性用需求量变化的百分比与价格变化的百分比之比来衡量，用弹性系数（E_P）表示。

$$E_P = \frac{\Delta Q/Q}{\Delta P/P}$$

式中：E_P 表示需求弹性系数；ΔQ 表示需求变动量；Q 表示原需求量；ΔP 表示价格变动量；P 表示原价格。

需求价格弹性的大小会因为商品种类的不同和消费需求程度的不同而有所差别。有以下几种不同的表现形式，需要引起企业的注意。

① 当 $E_P>1$ 时，同一种商品需求量变化的幅度大于其价格变化的幅度，需求对价格变动的反应高度灵敏。这种需求被称为富有弹性的需求（如奢侈品、高档消费品以及家庭耐用消费品等）。企业可采用适当降价的方法来扩大销售。

②　当 $E_P<1$ 时，同一种商品需求量变化的幅度小于其价格变化的幅度，需求对价格变动的反应比较迟钝。这种需求被称为缺乏弹性的需求（如生活日用品）。企业可采用适当提价的方法来扩大销售。

③　其他情况。$E_P=1$，此时需求量的变动幅度等于价格的变动幅度，即二者变化的表现同步；$E_P=0$，即需求量的变动不随价格的变动而变动，需求对价格的变化无反应，也被称为无弹性；$E_P=\infty$，即需求量的变动幅度远远大于价格的变动幅度，很小的价格变动就会带来无穷大的需求变动，也被称为无穷弹性。以上三种情况都较为少见，企业可根据 E_P 的实际情况而定。

营销实践

为什么雪糕越来越贵了？

茅台冰激凌的品鉴价为每份39元，宏光雪糕的零售价为每根15元。"网红雪糕的价格有多离谱""为什么现在的雪糕越来越贵"等话题频繁登上微博热搜。

与实际高售价相对的是人们的价格接受程度。根据中国新闻网发起的一项雪糕价格调查，40%的参与者表示接受2元以下的价格，54%的参与者接受2~5元的价格，仅有2%的参与者表示接受10元以上的定价。

这组数据或许既解释了为什么商超绝大部分雪糕仍定价于10元以下，也解释了为什么所谓的"天价雪糕"会存在——不需要所有消费者都接受，只要有人买单即可。

据天猫官方统计，2021年天猫"双11"冰品品牌销售第一名是一向以"贵"著称的钟薛高，第二名和第三名是同样定位中高端的倾心冰激凌和中街1946。据了解，2021年5月到2022年的5月，钟薛高全品牌冰激凌业务单元共销售出约1.52亿片雪糕，公司整体销售额同比增长达176%。

消费者越来越追求品质、个性和体验，这种需求体现在了生活的方方面面，并延伸到了冷饮领域。根据咨询机构英敏特的一份报告，冰激凌的消费场景早已不仅是解暑纳凉，而是进一步延展到了娱乐和情绪慰藉上。

资料来源：张展，陈梅希，佳璇.茅台冰激凌，醉翁之意不在酒 [J].销售与市场，2022（7上）：24-25.

2. 竞争者因素

在最高价格和最低价格之间，企业的产品价格取决于竞争者同种产品的价格水平。企业须采取适当方式了解竞争者所提供的产品质量和价格，通过比质比价，准确制定本企业产品的价格。

3. 政府政策因素

政府为发展市场经济而制定的一系列政策、法规（如价格法、反不正当竞争法等），在经济活动中制约着市场价格的形成，是各类企业定价的重要依据。因此，企业在经营过程中应密切注意货币政策、贸易政策、法律法规和行政调控体系等对市场流通和价格的影响，尽可能地规避政策风险。

营 销实践

年轻人越来越喜欢的迪卡侬

相较于高奢运动品牌的"可望不可即"，迪卡侬的定价一直走的是"平民路线"。14.9元的背包，20块钱的足球袜，59.9元的摇粒绒，不到80元一双的健步鞋……值得注意的是，迪卡侬的便宜，并不是以牺牲产品质量换来的。和lululemon追求高质感不同，迪卡侬主打高性价比。迪卡侬的产品检验一直遵循着欧盟的标准，即便产品没有那么高端，但质量至少不会差到哪里去。

"便宜质量又好，迪卡侬是低预算消费者的购物天堂。"迪卡侬能够卖得如此便宜，在于其一条龙的运营模式。从上游的产品研发与设计，到原材料采购和生产，再到商场销售和物流，迪卡侬全都是自主管控，没有中间商的参与。为了节省成本、压低价格，迪卡侬在推广方面也格外节约。迪卡侬几乎不找代言人，节约了折算到消费者身上的营销推广费。虽然单件产品赚得不多，但便宜的价格能快速获得市场份额，品质过关又能帮助它取得长期稳定的市场地位。

除了极高的性价比，迪卡侬迅速更新的产品线也是保证吸引力的一大利器。迪卡侬紧跟运动潮流，除了常规的运动装备，还能满足各种小众和高端运动的需求。从迅速爆火的飞盘，到潮人聚集的腰旗橄榄球，训练场上火什么，迪卡侬就造什么。就连马术都有超过200件相关单品，从马鞭、马靴到马衣，应有尽有。平日不怎么运动，偶尔买两个瑜伽垫的"冲动型"消费者，和拥有马场的"高预算"消费者，都能在迪卡侬找到合适的商品。

相比lululemon和始祖鸟，迪卡侬是年轻人们能够得到的、对于美好健康生活的向往。在迪卡侬的线下门店里，一双售价399元的雪地靴的商品简介是这样的："加绒加厚的设计，适合各种极端天气，可在雨雪山地中徒步两小时。"即使平日不爱极限运动的人们，心中也会升起对运动的激情和勇气。

资料来源：白小哲.迪卡侬，从"土味天堂"到"中产标配"[EB/OL].网易公开课，2022-12-15.

9.2　企业定价的程序与方法

在价格策略的运用过程中，企业必须明确定价的程序与方法，制定符合市场需求的产品价格。定价程序与定价方法是企业价格策略的两个核心问题。

9.2.1　企业定价的程序

企业定价是一种有计划、有步骤的活动，其程序一般可以分为六大步骤，如图9-1所示。

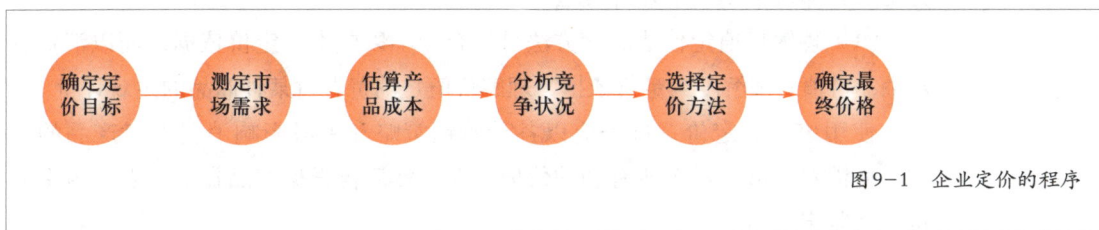

图9-1　企业定价的程序

9.2.2　企业定价的方法

根据定价依据的不同，企业定价的方法通常可分为成本导向定价法、需求导向定价法和竞争导向定价法。

1. 成本导向定价法

成本导向定价法是一种以成本为主要依据的定价方法，即以产品或服务的总成本或某一成本形式为基本依据，在成本的基础上考虑一定的利润，形成最终价格。其特点是简便、易用。具体可采用以下方法：

（1）成本加成定价法。以单位产品成本加上它与固定加成率的乘积，就是该商品的出售价格。加成率即预期利润与产品总成本的百分比。其计算公式为：

$$产品价格 = 单位产品成本 \times （1 + 加成率）$$

（2）目标收益定价法。该方法又称目标利润定价法或投资收益率定价法，是指在总成本的基础上按照目标收益率的高低计算售价的方法。其计算公式为：

$$产品价格 = （总成本 + 目标利润）/ 预计销售量$$

（3）损益平衡（盈亏平衡）定价法。该方法是指在分析企业未来的生产数量、成本、价格及收益之间关系的基础上，以损益平衡点的价格作为产品销售价格的定价方法。损益平衡点又称保本点，是企业盈利为零时的经营时点。损益平衡价格就是企业的保本价格。其计算公式为：

$$产品价格 = \frac{固定成本}{损益平衡点销售量} + 单位变动成本$$

（4）边际贡献定价法。该方法又称变动成本定价法，是指在变动成本的基础上加上预期贡献来计算价格的定价方法。其计算公式为：

产品价格 = 单位变动成本 + 边际贡献

单位产品的销售收入在补偿其变动成本之后，首先用于补偿固定成本费用。所有产品销售收入扣除其变动成本后的余额，不论能否为企业盈利，都可视为对企业的贡献，既可反映为企业盈利的增加，也可以反映为企业亏损的减少。

2. 需求导向定价法

需求导向定价法是一种以市场需求强度及消费者感受为主要依据的定价方法。具体可采用以下几种方法：

（1）理解价值定价法。该方法是指企业不以成本为定价依据，而以消费者对商品价值的理解度为定价依据。理解价值是消费者对某种商品的主观评价。

使用该方法定价，首先应以各种营销策略和手段影响消费者对产品的认知，使消费者形成对企业有利的价值观念，然后再根据产品在消费者心目中的价值来制定价格。

营销实践

汽车也可以定位为快消品吗？

在宏光MINIEV上市之前，市面上已有的车企针对新能源汽车设计的基本口径是：虽然是电动车，可我们能替代燃油车，燃油车能去的地方、能用的场景，我们一样可以。宏光MINIEV的定位则是"一台实用便捷、成本低且安全的代步工具，可以满足上下班代步、接送小孩、购物买菜及个人休闲出行等多种需求"。这句话精准地描述了它的使用场景。

早在2016年，上汽通用五菱便确定好了发展新能源汽车的基调，而在市场调研以及业内专家的指导下，进一步细化到小型新能源汽车市场。因为聚焦"小型"，所以在产品层面，宏光MINIEV避开了那些高端产品动辄更多电池、更大屏幕、更强辅助驾驶的参数内卷，最终换来2 920 mm的车身尺寸、10多度的百公里耗电量、100多公里的续航里程，以及极简到极致的体验。

更重要的是低到没有对手的价格。一辆宏光MINIEV的价格是2.88万~4万元，大大低于消费者对于汽车价格的认知。此前奇瑞曾推出过一款两座的电动车"小蚂蚁"，空间比宏光MINIEV小一半，价格却高一倍。购买成本低，拥有成本也低，这些都大大降低了宏光MINIEV的使用门槛，甚至将很多人的购车计划提前了。从某种程度上来说，这个价位的宏光MINIEV已经脱离了汽车的功能属性，变成了日常消费品，甚至可以把它理解成年轻人的一个大玩具。

当五菱认为最大的吸引力是2.88万元的超低价格时，却又惊讶地发现自己60%的用户都是年轻女性消费者。于是五菱迅速调整策略，进行车型迭代，推出马卡龙版，先后提供了白桃粉、柠檬黄、牛油果绿、梅洛蓝、生椰白等多种颜色的产品。后来又推出马卡龙夹心款，对汽车内饰进行全面、专属化升级。宏光MINIEV的销量并没有因为高配置车型的推出而受到影响，更精致、更高价格的马卡龙版反而吸引了越来越多的女性车主，占比超过78%。

汽车快消品化，将宏光MINIEV打造成年销量37万辆的爆款单品，之后推出的KiWi EV款宝骏品牌，定价7万元左右，也颇受欢迎，和宏光MINIEV初步形成了高低端搭配的产品矩阵。

资料来源：徐梦迪.五菱MINIEV：行走的"四轮自媒体"[J].销售与市场，2022（5下）：42.

（2）需求差别定价法。该方法是指同一质量、功能、规格的商品，可以根据消费者需求的不同而制定不同的价格。即价格差别并非取决于成本的多少，而是取决于消费者需求的差异。

这种定价方法主要有以下几种基础：①以不同消费者为基础；②以不同产品式样为基础；③以不同地理位置为基础；④以不同时间为基础。例如，某出行平台根据顾客用车时段的不同，动态调整计费价格，在出行早晚高峰时段，用车单价明显高于其他时段。

（3）反向定价法。该方法是指企业根据消费者能够接受的最终销售价格计算经营成本和利润后，逆向推算出产品的批发价和零售价。这种定价法不以实际成本为主要依据，而是以市场需求为定价出发点，力求使价格为消费者所接受。分销渠道中的批发商和零售商多采取这种定价方法。

3. 竞争导向定价法

竞争导向定价法是指以市场上竞争对手的价格为依据，随着市场竞争状况的变化来确定和调整价格的定价方法。具体可采用以下几种方法：

（1）随行就市定价法。该方法是指依据本行业通行的价格水平或平均价格水平制定价格的方法。

（2）竞争价格定价法。该方法是指根据本企业产品的实际情况及与竞争对手产品的差异程度来确定价格的方法。又可以再分为主动竞争定价和被动竞争定价两种类型。

（3）密封投标定价法。该方法是指企业在购买大宗物资、承包基建工程时发布招标公告，由多个卖家或承包者在同意招标人所提出条件的前提下，对招标项目提出报价，招标者从中择优选定价格。

营销实践

拍　卖

根据《中华人民共和国拍卖法》，拍卖是指以公开竞价的形式，将特定物品或者财产权利转让给最高应价者的特殊买卖方式。

从拍卖方式来看，比较典型的拍卖有三种：

（1）正向模式拍卖。这是传统的英国拍卖模式，由卖方提供一件物品，买方通过竞拍，出价高者赢得拍卖。这是一种较常见的拍卖方式，如古董、地产的拍卖。

（2）反向模式拍卖。这是一种逐步降价的拍卖方式，是指在拍卖过程中，拍卖人宣布拍卖标的的起叫价及降幅，并依次叫价，出价低者赢得拍卖。如为获得某工程承包权的拍卖。

（3）荷兰式拍卖。这是一种特殊的拍卖形式。拍品有一个起拍价格（即拍卖的最高期望价格），随着拍卖的进行，该价格会自动向下浮动，如果在浮动到某个价格时有竞拍者愿意出价，则该次拍卖即可成交。

9.3　定价策略与价格调整策略

在市场营销实践中，企业需要考虑和利用灵活多变的定价策略和价格调整策略，修正或调整产品的基础价格，根据市场行情制定出灵活机动的价格。

9.3.1　定价策略

定价策略是企业为了实现预期经营目标，根据企业的内部环境和外部环境，对某种产品或劳务选择最优定价目标而采取的应变谋略和措施。由于企业生产经营的产品和所处的市场状况等条件不同，企业的定价策略也有所区别。

1. 新产品定价策略

（1）撇脂定价策略。这是一种高价策略，即企业在新产品投放市场时把价格定得较高，以求在尽可能短的时间内迅速获取高额利润。当产品达到一定的市场占有率且市场竞争加剧时，再逐步降低价格。

（2）渗透定价策略。这是一种低价策略，即企业在新产品上市之初，将价格定得较低，利用物美价廉的产品迅速占领市场，取得较高的市场占有率，以获得较大利润。当产品市场占有率达到理想状态时，企业将选择合适时机提高产品价格。

小试牛刀

新产品上市时，在何种情况下可选用撇脂定价或渗透定价的策略？

2. 产品组合定价策略

（1）产品线定价。这是指企业根据产品线内不同产品的质量和档次，结合消费者的不同需求和竞争者的产品情况来确定不同的价格。首先，确定某种产品的最低价，在产品线中充当领袖价格，以吸引消费者购买；其次，确定某种产品的最高价，在产品线中充当品牌质量和收回投资的角色；最后，对产品线中的其他产品分别制定相应的价格。

（2）选择品定价。是指与主要产品密切关联的任意选择产品的定价。选择品定价较高，可获得高利润；选择品定价较低，可吸引消费者购买。例如，有的餐馆菜品类产品定价较低而饮品类产品定价较高，以此来盈利。

（3）互补品定价。是指有连带互补关系，必须配套使用的产品的定价。同时生产两种互补产品的企业，一般将主体产品定低价以吸引消费者购买，而将附属产品定高价以获取长期利益。例如，打印机和硒鼓的定价属于互补品定价。

（4）单一价格定价。是指企业销售品种较多而成本差距不大的商品时，为了方便顾客挑选和内部管理的需要，全部产品实行单一的价格。如市场上的"10元店"，所有商品无论颜色、大小、款式和档次，价格一律按10元计。

（5）组合产品定价。是指企业将几种相关的产品组合在一起销售并制定价格，集合后的价格低于单独购买所有商品的价格总和。如化妆品、儿童教育用品、玩具、足球比赛套票等套装产品的价格制定。

3. 折扣定价策略

折扣定价策略是指对基本价格做出一定的让步，通过给予一定形式的折扣，直接或间接降低价格，以争取顾客，扩大销量。该策略的主要形式有：

（1）现金折扣。又称付款期限折扣，是指企业给那些按约定日期付款或提前付款的顾客一定的折扣。

（2）数量折扣。是指企业给那些大量购买某种产品的顾客的一种减价策略，以鼓励顾客长期、大量或集中购买本企业的产品。数量折扣又分为非累计数量折扣（一次性折扣）和累计数量折扣两种。

团购是具有相同产品需求的消费者自发组织起来，形成大规模订单，向供应商要求更低报价的购买形式。团购定价是数量折扣定价的一种特殊形式。由于大规模订单可以使供应商形成规模经济，因此供应商往往愿意为团购订单提供更优惠的单位价格。

（3）季节折扣。是指经营季节性商品的企业对在销售淡季进行采购的消费者给予折扣优惠。主要适用于具有明显淡旺季的行业和商品（如泳衣和羽绒服）。

（4）业务折扣。也称交易折扣或功能折扣，是生产企业给予中间商（批发企业或零售企业）的折扣，折扣的大小根据中间商的不同功用而各不相同。

（5）价格折让。是指根据目录的价格进行减价的一种策略。主要有以旧换新折让、促销折让、运费折让等。

4. 心理定价策略

心理定价策略是指企业根据消费者的心理特点，迎合消费者的某些心理需求而采取的一种定价策略。该策略的主要形式有：

（1）尾数定价。是指保留价格尾数，采用零头标价，给人以便宜感和信赖感，从而带来大量需求。例如，一件商品定价是 998 元而不是 1 000 元，使人感觉标价精确且经济实惠。

（2）整数定价。与尾数定价相反，企业有意将产品价格定为整数，以显示产品具有一定的质量和档次。一般多用于价格较贵的耐用品或礼品。

（3）声望定价。是指针对消费者"价高质必优"的心理，对消费者心目中享有声望，具有信誉的名店、名牌、名人的产品制定较高的价格，以增进消费者的购买欲望。如首饰中的老庙黄金、药品中的同仁堂等。

（4）招徕定价。是指企业为了招徕更多的消费者，有意将某些产品价格定得很低，甚至远远低于成本，以吸引消费者由此及彼地购买其他产品，从而增加总盈利的一种定价策略。

"秒杀"即限时抢购，是网络营销中的一种招徕定价，由于成交速度快，得失以秒为间隔。例如，一些淘宝、天猫、京东的卖家为了在众多竞争者中脱颖而出，吸引买家的眼球，不惜成本地将个别产品以极低的价格推出以招揽顾客。一定程度上，电商卖家的"秒杀"是一种店铺引流的行为。

（5）习惯定价。是指企业将某些经常购买、重复购买的产品价格定在消费者已经熟悉的一种习惯性的价格水平上，以稳定消费者购买情绪的一种定价策略。主要包括一些日常用品，如方便面、牙膏、矿泉水等。

5. 差别定价策略

差别定价策略也叫价格歧视策略，是指企业按照两种或两种以上不反映成本费用差异的价格销售某种产品或服务。该策略的主要形式有：①顾客差别定价（对不同顾客用不同价格出售同种产品）；②产品形式差别定价；③产品部位差别定价；④销售时间差别定价。

小试牛刀

"秒杀"是网络营销和直播电商中的常用策略，它适用于哪些商品，为什么？

守 正创新

规制"大数据杀熟"

所谓大数据杀熟，就是对于同样的商品或服务，平台通过分析所收集的用户数据，提供给老客户的价格反而比提供给新客户的价格高的行为。虽然老顾客的支付意愿比新顾客高，但企业这种对老顾客收高价的策略违背了关系营销的理念。同时，企业是在顾客不知情的情况下对其采取了更高的价格，侵犯了老顾客的知情权和选择权。

《中华人民共和国电子商务法》已将规制"大数据杀熟"的相关法条纳入其中。平台商家利用老顾客的忠诚度和信任度对其进行异价处理，以侵犯消费者知情权和公平交易权的方法获利，属于价格欺诈，是违法行为。因此，企业要知法懂法守法，正确利用互联网和消费者大数据，合理合法合规地获取商业利润。

• 德技并修

6. 数字化产品的免费定价策略

数字化产品在互联网推广过程中，除了一些常见的定价策略外，还热衷于采用免费定价策略。免费定价的主要目的是先让消费者形成使用黏性，再通过其他增值服务收费。

（1）限制免费定价。是指数字化产品被免费下载后，消费者可使用其全部功能，但受到一定限制（主要为使用期限和使用次数）。超过使用限制就要付费。实际上是让顾客先得到产品，再依据使用效果决定是否购买。

（2）部分免费定价。是指数字化产品被免费下载后，消费者可以免费使用其中一种或几种功能，想要获得全部功能则必须付费购买。这类产品一般都具有体验性增值服务，使核心产品更具个性化。

（3）捆绑式免费定价。是指购买某数字化产品或服务时，企业免费提供其他产品和服务。①软硬捆绑。即把软件安装在指定硬件设备上出售。②软软捆绑。即把一些软件捆绑在消费者购买的其他软件产品上打包出售。

（4）完全免费定价。是指数字化产品在购买、使用和售后服务的所有环节均免费。该种方式多通过提供优质服务，积攒流量，打造品牌知名度和平台价值等方式来吸引第三方付费，实现流量变现。

9.3.2 价格调整策略

价格调整策略是指企业根据客观环境和市场环境的变化对原有价格进行调整的策略。

1. 动态定价策略

动态定价也叫智能定价，是指企业根据供需变化、客户行为、竞争对手价格以及其他市场情况灵活调整价格以实现收益最大化的策略。

大数据技术的发展使得大规模数据收集与分析更为便利，互联网的高交互性和极低的菜单成本使得价格的发布及调整更为便捷，企业通过分析海量、多样化的数据预测市场需求，能够更为快速地调整定价策略并增加利润。动态定价已经成为网络和大数据驱动的新经济的特征之一。

例如，某打车平台采用了动态定价策略。其动态调价系统能够通过计算用户所在区域内车辆和打车需求的实时比例判断运能的紧缺程度，结合用户历史订单数据得出该订单的成交概率，计算出一个建议的价格。系统会阶段性调价，通过机器学习来完善定价算法。

2. 主动调价策略

企业在激烈的市场竞争中对某些产品的供求状况已有较准确的预测，为了取得竞争的主动权，企业往往主动涨价或降价。

（1）主动涨价。是指企业为了适应市场环境和自身内部条件的变化而把原有价格调高。

企业主动涨价的主要原因有：①通货膨胀，企业的成本费用增加；②产品供不应求，不能满足所有顾客的需要；③竞争策略的需要，要以产品的高价位来显示产品的高品位；④产品更新换代、功能增加、质量提高，需提高产品价格，以提高市场竞争力。

企业主动涨价时，有两种方式可供选择：①直接涨价，即直接提高产品价格。②间接涨价，即企业保持价格目录表上的价格不变，通过缩小产品尺寸，减少分量，使用便宜的代用原料，减少或取消价格折让，减少免费服务项目，取消产品组合中的低利产品等手段，提高产品的实际价格。

降价容易涨价难。调高产品价格往往会遭到消费者的反对。因此，为了减少消费者不满，必须慎重，尤其应掌握好涨价的幅度和时机，尽量使用间接涨价的方式。涨价时应注意与消费者及时沟通，说明涨价的原因，还可给予忠诚消费者适当的折扣，获得其支持。

营销新知

1% 的杠杆力

一份麦肯锡公司对全球1 200家公司的研究报告显示了提价对利润提升所产生的巨大能量。数据表明，将产品价格提高1%，在需求保持不变的假设下，平均每家公司的运营利润将会增加11%。由此看来，除了打价格战，提价也可以帮助企业夺取最大市场份额、提升运营利润与获得营利性发展的目标。但这一数据并不是在号召企业走上定价的另一个极端——盲目提价，还是要先进行审慎评估。

（2）主动降价。是指企业为了适应市场环境和自身内部条件的变化，而把原有价格降低。

企业主动降价的主要原因有：①企业生产能力过剩，需要扩大销售；②市场竞争加剧，企业市场占有率下降；③企业成本费用比竞争者低，具备成本优势；④市场需求发生转移，企业转产，要对老产品进行清仓处理；⑤产品生命周期的阶段性变化，企业进行策略调整；⑥企业急需回笼资金；⑦政治、法律及经济环境的变化，迫使企业降价。

企业主动降价时，同样有两种方式可供选择：①直接降价。即直接降低产品价格。②间接降价。即企业保持价格目录表上的价格不变，通过提高商品质量、增大体积或重量、增加售后服务内容、赠送礼品或者增大各种折扣等手段，降低产品的实际价格。

企业在采用降价策略时，要注意与消费者的良好沟通，向消费者说明降价的理由，使消费者增强购买的信心。

营销实践

特斯拉的降价策略

2018年11月，特斯拉Model 3的售价为54万元，售价之高令消费者难以承受。随着特斯拉电动汽车生产全球化和零部件生产的国产化，再加上换用成本更低的锂电池等一系列创新举措，特斯拉汽车价格开始大幅下降。截至2023年6月，多次降价后的Model 3后轮驱动版起步价调整至22.99万元，累计降价金额高达31万元。

特斯拉不断降价的背后主要有三个维度的考量：其一，市场与销量层面。即通过降价扩大市场占有率。其二，特斯拉的定价原则。坚持以成本定价，特斯拉在技术进步、销量增加的过程中能够降低原材料采购成本，从而获取成本优势并回馈用户。其三，特斯拉将电动智能汽车带入消费电子领域。即在硬件降价基础上，根据不同的需要提供软件产品（如辅助驾驶系统）获取利润增值。

特斯拉让越来越多的人可以畅享新能源汽车带来的低成本出行。然而，特斯拉的降价也带来了众多批评。有车主调侃"没有一点防备，也没有一丝顾虑"，价格变化飘忽不定，让很多潜在购买者持观望态度。

资料来源：河大弯大.特斯拉的定价策略，为什么让所有人都觉得亏？[EB/OL].新浪科技网，2021-01-20，有修改.

3. 被动调价策略

被动调价策略是指由于竞争者率先调整了价格，迫使企业必须随之调价的策略。

（1）对竞争者价格变动的评估。企业一旦受到竞争者的价格攻击，应重点分析以下问题：①竞争者调价的目的是什么？②价格变动是暂时的，还是长期的？③如果置之不理，企业的市场份额和利润将受到怎样的影响？④行业内其他企业对于价格变动会有什么反应？⑤企业可做出哪些应对措施？竞争者和其他企业会有什么对应的举措？

企业应对竞争者价格变动的反应程序如图 9-2 所示。

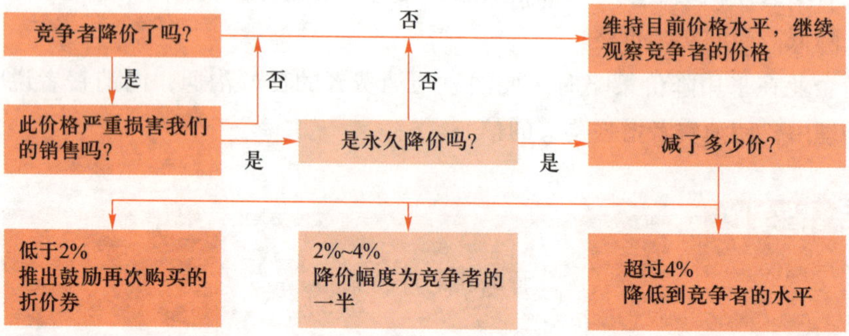

图 9-2　应对竞争者价格变动的反应程序

（2）被动降价策略选择。在价格竞争中比较常见的是降价竞争。企业决定对竞争者的降价行为采取有效行动时，可以采取以下几种措施：①维持原价。即维持产品原价，同时改进产品质量，提高服务水平，加强促销沟通，运用非价格手段反击竞争者。②降价。将价格降低到竞争对手的价格水平，以便与对手的价格相匹配。③提价。部分企业采用差异性营销战略，提高产品价格，同时提高产品质量；或推出新的品牌，围攻竞争者品牌。④推出低价进攻性产品。这是指企业在产品线中增加价格较低的产品，或者单独创立一种价格较低的品牌。

稳 扎稳打

一、单项选择题

1. 假定某品牌微波炉单价由 800 元降至 600 元，销量由 1 万台增至 1.5 万台，则说明该产品的需求价格弹性为（　　　）。

　　A. 无弹性　　　　　　　　　　B. 缺乏弹性

　　C. 富有弹性　　　　　　　　　D. 无穷弹性

2.（　　　）又称目标利润定价法或投资收益率定价法，是在总成本的基础上按照目标收益率的高低计算售价的方法。

A. 目标收益定价法　　　　　　B. 成本加成定价法

C. 损益平衡定价法　　　　　　D. 边际贡献定价法

3. (　　) 是指依据本行业通行的价格水平或平均价格水平制定价格的方法。

A. 随行就市定价法　　　　　　B. 竞争价格定价法

C. 密封投标定价法　　　　　　D. 需求差异定价法

4. 某产品销售员把相同的竹凉席以 80 元的价格卖给顾客 A，以 180 元的价格卖给顾客 B，该种定价策略属于 (　　　)。

A. 产品形式差别定价　　　　　B. 顾客差别定价

C. 产品部位差别定价　　　　　D. 销售时间差别定价

5. 企业针对消费者"价高质必优"的心理，对在消费者心目中享有声望，具有信誉的名店、名牌、名人的产品制定较高的价格，以增进消费者购买欲望的定价方法属于 (　　) 法。

A. 尾数定价　　　　　　　　　B. 招徕定价

C. 声望定价　　　　　　　　　D. 反向定价

二、多项选择题

1. 企业定价的方法通常可以分为 (　　　　)。

A. 成本导向定价法　　　　　　B. 供给导向定价法

C. 需求导向定价法　　　　　　D. 竞争导向定价法

2. 竞争导向定价法主要包括 (　　　)。

A. 随行就市定价法　　　　　　B. 竞争价格定价法

C. 需求差异定价法　　　　　　D. 密封投标定价法

3. 新产品定价策略包括 (　　　　)。

A. 撇脂定价策略　　　　　　　B. 渗透定价策略

C. 随行就市定价策略　　　　　D. 需求差异定价策略

4. 针对消费者的折扣定价策略有 (　　　　)。

A. 现金折扣　　　　　　　　　B. 业务折扣

C. 季节折扣　　　　　　　　　D. 数量折扣

E. 价格折让

5. 数字化产品的免费定价策略包括 (　　　　　)。

A. 限制免费定价　　　　　　　B. 部分免费定价

C. 捆绑式免费定价　　　　　　D. 完全免费定价

三、判断题

1. 当 EP>1 时，同一种商品需求量变化的幅度大于其价格变化的幅度，需

求对价格变动的反应高度灵敏。这种需求被称为富有弹性的需求。（　　）

2. 损益平衡（盈亏平衡）定价法是指在分析企业未来的生产数量、成本、价格及收益之间关系的基础上，以损益平衡点的价格作为产品销售价格的定价方法。（　　）

3. 需求差别定价法是指同一质量、功能、规格的商品，可以根据消费者需求的不同而制定不同的价格。（　　）

4. 密封投标定价法是指企业在购买大宗物资、承包基建工程时择优选定价格的一种需求导向的定价方法。（　　）

5. 习惯定价是指企业为了招徕更多的消费者，有意将某些产品价格定得很低，甚至远远低于成本，从而最终减少库存积压商品的一种定价策略。（　　）

四、简答题

1. 企业不同的定价目标有哪些？
2. 企业定价的程序包含哪些主要步骤？
3. 企业制定产品价格常用的方法有哪些？
4. 企业主动涨价和降价的原因有哪些？可以使用哪些方法？
5. 什么是大数据杀熟？有哪些法律法规对该行为进行规范制约？

调查研究

（一）中国航空工业集团有限公司发布的《通用航空产业发展白皮书（2022）》显示，全球民用无人机市场保持高速增长，预计2025年市场规模将达到5000亿元。

数说营销

该白皮书指出，2021年全球民用无人机市场规模超过1600亿元，同比增长61.6%，其中工业级无人机占60%左右。随着下游应用领域的不断扩大，未来将继续保持增长。近年来，中国迅速成长为无人机行业的制造和技术强国，无人机销量已经占据全球70%的市场份额。据行业主管部门统计，2020年，我国民用无人机研制企业已超过1300家，其中民营企业占据绝大多数，销售额在1亿元以上的企业超过10家。截至2022年年底，我国获得通用航空经营许可证的无人机通用航空企业超过1.5万家。

目前市场上的消费级无人机产品的价格制定情况如何？请开展调查研究，并形成相应报告。

（二）艾媒咨询调研数据显示，2022年39.2%的餐饮消费者餐饮消费频次增加，44.8%的消费者消费次数不变，16.0%的消费者消费次数减少，行业整体需求较为旺盛。餐饮消费者中"Z世代"的占比提升至39.3%，他们更愿意为兴趣买单，喜好线上外卖点单，这部分消费者将为餐饮需求端带来新的变化。近几年，特色餐饮连锁加盟逐渐成为很多基层创业者的首选。"小吃小喝小店小投资"，更趋向于"小型化"的商业模式，将成为餐饮加盟市场的主要趋势之一。

在特色餐饮连锁加盟过程中，加盟者需要对成本投入和利润情况进行分析。某品牌连锁茶饮的加盟费用及利润分析如表9-1和表9-2所示。

表9-1 加 盟 费 用

项目	省会城市/直辖市	地级城市	县级城市及乡镇
加盟费	11 000元	9 000元	7 000元
项目保证金	10 000元	10 000元	10 000元
品牌管理费	2 000元/年	2 000元/年	2 000元/年
开店培训费	4 800元	4 800元	4 800元
设备费用	50 000元~80 000元	50 000元~80 000元	50 000元~80 000元
房租	9.6万元/年（8 000元/月）	6万元/年（5 000元/月）	3.6万元/年（3 000元/月）
装修费	5万元（1 000元/平方米）	4万元（800元/平方米）	2.5万元（500元/平方米）
人工费用（4人）	15.2万元（4 000元/月）	12.4万元（3 000元/月）	7.2万元（1 500元/月）
首期原材料	50 000元起	50 000元起	50 000元起
流动资金	3万元	2万元	1万元
合计（年）	35万元	29万元	26.7万元

注：以店铺面积50 m² 旗舰店为例，所有投资费用为预估，仅供参考，具体项目费用以实际情况为准。

表9-2 利 润 分 析

项目	省会城市/直辖市	地级城市	县级城市及乡镇
店铺面积	50平方米	50平方米	50平方米
人均消费	14元	12元	10元
日客流量	约500人	约300人	约150人
日营业额	7 000元	3 600元	1 500元
月营业额	21万元	10.8万元	4.5万元
毛利率	75%	75%	75%
月毛利润	15.75万元	8.1万元	3.375万元
房租费用（月）	8 000元	5 000元	3 000元
水电杂费（月）	1 800元	1 200元	600元
人员工资（月）	1.6万元	1.2万元	6 000元
月净利润	13.17万元	5.2万元	1.875万元
年净利润	158.04万元	62.4万元	22.5万元

注：以上利润分析为预估，仅供参考，实际项目盈利情况会根据地区、面积、成本等不同有所出入。

假设现在计划在校园里开设一家连锁茶饮门店，请对该品牌加盟的成本费用和利润进行调研分析。

力 学笃行

价格策略分析——新能源汽车行业（企业）产品价格策略分析

■ **实训目标**

项目小组选择新能源汽车行业及企业的产品价格作为研究对象，收集资料，在激烈的行业竞争环境下，分析该行业或企业目前价格策略的应用情况，掌握企业价格策略决策的主要内容。

■ **背景资料**

2022 年，我国新能源汽车迎来全面性、全方位爆发。新能源汽车产销连续 8 年全球第一，销量达 688.7 万辆（其中，纯电车销量超过 536 万辆，插电混动车销量超过 151 万辆），同比增长 93.4%；出口 67.9 万辆，同比增长 1.2 倍。2018—2022 年中国新能源汽车销量及占全球比重如图 9-3 所示。陕西、湖南等非汽车制造大省借势新能源成功进阶造车新高地，深圳、武汉、合肥、长沙、西安等多城竞逐"新能源汽车之都"。比亚迪新能源汽车的总销量达 186.325 万辆，同比增长 208.64%，晋升全球第一大新能源车企。特斯拉全球交付 136.96 万辆，成为全球第一大纯电动车企。

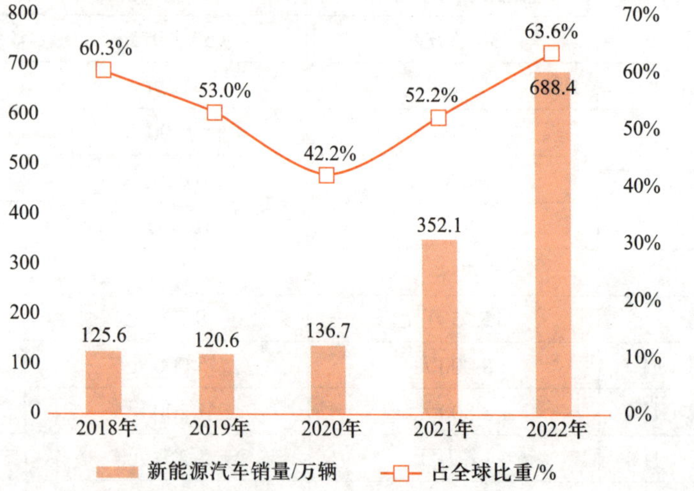

• 数说营销

图 9-3　2018-2022 年中国新能源汽车销量及占全球比重

目前，全球传统车企纷纷加大新能源汽车研发，将燃油车禁售目标定在2025—2030年左右。除了比亚迪之外，我国涌现出大量优秀的新能源汽车企业，快速发展，加速全球布局。

■ **实训要求**

本次实训，每个小组针对新能源汽车行业或其中的某个企业，对其产品价格策略展开调研与分析，新能源汽车企业是否针对不同的目标客户群制定产品价格？在激烈的竞争环境下，应突出哪些竞争优势？

备选企业：比亚迪、小鹏汽车、哪吒汽车、理想汽车、蔚来汽车、零跑汽车、埃安汽车、极氪汽车等。

根据搜集的资料，完成一份新能源汽车行业（企业）价格策略竞争性分析报告。分析报告应具备：企业目前系列产品价格调研、竞争者系列产品价格调研、企业竞争优势分析、问题与建议等。

■ **实训步骤**

（1）学生分组选择整个新能源汽车行业或某一企业。

（2）搜集整理相关资料。

（3）分组撰写新能源汽车行业（企业）价格策略竞争性分析报告及汇报PPT。

（4）分组演示汇报PPT。

（5）相互点评，教师总评。

■ **实训成果**

新能源汽车行业（企业）价格策略竞争性分析报告、汇报PPT。

自 学自测 <<<<<<<<<<<<<<<<<<<<<<<<<<<<<<<<<<<<<<<<<<<<<<<<<

单元九　价格策略决策

素养目标

1. 培养全渠道决策创新意识，营造整体运营的分销渠道视野
2. 具备强强联手促合作，优势互补谋共赢的渠道构建意识
3. 在渠道建设过程中，培养团队合作的沟通协商能力和积极向上的商务综合素养

知识目标

1. 了解分销渠道的含义、职能及主要类型
2. 熟悉全渠道分销系统的主要内容
3. 了解直播电商、O2O、新零售的相关内容
4. 掌握分销渠道设计的主要影响因素及基本步骤
5. 掌握分销渠道管理的主要内容
6. 了解供应链及物流管理的主要内容

技能目标

1. 能够掌握分销渠道设计的策略和技巧，具备一定的渠道决策能力
2. 能够根据企业的经营现状，提出符合企业实际情况的全渠道分销系统建议
3. 能够运用渠道设计和管理的相关理论，提出相应的合理化决策建议

思维导图

学 思践悟　盒马鲜生：全渠道新体验

　　盒马鲜生（简称"盒马"）是阿里巴巴旗下以数据和技术驱动的新零售平台，它希望为消费者打造社区化的一站式新零售体验中心，用科技和人情味带给人们"鲜美生活"。盒马鲜生对线下超市进行了重构，集"生鲜超市＋餐饮体验＋线上业务仓储"三大功能于一体，其业务模式是"电商＋线下超市＋餐饮"的结合体。

　　2022年9月，盒马完成了新一轮的组织架构升级，成立三大事业部＋三大中台的"三横三纵"业务架构。

　　纵向三大事业部包括盒马鲜生事业部（负责盒马鲜生、盒马mini业态经营）、盒马MAX事业部（负责盒马X会员店业态经营）和盒马NB事业部（负责盒马邻里及盒马奥莱业态经营）。其中，盒马鲜生事业部、盒马MAX事业部主要服务一二线城市消费者，盒马NB事业部则以服务下沉市场为主。

　　横向三大中台包括商品研发采购中台、物流供应链中台和技术中台。三大中台通过结构化、数字化、AI化的能力建设，支持盒马不同业态的发展运营。三大中台的建立代表着盒马全新核心零售能力的确立。

　　在当前零售市场环境下，盒马凭借其新零售能力优势，可以在未来的零售市场竞争中领先于其他零售企业。盒马重视自有品牌的产品开发，形成了一定的产品差异化优势。2022年，盒马鲜生自有品牌占比达17%，盒马X会员店自有品牌占比达40%。

　　在供应链方面，盒马结合数字化技术优势，搭建起从产地仓到地区中心仓再到门店的物流体系。把采购部门变成研发采购部,同时成立3R(即烹、即热、即食)部门,布局盒马村(根据订单为盒马种植农产品的村庄),建立全球供应链体系。盒马已经形成了较强的研发、采购、制造商品的能力,提升了物流效率与成本竞争优势。盒马鲜生供应链运营中心如图10-1所示。

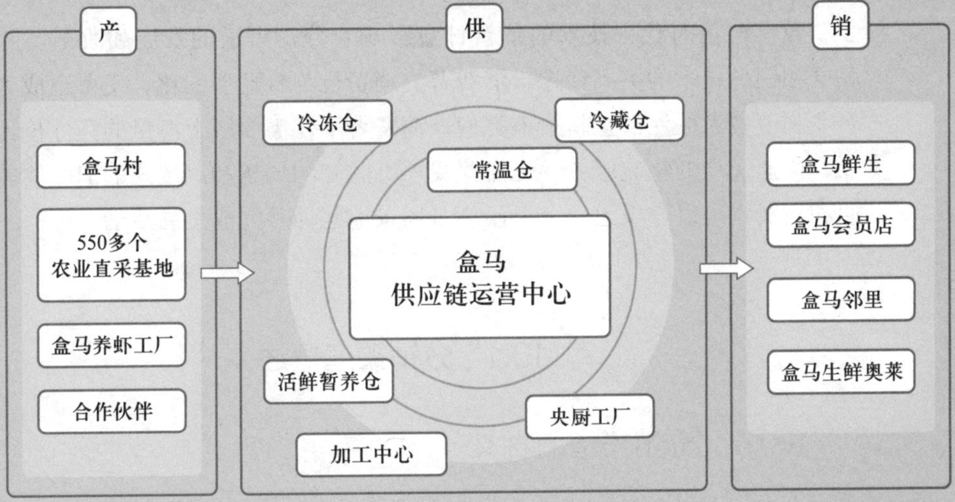

图10-1 盒马鲜生供应链运营中心

2023年是盒马开启十年愿景的元年:服务10亿消费者、实现全国10 000亿的销售、建立1 000个盒马村。盒马作为有创新活力的新零售代表,将坚定不移地扎根实体经济,利用供应链、研发、数据和技术等优势,在优质商品,尤其是优质农产品与城市消费者之间搭建起一座桥梁,为中国消费者"更鲜美"的生活继续努力。

引思明理:

企业只有通过科学合理的分销渠道策略制定,才能将产品在适当的时间、地点、以适当的价格供应给消费者,满足市场需要,实现企业的营销目标。党的二十大报告指出:"构建优质高效的服务业新体系,推动现代服务业同先进制造业、现代农业深度融合。加快发展物联网,建设高效顺畅的流通体系,降低物流成本。加快发展数字经济,促进数字经济和实体经济深度融合,打造具有国际竞争力的数字产业集群。"盒马鲜生不仅探索了渠道模式的创新,还对组织架构、自有产品开发和供应链进行了新零售改造,值得企业在制定分销渠道策略时借鉴学习。

商务部《"十四五"商务发展规划》指出:"推动生活服务智能化,加快促进生活服务业上线上云,引导企业丰富线上服务供给,优化到店与到家双向服务模式体验。"在市场经济条件下，产品在流通领域中的运动，依赖一系列的买卖活动转移其所有权来实现，担负这一职能的就是分销渠道。产品只有通过一定的分销渠道，才能在适当的时间、地点，以适当的价格供应给广大的消费者，满足其需求，实现企业的市场营销目标。因此，常有"市场竞争，渠道为王"和"得渠道者得天下"的说法。

数字经济时代，技术的革新日益影响着分销渠道的发展和改革。随着互联网和信息技术的突飞猛进，消费者的消费行为日益多元化，全渠道成为很多企业和消费者关注的全新渠道类型，消费者不仅需要线上海量的高性价比的产品、快速优质的物流服务，也需要线下可感知的场景和沉浸式的消费体验。企业和消费者可以全渠道、全天候、多场景地互动并完成交易活动。

10.1　分销渠道概述

10.1.1　分销渠道的含义

在市场营销理论中，有两个与渠道有关的术语，就是市场营销渠道和分销渠道。

市场营销渠道是指配合生产、分销和消费某一生产商的产品和服务的所有企业和个人。即在产品供产销过程中的供应商、生产商、经销商（批发商、零售商）、代理商、辅助商，以及最终消费者或用户等。

分销渠道是指某种产品和服务在从生产商向消费者转移的过程中，取得这种产品和服务的所有权或帮助所有权转移的所有企业和个人。它主要包括经销商（取得所有权）和代理商（帮助转移所有权），此外，还包括处于渠道起点和终点的生产商和最终消费者或用户，分销渠道如图 10-2 所示。

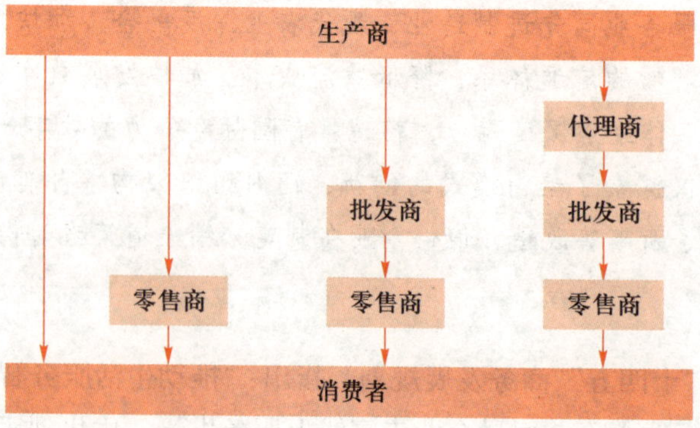

图 10-2　分销渠道

分销渠道的主要职能有调研、促销、接洽、配合、谈判、物流、融资和风险承担。在执行以上职能的过程中，分销渠道包含了实物流、所有权流、付款流、信息流和促销流等流程。

10.1.2　分销渠道的类型

在不同的渠道理论发展阶段，分销渠道出现了传统渠道系统与整合渠道系统的类型划分。随着互联网的发展，又出现了全渠道分销系统的创新理论。

1. 传统渠道系统

传统渠道系统是指由各自独立的生产者、中间商（批发商和零售商）和消费者组成的分销渠道。

（1）按是否使用中间商，可分为直接渠道和间接渠道。

① 直接渠道。也称零级渠道，是指生产商将产品直接销售给消费者，不经过中间环节。主要方式有：直接销售（简称直销、不通过门店，上门推销）、直复营销（生产商直接使用电话、电视、网络直销等方式推销）、生产商自营商店（包括线上和线下的店面）等。

② 间接渠道。它是指在生产商与消费者或用户之间有中间商加入，商品销售要经过一个或多个中间商环节的渠道。包括一级渠道、二级渠道、三级渠道等。

（2）长渠道和短渠道。只经过一个中间商环节的，叫短渠道；经过两个或两个以上中间商环节的，叫长渠道。

（3）宽渠道和窄渠道。分销渠道的宽窄取决于渠道的每个层次中使用同类型中间商数目的多少。如果生产商利用许多批发商和零售商来分销产品，这种渠道就是宽渠道；反之，如果只通过较少的专业批发商或在某一地区只授权给一家中间商总经销，则为窄渠道。

（4）单渠道和多渠道。单渠道是指生产商只通过一条分销渠道销售产品。多渠道是指企业对同一或不同细分市场，同时采用多条分销体系，并对每条渠道或至少对其中一条渠道拥有较大的控制权。

（5）实体渠道和网络渠道。实体渠道是指在物理空间活动的实体分销渠道。网络渠道是指借助互联网、通信技术和数字交互式媒体，与目标市场通过电子手段进行和完成交易活动的数字渠道。

营销实践

京东生鲜的多渠道策略

京东生鲜以山东省为起点，通过"超级省"计划为山东农产品上行打造

251

全渠道通路。首先，京东生鲜在采买时采用原产地直采模式，避免复杂冗长的中间环节，提升生鲜流通的效率，保证生鲜的品质，并将更多的利润空间留给农户。其次，京东生鲜在销售渠道上打通线上与线下的间隔，多渠道联动。以黄河口大闸蟹销售为例，它同步在京东生鲜、七鲜超市上线。同时，在京东之家、京东便利店、线下店铺自提、大闸蟹自动贩卖机、企业购、711便利店等多渠道联合推动大闸蟹卡券的销售，不仅实现快速走货，也为消费者打造出人、货、场高效匹配的购物体验。此外，京东生鲜持续推动产地仓、低线城市覆盖，可以凭借遍布全国的20个冷链中心、超过5 000个配送站，将山东本地农产品快速覆盖全国300多个城市。

2. 整合渠道系统

渠道整合是指企业在数字营销背景下，通过大数据技术将营销链路上各个分销渠道的数据打通，有效整合，为消费者提供跨渠道的一体化无缝式体验。渠道整合后形成的便是整合渠道系统，它又可以分为以下三种：

（1）垂直分销系统。是指由制造商、批发商、零售商组成的一种统一的联合体。有三种类型：①公司式（产销一体化企业）；②管理式（由规模大、实力强的企业出面组织）；③契约式（以合同为基础，如自愿连锁系统、零售商合作组织、特许经营组织等）。

在垂直分销系统中，特许经营组织是近些年常见的一种零售组织。它包括制造商主导的零售特许权系统（如奔驰汽车与其独立专营经销商）、制造商倡办的批发商特许经营系统（如可口可乐和百事可乐）和服务公司倡办的零售商特许经营系统（如汉堡王、麦当劳等）。

（2）水平分销系统。是指由同一层次的两个或两个以上的分销组织形成的联合体。主要目的为共同开发市场，共担风险。例如，国美官方旗舰店入驻京东，对于国美，入驻京东获得了大流量端口，能够快速补齐线上短板。对于京东，国美的入驻将引入大量原本专供线下的高端商品，进一步丰富电商平台的产品品类，提升平台对用户的吸引力。

（3）多渠道系统。即对相同或不同的细分市场采用多条渠道的分销体系。大致有两种形式：一种是生产者通过两条以上的竞争性分销渠道销售同一商标的产品；另一种是生产者通过多条分销渠道销售不同商标的差异性产品。此外，还有一些公司通过同一产品在销售过程中的服务内容与方式的差异形成多条渠道，以满足不同顾客的需求。

渠道去中介化

渠道去中介化是指产品生产者和服务提供商摒弃中间商直接面对终端客户，或者用全新的渠道中介取代传统的渠道中介。例如，通过互联网，而不是通过具有某种类型的中介（如分销商、批发商、经纪人或代理）的传统分销渠道，公司现在可以直接与客户打交道。

渠道去中介化可能会降低服务客户的总成本，并可能允许制造商增加利润率和/或降低价格。客户可以选择绕过中间商直接从制造商那里购买商品并支付更少的金额。目前，企业倾向于利用电子商务公司充当买方和制造商之间的桥梁。然而，制造商仍会产生分销成本，如货物的运输、包装、广告流量和客户服务费用。

3. 全渠道分销系统

全渠道分销系统是指企业为了满足消费者在任意时间、任意地点，采用任意方式购买的需求，采取实体渠道与网络渠道相结合的方式营销产品或服务，为顾客提供无差别的购买体验。

其中，实体渠道又称线下渠道或传统渠道，主要包括自营实体店、中间商实体店等。网络渠道又称线上渠道，包括传统电子商务渠道和移动电子商务渠道。传统电子商务渠道包括自建官方 B2C 商城和进驻电子商务平台（如淘宝、天猫、京东、拼多多等）。移动电子商务渠道基于智能终端和无线网络，包括自建官方移动商城、自建 App 商城、微商城、进驻移动商务平台等。

近几年，海信集团大胆改革，推出线上线下直营全渠道分销模式。它的线上直营渠道主要为官方旗舰店和品牌旗舰店，线下直营渠道则包括品质旗舰店、智慧生活馆、专卖店等。

公域流量和私域流量

公域流量又称平台流量，是指企业通过淘宝、京东、拼多多、美团等平台渠道来获取的流量。公域流量是公有的，企业入驻平台后需要花费较高的流量购买成本，通过搜索优化、活动、推广、促销等方式来获得客户和成交。使用公域流量可以在短时间内获得红利，但平台把握着客户的数据，企业难以进行客户关系维护。

私域流量是指企业或个人利用社群、微信个人号、企业微信号、朋友圈、社区及自己的品牌官网、App、小程序和各种平台账户等渠道获取的流量。私域流量为企业和个人自主拥有，可以在任意时间，以任意频次直接触达用户。区别于公域的买流量，私域是"去平台化"的引流量。

目前，随着流量红利逐渐消失，公域流量的获客成本越来越高，私域流量获得了更多的关注。如直播带货、小程序营销等，可以将公域流量转变为私域流量，形成属于品牌本身的私域流量池，从而进行更好地维护和运营，实现品牌的长期价值。

营销实践

良品铺子的全渠道分销系统

良品铺子建立了全方位的互动和销售全渠道系统，可触达会员已达到了1.2亿人，私域积累沉淀用户超过8 000万人。2022年年报营业收入达到94.40亿元。良品铺子的全渠道分销系统包括：

（1）线下智慧门店：包括社区店、购物中心店、交通枢纽店、校园店、景区店等。与阿里合作，完成了会员数据、支付、财务核算和大数据营销系统的对接。

（2）自营App：公司推出手机App自营O2O平台。同时打通了美团、饿了么、京东、淘宝等第三方平台的渠道。

（3）自营品牌电商旗舰店：在天猫、京东、微店等第三方电商平台开设自营品牌旗舰店，订单由良品铺子处理。

（4）B2B：分为线上代销和线上经销，产品进入第三方电商平台仓库，订单由平台处理。代销包括天猫超市、一号店等平台，双方以实际销售额和约定方式结算。经销包括京东自营等渠道，良品铺子把货卖给京东，京东依靠自身渠道赚取差价。

（5）直播电商：在抖音、快手、微信视频号等多个直播电商平台与知名主播合作开展直播带货，同时鼓励线下门店开展直播。

（6）微信小程序：包括"良品铺子移动商城"（线上购物）、"良品铺子外卖"（就近外卖下单），以及"良品铺子礼品卡"等。

（7）O2O外卖：与美团、饿了么等合作，探索"门店+本地生活"新模式，顾客在平台选择就近门店下单，门店通过第三方平台快速送达。线下门店承担一部分仓储的功能，节省了一部分物流成本。

（8）门店+社群运营：以门店所在区域为基础，开展社区团购。

10.1.3　分销渠道模式的选择

1. 消费者市场的分销渠道模式

消费者市场的分销渠道模式归纳起来有四种，分别是零级、一级、二级和三级渠道，如图 10-3 所示。在分销渠道中，每一个拥有产品所有权或实现所有权转移的中间商都被称为渠道中的一级。

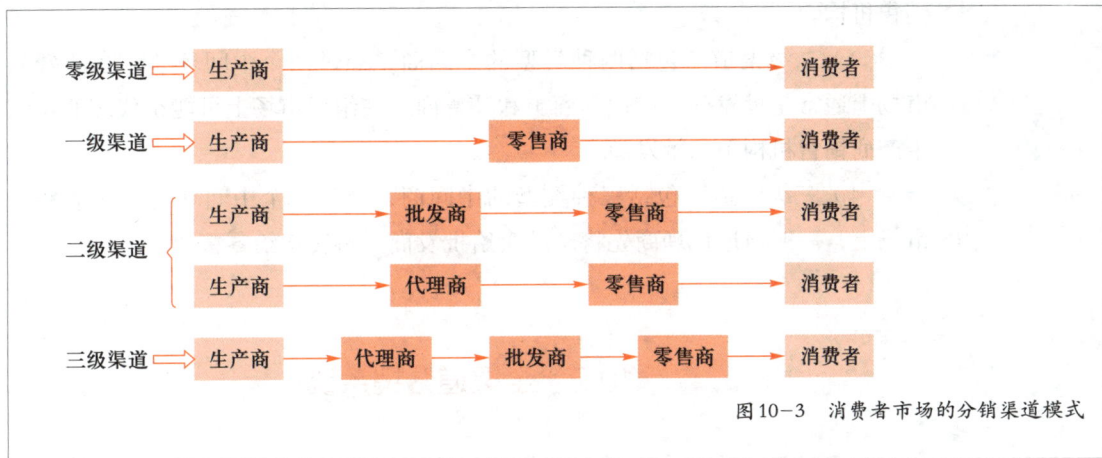

图 10-3　消费者市场的分销渠道模式

2. 组织市场的分销渠道模式

组织市场的分销渠道的基本要求是环节尽量少、渠道尽量短。主要有零级、一级和二级这三种分销渠道模式，如图 10-4 所示。

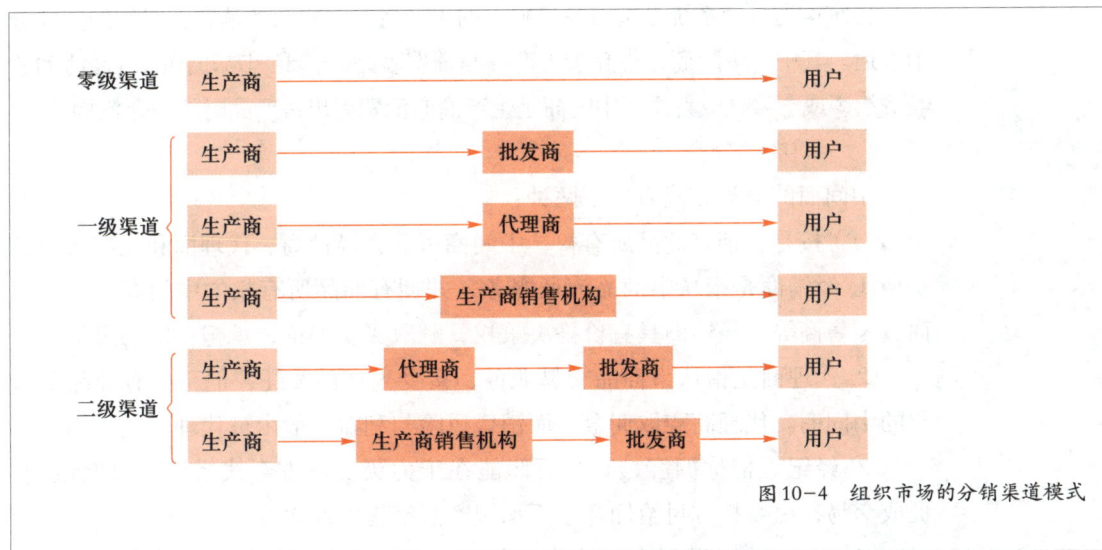

图 10-4　组织市场的分销渠道模式

3. 分销渠道模式类型分析

从图 10-3 和图 10-4 可以看出，分销渠道的模式有以下几种：

（1）零级渠道。是指由生产商直接将产品销售给消费者或用户的一种渠道模式，如上门推销、邮寄销售、直销和生产商自营等。

（2）一级渠道。只包括一种类型的中间商，只经过一个中间环节。在消费品市场上通常是指零售商，在组织市场上则可能是代理商、批发商或生产商销售机构。

（3）二级渠道。包括两种类型的中间商，经过两个中间环节。在消费品市场上通常是批发商（或代理商）和零售商，在组织市场上可能是代理商（或生产商销售机构）与批发商。

（4）三级渠道。包括三种类型的中间商，经过三个中间环节。在消费品市场上，一般通过代理商先将产品卖给批发商，再转卖给零售商。

10.2　全渠道分销系统

数字经济时代，全渠道成为很多企业和消费者关注的渠道类型。移动互联网技术的应用打破了传统分销渠道的壁垒，企业和消费者可以全渠道（线上、线下、线上＋线下）、全天候（24 小时）、全频道（多场景）地完成交易。

10.2.1　传统渠道分销系统

传统渠道分销系统是指由各自独立的生产者、中间商和消费者组成的实体分销渠道。其中，中间商是指介于生产商与消费者之间，专门从事商品流通活动的经济组织或个人。或者说，中间商是生产商向消费者出售产品时的中介机构。

1. 中间商的分类

中间商的分类方式有以下两种：

（1）按是否拥有商品所有权，中间商可分为经销商、代理商和经纪人。

① 经销商是指从事商品流通服务，并拥有商品所有权的中间商，如批发商、零售商等。经销商具有价格决策权，赚取买卖差价，承担一定的风险。

② 代理商是指从事商品交易业务，接受生产商委托，但不拥有商品所有权的中间商。代理商赚取佣金，而销售风险与利益一般由被代理企业承担。

③ 经纪人俗称捎客，其主要职能在于为买卖双方牵线搭桥、协助谈判、促成交易，由委托方付给佣金，不承担产品销售的风险。

（2）按在流通过程中所处地位和作用不同，中间商可分为批发商和零售商，将在下文中详细阐述。

2. 批发商

<mark>批发商是指为分销、转售或生产加工而专门从事成批商品买卖活动，面对同一商品进行批购和批销的中间商。</mark>批发商从事商品批发业务，实现商品在时间和地点上的转移，达到销售的目的。与零售商相比，其交易对象主要是生产商、零售商，或下一层次的批发商。交易次数少，批量较大。批发商常见的表现形式包括：

（1）生产商自营性销售组织。即生产企业自己组建的从事批发业务的分销组织。

（2）商人批发商。又称独立批发商，是指自己进货并取得产品所有权后再批发出售的商业企业。商人批发商是批发商的最主要类型。

（3）经纪人和代理商。即从事购买、销售或二者兼备的洽谈磋商工作，但不取得产品所有权的商业单位。与商人批发商不同的是，他们对其经营的产品没有所有权，主要职能在于促成产品的交易，借此赚取佣金作为报酬。

（4）零售商自由合作社和采购办事处。是指零售商为了降低成本采取的联合采购或专设的采购机构。

3. 零售商

<mark>零售商是指向最终消费者提供日常生活所需商品和服务的机构和组织。</mark>

零售是指所有向最终消费者直接销售产品和服务，用于个人及非商业性用途的活动。大部分商品经过零售企业最终进入消费领域。零售商的类型千变万化，传统的零售商以线下实体门店为主，随着互联网的发展，线上新的零售形式不断出现。淘宝、天猫、京东等电商平台、自媒体带货、直播电商、社群电商等新形式都属于零售商。传统零售商的主要类型有以下几种：

（1）店铺零售商。是指有实体店铺的零售商，主要类型有食杂店、便利店、折扣店、超市、仓储会员店、百货店、专业店、专卖店、购物中心和厂家直销中心等。

（2）无店铺零售商，是指不设门市、无店铺销售的零售商。主要包括直复营销、直接销售（面对面）、自动售货和购物服务等多种类别。其中，直复营销即直接回应顾客的营销，是指使用邮件、电话、电视、网络、电子邮件和其他非人员接触工具进行沟通或征求特定顾客与潜在客户的直接回复的一种无店铺零售渠道模式。

（3）零售商集团，是指以多家零售商联盟的组织形式来开展零售活动。通过零售商之间的联合，可以避免过度竞争，提高零售的规模经济，节约成本。

① 连锁店，是指由两个或两个以上所有权与管理权集中的零售机构组成的零售商业集团。连锁店是目前零售业中最主要的组织形式，具体形式有：公司连锁店（即直营连锁店）、自愿连锁店（又称自由连锁）、特许加盟连锁店

小试牛刀

结合生活消费经验谈一谈，哪些线下实体店是社区消费的高频场所？为什么？

（如喜家德、蜜雪冰城、老乡鸡）等。

例如，汽车4S店是一种以"四位一体"为核心的汽车特许经营模式，包括整车销售（sale）、零配件（sparepart）、售后服务（service）、信息反馈（survey）等，拥有统一的外观形象、标志和管理标准。

② 零售联合大企业。是指由多个零售机构自愿组合而成的企业集团。通常是由若干个不同所有者的不同类型商店组合在一起，实行协调统一的销售促进和经营管理。

③ 消费者合作社。是一种由消费者自己出资、管理和拥有的零售企业，大多设在社区各个居民点内，为住在周围的居民提供商品和服务。

10.2.2　网络渠道分销系统

网络渠道是指以互联网为基础，以电子商务平台为支撑，将产品从生产者转移到消费者的中间环节，涉及信息沟通、资金转移和产品转移等。

随着越来越多互联网平台涉足电商业务，网购用户的线上消费渠道逐步从淘宝、京东等传统电商平台向短视频、社区团购、社交平台、直播平台等扩散。例如，美团是全国餐饮业外卖的最大渠道（美团外卖），同时也是电影业（猫眼电影）、酒店（美团酒店）、民宿业（美团民宿）、超市零售业（美团买菜、美团跑腿）的渠道之一。

1. 网络渠道与传统渠道的比较

与传统渠道相比较，网络渠道的分销有着以下几个显著的特点。

（1）从渠道的功能角度，网络渠道主要承担谈判（如在线洽谈、咨询、谈判等）、订货、结算、物流配送四大功能。

（2）从渠道的作用角度，网络渠道具备传统渠道所不具备的大规模信息传递、快捷的产品销售与理想的售后服务"场所"（网络客服）等特点。

（3）从渠道的成本角度，网络渠道的建设减少了流通环节，带来了渠道成本（如门面租金、人员薪资等）的降低，同时还能节省客户管理成本。

（4）从渠道的便利性角度，网络渠道打破了消费行为的时空限制，消费者可以随时随地下单购买并选择配送方式。

2. 网络渠道的类型

（1）根据交易对象的不同，网络渠道可以分为：B2C（企业对消费者模式，如常见的天猫、京东等）、C2C（消费者对消费者模式，如闲鱼、转转等）、B2B（企业对企业模式，如各种采购、招标类网络平台）、B2G（企业对政府模式，如中国政府采购网等）、C2B（消费者对企业模式）等不同类型。

（2）根据是否使用中间商，网络渠道可以划分为以下四种类型：

① 企业自有平台直销。是指企业通过自己的官网（PC端、移动端）、App

和小程序等直接取得客户的订单（如星巴克、瑞幸咖啡等）。

② 第三方平台直销。是指企业利用第三方平台开设网络店铺，直接获取客户的订单。第三方平台主要包括传统电商平台（淘宝、天猫、京东、拼多多等）、直播电商平台（抖音、快手、淘宝直播等）、内容电商平台（小红书、蘑菇街等）、团购电商平台（淘菜菜、多多买菜、美团优选等）等。

③ 网络间接分销。是指企业通过互联网中间商进行销售。企业面对的是互联网中间商、大型电子商务网站或在第三方销售平台上拥有店中店的代理商。

④ 复合型网络分销。是指企业同时采用企业自有平台直销，第三方平台直销、网络间接分销三种形式，取长补短。

营销新知

C2M 模式

C2M（消费者—制造商）模式通过去掉所有中间商环节，实现消费者与制造商的直连，为用户提供高质量、高品质、个性化且专属的产品。C2M模式颠覆了传统零售思维，基于社交网络服务平台和B2C平台，由用户需求驱动生产制造，通过电子商务平台反向订购，用户订多少，工厂就生产多少，这样能够消除工厂的库存成本。

C2M是电子商务中准确将客户需求反馈给制造商，按需定制生产的新模式。该模式依赖移动互联网和数字技术，以顾客为中心、以数字技术为基础、以定制化设计为导向，满足顾客的需求和个性化体验。例如，青岛红领服装正是采用C2M模式为用户提供个性化的专属西装和衬衫。

3. 网络渠道创新——直播电商模式

（1）直播电商的概念。直播电商是以直播平台为渠道和方式来达成营销目的的电商形式，营销人员利用即时视频、音频通信技术对商品或者服务同步进行介绍、展示、说明、推销，并与消费者进行沟通互动，以达成交易。

直播电商模式

直播电商的本质是"以人为本"。"人"是直播电商业务关系中的核心，有两方面含义：一是直播电商中的主播，二是直播电商中的消费者。

（2）直播电商的特点。直播电商作为创新的网络渠道，是典型的"货找人"模式，通过内容和主播触发消费行为，因其高度互动性与直播激励性获得了消费者的广泛关注。直播电商的优势主要有：①用直播的方式，通过优质内容或文化 IP 让产品聚集用户，激发需求，引起情感共鸣，提高顾客黏性。②精准实现货找人，直播间场景化，用户与主播实时互动，满足个性化需求和独特体验，不受地域和时间范围约束。③具有双向成本优势，商家减少线下店铺租

金、人员工资等经营成本，用户减少供应链渠道成本，实现低价购物。④进入门槛相对较低，技术的成熟和培训的多样化使得企业易于开展和进入。

（3）直播电商的运营。直播平台是直播电商的关键，目前主要有综合类直播平台（斗鱼、虎牙、花椒直播等）、电商类直播平台（淘宝直播、京东直播、拼多多直播等）、短视频类直播平台（抖音、快手、微信视频号等）、教育类直播平台（网易云课堂、荔枝微课、小鹅通等）。

直播电商团队一般由运营助理、直播销售、直播策划、直播推广、直播运营等技术技能型岗位组成。需要做好内容运营、社群运营、流量运营、商品运营等工作。直播电商运营生态如图 10-5 所示。

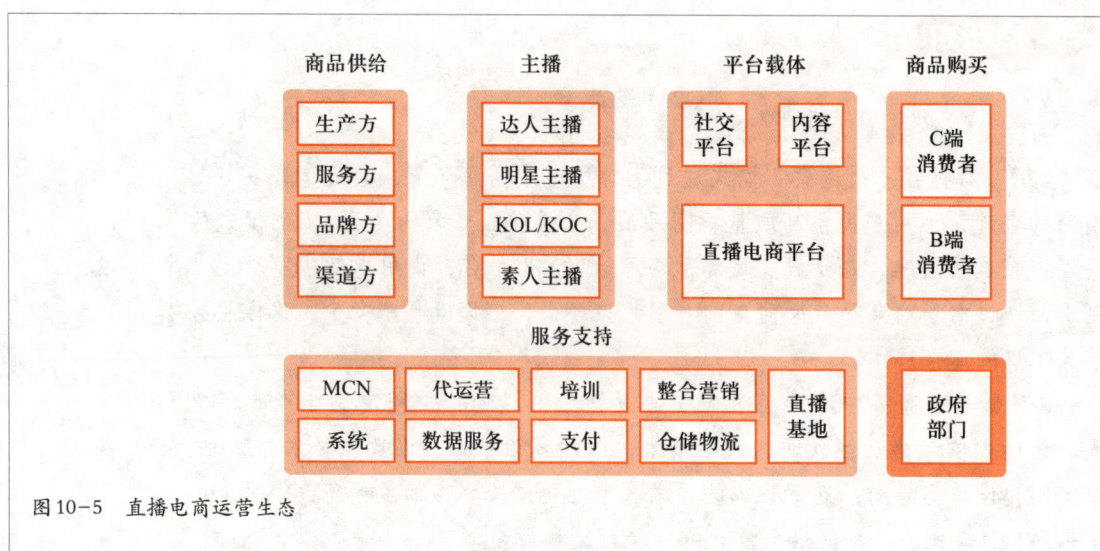

图 10-5　直播电商运营生态

直播电商的运营模式主要有：①在电商平台增加直播功能；②直播平台通过商品链接引流至第三方电商平台；③"社群 + 直播"模式。

（4）直播电商的发展。2016 年，蘑菇街首先把直播引入电商带货。随后，淘宝（点淘）和京东的直播功能上线，抖音、快手、拼多多等平台随之跟进，用户数量快速增长。2020 年，格力率先代表家电生产企业试水直播电商，实施渠道战略更新。2021 年起，众多新老企业纷纷开始直播电商。

近几年，越来越多的电商平台、视频直播平台、MCN 机构、品牌厂商投身于直播行业。淘宝直播发布的《2022 直播电商白皮书》数据显示，估计 2022 年全网直播电商的 GMV（成交额）为 3.5 万亿元左右，占全部电商零售额的 23% 左右。例如，某平台截至 2023 年 5 月已有超过 4 000 万名粉丝，自营产品超过 100 款。

直播电商的迅猛发展，有利于促进消费，拉动经济内循环，也为乡村振兴发展提供了新的契机。直播电商日益被各企业、平台、品牌所重视，逐渐常态化。国家相关部门陆续出台多个行业规范，对直播电商中的不良行为进行整治，如《网络主播行为规范》《关于加强网络直播规范管理工作的指导意见》等。

营销实践

兴趣电商的成长之路

"我们不是内容电商，也不是直播电商，而是兴趣电商。"2018年抖音电商试水，2020年6月电商业务部门成立。

1. 跑马试错的电商之路

电商、游戏、广告和直播是互联网流量变现的主要方式。从2018年开始，发展电商业务成为抖音乃至字节跳动的战略级决策。

第一阶段：为第三方平台带货。由于缺少供应链、物流体系、支付体系等方面的支持，抖音最初只为第三方电商平台引流。2018年，抖音与淘宝合作，抖音购物车功能面向抖音所有红人开放。当年"双12"，抖音为天猫淘宝带货取得了良好的成绩。

第二阶段：自建抖音小店。从2019年起，抖音自建抖音小店，开始搭建电商基础设施。用户在抖音小店可直接购买商品，无须跳转至第三方平台。同时，抖音小店还接入了京东、考拉、唯品会等第三方电商平台的巨大商品链接库。

第三阶段：断外链、打地基。2020年，抖音电商开启声势浩大的直播带货模式。随后，字节跳动成立专门的电商业务部门，推出商家管理App"抖店"和抖音支付；与苏宁易购在供应链服务和直播品牌IP打造等方面合作，第三方来源的商品不进入直播间购物车。

2. 抖音首提"兴趣电商"

2021年4月，抖音电商首次生态大会首次提出"兴趣电商"的概念，通过兴趣内容触达用户，利用"短视频"和"直播"激发用户消费动力。

相比传统电商消费者有目的性的购物，兴趣电商依托抖音大数据算法的精准匹配能力，深层次地解析并预测每个用户的喜好与行为，从而满足用户潜在的购物需求。抖音兴趣电商的商业模式如图10-6所示。

对于商家，抖音可依托精准的信息分发技术，帮助商家精准触达消费者。其中，最常用的手段则是抖音通过"造节"，为商家提供更多的营销机会。

在运营上，抖音电商提出了由商家自播、达人矩阵、平台活动和头部达人组成的经营矩阵。基于此，抖音上线抖店、巨量百应、抖音电商罗盘和巨量千川等工具，从专项扶持、服务商体系和多维培训等方面，为品牌、商家、达

图10-6　抖音兴趣电商的商业模式图

人提供运营支持。

资料显示，2022年抖音电商的交易总额（GMV）达到2 080亿美元（约合1.41万亿元人民币），较2021年增长76%；海外平台TikTok 2022年在东南亚的GMV增长逾三倍，达到44亿美元。

资料来源：刘会会.在厮杀中崛起的抖音电商［J］.销售与市场，2021（5下）：24—26.

10.2.3　O2O模式分销系统

电商线上平台的快速发展不断冲击着传统的分销渠道系统，也带来了新的分销渠道模式——O2O（Online to Offline）模式。

1. O2O模式的概念

O2O模式又称跨渠道模式，最初是指通过线上促销和购买带动线下经营和消费的渠道模式。随着数字营销技术的发展，现在O2O模式更强调多种渠道的交互，各渠道间数据无缝对接。

2. O2O模式的发展背景

在电子商务B2B/B2C的商业模式下，顾客在线上购买商品，卖家打包商品，由物流企业把商品派送到顾客手上，完成整个交易过程。但由于消费者大部分的消费仍然是在实体店中实现的，如何把线上的消费者吸引到线下实体店进行消费？企业在研究这个问题的过程中诞生了O2O模式。

一方面，O2O模式可以提高商业效率，单纯的线下实体店存在信息不对称、交易成本过高等问题，而单纯的线上模式也存在物流配送成本高、商品不能即时获得等问题，二者结合可以充分发挥双方优势，扬长避短。另一方面，O2O模式可以更好地提升客户体验，因为线下实体店的体验性是线上渠道目前无法实现的。

在中国，苏宁作为传统零售企业最早涉足 O2O 模式，线上有电商网站、线下有实体门店，两者相互配合与促进，取得了良好的营销效果。后来天猫、京东这些以线上电商为主的企业也开始尝试建设线下实体门店，探索 O2O 模式。

3. O2O 模式的类型

在营销实践中，O2O 模式不断创新，目前主要有以下四种类型：

（1）Online to Offline 模式（从线上交易到线下消费体验）。是指企业在线上发布产品或服务信息、折扣信息等，消费者在线上交易，在线下消费体验。

（2）Offline to Online 模式（从线下营销到线上交易）。随着智能手机的普及，很多企业通过线下促销活动，吸引消费者在线上实现交易。

（3）Offline to Online to Offline 模式（从线下促销到线上交易，再回到线下消费体验）。即线下开展营销活动，线上交易，然后线下消费体验。

（4）Online to Offline to Online 模式（线上交易或促销，线下消费体验，再到线上交易或促销）。例如，某消费者玩一款网游，游戏道具有某餐饮店联名套餐，他在游戏中购买套餐，按游戏提示到线下餐饮实体店消费，然后回到线上继续游戏，此时相关联名道具已显示被使用，可以用于网游角色的装扮。

10.2.4　新零售渠道分销系统

1. 新零售的概念

新零售是指企业以互联网为依托，通过运用先进的信息化技术手段和相关的营销心理学知识，对商品的生产、流通与销售过程进行升级改造，进而重塑企业经营业态结构与生态圈，并对线上服务、线下体验，以及现代物流进行深度融合的零售新模式。新零售模式如图 10-7 所示。

新零售

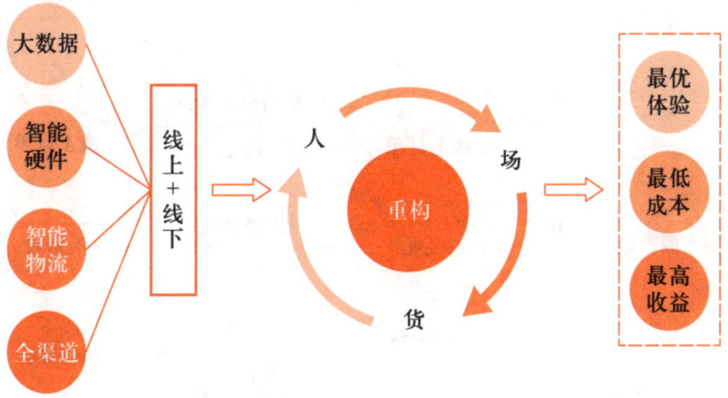

图 10-7　新零售模式

新零售的核心在于推动线上线下的一体化进程，其关键在于使线上的互联网力量和线下的实体店终端形成真正意义上的合力，从而完成电商平台和实体零售店面的优化升级。同时，促成价格消费向价值消费的全面转型。新零售概念自被提出以来，已有阿里巴巴、腾讯、百度、京东、小米、网易等企业开始了探索之路，如阿里巴巴的"盒马鲜生"、小米公司的"小米之家"和网易公司的"网易严选"等。

2. 新零售的特点

新零售是零售本质的回归，是以消费者需求为核心的消费体验升级。其主要特点有：

（1）以消费者为核心，强调消费者需求在零售业各个环节的重要性，通过技术革新及数据联通，营造营销场景，实现消费体验升级。

（2）人工智能、大数据、物联网等数字技术驱动，通过技术创新及对大数据的挖掘利用，实现多渠道、全供应链的优化，提升零售效率。

（3）全渠道深度融合，通过线上线下及物流的深度融合，提升物流、客流、资金流效率，为消费者提供更全面、适时、周到的服务体验。

3. O2O 模式在新零售渠道分销中的具体应用

在新零售的具体实践中，以消费者在线上下单后是否需要到店消费，是否配送上门为标准，O2O 模式应用具体分为 O2O 平台、前置仓、到店 + 到家和社区团购。

（1）O2O 平台。平台与便利店、超市等合作，为消费者提供到家服务。以一二三线城市为主，覆盖范围 1~3 公里，配送时长 1~2 小时。

（2）前置仓。在距离用户最近的地方布局仓储、分拣、配送一体化的前置仓，缩短配送链条。以一二三线城市为主，覆盖范围 1~3 公里，配送时长 30~60 分钟。

（3）到店 + 到家。提供到店、线上、即时配送，线上线下一体化服务。以一二线城市为主，覆盖范围 1~3 公里，配送时长 0.5~1 小时。

以盒马鲜生为例，其"到店 + 到家"运营模式如图 10-8 所示。

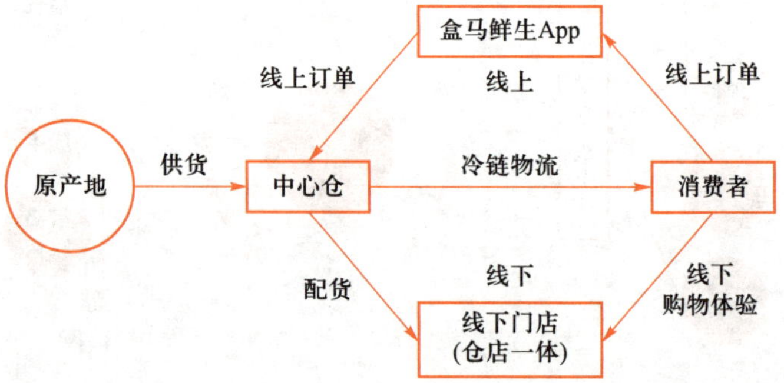

图10-8　盒马鲜生的"到店+到家"运营模式

营销新知

本地即时电商

本地即时电商是近几年很多电商企业重点发展的到家业务之一。

本地即时电商是指消费者在线上交易平台下单，线下实体零售商通过第三方（或零售商自有）物流配送上门，提供的产品包括餐饮、食品饮料、蔬果生鲜、医药健康等商品以及到家服务（如家政等），配送时效通常在0.5~1小时。

本地即时电商是O2O电商领域"即时＋到家"的新型业态，包括"即配＋餐饮"（外卖）、"即配＋日百生鲜"（即时零售）、"即时＋上门服务"（即时到家服务）等业务形态。例如，京东和达达集团联合打造了京东即时零售业务"小时购"，提供"线上下单、门店发货、小时级乃至分钟级送达"服务。

本地即时电商的发展得益于供应链效率的突破，我国已建立起以服务半径和配送时长为区隔的多层次履约体系，如1~3日达、隔日达、半日达、1~3小时达、0.5~1小时达等。2022年我国即时配送的订单数超过400亿，同比增长30%，市场规模达到约2 000亿元。预计到2030年，即时配送的订单规模将超过2 000亿件/年，市场规模将达到11.8万亿元。

（4）社区团购。这是一种依托于真实居民社区的新零售渠道，具有区域化、本地化、网络化的特点。它在交易模式上是电子货架展示，属于线上电商模式；在交付履约上是落地集配，属于线下实体店模式。其运作过程包括线上预售、次日自提、以销定采、落地集配。随着社区团购的快速发展，逐渐诞生了众多的"团品牌"。

社区团购主打价格优势，通过团购方式增加用户的参与度和联系度，打破地理限制。艾媒咨询数据显示，优惠的价格和满意的产品和服务是用户最关注的问题。团购平台提供产品供应链以及物流支持，团长负责社群运营，用户通过微信群或小程序下单，在社区找团长自提商品。团购商品以"高频＋刚需＋规模大"的生鲜品类为主，在交付时效、周转率等方面占有优势，商品展示成本、物流成本和资金成本都比较低。

经过多年的发展，社区团购可划分为五种类型：①社区电商。又称"资本团"。如多多买菜（拼多多旗下）、淘菜菜（阿里巴巴旗下）、兴盛优选、美团优选等。②地方团。即区域性中小型团购组织。如长沙知花知果、沈阳惠生活等。③新店商拼团。即以实体店或连锁店发起的团购。如石家庄的小许到家、郑州的锅圈食汇等。④物业团购。即大型物业公司利用品牌优势和服务社区优势等开展团购。如碧桂园、万科等物业。⑤独立团。即团长平台化，有优秀的供应链能力和定价权，服务于多个团购社区。

4. 新零售渠道分销的未来发展趋势

（1）更加以消费者为中心。如何用特色产品、服务、体验打动消费者，触动消费者的心智，已经成为零售经营的关键。

（2）场景零售更加精准。竞争取胜的重要基础是精准定位目标消费者，聚焦目标消费者的需求场景。

（3）流量销售。如何找到顾客、建立连接、产生影响、增强黏性、提升价值、打造终身价值顾客是零售经营的主线。

（4）社交与社群零售。即围绕目标顾客，打造生活场景，通过社群产生黏性，逐步放大顾客价值，以产生更大更有效的传播。

（5）智能化零售。无人零售、自助零售未来可能成为一种主要的零售形式，或重要的零售补充形式。

10.3　分销渠道设计与管理

分销渠道是决定生产商产品能否顺畅流通、快速到达消费终点的关键性因素。因此，生产商必须了解影响分销渠道设计的影响因素，要准确进行渠道设计，并对其进行有效管理和控制。

10.3.1　分销渠道的设计

1. 影响分销渠道设计的因素

（1）产品因素。产品因素是影响生产商对分销渠道设计的首要因素，主要包括产品的自然属性、单价、体积和重量、技术性和服务要求、时尚性和季节性、生命周期阶段等。

（2）市场因素。主要包括目标市场范围的大小、顾客的集中程度、顾客的购买习惯等。

（3）企业自身因素。主要包括企业的营销目标、规模和实力、管理能力和经验、控制渠道的愿望和产品组合情况等。

（4）中间商因素。生产商要选择资金力量雄厚、财务状况良好的中间商，中间商必须适配企业本身及其产品的特点，其销售对象要与企业进入的目标市场一致。同时企业必须考虑中间商的积极性及其经营能力、信用和分销能力。

（5）竞争者因素。企业的渠道设计还受到竞争者所使用的渠道的影响。企业通常应与同类竞争的产品采用相同或相似的渠道。但如果竞争对手已经控制该销售渠道，企业可考虑另辟其他渠道，避免与其正面争夺市场。

（6）外界环境因素。主要包括经济形势、国家的有关政策法规等因素。①经济形势。在经济繁荣时，市场需求旺盛，企业可以选择最合适的渠道来销售；当经济衰退时，市场需求下降，通货紧缩，企业应尽量减少不必要的流通环节，采用较短的渠道，以控制最终产品的价格。②国家的有关政策法规。在市场经济条件下，政府已经放开对绝大多数商品的管制，这些商品的分销渠道完全由企业决定；极少数关系国计民生的重要商品的销售，还要受到有关法规的限制，如专卖制度（烟草）、专控商品（某些药品）等，需要根据有关政策法规的规定选用相应的分销渠道。

2. 分销渠道设计的主要步骤

（1）分析消费者需要的服务产出水平。即消费者购买产品时期望的服务类型和水平。主要衡量因素有：①可购买批量；②等待时长；③便利性；④选择性；⑤服务支持等。

（2）设立并调整分销目标。分销渠道的设计需要确定分销目标，完成分销任务。后期还需要不断调整和改进企业的分销目标。

（3）评估影响分销渠道结构的因素。针对影响分销渠道选择的因素进行分析，结合企业的实际情况，对渠道结构可采用的类型、渠道长度和宽度等的可行性进行论证和评估。

（4）制定分销渠道方案。

首先，确定渠道的类型。即确定采用哪一种或哪几种类型的渠道来分销产品。

其次，确定渠道的长度。技术和服务含量较大的产品（如计算机、汽车等），需要较短的渠道；消费者选择性不强但要求方便购买的产品（如日用小百货），则适宜采用较长的渠道。

再次，确定渠道的宽度。企业确定在每个层次上使用中间商数目的多少，即对宽、窄渠道的选择确定。根据企业追求的市场覆盖面，有三种策略可供选择：①广泛分销，也称密集分销，是指生产商利用尽可能多的中间商销售自己的产品，使广大消费者都能及时、方便地买到所需产品。②选择分销，是指生产商在一定的市场区域内选择一些愿意合作且条件较好的中间商来销售自己的产品，借以提高产品形象，增加商品购买率。③独家分销，是指生产商在一定的地区内只选择一家中间商销售自己的产品，独家售卖。通常在双方协商后要签订独家经营合同。

最后，确定渠道的广度。渠道的广度是指企业采用单渠道、多渠道、跨渠道还是全渠道等战略分销产品。随着顾客细分市场的多样化，以及新技术催生的新渠道的增多，越来越多的企业采用多渠道、全渠道等类型。

营销新知

深度分销和渠道扁平化

深度分销的原意是：由生产企业组建分销队伍，对经销商覆盖不到或不愿覆盖的区域或终端进行分销覆盖，以取得更高的铺市率。该理论后期得到了修正，变成了一种由生产企业提供市场支持，鼓励分销商对企业无法覆盖的区域或终端完成分销覆盖的分销模式。

渠道扁平化提倡建立一种从生产企业到消费者的整条供应链条中没有其他中间环节的分销渠道。该观念认为，渠道扁平化可以让生产企业直面消费者，分销渠道将具有前所未有的高效率。近些年，渠道扁平化已成为市场发展的一种趋势。

（5）规定分销渠道成员的权利和责任。主要包括价格政策、销售条件、渠道成员的地区划分和各方面应提供的服务与责任等。

（6）分销渠道方案的评估。对分销渠道方案进行评估时，主要考虑的渠道特性包括经济性、可控性和适应性。

10.3.2　分销渠道的管理

建立分销渠道之后，企业需对渠道进行有效管理，提高渠道的分销效率。

1. 确定渠道成员的条件和责任

生产企业需要确定每一个渠道成员的条件和责任，并向渠道成员提供足够的盈利机会，有差别地对待每个渠道成员。渠道成员的条件与责任主要包括：价格政策、销售条件、地区权限、服务和责任。

2. 选择分销渠道成员

选择分销渠道成员时，评价标准主要包括：①经营的范围与市场；②区位优势；③产品组合情况；④销售能力；⑤合作意愿；⑥财务实力；⑦储运条件；⑧信誉；⑨历史经验等。

3. 激励分销渠道成员

（1）直接的经济性激励。主要包括：①费用补贴，如广告补贴、陈列展示补贴、示范表演及咨询活动补贴、特定促销活动期间的存货补贴、恢复存货补贴等。②实物奖励，如货品附赠、陈列设备奖励、其他实物奖励等。

（2）政策性激励。主要包括：①销售专营权奖励（期限限制、区域限制和分销指标限定等）；②返利奖励（返利时间、返利标准、返还形式、返利条件等）；③价格折扣；④货款政策（延期付款和分期付款等）。

（3）服务性激励。是指生产企业给予中间商在经营过程中的服务性支持。主要包括：人员培训、运营管理咨询服务、技术援助和支持、促销援助和支持。

4. 评估渠道成员

生产企业应定期对渠道成员的工作绩效进行评估。

（1）契约约束和销售配额。契约约束是在契约中明确中间商责任，如销售强度、平均存货水平、向顾客交货的速度、产品市场覆盖程度等。销售配额是指生产商协议中规定的渠道成员的预期绩效。

（2）测量中间商绩效的主要方法：①将每一个中间商的销售绩效与上期的销售绩效进行比较，并以整个群体的升降百分比作为评价标准。②将各个中间商的绩效与该地区基于销售潜力分析设立的配额相比较，将中间商按先后名次排列。

5. 处理渠道冲突

渠道冲突是指渠道成员发现其他渠道成员从事的活动阻碍或者不利于本组织实现自身的目标，从而发生的种种矛盾和纠纷。

（1）渠道冲突的类型。

① 垂直渠道冲突。即同一条渠道中不同层次成员之间的冲突。如在生产商与批发商和经销商之间、批发商与零售商之间发生的权力及相关利益冲突等。

② 水平渠道冲突。即渠道内同一层次成员之间的冲突。如特许经销商之间的区域市场冲突、零售商之间对同一品牌商品展开的价格战。其中，大量窜货是危害性最严重的冲突。窜货是指经销商为了获得非正常利润，蓄意向自己辖区以外的市场倾销产品（即以低于厂家规定的销售价格向非辖区销货）。

③ 多渠道冲突。即一个生产商通过两条或两条以上的渠道向同一市场出售其产品而发生的冲突。其本质是几种分销渠道在同一个市场内争夺同一种客户群而引起的利益冲突。

（2）渠道冲突的预防和解决。预防渠道冲突的主要方式有：①良好的沟通；②进行科学有效的激励；③构建长期合作的良好关系；④建立产销一体化联盟。

一旦发生渠道冲突，则可利用谈判、调解、仲裁、诉诸法律、清除不良冲突成员等方式予以解决。

6. 调整分销渠道

大数据时代，企业通过全渠道收集消费者的搜索行为、广告观看、社交、购买等数据并进行整合，形成精准的用户画像，充分了解用户的渠道偏好和渠道行为，实时监控数据变动情况，及时调整企业的渠道组合设计。

当营销环境、消费者行为、中间商的经营能力等发生变化时，生产商应及时对分销渠道进行调整。渠道调整的方式有：增减某些渠道成员（个体增减）、增减某些分销渠道（类型增减）和变更整个分销渠道。例如，格力从2019年开始正式启动渠道变革，重点发力线上直销，以适应电商、直播等新零售业态；

小试牛刀

2020年起，很多实体企业以直播电商为主体重新布局线上渠道，请查阅资料并分析：该如何处理直播环境下的渠道冲突？

喜茶自2022年12月起，在坚持直营模式10年后，开放了加盟模式。

10.4　供应链与物流管理

在数字时代，我国现代物流业获得了快速发展。现代企业越来越重视供应链与物流管理在分销渠道策略应用中的地位。在渠道方面，企业之间的营销竞争已扩展到供应链与物流管理上。一方面，良好的供应链与物流管理可以帮助企业实现对物流资源的合理应用，协调物流资源来满足制造生产和稳定供应的市场需求；另一方面，完备的供应链与物流管理可以提高分销渠道的服务效率，增加企业在市场中的竞争力。

10.4.1　供应链管理

根据中华人民共和国国家标准《物流术语》（GB/T 18354—2021）（简称《物流术语》），供应链管理，是指从供应链整体目标出发，对供应链中采购、生产、销售各环节的商流、物流、信息流及资金流进行统一计划、组织、协调、控制的活动和过程。

供应链由上游和下游的合作伙伴构成。上游合作者是指那些为生产产品或服务提供所需原材料、零部件、信息、资金和专业技术的企业，或者直接提供产品或服务给中间商的生产企业。下游合作者是指面向顾客的分销商、物流企业等。

供应链管理包括计划、采购、制造、配送、退货五大基本内容。

供应链管理有七项基本原则：①根据客户所需的服务特性来划分客户群；②根据客户需求和企业可获利情况，设计企业的后勤网络；③倾听市场的需求信息，设计更贴近客户的产品；④加强时间管理，优化业务流程，减少等待延迟时间；⑤策略性地确定货源和采购，与供应商建立双赢的合作策略；⑥在整个供应链领域建立信息系统；⑦建立整个供应链的绩效考核准则。

营 销实践

生鲜连锁品牌的供应链竞争

生鲜零售竞争赢在供应链，好的供应链能帮助企业压缩成本、提升效率、减少消耗。供应链是生鲜连锁差异化竞争之本，尤其是源头直采、加工、物流能力及下游再加工、仓配能力。

2022年，京东七鲜覆盖全国50%的地标品牌，与21个省份合作超过1 636个地标生鲜产品。每日优鲜在全国拥有近200个优鲜农场直采基地，约350个优鲜工厂，自有品牌"享安心"的总SKU超200个。叮咚买菜在全球20多个地区建设了350个生鲜直采基地，启动叮咚农场，并与生产商、品牌方联合推出联名与定制商品。多多买菜则主打农产品品牌"真香"，把百亿元农业专项补贴转化成地标品牌订单，并与中国邮政合作打造了150个农产品基地。淘菜菜也采取直供直销的助农模式，建立直采基地，连接近万个农产品基地。

花点时间是销量最大的鲜花订阅电商品牌，2018年开始自建供应链和线下花店。目前已拥有10万亩[①]花田、全国18个城市大仓、8个自动化鲜花加工流水线生产工厂和200家线下花店，其直接冷链作业服务全国300个城市的用户。

资料来源：贾昌荣.精品生鲜连锁如何破圈出坑[J].销售与市场，2022（9下）：24.

供应商是供应链中的重要环节。随着数字技术的不断发展，企业选择供应商的传统模式被颠覆。企业可以应用人工智能、物联网、数据挖掘等技术，构建供应商数据库，随时监测供应商的经营风险并对其经营绩效进行预测，同时评估备选供应商的经营实力。

营销实践

SHEIN的"实时生产模式"

SHEIN不仅是一个跨境电商B2C平台，也是一家国际B2C快时尚电子商务公司，主要经营女装、男装、童装、饰品、鞋、包等时尚用品，主打欧美市场。

传统服装行业的生产经营销售模式是充分利用规模化效应，追求成本最低化，合作的生产厂商每年都需要承担一定的存货风险和资金周转风险。SHEIN则是利用中国大量的小规模服装制造产能，打造"实时供应体系"。每款服饰单次生产的数量不大，但款式多，且都能快速结款。生产厂商不需要承担存货或资金风险，但要提升生产效率。在这种模式下，一方面，公司在供应端获得了工厂厂家的极大信任和供应黏性；另一方面，公司本身的资金利用效率和存货效率都能大大提升，并且真正做到根据市场需求快速调整生产版型。SHEIN的存货周转期仅30多天，远低于同行水平，这也支撑起了它的实时供应体系。

资料来源：前瞻产业研究院.2021年中国独角兽企业研究报告.

---

① 1亩约合666.67平方米。

10.4.2 物流管理

1. 物流管理的含义

根据《物流术语》（GB/T 18354—2021）物流管理是为达到既定的目标，从物流全过程出发，对相关物流活动进行的计划、组织，协调和控制。物流管理是供应链管理中的重要环节。党的二十大报告指出："加快发展物联网，建设高效顺畅的流通体系，降低物流成本。"这对物流管理也提出了要求。

相比较于传统分销渠道，物流管理对于网络分销渠道更为重要。尤其在"双11"等电商节日活动中，物流服务已成为各大电商竞争的主要内容。物流活动可分为基本活动和支持活动，基本活动包括运输、储存、包装、装卸、搬运等，支持活动则有流通加工和物流信息等。

数字经济背景下的物流技术呈现自动化、数字化、智能化和无人化等特点。

营销实践

菜 鸟 网 络

菜鸟网络科技有限公司（简称"菜鸟"）成立于2013年5月，是一家客户价值驱动的全球化产业互联网公司。菜鸟坚持长期主义，聚焦产业化、全球化和数智化，坚持融合物流产业的运营、场景、设施和互联网技术，坚持数智创新、开拓增量、普惠服务和开放共赢。菜鸟已形成面向消费者、商家和物流合作伙伴三类客户的五大核心服务板块：全球物流、消费者物流、供应链、全球地网、物流科技。

菜鸟持续投入全球物流基础设施和底层能力建设，全球运营地网设施面积超过1 000万平方米，日均服务跨境包裹量已超过500万件，可助商家用"一杯咖啡钱"实现全球Top20城市5日达。菜鸟数智物流设施和供应链已服务商家品牌数万个，80%从菜鸟产地仓库发出的包裹可隔日达。菜鸟驿站已覆盖全国200多个城市、3 000所高校和4万多个乡村，菜鸟裹裹为3亿多消费者带来寄件服务。

菜鸟已在社区服务、全球物流、智慧供应链等领域建立了新赛道，在为消费者和商家提供服务的同时，也在服务实体经济，助力双循环、乡村振兴、碳达峰和碳中和等方面发挥着自己的作用。

2. 物流管理决策

（1）处理订单。订单的处理和执行包含多个环节：订单提交、订单录入、存货和生产安排、订单和发票传递、货款收付。订单处理时间越短，越容易减少客户不满，增加公司利润。

（2）运输商品。常用的运输方式有铁路、公路、船舶、航空和管道等。运输方式的选择是营销人员必须关注的环节，在选择运输方式时要综合考虑所运输商品的种类、数量、距离、速度和费用等要素。

（3）存储商品。企业不仅需要决定储存场所的数量，也要决定仓储的地点以及是自有仓库还是租用仓库。还必须考虑商品的特性，不同商品对仓储条件的要求各有不同。

（4）库存。企业在进行库存决策时需要关注库存安全及订货批量的确定，以便能及时满足顾客的订货、提货需求。在库存管理中很多企业强调"零库存"管理。零库存不是指以仓库储存形式的某种或某些物品的储存数量真正为零，而是通过实施特定的库存控制策略，实现库存量的最小化。

营销新知

最小存货单位

最小存货单位（Stock Keeping Unit，SKU）是计量库存进出情况的基本单元，可以以件、盒、托盘等为单位。SKU是大型连锁超市配送中心（DC）进行物流管理的一个必要的方法。现被引申为产品统一编号的简称，在数字化营销实践中广泛应用，每种产品均对应有唯一的SKU号。对一种商品而言，当其品牌、型号、配置、等级、花色、包装容量、单位、生产日期、保质期、用途、价格、产地等属性中任一属性与其他商品存在不同时，可称为一个单品。

3. 物流业务模式

（1）自营物流。企业建立自营物流体系，可以直接支配物流资产、控制物流职能、保证货物畅通和顾客服务质量，有利于保持企业和顾客的长期关系。例如，京东是自营物流的典型代表，它通过自营物流实现了商品的快速投递，满足了客户的消费体验，获得了良好的顾客评价。京东物流提供的服务与产品如表10-1所示。

表10-1　京东物流服务与产品

服务与产品		服务类别
服务		物流服务、仓储服务、快递快运服务、大件服务、冷链服务、跨境服务
产品	硬件产品	智能仓储、智能配送
	软件产品	京慧、京东物控、LoMir[①]智能物流园区、智能仓储管理系统

资料来源：京东物流官网，数据截止到2023年7月。

---

①　LoMir（Logistics Mirror）译为"络明"，即物流镜像，指通过数字孪生技术建立的物理世界中的物流数字镜像。

（2）第三方物流。本质上是物流的外包，是指由供方与需方以外的第三方专业物流企业提供物流服务的业务模式。例如，永辉超市、世纪联华等超市将即时配送服务交由京东到家，以最快20分钟、最慢两小时的配送速度送货上门。

（3）第四方物流。是指物流企业提供一个整合性的物流解决方案，包括金融保险服务、多站式物流配送安排等。第三方物流只单纯地提供物流服务，而第四方物流则是整合性的，如协助企业处理进出口关税问题，向企业提供代收款等功能。第四方物流的关键在于提供最佳增值服务。

稳 扎稳打

一、单项选择题

1. 下列产品中，最适合采用广泛分销策略的是（　　　）。

　　A. 电视机　　　　　　　　　　B. 高档家具

　　C. 果汁　　　　　　　　　　　D. 精工牌手表

2. （　　　）是指企业为了满足消费者在任意时间、任意地点、采用任意方式购买的需求，采取实体渠道与网络渠道相整合的方式营销产品或服务，为顾客提供无差别的购买体验。

　　A. 全渠道分销系统　　　　　　B. 整合渠道系统

　　C. 复合渠道系统　　　　　　　D. 以上都不是

3. 按是否使用中间商，分销渠道可以分为（　　　）。

　　A. 长渠道和短渠道　　　　　　B. 直接渠道和间接渠道

　　C. 宽渠道和窄渠道　　　　　　D. 多渠道和单渠道

4. 从事商品交易业务，接受生产商委托，但不拥有商品所有权的中间商是（　　　）。

　　A. 批发商　　　　　　　　　　B. 代理商

　　C. 制造商　　　　　　　　　　D. 经销商

5. （　　　）是指同一条渠道中不同层次成员之间的冲突。

　　A. 多渠道冲突　　　　　　　　B. 水平渠道冲突

　　C. 垂直渠道冲突　　　　　　　D. 以上都不是

二、多项选择题

1. 垂直分销系统是指由制造商、批发商、零售商组成的一种统一的联合体，包括的类型有（　　　）。

A. 公司式
B. 管理式

C. 契约式
D. 自愿连锁式

2. 连锁店的具体形式有（　　　　　）。

A. 公司连锁店
B. 自愿连锁店

C. 契约连锁店
D. 特许加盟连锁店

3. 根据是否使用中间商，网络渠道可以分为（　　　　　）。

A. 企业自有平台直销
B. 第三方平台直销

C. 网络间接分销
D. 复合型网络分销

4. 根据企业追求的市场覆盖面，可供选择的分销渠道策略包括（　　　　　）。

A. 直销
B. 选择分销

C. 独家分销
D. 广泛分销

5. 对分渠道方案进行评估时，企业主要考虑的渠道特性包括（　　　　　）。

A. 经济性
B. 可控性

C. 适应性
D. 可变性

三、判断题

1. 在市场营销理论中，市场营销渠道和分销渠道属于同一个概念。
（　　　）

2. 经销商是指从事商品交易业务，接受生产商委托，但不具有商品所有权的中间商。（　　　）

3. 从渠道的成本角度，网络渠道流通环节的减少带来了渠道成本的降低，同时还能节省客户管理成本。（　　　）

4. 窜货是指经销商为了获得非正常利润，蓄意向自己辖区以外的市场倾销产品。（　　　）

5. 在库存管理中，企业强调的"零库存"管理是指尽量将产品库存数量降到零，以节约库存成本。（　　　）

四、简答题

1. 分销渠道的基本类型有哪些？

2. 在营销实践中，O2O 模式主要有哪些类型？在新零售渠道分销中有哪些具体应用？

3. 分销渠道设计的主要步骤有哪些？

4. 分销渠道管理的主要内容有哪些？

5. 党的二十大报告强调"全面推进乡村振兴""扎实推动乡村产业、人才、文化、生态、组织振兴"，国家鼓励优秀青年到农村创业。农产品项目创业时，在渠道建设方面应注意哪些问题？

调查研究

（一）在直播电商行业，直播间只有不断满足客户需求、为客户带去价值才能持续获得客户。用户的价值需求表现为：①情绪价值，包括娱乐消遣、荣誉获得、被关怀、归属感、正能量等；②信息价值，包括新奇内容、方式方法、货品信息等的讲解分享；③货品价值，包括货品使用价值、优惠折扣等；④信用价值，包括直播间及运营者的信用背书、产品的筛选等。因此，优秀的直播间主播需要具备以下能力，并做到知己知彼。

抗压能力：主播工作强度大、心理负荷高，主播需要热爱该职业并始终保持信念。需要具备在高压下、困境下的自我调节能力，不将负面情绪带进直播间。

选品能力：在直播电商业务中，货品是消费者付费获取的核心利益。主播要做好选品，既要懂粉丝，了解粉丝需求；也要懂产品，拥有产品专业知识。

展现能力：展现是主播的核心工作，主播在直播间通过展现吸引粉丝观看、关注、"转评赞"、购买等。好的展示包括形象得体、口齿清晰、讲解专业、内容有趣或有价值、互动积极等，通过展现能准确传递价值，促进成交。

学习能力：在直播中货品不断迭代、内容不断更新，主播只有不断学习，领先用户，才能更好地完成直播目标。主播学习的内容包括产品知识、当下热点趋势、用户画像、直播平台知识、直播技巧等，优秀的主播需要具备较高的学习能力。

选择一个你喜欢的直播间进行调研，分析该直播间的主播具备哪些个人修养和专业能力。请对该直播间的粉丝进行简单用户画像。

（二）购物中心进入存量时代，餐饮布局逐步向小店化、社区化发展。一方面，餐饮小店面积小、员工数量少、运营成本低、所提供的产品和服务性价比较高，灵活轻快易存活；另一方面，数字化助力餐饮经营线上主场，线上线下双主场赋能小店打开空间和时间限制，辐射更大范围的客群，做更大体量的生意。随着刚性消费增加，社区店、档口店以及其他小店型餐饮门店更受关注。

例如，中式快餐代表品牌"老乡鸡"定位于"百姓家庭厨房"，主打干净卫生、好吃健康、平价亲民，已经在全国开出 1 000 多家门店。拥有 8 000 多家门店的餐饮新零售企业锅圈食汇则定位于"社区央厨"，主打到家市场，为老百姓提供多元化、多品类、优质方便、高性价比的居家餐饮解决方案，"让老百姓 5 分钟在家吃大餐"，其开店基本逻辑遵循每 2 000 户即可开设 1 家锅圈社区门店。中餐企业西贝也一直在尝试社区店，从麦香村、西贝 Express、超级肉夹馍到贾国龙功夫菜，虽然屡经波折，但仍瞄准社区坚持探索。

选定一家优秀的小型、社区连锁餐饮企业进行调研：全渠道时代，该餐饮企业采取了哪些创新的策略和手段吸引消费者的关注？

力　学笃行 ‹‹‹‹‹‹‹‹‹‹‹‹‹‹‹‹‹‹‹‹‹‹‹‹‹‹‹‹‹‹‹‹‹‹‹‹‹‹

分销渠道策略分析——新零售环境下 ×× 商业零售企业经营现状分析

■ 实训目标

通过项目小组选择某一家新零售环境下的商业零售企业作为研究对象，收集资料，在互联网技术、电子商务、新零售理论等创新因素影响下，分析该企业的目前经营状况，掌握分销渠道策略决策分析的主要内容。

■ 背景资料

中国实体零售业发展经历了从传统的集市、百货商场到购物中心、大型连锁超市的演变，现在正面临着新零售的挑战。随着互联网技术的发展，新零售成为了中国零售业的一个新兴模式，它通过线上线下融合，为消费者提供更为便捷和个性化的购物体验。目前，新零售正在逐渐成为中国零售业的主流。未来实体零售业的发展方向主要有以下几个方面：

（1）多元化经营。随着消费者需求多元化和个性化的不断增长，实体零售企业需要提供更丰富、更个性化的商品和服务，通过不断扩大经营品类和提升服务质量来吸引更多的消费者。

（2）数字化转型。实体零售企业需要借助数字技术，通过数字化营销、智能化服务等方式，提升自身竞争力，提高运营效率和客户体验，以适应市场的变化。

（3）创新营销模式。实体零售企业需要探索创新的营销模式，如线上与线下互动、社交媒体营销、内容营销等，从而实现销售转化和用户留存。

（4）多渠道销售。实体零售企业需要通过多种渠道进行销售，如旗舰店、专卖店、商场、超市、社区店等，以覆盖更广泛的消费群体和提升品牌知名度。

（5）环保可持续。随着消费者对环保和可持续发展重视程度的提高，实体零售企业需要在产品质量、环保认证、社会责任等方面进行提升，以满足消费者需求。

总之，实体零售业面临的挑战和机遇并存，只有不断创新和变革，才能够适应市场变化，保持竞争力，实现长期稳定发展。

■ 实训要求

本次实训，每小组选择一家国内外知名的商业零售企业进行研究：该企业近几年在数字经济的影响下，做了哪些战略性调整？它的营业现场提供了哪些产品和服务？顾客体验如何？

注：该企业应在学生就读学校所在城市有线下门店，能够进行现场参观体验。

根据搜集的资料，拍摄制作一份新零售环境下 ×× 商业零售企业现场体验视频作品，时长约 5 分钟。

作品内容应包括但不限于以下内容：店铺的内外部环境、企业文化或者企业特色、商业模式、核心竞争力、目标人群、产品与服务、产品价格、门店促销、供应链、开设所需资金、人工、设备，等等。

■ 实训步骤

（1）学生分组选择某一企业。

（2）登录抖音、小红书、快手、知乎等网络平台，搜集整理相关资料。

（3）现场体验，收集资料、制订拍摄计划和文稿策划。

（4）完成一份视频拍摄制作脚本。

（5）现场拍摄，后期剪接制作，完成一份现场体验（探店）视频作品。

（6）分组展示汇报，讲解脚本设计创意。

（7）相互点评，教师总评。

■ 实训成果

新零售环境下 ×× 商业零售企业现场体验视频制作脚本、作品各一份。

<<<<<<<<<<<< 自 学自测 <<<<<<<<<<<<<<<<<<<<<<<<<<<<<<<<<<<<

单元十　分销渠道策略决策

单元十一　促销策略决策

素养目标

1. 以客户为本，爱岗敬业、诚信友善，提高职业素养
2. 在促销活动中利用新媒体讲好中国故事，传播中国好声音
3. 践行社会主义核心价值观，热爱公益，培养奉献精神

知识目标

1. 掌握促销及促销组合的相关概念及含义
2. 掌握人员推销策略的主要内容
3. 掌握广告策略的主要内容
4. 熟悉公共关系策略的主要内容
5. 掌握销售促进策略的主要方式

技能目标

1. 能够根据企业的经营环境、产品的目标顾客制定科学合理的促销组合策略
2. 能够运用人员推销的相关知识开展基本的推销活动
3. 能够运用广告策略的相关知识制订简单的广告投放计划
4. 能够根据企业实际情况提出合理的公共关系活动建议
5. 能够根据营销活动的具体需要制订销售促进计划并予以实施

思维导图

促销与促销组合
影响促销组合策略制定的因素 ── **促销组合策略**
促销组合策略制定的程序

广告的含义
广告的作用
广告策略 ── 广告的类型
广告策略实施的程序

促销策略决策

公共关系的含义
公共关系策略 ── 公共关系的主要内容及时机选择
公共关系的主要方式

人员推销的含义
人员推销的工作任务
人员推销的基本形式 ── **人员推销策略**
人员推销的主要程序
人员推销管理

销售促进的含义
销售促进策略 ── 销售促进的方式
销售促进方案的设计

学 思践悟　在 B 站，文化正"出海"

　　哔哩哔哩（bilibili）作为年轻一代高度集中的视频平台和文化社区，创建于2009年，被粉丝们称为"B站"。作为国内最大的年轻人文娱视频社区，B站致力于成为文化领域良好交流的纽带，为各国青年进行人文交流、理性认识和互相理解注入正能量，为中国文化走出去贡献自己的一份力量。

1. UP主优质内容走出去，让青年影响青年

　　哔哩哔哩从最早的ACG（动漫与游戏）社区发展为涵盖7 000多个核心文化圈层、800万个文化标签的文化社区，打出了"你感兴趣的视频都在B站"的品牌标识语。UP主的优质内容不仅多次被党媒央媒选中，全网宣发，也逐渐成为文化输出的载体走出国门，以青年影响青年。良好的氛围、优质的内容和创作的激励，也吸引着更多的海外用户。在B站这个以兴趣聚合的社区里，他们在分享生活的同时，碰撞出文化交流的火花。

2. 做好动画是B站初心，让国创动画走出国门

　　B站作为动画爱好者聚集的平台，一直大力扶持国产原创动画创作，已出品了超过100部国产原创动画作品，成为中国最大的国产原创动画

的出品方之一。B站投资出品、以近现代重大军事外交事件为主要内容的爱国主义动画《那年那兔那些事儿》，被称为中国互联网史上时间最长、规模最大的一次爱国主义教育课。致敬心怀梦想、谋求民族复兴和人民幸福奋斗者的动画作品《追梦者》（与人民日报联合出品），也极受用户喜爱。

B站一直致力于推动国创动画出海，积极展开海外版权合作，培育优质原创IP。携带国创作品参展国际动漫博览会，给海外动漫爱好者带来不一样的"中国风"。目前，B站已有24部原创作品登陆海外市场。

3. 持续发力纪录片，讲好中国故事

哔哩哔哩作为中国最大的纪录片出品方之一，不断为纪录片用户提供原创内容和爆款作品。哔哩哔哩推出纪录片"寻找计划"，为用户"寻找"更多优秀纪录片内容，同时为纪录片创作者进行全产业链的扶持。B站出品的《人生一串》《但是还有书籍》《历史那些事》《决胜荒野之华夏秘境》等多部纪录片作品广受好评。

未来，B站将继续面向年轻人，面向世界，为传播更多优质的网络视听内容，为推动中国年轻人与全球文化的互动与交流作出贡献。在B站，文化正"出海"。

资料来源：CR解读工作室.在B站，文化正"出海"[EB/OL].微博，2022-11-23.

引思明理：

促销策略决策是营销组合策略制定的关键环节。企业需要评估、选择并科学运用合适的传播工具，最终与中间商、消费者和公众实现良好的信息沟通。党的二十大报告指出："加快构建中国话语和中国叙事体系，讲好中国故事、传播好中国声音，展现可信、可爱、可敬的中国形象。"哔哩哔哩在促销过程中扎根于多元文化繁荣生长的中国土壤，培养文化自信，积极传承创新，利用数字传播和大众传播等工具讲好中国故事，在文化交流互鉴中展现中国年轻人的风采。

现代市场营销不仅要求企业开发适销对路的产品，制定有竞争力的价格，选择高效率的分销渠道，还要通过各种方式和中间商、消费者和公众双向沟通有效信息，创造消费和使用产品的社会氛围和市场条件，扩大产品的销售。正确制定并合理运用促销策略是企业在市场竞争中取得有利产销条件、获取较大经济效益的必要保障。

11.1　促销组合策略

11.1.1　促销与促销组合

1. 促销

促销，即促进产品销售，是指营销者以满足消费者需要为前提，将企业及其产品（服务）的信息通过大众传播、人员传播和数字传播等方式传递给消费者，促进消费者了解、信赖本企业的产品，进而唤起消费者需求，使其采取购买行为的营销活动。

促销的实质是沟通传播。具体而言，促销具有以下几层含义：

（1）促销工作的核心是双向信息沟通。一方面把企业及产品的信息传递给消费者，另一方面将消费者对企业及其产品的意见、需求等信息反馈给企业。

（2）促销的目的是拉新（获取潜在客户）、促活（促进用户参与）、留存（流量变留量）、转化（实现交易）、传播（口碑宣传、裂变）与复购。

（3）促销的方式有大众传播、人员传播和数字传播三种方式。大众传播包括广告、公共关系、销售促进、事件营销等。人员传播包括人员推销、直复营销、数据库营销、口碑营销等。数字传播包括网络营销、社交媒体营销、移动营销等。

（4）促销的主体可以是生产商、中间商，也可以是消费者和公众。生产商通过促销接触中间商、消费者和各种公众，中间商通过促销接触消费者和各种公众，消费者和公众通过促销形成舆论和口碑传播。在数字营销活动中，流量既是沟通传播的重要网络指标，也是促销活动考量的新内容。

守正创新

正确认识流量，坚决抵制流量造假

流量是一种特定对象在网络空间所获注意力的数据表现形式。流量经由信息提供者、制造者和传播者的加工制作、共享共创、意义赋予，在不断重复和交互的点赞、评论、转发、刷量过程中，完成了自身价值创造。流量的类型主要有：①自媒体平台自媒体号的关注人数、推文和短视频的阅读量、点赞量、转发量、评论数；②好友的阅读、已看、点赞等基于社交关系的提示；③电商平台（淘宝、天猫、京东等）的单品热销数量、特定商家或商品的收藏量、用户评价等。

流量造假，是指通过投放劣质流量、使用非自然流量或者植入代码等特定形式，制造虚假流量并谋取不正当利益的行为。对于流量造假，应坚决予以抵制。2022年，国家互联网信息办公室、工业和信息化部、公安部、国家市场

德技并修

监督管理总局联合发布《互联网信息服务算法推荐管理规定》，明确指出："算法推荐服务提供者不得利用算法虚假注册账号、非法交易账号、操纵用户账号或者虚假点赞、评论、转发，不得利用算法屏蔽信息、过度推荐、操纵榜单或者检索结果排序、控制热搜或者精选等干预信息呈现，实施影响网络舆论或者规避监督管理行为。"

2. 促销组合

促销组合，是指企业根据促销需要，对大众传播、人员传播和数字传播等促销方式的适当选择和综合编配，从而形成的整体促销方案，如图 11-1 所示。

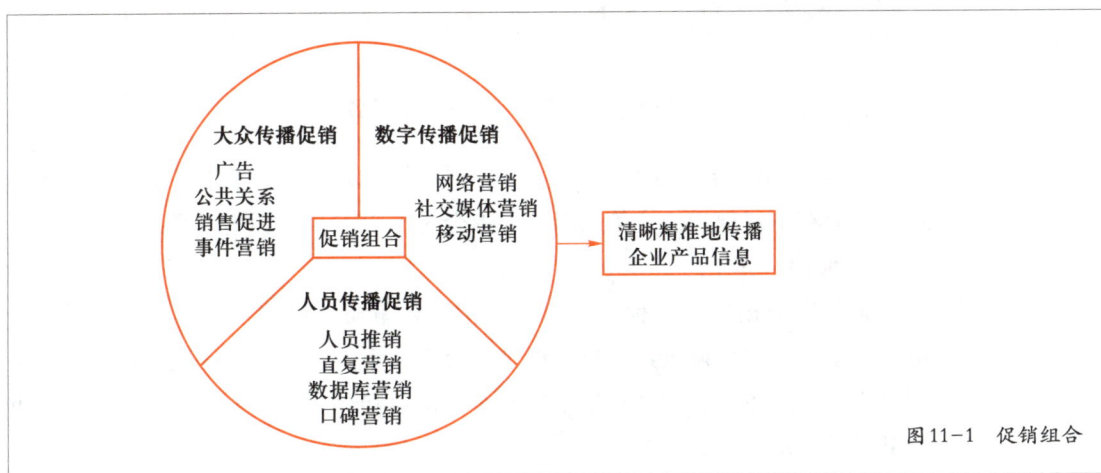

图 11-1　促销组合

数字经济时代，人员推销、广告、公共关系和销售促进仍是企业促销组合策略制定时最常用的四种促销方式。这四种促销方式各有其优劣势、常见方法和适用范围。因此，企业应根据促销需要，适当选择、编配和综合运用有关的促销方式，形成最佳的促销组合策略。

营销实践

小鹏汽车：在元宇宙直播探险

2022年，元宇宙概念持续火爆，各行各业都掀起了一阵元宇宙热潮。而在汽车领域，小鹏汽车率先发力，推出首个元宇宙探索剧情类直播——"鹏克星球"，一举拉开了汽车和元宇宙结合的帷幕。为了给观众更为逼真的沉浸式体验，小鹏汽车创造了一个完整的剧情框架，使观众更有代入感，并以直播探险的形式带领人们走进元宇宙，去进一步探索元宇宙的奥妙。逼真的第一视角、超前世界的科幻场景，这种有别于传统形式的新颖直播，以其独特的魅力吸引着更多年轻人的关注。

在直播活动成功取得热度之时，小鹏趁热打铁联合天猫推出以小鹏P7新能源汽车为原型的NFT数字收藏品，为用户对小鹏汽车的认知找到新切入角度。同时邀请虚拟偶像界中的顶流"柳夜熙"为其代言，并在抖音推出了相关的广告短剧影片。在影片中，通过柳夜熙对小鹏P7的驾驶，展示"智能语音小P、丹拿音乐座舱"等亮点功能，完成对产品体验的软性植入。小鹏汽车充分运用元宇宙元素，使自己的产品与"科技潮酷""时尚""探索"画上等号，也让用户对小鹏汽车有了更多的想象空间。

资料来源：现代广告杂志社.2022年度中国最具影响力的十大数字营销传播案例[EB/OL].微信公众号，2023-02-13.

11.1.2　影响促销组合策略制定的因素

制定促销组合实质上是企业在各种促销工具之间合理分配促销预算的问题。企业在制定促销组合策略时，应综合考虑以下几个影响因素：

1. 促销目标

企业应根据促销目标灵活调整促销组合策略。例如，促销目标是增加产品销售量，则要强调近期效果，促销组合应注重广告和销售促进；促销目标是树立良好的形象，就强调长远地提升企业形象和综合竞争力，促销组合应注重公共关系活动。

2. 促销活动基本策略

（1）推动策略。是指生产企业采用人员推销和销售促进等方式向中间商积极推销，使消费者通过接触终端陈列的产品而选择购买。采用该策略的生产企业需要利用大量的推销人员和对中间商吸引力强的销售促进方式积极推销产品。推动策略风险小、推销周期短、资金回收快，但其前提条件是需要中间商的共识和配合。推动策略如图 11-2 所示。

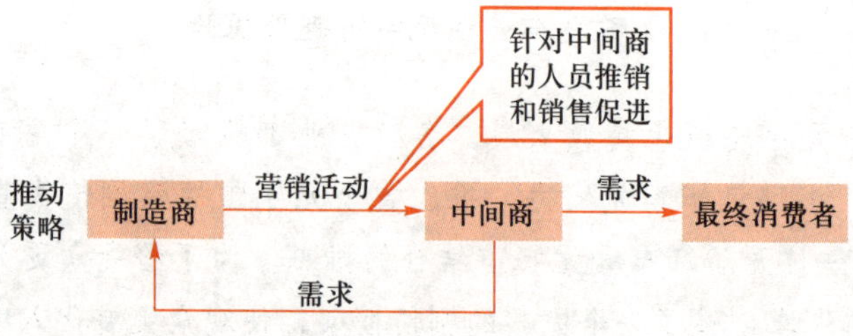

图 11-2　推动策略

推动策略常用的方式有派出推销人员向中间商推销产品。针对中间商采用的销售促进方式有购买折扣、推广津贴、列名广告、赠品、销售竞赛、业务会议和展销会等。

（2）拉动策略。是指生产企业针对最终消费者开展营销活动，把产品信息介绍给目标市场的消费者，使人产生强烈的购买欲望，形成急切的市场需求，然后"拉引"中间商要求经销这种产品（如图11-3所示）。选择该策略的生产企业不直接向中间商推销，而是直接针对消费者进行推销，反向拉引中间商经销。

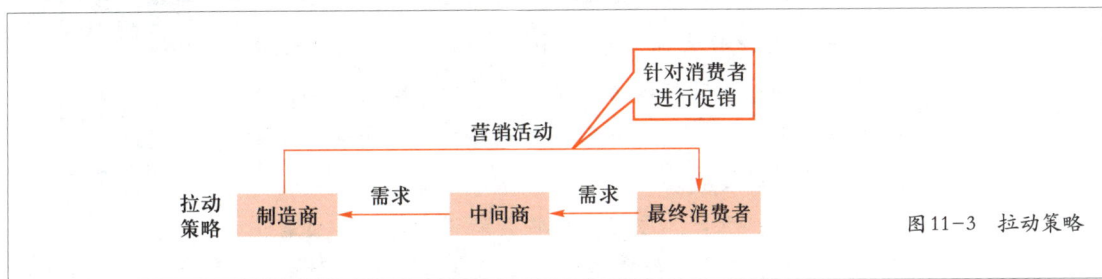

图11-3 拉动策略

拉动策略常用的方式有针对消费者的广告、销售促进（赠送样品、有奖销售、优惠、以旧换新）、内容营销、社交媒体营销等。

（3）推拉结合策略。推动策略的重心在推动，着重强调生产企业的主观能动性；拉动策略的重心在拉引，着重强调消费者的主观能动性。在促销实践中，许多生产商通常把"推""拉"两种策略配合起来使用。

3. 产品因素

（1）产品的类型。①消费者市场多采用拉动策略，首先重视广告，然后是销售促进、人员推销，以及公共关系。②产业市场多采用推动策略，首先重视人员推销的促销作用，然后是销售促进、广告以及公共关系。

（2）产品的生命周期阶段。以消费品为例：①在导入期，广告和销售促进有利于消费者认识和了解产品。②在成长期，广告重在强调产品和品牌特色，提高市场占有率，同时增强人员推销。③在成熟期，广告重在强调产品的差异性，同时配合适当的销售促进。④在衰退期，针对老顾客采用提示性广告，减少人员推销，辅之以适当的销售促进和公关活动，保证一定的利润收入。

4. 消费者心理因素

一般来说，广告在购买心理形成的初级阶段，对集中消费者的注意力很有效果；公共关系策略适合新产品的促销，如利用新闻报道等宣传新产品，几乎接近广告的效果；人员推销对唤起消费者购买欲望，引导消费者购买决策具有很好的效果。

营销实践

借势高考，品牌联名新创意

2021年5月，一款联名"5年高考3年模拟"的雪糕爆红网络（如图11-4所示），网友戏称"这熟悉的配色、醒目的字眼，让刷题的手微微颤抖"。它一度登上知乎热榜，获得超过51万次的浏览量。淘宝、天猫也积极广而告之，让这款联名雪糕火爆出圈。

与以往大IP与大品牌联名不同，这次联名的两个主角，不仅专业品类跨度较大，是教辅品牌与快消品牌，而且在品牌知名度上，这次联名的雪糕品牌蘇盒珊则是刚刚成立，名不见经传。

蘇盒珊与"五三"联名，不但是新奇的体验，更有情怀的加成。"五三"的知名度，是本次联名雪糕走红的必备因素。作为一款"国民教辅"，大多数人的青春里都出现过它的身影，其对消费者的熟悉度不言而喻，必然会引发消费者的情感共鸣。"90后""95后"，甚至"00后"各个圈层的用户对这个话题进行热情再创作，不断加强了话题热度。

图11-4 联名雪糕

其实许多品牌都会借势高考推出颇具创意的产品。如蒙牛曾推出"高考押题奶"，在外包装上印刷了知识点与练习题，搭配上"蒙什么都牛，做什么都对"的广告语，一时大卖。又如文具品牌百乐推出高考实用礼盒"百乐高考知识百科"，语言学习工具多邻国甚至推出一款特别的卷纸，卷纸上印着中英双语例句，方便用户充分利用碎片时间，在如厕时也能学外语。

资料来源：张淑敏.品牌借势高考，玩出联名新花样［J］.销售与市场，2021（5下）：3.

5. 市场特点

在地域广阔、分散的市场，广告有着重要的作用。如果目标市场窄而集中，可使用有效的人员推销方式。此外，市场类型、竞争状况，消费者收入水平、风俗习惯、受教育程度等都会对各种促销方式产生不同的影响。

6. 企业实力及促销预算

企业若规模较小、实力较弱，则可以不使用大规模广告宣传的方式，而以人员推销为主。企业若规模大、产品数量多、有足够的经济实力，则可以采用广告宣传并辅以其他促销手段。

促销预算的多少直接影响促销手段的选择，预算开支的多少要视企业的实际资金能力和市场营销目标而定。

11.1.3　促销组合策略制定的程序

为了成功地把企业及产品的有关信息传递给目标受众，企业需要有步骤、分阶段地制定促销组合策略。

1. 确定目标受众

确定目标受众是促销活动的基础，它决定了企业在传播信息时应该说什么（信息内容）、怎么说（信息结构和形式）、什么时间说（信息发布时间）、通过什么说（传播媒体）和由谁说（信息来源）。

2. 确定促销目标

企业开展促销活动需要明确促销目标，具体目标包括增强新品曝光度，提高流量；互动沟通，增强用户黏性；引导消费，提高转化和留存率等。

3. 确定促销时机和促销期限

促销时机的选择一般应结合消费需求时间的特点，结合总体市场营销战略而确定，日程安排应注意与生产、分销、需求的时机协调一致。促销期限不宜过长或过短，应综合考虑产品特点、消费者购买习惯、促销目标、竞争者策略及其他因素，按照实际需求确定。

4. 设计促销诉求信息

设计促销诉求信息即解决"说什么"和"怎样说"的问题。一个产品在生命周期的不同阶段，促销诉求的差异较大（如表 11-1 所示），应分别设计。

表 11-1　产品生命周期不同阶段的促销诉求

产品生命周期阶段	促销诉求
导入期	使消费者认知新产品及其功能
成长期	使消费者认可产品和品牌的优势，并不断强化这种认可度
成熟期	加强消费者对产品的依赖和对品牌的忠诚度，以便树立品牌形象，扩大市场份额；延长产品的生命周期
衰退期	处理库存；维持企业形象，借以推广新产品

营销实践

要想富，先种树

2022年植树节，知乎围绕"种树"发起系列活动，让"种树"这一理念从口号变成行动。知乎携手超级植物公司推出联名款"小树苗",将其作为礼物送给600位答主和核心合作伙伴,并准备了一张特别的贺卡——"要想富,先种树",如图11-5所示。此举表达了知乎希望"种树人"在知乎长期耕耘,共同建设充满生命力的"知乎森林"的愿景,传递出"坚持和答主、客户共同成长"的决心和品牌理念。同时,知乎还通过中国绿化基金会的"百万森林计划",在内蒙古腾格里沙漠生态林种了600棵真正的希望之树,为环保事业做出贡献。

图11-5　知乎种树活动

与"种草"的情绪化感染不同,知乎立足于用真实、专业与靠谱的内容来引导消费者决策。目前,已有超千万品牌和答主汇集在知乎森林,为上亿消费者提供靠谱的消费答案。知乎种树,是让品牌的生命力如同一棵巨树在消费者心中生长,从而实现增长与信任的兼顾。

资料来源:邓令其.要想富,先种树[J].销售与市场,2022(5上):102.

5. 选择信息沟通渠道

企业可选择大众传播渠道、人员传播渠道和数字传播渠道等多种信息沟通渠道。在社交媒体时代,企业应充分发挥消费者参照群体的影响力,达成口碑营销效应,提高信息沟通效果。

随着5G、大数据、云计算、物联网、人工智能等技术的不断发展,移动互联网已经成为信息传播的主渠道。消费者能够借助公司网站、App、微信、直播平台等与商家直接交流,了解产品和服务信息,提升购物体验。同时,企业虚拟品牌社区、微博、微信朋友圈、微信号、视频号、搜索引擎、内容分享社区等则为消费者提供了更多了解信息、沟通信息和传播信息的渠道。

6. 制订促销预算

企业制订促销预算常用的方法有量力而行法、目标任务法、销售百分比法、利润百分比法和竞争对等法等。

7. 确定促销组合

企业面临的重要问题就是如何将促销费用合理地分配于不同的促销方式。促销方式各有优势和劣势,相互促进,相互补充。因此,企业往往综合运用促销组合,以达成既定目标。

8. 建立反馈系统

实施促销活动后，企业必须跟踪调查沟通信息对目标受众的影响，评价其效果；同时，收集目标受众的行为反馈数据。营销人员根据反馈信息，决定是否需要调整营销战略或具体的促销计划。

11.2　人员推销策略

11.2.1　人员推销的含义

人员推销是指企业通过派遣销售人员与一个或一个以上的潜在消费者进行沟通交流，从而达到推销产品目的的活动。推销人员、推销对象和推销品构成推销活动的三个基本要素。

11.2.2　人员推销的工作任务

作为企业和消费者之间相互联系的纽带，销售人员具有维护双方利益的责任。在日常工作中，销售人员主要承担以下工作任务：

（1）积极寻找和发现更多可能的顾客或潜在顾客。

（2）把关于企业产品和服务的信息传递给现有及潜在的顾客。

（3）运用推销技术（包括接近顾客、展示产品、回答异议、结束销售等）推销产品。

（4）向顾客提供各种与推销相关的服务。如向顾客提供咨询服务、帮助顾客解决某些技术问题、安排融资、催促加快办理交货等。

（5）经常向企业报告推销活动的进展情况，并进行市场调查，收集市场情报。

11.2.3　人员推销的基本形式

人员推销的对象主要有消费者、生产用户和中间商三类。对于不同的推销对象，企业会采用不同的推销形式。

（1）上门推销。是指由推销人员携带商品的样品或图片、说明书、订货单等资料走访顾客，推销产品。

（2）柜台推销。又称门市推销，是指企业在合适的地点设置固定的营业场所，由营业员接待进入营业场所的顾客，推销产品。

（3）会议（展）推销。是指企业利用各种会议和会展向与会人员宣传和介绍产品，开展推销活动。如在订货会、交易会、展览会等活动上推销产品。

小试牛刀

请选取一件比较熟悉的商品，做一次5分钟的直播间推销尝试。

（4）直播间推销。是指通过视频直播的方式试用、推介产品或服务并实现成交的互联网销售行为。如淘宝直播（点淘）、抖音电商、快手电商、京东直播等。

随着营销传播与技术的融合，直播间推销逐渐成为一种新兴的人员推销模式。根据《中华人民共和国职业分类大典（2022年版）》，在直播间推销的主播被列为正式工种——直播销售员（互联网营销师）。

营销新知

直播销售员岗位职责及岗位要求描述

某企业对直播销售员岗位描述如下：

1. 岗位职责：①通过直播向客户讲解产品，灵活运用产品的相关知识和经验，为顾客答疑并提供相应建议，引导有购物需求的观众下单成交；②根据直播气氛与观众互动，拥有较好的逻辑思维和反应能力，能应对直播间的观众提问，引导观众关注直播间，与粉丝建立良好的关系；③配合拍摄直播账号运营需要的短视频；④协助直播团队开展直播相关工作；⑤其他工作。

2. 岗位要求：①有抖音、淘宝直播经验者优先考虑，做过销售亦可，要求对相关行业有所了解；②形象气质佳，身材好，自信、热情、有活力；③口齿清晰，表达能力强，喜欢展现自己，能调动气氛，可以与粉丝良好互动；④有耐心，有责任心，吃苦耐劳，能接受晚班；⑤学习能力强，能快速掌握产品卖点，及时与粉丝交流。

资料来源：南京奥派信息产业股份公司.直播电商基础[M].北京：高等教育出版社，2022.

11.2.4 人员推销的主要程序

人员推销的主要程序包括以下7个步骤，如图11-6所示：

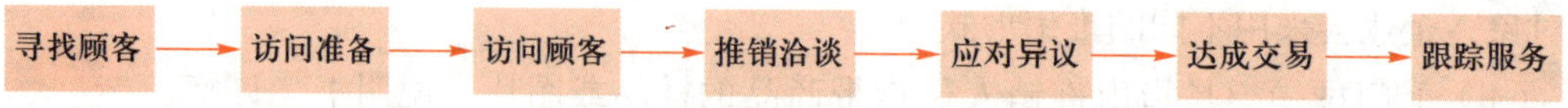
寻找顾客
访问准备
访问顾客
推销洽谈
应对异议
达成交易
跟踪服务

图11-6 人员推销程序

（1）寻找顾客。即寻找有可能成为潜在购买者的顾客。潜在顾客（MAN）即具有购买力（money）、购买决策权（authority）和购买欲望（need）的人。主要途径有：①通过现有顾客寻找；②发动合作伙伴寻找，如供应商、经销商等；③搜索潜在顾客所在组织；④通过个人品牌 IP 的树立吸引等。

（2）访问准备。在拜访潜在顾客之前，推销人员必须知己知彼，做好关于以下几项内容的准备：①产品知识；②顾客知识；③竞争者知识；④访问目的。

（3）访问顾客。访问顾客要达到三个目标：①给潜在顾客留下一个良好的印象；②验证在访问准备阶段得到的信息；③为推销洽谈打下基础。

（4）推销洽谈。推销人员可按照 AIDA 模式向顾客推销产品，即争取顾客关注产品（attention）→引起兴趣（interest）→激发欲望（desire）→采取行动（action）。推销人员应以产品性能为依据，着重说明产品给顾客带来的利益。可充分利用样品、产品模型、视频、图片、PPT 及各种证明资料（如鉴定、证书等）进行展示。

（5）应对异议。有经验的推销人员应当具有与持不同意见的顾客洽谈的语言能力和技巧，可以有效应对并排除异议。

（6）达成交易。推销人员一旦发现对方有购买意愿，应立即抓住时机成交。此时，推销人员还可提供一些最后保留的优惠条件，以促成交易，最终达到双赢的目的。

（7）跟踪服务。达成交易不是推销的结束，而是下一轮推销的起点。如果推销人员希望顾客满意并重复购买，希望他们传播企业的良好形象，就必须做好跟踪服务和客户维护工作。

11.2.5　人员推销管理

人员推销管理，是指企业根据环境要求和资源条件对人员推销进行的设计和管理。主要包括以下几个方面的内容：

1. 确定推销团队的形式与组织结构

企业开展人员推销活动所需要的推销团队有以下两种形式：①自建销售队伍；②使用合同销售人员（制造商代表、销售代理商、经纪人等）。企业自建推销团队时，可供选择的组织结构主要有：地区式结构、产品式结构、市场式结构和复合式结构。

2. 建立推销团队

建立推销团队的主要工作包括：①明确推销团队的工作岗位和任务；②确定推销团队的规模；③甄选推销团队成员；④培训推销团队。

优秀的推销人员必须有良好的素质和条件，包括：①较高的职业道德；②较强的责任心、服务精神和协作精神；③丰富的专业知识与熟练的专业技能；④较强的洞察力、判断力、创造力、说服力，以及自我管理与社会活动的能力；⑤其他良好的综合素质（如健康的身体、良好的气质，热情大方、谦虚有礼等）。

3. 推销团队人员的激励

（1）物质激励。主要包括薪酬、奖金、培训、旅游度假等。其中，薪酬的发放方式有薪金制、佣金制和薪金佣金混合制。此外，企业还应发放各种福利，如节日福利、生日福利、生育福利等。

（2）精神激励。主要方式有提升职位、表彰、传播典型事迹等。

（3）逆向激励。即惩罚性措施，主要是对于业绩长期不合格的推销人员进行必要的惩罚。主要方式有自动淘汰、罚款、降薪、辞退等。

4. 推销团队人员的评价

（1）评价推销人员的评估指标。主要有：①销售增长率、定额百分比、毛利；②每天平均访问次数、单次访问的平均时长、单次访问的平均费用、单次访问收到订单的百分比、销售费用及其占总销售额的百分比；③平均顾客数、新增顾客数、失去的顾客数等。

（2）评价推销人员的方式。主要有：①横向比较。即比较不同推销人员在同一时期的销售量和销售效率。②纵向比较。比较同一推销人员在不同时间周期内的工作实绩（如当年业绩与上一年业绩的对比）。③工作评价。包括对企业、产品、顾客、竞争者及本身职责的了解程度，也包括推销人员的言谈举止、修养等个性特征。

11.3 广 告 策 略

11.3.1 广告的含义

广告（advertising）一词源于拉丁语，有"注意"和"广而告之"之意。在我国，叫卖广告早在先秦时便已出现，并发展传承至今。据《东京梦华录》记载，宋朝时"更有御街州桥至南内前趁朝卖药及饮食者，吟叫百端"。

广告有广义和狭义之分。广义的广告，是指将某件事情广泛地告诉公众，使公众能够知晓企业或组织所进行的信息传播活动。例如，政府发布的公告、布告，单位或个人发布的通知、启示等。

狭义的广告，又称为商业广告，是指广告主以付费的方式，通过一定的媒体有计划地向公众传递有关商品、劳务等方面的信息，借以影响受众的态度，进而诱发或说服其采取购买行动的一种大众传播活动。

一般情况下，在市场营销活动中，广告就是指商业广告。商业广告由以下五大要素组成。

（1）广告主。是指发布广告的主体，即为推销商品或服务，自行或者委

商业广告

托他人设计、制作、发布广告的经济组织或个人。

（2）广告受众。是指广告信息的接收者，包括目标顾客和一般公众。目标顾客又可以分为现实顾客和潜在顾客。

（3）广告信息。是指广告的具体内容，包括商品信息（商品的质量、性能、价格、地点等）、服务信息（交通、住宿、旅游等）、观念信息（健康营养观念、休闲度假观念等）等。

（4）广告媒体。又称广告媒介，是指信息传递的中介。主要包括传统媒体（电视、报纸、杂志、广播、户外媒介等）和数字媒体（又称新媒体，如微信、微博、App、社群、视频号、直播间、小程序等）。

（5）广告费用。是指企业从事广告活动时要支付的必要的费用。如广告的调查费用、策划费用、制作费用、发布费用、效果测定费用、代理费用等。

在数字化转型大背景下，数字媒体等营销传播平台的建立与日常运营被越来越多的企业所重视，以往广告主与广告服务商长期、依赖性的传统合作模式发生了改变，体现为"去乙方化"，企业开始重视掌握大数据营销、新媒体营销等技能的专业广告团队的建设。

企业开展广告促销必须遵循以下原则：①真实合法性原则（广告基本原则）；②思想性原则；③宣传指导性原则；④效益性原则；⑤艺术性原则；⑥简明性原则；⑦科学性原则。

营销新知

数字营销时代的广告变革

数字营销时代，新技术引领着数字媒体发生着深刻变革，影响着人们的工作状态、生活方式和阅读习惯，进而颠覆着媒体市场、广告市场和营销市场的运行规则。广告主在传统媒体时代简单的广告营销逐渐被数字时代注重官网、两微一端一抖（微博、微信、新闻客户端、抖音）和搭建营销平台的"自营销"所取代；报刊、广播、电视等传统媒体依靠采编、经营双轮驱动的方式已被悄然改变，取而代之的是以内容运营、用户运营和活动运营为主的数字媒体运营；广告代理公司（多转型为数字营销公司）为迎接数字时代的到来，正经历着从经营理念、组织架构到运作流程、业务模式的阵痛与蜕变，以便更好地服务于广告主。

数据成为数字营销市场的核心竞争力，得数据者得天下。广告主可以凭借其拥有的第一方数据，借助其官网和微博、微信，自建App，搭建营销平台，进行品牌宣传与产品营销；数字媒体则依靠其垄断的第三方数据资源和头部媒体优势，在营销市场纵横捭阖、所向披靡；传统广告公司在过去时代曾经拥有的创意、策划等专业性优势，在数字时代逐渐被广告主和数字媒体蚕食，而"去中介"的行业诉求正在加重其生存危机，逼迫其通过搭建数字营销平台（垂直）和重构专业性内容实现浴火重生与凤凰涅槃。而原生广告和内容营销也颠覆着人们"内容是内容""广告是广告""二者要具有可识别性"的认知。前者将品牌信息深度植入媒体内容，并使二者融为一体；后者更强调将媒体内容作为营销工具而为品牌广告或效果广告服务。此时，在数字营销市场，内容即广告，广告即内容，过去那种纯粹的内容与纯粹的广告再难见到，无论内容还是广告，都是为营销服务、为广告主服务。一切皆处于变化之中或在变化的路上，而唯一不变的就是变化，这就是时下的数字营销时代。

资料来源：周茂君.数字营销概论［M］.北京：科学出版社.2019.

11.3.2　广告的作用

广告在促销中起着重要作用，主要表现为以下几点：

（1）传递信息，诱导消费。传递信息是广告最基本的作用。广告帮助消费者了解商品，诱导消费者的需求，影响其消费心理，刺激其购买行为。

（2）介绍商品，引导消费。广告对商品的有效介绍，可以帮助消费者在众多的同类商品中比较和选择，使新产品、新式样、新消费意识迅速流行。

（3）树立形象，促进销售。广告可以在一定程度上展示企业的规模和知名度，在消费者心目中树立起良好的企业形象和品牌优势，以促进产品销售。

11.3.3　广告的类型

根据不同的需要和标准，广告可以划分为不同的类型。

1. 根据广告的对象分类

根据广告的对象不同，广告可分为如下类别：

（1）商品广告。商品广告以教育性、知识性、趣味性的文字、声音、图像等内容为主，向消费者介绍商品，使消费者了解商品的性能、用途、价格等情况，并对商品产生初步需求。例如，故宫博物院的文创商品广告如图11-7所示。

小试牛刀

数字时代，会遇到哪些新类型的广告？

图11-7　故宫博物院的文创商品广告

（2）企业形象广告。又称商誉广告，它不直接介绍商品，而是通过宣传、介绍企业的名称、精神、概况等有关信息，或以企业名义进行公益宣传，以提高企业的声誉，在消费者心目中树立良好的企业形象。这种广告为企业的长期销售目的服务，具有长期性效果。例如，华为的企业形象广告如图11-8所示。

图11-8　华为的企业形象广告

根据《中华人民共和国广告法》的规定，禁止在大众传播媒介或者公共场所、公共交通工具、户外发布烟草广告。

（3）公益广告。是指用来宣传公益事业或公共道德的广告。公益广告能够实现企业自身目标与社会目标的融合，有利于树立并强化企业形象。例如，字节跳动公司的公益广告"低碳有为"，号召大家推行低碳理念，践行节能减排，如图11-9所示。

图11-9　字节跳动公司的公益广告"低碳有为"

企业应充分利用公益广告讲好中国故事，传播中国好声音，实现企业自身目标与社会目标的融合，树立并强化企业形象。

2. 按照广告媒体的使用分类

（1）印刷媒体广告。也称平面媒体广告，即刊登于报纸、杂志、招贴、海报、宣传单、包装等媒体上的广告。

（2）电子媒体广告。是指以广播、电视（包括传统电视和智能电视）、电影、智能终端、户外电子广告屏等电子媒体为传播载体的广告。

（3）户外媒体广告。指利用传统户外媒体（包括路牌、交通工具、霓虹灯、热气球、飞艇等）和户外电子媒体（包括楼宇电梯媒体、户外大屏 LED、地铁类媒体、机场类媒体、电影院媒体、候车厅媒体、公交类媒体、高铁类媒体等）等展示的广告。

（4）直邮广告。指通过邮寄途径将传单、商品目录、订购单、产品信息等材料传递给消费者的广告。

（5）销售现场广告。又称 POP 广告，即在商场或展销会等场所，通过橱窗、商品陈列、彩旗、条幅、展板等形式进行广告信息的传播。

（6）数字媒体广告。又称数字广告，是指以信息科学和数字技术为载体，以产品、理念或话题为互动内容，通过创新的互动形式有效地组织一系列文字、图形、图像、声音、视频影像和动画等数字媒体，以分享、互动、主动为特点的广告信息传播模式。数字媒体广告具有针对性、互动性强，传播范围广，反馈迅捷等特点，发展前景广阔。据《2022 中国互联网广告数据报告》数据显示，2022 年中国互联网投放广告市场规模约为 5 088 亿元，已经成为广告行业的"绝对主力"。

按照不同的分类标准，常见的数字媒体广告有：展示广告（横幅广告、开屏广告、插屏广告等）、视频广告、搜索引擎广告、信息流广告等。

营销新知

搜索引擎广告、信息流广告和植入式广告

搜索引擎广告是企业较重视的一种数字媒体广告，一般与企业品牌内容和图片相关，网络用户在通过各种搜索引擎搜索关键词时，广告发布者以文字或图片的形式呈现广告链接，吸引用户点击进入阅读。

信息流广告是在社交媒体用户好友动态，或者资讯媒体和视听媒体内容流中插入的广告。信息流广告是软广告的一种，能根据用户喜好和特点进行智能推送，对用户体验相对较好，广告主可以利用用户的标签进行精准投放。

植入式广告是指将产品或服务的具有代表性的视听品牌符号有策略地融入影视、舞台剧或综艺节目等内容中的一种广告方式。它在给观众留下深刻印

象之际，达到潜移默化的宣传效果，从而促使商家顺利实现其广告营销目的。植入式广告是将内容产品本身转换为广告资源的一种方式创新，恰当的融入可以有效减少受众的抵触心理。其最大特点是打破了传统内容产品与广告资源之间固有的时空关系，常见的植入方式有：道具植入、台词植入、角色扮演、剧情植入、场景植入、音效植入、题材植入、文化植入等。

3. 按照广告诉求方式分类

（1）理性诉求广告。即采用摆事实、讲道理的方式，通过向广告受众提供信息，展示或介绍有关产品或服务，有理有据地论证该广告信息给受众带来的好处，使受众理性思考，最终采取购买行动。家庭耐用品、汽车、房地产等产品较多采用理性诉求广告。例如，别克君威的广告："心致、行随、动静合一"；马蜂窝的广告："出门玩之前，先上马蜂窝"。

（2）感性诉求广告。即采用感性的广告表现形式，以人们的喜怒哀乐等情绪、亲情、友情、爱情，以及道德感、群体感等情感为基础，向受众诉之以情，激发人们对真、善、美的向往并使受众对广告物产生好感，最终发生相应的行为变化。日用品广告、食品广告、公益广告等较多采用感性诉求广告。例如，花西子的广告语："集古东方美颜智慧与现代彩妆工艺于一体的东方美妆"成功触达消费者的民族情感；花西子通过人工智能技术打造的虚拟代言人形象，采用超写实风格，精心打造"中国妆容"，向全世界展示中国之美。

（3）道义诉求广告。即采用引导广告受众对正确或错误、公益或公害等事物或行为采取正确态度的广告形式。道义诉求在公益广告或者企业希望淡化商业广告气息的传播活动中采用得比较多。例如，闲鱼推出的"邻里免费送"活动，优先展示相关信息，使其容易被附近需要的人看到。"赠人玫瑰，手留余香"是闲置物品更有意义的解决方案。一个愿送，一个愿收，卖家实现了"断舍离"，买家获得了方便与温暖。在淡化商业与买卖的同时，买家与卖家的联系得到了增强。这次活动是闲鱼对"天涯若比邻"的正确诠释，传递情感力量，有效改善了当下的邻里关系。

营 销实践

德芙"得福"，春节营销有滋味

2020年，德芙携手故宫博物院做了一系列营销活动，如图11-10所示。结合其谐音"得福"以及场景化的营销方式，无形中赋予了营销又一创意玩法。

德芙跨界故宫博物院推出四款联名礼盒，以故宫之名御赐红福口味的新产品，并在线上发布了新年大片，打响了春节营销攻坚战。广告片聚焦小家庭，从家家户户"备年货"的点出发，辅以"故宫福气"作为吸引点，提出将"宫"福提前送到家，间接地把营销重心放在了家庭及子女身上。

不仅如此，德芙还在线上打造了一组"万家得福图"，将中国三百年来的新春盛景绘入一幅长卷，旨在以视觉形式为消费者找回曾经的年味儿。在画卷中再现其乐融融的过年场面，还巧妙地融入了年夜饭、置办年货等春节元素，营造了浓厚的春节气息。

图11-10　德芙跨界故宫博物院

德芙还与故宫一起创办"宫里过大年"沉浸式展览，联合故宫将展览搬到了宫外，现场有多个跨越百年的福气体验空间和3D打印福兽活动，进一步强化品牌与消费者之间的互动。

德芙以传统"福文化"为切入点，通过"宫送新福，年年得福"主题搭建春节营销场景，将原本"浪漫"的品牌调性注入"年味儿"，最大程度上触发用户在春节氛围下的情感共鸣。

资料来源：首席创意官.成功卡位"得福"概念，德芙的春节营销有味道.[EB/OL].微信公众号，2020-01-09.

4. 根据产品生命周期和广告目标的不同分类

（1）告知性广告。亦称报道性广告，主要是在产品导入期，用于推销新产品或宣传新品牌，介绍其新用途和新功能等。例如，电梯间和楼道旁不断重复、反复刷屏的铂爵旅拍婚纱照的视频广告曾颇受争议。但对于追求新鲜、刺激、有趣的年轻适婚群体，则快速地记住了"想去哪儿拍，就去哪儿拍，铂爵旅拍"的广告诉求。

（2）劝说性广告。又叫竞争性广告，主要是在产品进入成长期和成熟前期，市场竞争较为激烈时，促使消费者对本企业产品产生偏好。例如，我国快餐业品牌众多，竞争激烈，真功夫推出了"营养还是蒸的好"的广告语，旨在强化消费者的健康意识，让消费者吃得健康，吃得安心。

（3）提示性广告。也叫备忘性广告，是指对已进入成熟后期或衰退期的产品进行广告宣传，目的在于提醒消费者，使其产生"惯性"需求。例如，在王老吉商标被广药集团收回后，加多宝集团将原先获特许授权生产的红罐凉茶更名为"加多宝"。其广告语"还是原来的配方，还是熟悉的味道"，主要是提醒消费者"我就是原来的大家喜欢的凉茶"。

营销实践

瓜子二手车巨额罚单的原因

几年前，二手车电商曾是资本追逐的创业风口，各种形式的二手车交易网站纷纷成立，如人人车、瓜子二手车、优信二手车等。一时间视频网站、公交站、户外墙体、电梯间，都能见到二手车平台的广告。其中，瓜子二手车广告词相当突出，如"没有中间商赚差价""车主多卖钱，买家少花钱""创办1年成交量遥遥领先"。

然而，针对"遥遥领先"这个广告词，北京工商部门认定瓜子二手车"创办1年成交量遥遥领先"缺乏事实依据："创办1年"期间（指2015年8月至2016年7月），瓜子二手车的成交量为85 874辆，而同期人人车成交量为92 375辆，北京旧机动车交易市场的成交量则是44万辆。

根据《中华人民共和国广告法》第九条的规定，各类商业广告中不得使用"国家级""最高级""最佳"等用语。而瓜子二手车的"遥遥领先"是变相使用"最"字。最终，北京市工商行政管理局海淀分局公布了行政处罚决定书，责令金瓜子科技发展（北京）有限公司（瓜子二手车主体）停止发布违法广告，在相应范围内消除影响，并处罚款1 250万元。

11.3.4 广告策略实施的程序

企业的广告策略（简称5M），包括确定广告目标（mission）、编制广告预算（money）、确定广告信息（message）、选择广告媒体（media）和评价广告效果（measurement）。

1. 确定广告目标

广告目标是指广告宣传应在特定时间内完成的向具体的目标群体做出特定沟通的任务。广告目标主要包括品牌目标（提升品牌知名度、强化品牌形象）、效果目标（提升销量）、信息传达目标、消费者关系维护目标等。不同预算下，企业广告投放目标如图11-11所示。

2. 编制广告预算

广告预算可以采用量力而行法、目标任务法、销售百分比法、利润百分比法和竞争对等法等方法来进行编制。

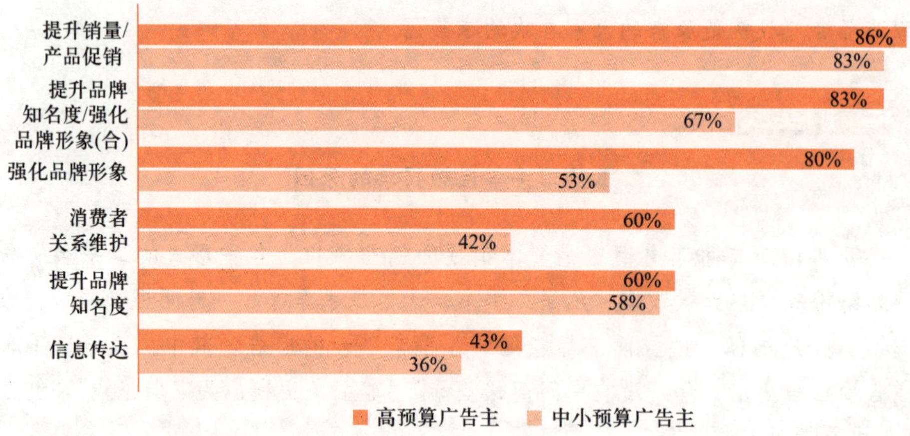

提升销量/
产品促销　86%
83%

提升品牌
知名度/强化
品牌形象(合)　83%
67%

强化品牌形象　80%
53%

消费者
关系维护　60%
42%

提升品牌
知名度　60%
58%

信息传达　43%
36%

■ 高预算广告主　■ 中小预算广告主

数据来源：秒针营销科学院. 2023 中国数字营销趋势报告.
图 11-11　不同预算下企业广告投放目标示例

• 数说营销

3. 确定广告信息

广告的效果并不主要取决于企业投入的广告经费，关键在于广告信息传递的主题和创意。广告主题决定广告表现的内容，广告创意则决定广告表现的形式和风格。

营销实践

美团优选"登陆"《清明上河图》

采购年货、挂红灯笼、张贴对联……这些过年仪式是年味的载体，更是对传统文化的传承。美团优选以《清明上河图》中的集市为范本创作了动画广告《烟火》，将传统春节中集市的繁忙跃然屏上，演绎鲜活年味。

该广告短片融入叠化、遮挡、一镜到底等镜头效果，画面从郊区到集市，时间由早到晚，随旁白而层层递进，以过年饮食为切入点，呈现春节饮食中对吉祥寓意的追求，如"草莓红火，是好兆头""车厘子甜，日子像蜜"等。画面中"花坊""自提点""大仓"等店牌是对美团优选业务的植入与展示，还有鱼、米、花等丰富的产品，以说明美团优选品类的多样性。美团优选仍然以"省"为关键词，推出年货爆品清单，帮助消费者选择和省钱，符合"花小钱过大年"的广告语。同时，联合故宫、敦煌博物馆、景德镇陶瓷博物馆推出坚果饼干礼盒、纸花瓶、红包，与具有国风形象的 IP 联名，强化传统春节文化场景。

美团优选对内容进行创新，关键在于找准了契合点，集市场景针对的是大众，本质上与如今的美团优选功能相同，马车、船等运输形式象征着美团优选的明日达，不动声色地强调了平台功能与业务优势。

资料来源：彭锦函.美团优选"登陆"《清明上河图》[J].销售与市场,2023（3上）:100.

4. 选择广告媒体

在广告宣传中，运用的媒体不同，广告的费用、设计、策略、效果等内容也有所不同。正确选择广告媒体，一般要考虑产品的性质、目标市场的媒体习惯、广告信息的类型、广告媒体的特征和广告媒体的费用等多种影响因素。

数字营销时代，越来越多的企业形成了全媒体（传统媒体+新媒体）广告营销思维。移动互联网广告投放比例越来越大。同时，数字广告投放的程序化购买替代了常规的人工购买方式。

营销新知

数字广告的程序化购买

程序化购买是指广告主通过数字化的广告技术平台，自动地执行广告资源购买的流程，即资源的对接、购买过程都呈现自动、自助功能，通过实时竞价（RTB）和非实时竞价（Non-RTB）两种交易方式完成购买。

程序化购买能够最大化地接触到目标受众，精准营销，从而实现广告的最优化投放。以实时竞价模式为例，它颠覆了根据用户数量或浏览、点击数量计费的传统模式，把消费者的每次点击和浏览通过拍卖的方式卖给广告主，价高者得到展示和曝光的机会。投放形式和时间以及广告的预算分配都更加灵活，提升了广告的投放效率，节省了人力资源，降低了沟通成本。

5. 评价广告效果

广告的有效计划与控制主要基于广告效果的评价。在广告效果评价中，大数据被用于评价媒介价值，帮助企业判断哪种媒介更适合广告投放，优化广告效果。

（1）广告传播效果评价。评价广告活动对购买者知识、感情与信念的影响程度，目的在于分析广告活动是否达到了预期的信息沟通效果。

（2）广告促销效果评价。广告宣传对企业产品销售状况产生影响的测定，一般会在广告播出之后进行。数字营销时代，广告主注重广告营销效果的"品效合一"，既关注广告投放后品牌或产品知名度提升的传播效果，又关注销售转化的促销效果。第三方监测公司的出现，使广告主对于广告效果的把控更加客观真实。

11.4 公共关系策略

11.4.1 公共关系的含义

公共关系（Public Relations），简称公关或PR，是指企业有意识、自觉地采取措施改善企业与社会公众之间的关系状况，增强社会公众对企业的了解与支持，树立良好的企业形象与产品形象，从而提高社会公众对企业及其产品的接受程度。

公共关系的构成要素分别是社会组织、传播方式和公众，它们分别作为公共关系的主体、媒介和客体相互依存。公关活动的主体是一定的社会组织，如企业、机关、团体等。公关活动的客体既包括企业外部的顾客，竞争者，来自新闻界、金融界、政府各有关部门及其他方面的社会公众，又包括企业内部的职工、股东。公关活动的媒介是各种信息沟通工具和大众传播渠道。

营销实践

为中国山河正名

短途旅行成为近几年人们想亲近自然的新潮流，距离人们较近的小众景点成为出游首选。"广西小越南""杭州小奈良""北京小新西兰"等带有"洋昵称"的旅游景点不断出现在社交媒体推荐页上，仿佛只有这样它们才能被赞美。天猫洞察到这一现象，联合中国青年报推出"中国山河自有姓名"系列主题活动，如图11-12所示。

首先，天猫结合小众景点的风景、服饰、食物等地域特色，拍摄《中国山河自有姓名》主题片，通过富有节奏感的配乐和镜头展现出各地的独特魅力。其次，用人物系列海报大声自白，文案统一划去外国别称，为祖国山河正名。再次，天猫线上开辟助农展销专题会场，以"一天两省"的进度进行好物推荐，并联合50余个商家发起"亮出你的家乡名片"主题讨论活动，吸引消费者一起分享家乡好物。最后，天猫携手中国青年报举办"青耘中国，丰收硕果"助农直播，并邀请多名明星录制预告视频，借助粉丝讨论为直播预热。

天猫以中国山河背后的地理本名为切入口，唤起人们的家国情怀和文化

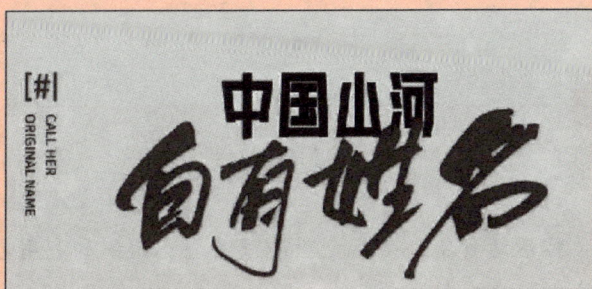

图 11-12 中国山河自有姓名系列活动

自信，同时响应乡村振兴战略，将本公关活动放置在助农主题之上，彰显其社会责任感。

资料来源：杨思敏.天猫为中国山河正名［J］.销售与市场，2022（12上）：102.

11.4.2 公共关系的主要内容及时机选择

1. 公共关系的主要内容

公共关系的主要任务是协调、处理组织和公众间的关系。其主要内容有：①正确处理企业与消费者的关系；②正确处理企业与新闻界的关系；③正确处理企业与其员工和股东的关系；④正确处理企业与相关企业间的关系，包括供应商、经销商、竞争者、辅助商等。

2. 公共关系的时机选择

企业开展公共关系活动，必须选择合适的时机，发挥公共关系活动的有力促销效果。开展公共关系活动可选择的时机有：

（1）企业采用新技术、新设备，开发新工艺，研制新产品和取得新成就，或改进产品质量，增加花色品种与功能时。

（2）企业举办重要的专项活动（如高层领导变动、新闻发布会、项目奠基、开业、庆典等）时。

（3）企业产品在市场上的反应、产值、销售额、纳税额等方面出现重大突破，以及企业或产品获得某项荣誉时。

（4）企业参与社会公益事业（包括赞助运动会、捐助希望工程、抗灾救险等）时。例如，2021年河南特大暴雨灾害，鸿星尔克捐赠 5 000 万元物资驰援灾区，担负了企业社会责任，激发了民众极高的品牌消费热情。

（5）企业处于经营困难或营销意图被误解时，也可以开展公关活动，以争取公众的同情与支持，帮助企业渡过难关。

（6）企业出现严重事故或产品造成不良后果时，则应开展"危机公关"活动，解释事故原因并公布处理方案，显示企业承担责任的诚意，重塑良好的企业形象。

营销新知

事 件 营 销

事件营销又称活动营销，是指企业通过策划、组织和利用具有新闻价值、名人效应以及社会影响的人物或事件，吸引媒体、社会团体和消费者的兴趣与关注，以求提高企业或产品的知名度、美誉度，树立良好的品牌形象，并最终促成产品或服务销售目的的手段和方式。

事件营销是一种公关传播与市场推广的综合手段，集新闻效应、广告效应、公共关系、形象传播、客户关系于一体，并为新产品推介、品牌展示创造机会，帮助企业建立品牌识别和品牌定位，快速提升品牌知名度与美誉度。

11.4.3　公共关系的主要方式

按照公共关系的功能不同，公共关系策略实施的主要方式有以下几种：

（1）宣传性公关。指运用各种全媒体传播媒介，采用新闻发布、演讲、报告、视频传播等形式，向社会各界传递与企业有关的信息，以形成有利的社会舆论，营造良好舆论氛围。

（2）征询性公关。指通过开办各种咨询业务、制定调查问卷、进行民意测验、设立热线电话、聘请兼职信息人员、举办信息交流会等形式，逐步形成效果良好的信息网络，再就获取的信息进行分析研究，为经营管理决策提供依据，为社会公众服务。

（3）交际性公关。指采用宴会、座谈会、招待会、谈判、专访、慰问、电话、信函等形式，通过语言、文字的沟通，为企业广结良缘，巩固传播效果。

（4）服务性公关。指通过消费指导、消费培训、免费修理等实惠性服务，获取公众的了解、信任和好评。服务性公关既有利于促销又有利于树立和维护企业形象与声誉。

（5）社会性公关。指通过赞助文化、教育、体育、卫生、福利等事业，参与国家、社区重大社会活动等来塑造企业的社会形象，提高企业的社会知名度和美誉度的活动。

（6）危机性公关。指企业遇到如消费者投诉、产品安全事故、负面信息传播以及造谣中伤等事件时进行的挽救性公关活动。企业公关人员应迅速行动，查清原因，及时处理，以使企业遭受的损失降到最低。

营销实践

翻书越岭，让孩子见到更大的世界

"思想决定行为，行为决定习惯"，培养思想广度和深度的最好途径莫过于读书。但对大山里的孩子来说，匮乏的图书资源无法满足他们对知识的渴望。为此，菜鸟驿站联合单向空间发起"翻书越岭"计划，号召大家捐赠闲置书籍，让山区的孩子见到更大的世界。该活动如图11-13所示。

图11-13　"翻书越岭"计划

在线下，基于"取包裹"的场景，菜鸟驿站在门口设置宣传展板和捐书区域，吸引人们的关注和兴趣；在线上，通过自媒体转发宣传片、海报，提高信息的传播广度，让更多人将所需书目寄送到指定地点。该活动的海报文案也十分巧妙，如"她不应该只追赶牛羊，她还可以做一个《追风筝的人》""他不应该只是村里的'兔崽子'，他还可以是人们的《小王子》"……配以孩子们"翻书"的照片，从而呼应该计划的主旨："他们翻开一本书，就越过了一片岭"。这次富有善意和创意的活动内容显得简单而又有力。

事实上，此次计划是菜鸟驿站"物流公益"的再次行动，它成功地让社会关注到山区孩子的"精神世界"，也通过企业对社会责任的践履，为品牌价值带来了提升。

资料来源：龙亮海，菜鸟驿站"翻书越岭"计划，让孩子见到更大的世界 [J]. 销售与市场，2021（5上）：100.

11.5　销售促进策略

11.5.1　销售促进的含义

销售促进，又称营业推广（Sale Promotion，SP），是指企业运用广告、人员推销、公共关系以外的各种短期诱因，在特定的市场范围内鼓励消费者和中间商购买、经销或代理企业产品或服务的促销活动。

销售促进作为企业的一种重要的营销手段，具备以下特征：①即期促销效果显著；②是一种辅助性的促销方式；③有贬低产品之意。因此，销售促进是一种短暂性的、激励性的和非经常性的促销方式。

11.5.2　销售促进的方式

销售促进较适合于对消费者、中间商和推销人员开展促销工作，一般不适用于产业用户。销售促进的方式多种多样，常见的有以下几种：

1. 对消费者的销售促进

以消费者为对象时，销售促进的目标包括：鼓励老客户更多地购买和消费产品，吸引新客户试用产品，争夺使用其他品牌产品的顾客等。具体的销售促进方式包括：

（1）赠送样品。多用于新产品促销，费用较高，对高价值商品不宜采用。

（2）有奖销售。奖项可以是实物，也可以是现金。常见的有幸运抽奖、刮奖、买赠、积分抵扣或换物、捆绑销售等方式。

（3）优惠。具体方式有打折、直降（如直播间特价）、满减、秒杀、优惠券、组合促销等。限时的优惠可以引流获客、打造爆款、快速获取潜在客户。

（4）现场示范。利用销售现场进行商品操作演示，突出商品的优点，显示和证实商品的性能和质量，刺激消费者购买。此方法比较适合推广新产品，或是使用方式较复杂的专业性商品。

（5）以旧换新。是指消费者在购买新商品时，将同类旧商品交给商家，抵扣一定的价款的促销方式。此时旧商品起着折价券的作用。

（6）团购或砍价。团购是指商家以低于零售价格的团购折扣或单独购买时得不到的优惠服务来吸引消费者，通过消费者自行组团、专业团购网站、商家组织团购等形式开展的促销方式。砍价是指让消费者找熟悉的人帮自己拉低价格，最终以超低价格甚至免费获得商品的促销方式。如拼多多在线上最早推出了砍价活动，被很多人关注。

（7）众筹或预售。众筹是指在产品没正式进入市场前进行的一种低于正常价格销售的团购或预购的行为，也是企业常见的一种向用户募集项目资金的方式，多用于新品发售。预售常用于"6·18""双 11"等节假日大促，商家以直接特价或定金翻倍的形式提前锁定客户，优先积累订单，合理准备库存，提高周转效率。

2. 对中间商的销售促进

以中间商为对象，销售促进的目标包括：鼓励中间商经销本企业的产品，大量进货增加库存，非季节性采购，进一步调动中间商经销产品的积极性，巩固中间商对本企业的忠诚度，同中间商建立长期固定的产销关系等。

（1）购买折扣。即为刺激、鼓励中间商大批量购买本企业的产品，对第一次购买和购买数量较多的中间商给予一定的折扣优待，购买数量越大，折扣越多。

（2）推广津贴。指生产商为中间商提供陈列商品、支付部分广告费用和部分运费等补贴或津贴，如陈列津贴、广告津贴、运费补贴等。

（3）列名广告。企业在广告中列出经销商的名称和地址，告知消费者前去购买，提高经销商的知名度。

（4）赠品。包括赠送有关设备和广告赠品。前者是向中间商赠送陈列、销售、储存或计量商品需要的设备；后者是印有企业品牌或标志的一些日常办公用品和生活用品。

（5）销售竞赛。销售竞赛是为了推动中间商努力完成推销任务的一种促销方式，有突出成绩的中间商可以获得现金或实物奖励。

（6）业务会议和展销会。企业举行业务会议或展销会，邀请中间商参加，一方面介绍商品知识，另一方面现场演示操作。

3. 对推销人员的销售促进

以推销人员为对象，销售促进的目标包括：激发推销员的推销热情，鼓励推销人员大力推销新产品，开拓新市场，寻找更多的潜在顾客，大力推销过时积压产品等。

企业可采取的销售促进的主要方式有：推销竞赛、红利提成、特别推销金以及各种精神和物质奖励措施等。

11.5.3 销售促进方案的设计

企业设计促销方案时，应重点考虑以下问题：

（1）确定推广对象和目标。企业在进行销售促进活动之前，必须明确对象和目标。

（2）选择恰当的销售促进方式。企业可以根据产品的特点、消费者的类型、销售促进目标、竞争情况、促销预算、不同方式的促销成本及效益以及国家政策等因素灵活选择促销方式。

（3）制定合理的销售促进方案。销售促进方案的制定主要包括以下内容：①确定诱因的大小；②明确参与者的条件；③选择促销媒体；④选择促销时机；⑤确定促销期限；⑥确定促销预算。

（4）测试销售促进方案。测试的内容主要是促销诱因对消费者的效力、选用的促销方式、媒体是否恰当、顾客反应是否足够等。发现方案中不恰当的部分，要及时进行调整。

（5）执行和控制销售促进方案。企业必须制定具体的实施方案，明确规定准备时间和实施时间。

（6）评估销售促进的效果。企业必须高度重视对销售促进效果的评估。一般可以采用比较法（比较销售促进前后销售额的变动情况）、顾客调查法和实验法等方法进行评估。

营销实践

瑞幸咖啡的销售促进实践

瑞幸咖啡早期爆火主要是因为它免费请所有人喝咖啡。主要有三种：①首单免费，首次下单或下载App注册免费得一杯饮品（早期引流和沉淀用户）。②送TA咖啡，分享好友下单，即可各自得一杯饮品（早期的0元购+裂变），后期调整为邀请好友各得20元立减券。③社群优惠：天天发券，周周领4.8折、3.8折优惠券（搭建私域社群，邀请新用户进群获得优惠券）。

瑞幸咖啡的销售促进方法：

（1）社群裂变。在社群中开展"送好友100券，包自己得20元优惠券"的活动，不仅能激励群内用户进行自主转发分享，还能为平台带来新的用户。

（2）小程序裂变。打开小程序首页，最显眼的位置就是福利中心，老用户在邀请新用户注册和下单后可以获得奖励。

（3）公众号或企业微信裂变。在公众号菜单栏或企业微信主页里有邀请好友得3.8折优惠券的活动链接。点击邀请新用户，就可以领取。

稳扎稳打

一、单项选择题

1. 对于单位价值高、性能复杂、需要做现场示范的产品，通常采用（　　）策略。

A. 广告　　　　　　　　　　B. 公共关系

C. 人员推销　　　　　　　　D. 销售促进

2.（　　）是指企业通过派遣销售人员与一个或一个以上的潜在消费者进行沟通交流，从而达到推销产品目的的活动。

A. 广告　　　　　　　　　　B. 公共关系

C. 人员推销　　　　　　　　D. 销售促进

3.（　　）多采用拉动策略，首先重视广告，然后是销售促进、人员推销以及公共关系。

A. 消费者市场　　　　　　　B. 产业市场

C. 组织市场　　　　　　　　D. 政府市场

4.（　　）是指企业有意识、自觉地采取措施改善企业与社会公众之间的关系状况，增强社会公众对企业的了解与支持，树立良好的企业形象与产品形象，从而提高社会公众对企业及其产品的接受程度。

A. 人员推销　　　　　　　　B. 广告

C. 公共关系　　　　　　　　D. 销售促进

5.（　　）是广告的基本原则。

A. 效益性原则　　　　　　　B. 思想性原则

C. 宣传指导性原则　　　　　D. 真实合法性原则

二、多项选择题

1. 促销组合是指企业根据促销需要，对（　　　　　）等促销方式的适当选择和综合编配，从而形成的整体促销方案。

A. 大众传播　　　　　　　　B. 人员传播

C. 数字传播　　　　　　　　D. 口头传播

2. 企业制定促销预算常用的方法有（　　　　）。

A. 量力而行法　　　　　　　B. 目标任务法

C. 销售百分比法　　　　　　D. 利润百分比法

E. 竞争对等法

3. 人员推销活动中的基本要素包括（　　　　）。

A. 需求　　　　　　　　　　B. 购买力

C. 推销人员　　　　　　　　D. 推销对象

E. 推销品

4. 企业广告策略实施的程序包括（　　　　）。

A. 确定广告目标　　　　　　B. 编制广告预算

C. 确定广告信息　　　　　　D. 选择广告媒体

E. 评价广告效果

5. 公共关系要正确处理企业与（　　　　）的关系。

A. 消费者　　　　　　　　　　B. 新闻界

C. 员工和股东　　　　　　　　D. 相关企业

三、判断题

1. 销售促进是一种常见的促销方式，可以长期使用。（　　　）

2. 拉动策略是指生产企业采用人员推销和销售促进等方式向中间商积极推销，使消费者通过接触终端陈列的产品而选择购买。（　　　）

3. 直播销售员（互联网营销师）是我国职业分类大典中的一个正式工种。（　　　）

4. 家庭耐用品、汽车、房地产等较多采用感性诉求广告。（　　　）

5. 危机性公关是指企业遇到如消费者投诉、产品安全事故、负面信息传播以及造谣中伤等事件时进行的挽救性公关活动。（　　　）

四、简答题

1. 制定促销组合策略的影响因素有哪些？

2. 人员推销的程序有哪些主要步骤？人员推销管理的主要内容有哪些？

3. 根据产品不同的生命周期和广告目标，广告可分为哪些类别？

4. 企业对消费者、中间商、推销人员可采用的销售促进方式分别有哪些？

5. 举例说明，哪些企业通过组织热心参与公益事业、履行企业责任的公关活动，建立了良好的品牌声誉？

调查研究

（一）面试是通过书面、面谈或线上交流（视频、电话）的形式来考察一个人的工作能力与综合素质。在特定场景下，以面试官对应聘者的交谈与观察为主要手段，由表及里地测评应聘者的知识、能力、经验和综合素质等有关素质。对于面试者来说，面试则是一个推销及展示自我的过程。

请在以下常见的行业及岗位中选择一个，作为你未来就业的方向，对该行业的岗位职业能力和素质要求进行调查研究，结合你的实际情况，撰写自我推销演讲词，并制作一份 3~5 分钟的自我推介短视频。

行业及岗位选择：①生产型企业的渠道开发与维护岗位；②生产型企业的

品牌宣传及活动策划类岗位；③大中型商业零售企业（商超、便利店）的门店运营管理岗位；④房地产、家居、装饰等企业的销售及管理类岗位；⑤汽车销售及管理类岗位；⑥服装销售及管理类岗位；⑦企业互联网营销、新媒体营销类岗位；⑧其他营销类岗位。

（二）短视频又名短片视频，一般是指在各种新媒体平台上播放的、适合在移动状态和短时休闲状态下观看的、高频推送的互联网内容传播方式，短视频时长为几秒到几分钟不等。随着短视频用户规模的不断增长，其作为信息传播方式的价值越来越被认可，逐渐成为互联网产品的"标配"。

短视频营销是指在短视频平台进行软硬广告投放的广告营销模式。短视频营销通过精准触达用户，刺激用户购买产品，大幅度缩短品牌营销路径，助力品牌营销提速增效。短视频平台通过将内容、分发和用户三方数据贯通，能将短视频营销内容精准且高效地推送给目标受众，提升品牌宣传、电商引流等方面的商业价值。短视频行业产业链如图11-14所示。

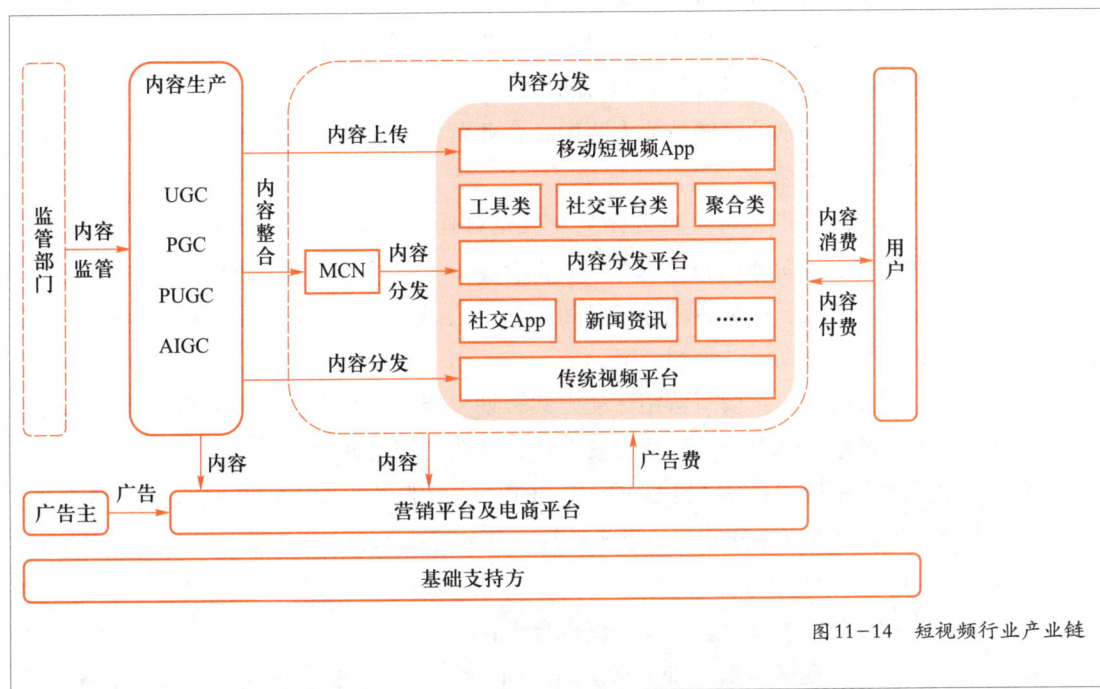

图11-14　短视频行业产业链

请以短视频营销为主要指标，对目前网上主流的短视频平台开展调查研究，试以学校代言人的身份，拍摄制作一个关于学校的宣传推广短视频作品，选择某一短视频平台进行发布，对该作品的观看留言情况进行效果分析。

力 学笃行

促销策略分析——企业营销活动策划

■ **实训目标**

通过项目小组选择某一校企合作企业产品的营销活动作为研究对象，收集资料，针对该企业的营销环境、目标人群、市场现状、品牌推广、营销活动等内容展开分析，参与实训，掌握促销策略分析中促销策略应用的主要内容。

■ **背景资料**

营销活动策划是企业营销实践中的重要工作内容，是市场营销专业人才培养目标中重点培养的专业能力。

近几年，职业院校、行业学会、省市及国家相关教育部门推出了各种专业技能赛项。市场营销技能赛项的举办，为市场营销专业学生提供了一个展示专业知识和综合实践能力的舞台。同时，也促进了课赛融合教学改革的实施，达到以赛促教、以赛促学的目的。

在各级别的营销技能大赛中，企业营销活动策划是各赛项中的重要内容。

■ **实训要求**

本次实训，每小组选择某一校企合作企业的产品或服务，现场参观该企业，收集该企业的目标人群、产品卖点、竞争者、产品或服务、品牌、包装、价格、渠道、促销活动等信息和资料，选择某一节日，根据企业市场推广的需要，制定营销活动策划方案。

文案撰写：撰写营销活动方案策划文档。方案内容包含但不限于：市场分析、营销策略设计、活动方案设计、活动管控设计等。

汇报展示：按题目要求制作 PPT，进行汇报展示。采取方案陈述（5 分钟）和现场答辩（5 分钟）的形式进行。评分标准如表 11-2 所示。

■ **实训步骤**

（1）学生分组选择某一校企合作企业。

（2）现场参观企业，收集相关企业、产品、品牌的文字、图片、视频等资料。

（3）分组撰写 ×× 企业营销活动策划方案。

（4）制作策划方案汇报 PPT。

（5）分组汇报策划方案。

（6）任课教师与企业专家组建的点评团提出问题，团队答辩。

（7）任课教师点评，公布小组成绩。

■ 实训成果

×× 企业营销活动策划方案、×× 会员营销活动策划方案汇报 PPT。

表11-2　评 分 标 准

方案设计质量（76分）	市场分析（8分）	主要考察市场分析的全面性，包括市场形势、消费需求、竞争状况、企业自身资源情况的分析。 评分点：包括基本要素，逻辑清晰。市场分析全面并且数据准确，要能为营销策略和活动方案的制定提供决策支持
	营销策略（8分）	主要考察营销策略的合理性，包括整合营销活动的整体目标、策略和进度规划。 评分点：包括基本要素，逻辑清晰，目标与策略匹配，进度规划合理
	活动方案（36分）	主要考察活动方案设计的合理性，包括活动目标、活动主题、活动受众、活动形式与内容、活动时间、媒体策略、活动预算、预期效果。 评分点：①活动目标符合SMART原则；②活动主题与活动内容匹配，子活动需要有子主题；③活动受众符合品牌和产品定位；④活动形式符合所选的线上线下终端的特点；⑤活动内容表述清楚明了；⑥活动时间设定合理；⑦媒体选择符合客群画像，媒体排期合理；⑧活动预算具体详细，并与活动目标匹配；⑨预期效果包括定量和定性指标，并与活动目标匹配
	管控要求（8分）	主要考察活动管控方案设计的合理性，包括管控人员、管控要点、管控节点、数据跟踪、考核总结。 评分点：包括基本要素，逻辑清晰。管控方案能确保活动执行的质量
	方案创新（8分）	主要考察活动方案的原创性，不可过多陈述企业现有成就和做法。 评分点：创新性
	文案排版（8分）	主要考察Word文档的制作质量。 评分点：页面编排合理、美观，符合商业文案的基本要求，语句通顺，无错别字
汇报展示水平（24分）	PPT制作（8分）	主要考察PPT制作质量。 评分点：页面布局合理，美观，图、文、表混排，文字、颜色符合基本审美
	团队形象与配合（8分）	主要考察团队形象与团队合作能力。 评分点：衣着整洁，尊重评委，3~4人完成陈述任务，配合默契，展示风格有特色
	时间掌控与语言（8分）	主要考察时间管控能力与语言表达。 评分点：普通话标准，声音洪亮，语速合理，在10分钟内完成陈述任务

自 学自测

单元十一　促销策略决策

素养目标

1. 科学制订计划，培养领导能力和组织管理能力
2. 提升自我认知水平，增强人格魅力和团队合作能力
3. 提升大局观，增强总揽全局的能力

知识目标

1. 了解市场营销计划的含义、作用及主要类型
2. 掌握市场营销计划的主要内容
3. 掌握市场营销组织结构的类型及其主要职能
4. 了解市场营销执行与控制的主要内容

技能目标

1. 能够根据市场营销计划制订的基本内容，制订简单的市场营销计划
2. 能够根据企业的实际情况，提出市场营销组织构建的类型建议

思维导图

```
                                          市场营销计划的含义
                              市场营销      市场营销计划的作用
                               计划        市场营销计划的类型
                                          市场营销计划的主要内容

市场营销计划、                 市场营销     市场营销组织结构
组织、执行与控制                组织        的类型
                                          市场营销组织的职能

                              市场营销     市场营销执行
                             执行与控制    市场营销控制
```

学 思践悟　　**战略调整，腾讯不得不变**

　　腾讯经历了互联网行业的萌芽、兴起、巅峰、转型等主要发展阶段。时代变迁，影响着每个阶段的行业变化。在行业大背景的流转之下，腾讯在从小到大的发展过程中，一直在进行组织结构的战略调整。

　　1. 以产品为导向，组织业务系统化

　　2005年以前，腾讯规模较小，采用的是职能式架构，没有渠道、业务、研发和基础架构部门，另设行政、人力资源、内部审计、信息等职能部门。但随着腾讯业务布局多元化，涉足无线业务、互联网增值业务、游戏、媒体等领域后，管理者分身乏术，协调成本上升，有时还会出现产品部门和研发部门的冲突。

　　因此，腾讯开始了第一次大刀阔斧的调整：业务系统化，即执行"事业部制"。以产品为导向，将业务系统化，把研发、产品都纳入系统，由事业部的执行副总裁（EVP）来负责整个业务，相当于为每个业务都设置了一个有力的管理者。

　　2. 走向移动化，设立七大事业群

　　2012年前后，为了便于协调公司相关业务，减少部门间的相互扯皮和恶性竞争，腾讯做出了第二次组织架构调整：由原有的业务系统制升级为事业群制。

　　调整后，腾讯把业务重新划分为企业发展事业群、互动娱乐事业群、

移动互联网事业群、网络媒体事业群和社交网络事业群；同时整合原有的研发和运营平台，成立新的技术工程事业群，后续又将微信独立成立了微信事业群。

3. 向产业互联网升级，新设云与智慧产业事业群

这一阶段，企业端（ToB）和政府民生端（ToG）业务的整合、数据的共享和打通是腾讯内部最关心的话题。作为腾讯ToB业务的重要出口，腾讯云原属于"以打造娱乐化社交、场景化通信和云化企业服务"的社交网络事业群。其他的AI、互联网＋民生、办公、小程序、公众号等ToB业务则散落在不同的业务部门，从而出现了多头销售、各自为政的问题。

2018年，腾讯将原有的七大事业群升级为六大事业群：保留原有的企业发展、互动娱乐、技术工程、微信四个事业群；突出聚焦融合效应，新成立云与智慧产业事业群、平台与内容事业群，前者整合了腾讯云、互联网＋、智慧零售、教育、医疗、安全和LBS等行业解决方案。

4. 事业群收缩，管理精简

2021年4月，腾讯整合腾讯视频、微视、应用宝业务，组建了在线视频工作组，腾讯视频、微视双端仍保持独立运营。改组后的平台与内容事业群如图12-1所示。

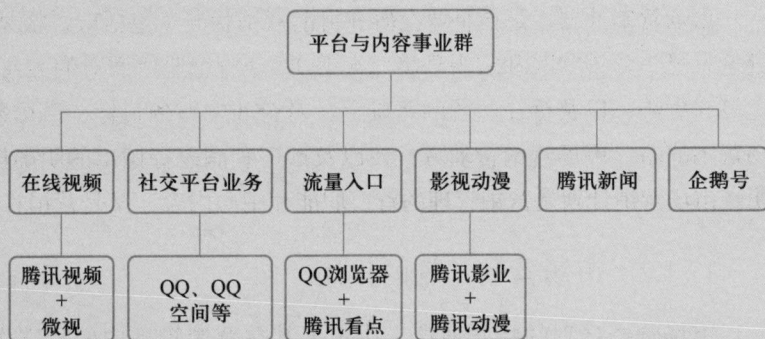

图12-1　腾讯平台与内容事业群

此次调整将长短音频、视频，IP/网文内容、年轻化社交和游戏进行整合，让平台与内容、互动娱乐两大事业群和阅文、腾讯音乐两大上市公司联系更紧密。从视频延伸到音乐、游戏等各个板块，腾讯进一步聚合旗下所有强内容属性的业务，完成了"大内容体系"的构建。在B端业务成为腾讯的增长支柱之后，腾讯还集中力量巩固ToB、ToG市场作为重要阵地，加快推动区域市场下沉。

引思明理：

企业的计划、组织、执行与控制构成了企业营销管理的主体部分。营销环境复杂多变、难以预测，企业需要科学的计划、合理的组织、高效的执行和严谨的控制。党的二十大报告指出："完善中国特色现代企业制度，弘扬企业家精神，加快建设世界一流企业。"企业在持续发展主营业务的同时，需要抢抓科教兴国战略和创新驱动发展战略的机遇，全方位推进科技创新、企业创新、组织创新和产品创新，提升综合实力，加快建设世界一流企业。

在数字经济快速发展的时代背景下，我国企业应全力完善组织结构，有效实现高质量的资源配置，提升组织核心竞争力，提高企业产品或服务的供给质量。企业要制订科学合理的营销计划，设置与营销策略、战略计划实施相适应的组织结构，合理安排和调配企业资源，以保证营销战略的顺利执行和科学控制。

12.1　市场营销计划

12.1.1　市场营销计划的含义

市场营销计划，是指企业在研究目前营销状况（包括市场状况、产品状况、竞争状况、分销状况和宏观环境状况等），分析企业所面对的主要机会与威胁、优势与劣势，以及存在问题的基础上，对企业的财务目标、市场营销目标、市场营销战略、市场营销行动方案，以及预期利润表等做出的明确规定和详细说明。市场营销计划是营销管理的首要职能和中心内容，又是营销管理的起点。

12.1.2　市场营销计划的作用

市场营销计划的特殊地位，决定了其在营销管理中的特殊作用，主要表现为以下几点：

（1）市场营销计划明确了营销目标和需要解决的主要问题。

（2）市场营销计划可使企业进一步明确市场营销环境的影响，最大限度地减少风险。

（3）市场营销计划明确了为达到营销目标而采取的营销策略和行动方案。

（4）市场营销计划使企业的营销活动变得经济合理。

（5）市场营销计划是营销活动实施和控制的依据。

12.1.3 市场营销计划的类型

1. 总体营销计划和项目营销计划

总体营销计划是企业针对所有营销活动制订的计划，涵盖范围广，内容全面。项目营销计划针对营销工作的某个层面、某个对象，内容集中度高（如新产品计划、品牌形象计划、市场推广计划、促销计划、公关计划、渠道计划等）。

2. 长期营销计划和短期营销计划

长期营销计划是企业对营销活动在相当长的一个时期内的活动安排，更侧重于对企业营销战略的思考，层次高、涉及面广。短期营销计划是企业对某一经营活动制定的具体行动措施（如某企业的年度营销计划、年度形象提升计划、季度促销计划等）

12.1.4 市场营销计划的主要内容

一份规范的市场营销计划，形式上由封面、目录、计划内容、封底四部分组成。其中，计划内容包括以下几个部分：

1. 内容提要

内容提要主要概括说明本计划的背景、目标、任务措施和建议事项。内容提要对整份计划书起着统领和介绍的作用，目的是让计划审议者迅速把握营销计划的要点。

2. 营销现状分析

营销现状分析是对企业所处的宏观环境、市场状况、产品状况、竞争状况，以及分销状况等方面进行的调查研究。

（1）宏观环境。主要包括社会宏观环境现状和发展趋势，涉及人口、经济、技术、政治法律、社会文化等方面对企业营销活动的影响。

（2）市场状况。主要包括市场规模和容量、市场增长状况、过去几年的市场总销量、细分市场状况，以及顾客需求、品牌认知、购买行为等内容。

（3）产品状况。主要包括近几年有关产品的价格、市场占有率、成本、费用、利润率等方面的数据。

（4）竞争状况。主要包括对竞争对手产品特征、生产规模、发展目标和市场占有率的分析，以掌握其营销战略和策略，了解其发展意图、方向和行为。

（5）分销状况。主要包括企业分销渠道的销售规模、地位、策略、管理能力等内容，以及对激励方案的科学性、有效性、费用等方面进行的分析。

3. 机会和问题识别

进行 SWOT 分析，确认目标顾客需求和行为的发展趋势，明确企业面临的主要机会和威胁，识别出其中最有可能的市场机会，从而有效细分市场。

4. 选择目标市场

在所有的有效细分市场中，综合考虑竞争对手、企业优势、市场成长性等因素，选择最有利的细分市场作为目标市场。

5. 品牌定位与概念测试

根据目标顾客的需求和行为，结合自身的企业和品牌文化，提炼并阐释品牌定位，设计概念测试方案，以评估品牌定位是否符合目标顾客心理。

6. 营销目标设定

营销目标一般包括财务目标、销售目标等，需要进行数字量化，应实际、合理并具有开拓性，与企业的整体目标一致。营销目标的制定要坚持 SMART 原则，即考量其明确性、衡量性、可实现性、相关性和时限性，如图 12-2 所示。

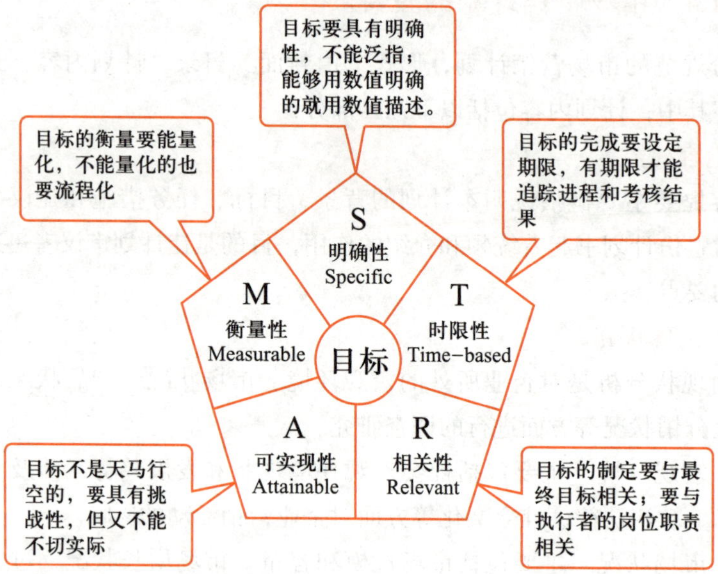

图 12-2　营销目标制定的SMART原则

（1）财务目标。即财务报酬目标，包括投资报酬率、利润率、利润额等指标。例如，某企业新的年度财务目标是获得 20% 的投资回报，同时希望在未来 4 年之内收回新投资。

（2）销售目标。包括销售收入、销售增长率、销售量、市场份额、品牌知名度、分销范围等。例如，某企业在新的年度将增加 17% 的促销费用，企业的销售目标是销售额达到 4 亿元，市场份额提高 10%。

7. 产品、价格及测试方案

为满足顾客需求，就整体产品及价格组合进行设想，设计测试方案，确认顾客对产品及其价格的认知，并确定最佳的产品及价格组合。

8. 传播方案及测试方案

根据设计需求及产品信息结构，整合各种传播手段形成可能的传播方案，设计传播测试方案并进行测试，以确定最佳的信息传播方案。

9. 渠道及销售组织设计

设计产品分销渠道，选择分销商及分销方式，设计企业销售组织、销售政策和产品投放方式，确保顾客能够有效接触并得到产品。

10. 行动方案制定

行动方案主要是指营销活动"做什么""何时做""怎样做"。行动方案必须是具体的、细节化的，全面考虑时间、空间、步骤、责任、项目费用等要素。一般需要使用表格或者图形，使所制定的行动方案条理清晰，一目了然。

11. 预期利润报告

预期利润报告包括收入和支出两个模块。收入模块涉及预估的销售数量和平均可实现价格；支出模块反映研发成本、生产成本、实体分销、物流成本和各项营销活动的费用。收入与支出之差额即预期利润。预期利润是企业营销部门进行采购、生产、人力资源分配，以及营销管理的依据。

12. 评价、控制和调整机制

构建方案执行的评价指标及目标标准，形成指标监测方案，设计控制和调整机制，以便及时发现并解决执行过程中的问题。

12.2　市场营销组织

市场营销组织是企业管理者为了实现特定时期的任务与经营目标，而对从事营销活动的所有人员进行平衡协调的综合体。明确组织机构的相应职能任务，是企业内部相关职能部门经营一体化的核心。

12.2.1　市场营销组织结构的类型

1. 职能型营销组织

职能型营销组织是最常见的营销组织形式，是将营销职能加以扩展，选择营销职能专家组建营销各职能部门，使之成为公司整个组织的主导形式。如图 12-3 所示，该营销组织由专任的营销副总经理牵头，下设五种专业职能部门，均由对应的专职经理负责，可根据公司经营的需要进行增减，如增加客户管理经理、物流管理经理等。

职能型营销组织形式适用于产品种类不多、目标市场相对集中的中小企业。

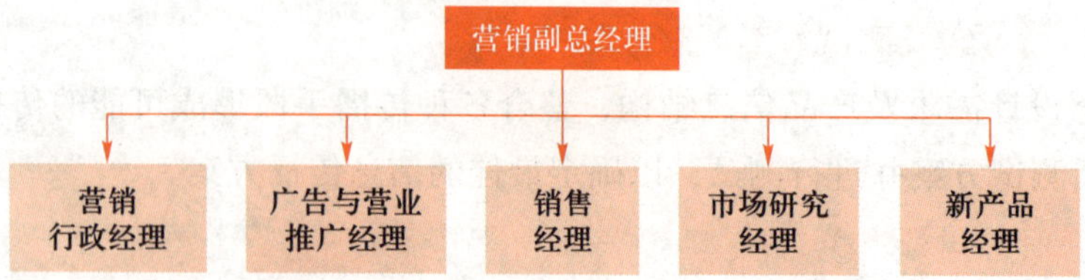

图 12-3 职能型营销组织

2. 区域型营销组织

在全国范围内进行销售的公司，通常按地理区域设立营销组织。在营销副总经理主管下，按层次设全国销售经理、大区销售经理、地区销售经理、销售人员等，详细情况如图 12-4 所示。各区域经理掌握该区域的市场环境情报，为开拓该地区市场，打开公司产品在该区域的销路而制订长、短期计划，并负责其计划的实施。

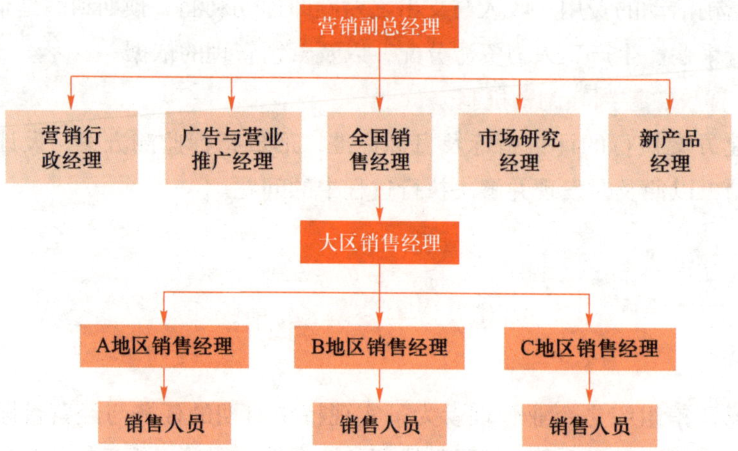

图 12-4 区域型营销组织

互联网时代，消费者的购物已突破了地理区域的限制，越来越多的企业朝着全渠道营销的方向迈进，为消费者提供无缝的跨渠道购买体验。因此，企业的营销组织还需要考虑线上和线下渠道的融合设计，为消费者提供无缝衔接的购物体验。

3. 产品 / 品牌型营销组织

拥有多种产品或不同品牌的公司，可以考虑按产品或品牌建立营销组织，即在营销副总经理下设销售经理；销售经理下按每类产品分别设产品线经理；在产品线经理下再按每个产品品种分别设产品经理，实行分层管理。详细情况如图 12-5 所示。

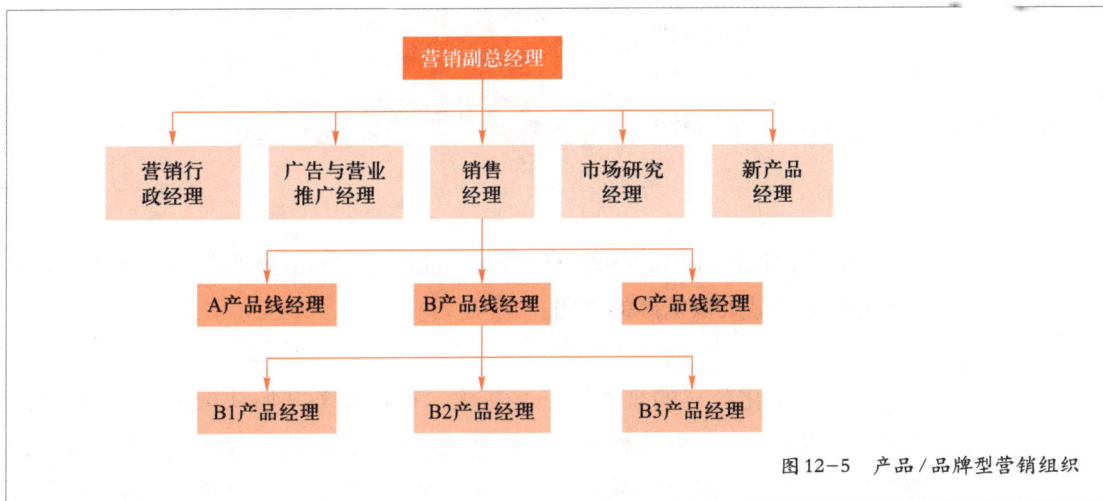

图12-5　产品/品牌型营销组织

4. 市场/顾客型营销组织

根据顾客特有的购买习惯和产品偏好等要素细分和区别对待不同的市场，建立市场/顾客型营销组织是公司的一种理想选择。这种组织结构的特点是由一个销售经理管辖若干个子市场经理，功能性服务由其他功能性组织提供。分管重要市场的市场经理，有时可以增设几名功能性服务的专业人员辅助其开展工作，详细情况如图 12-6 所示。

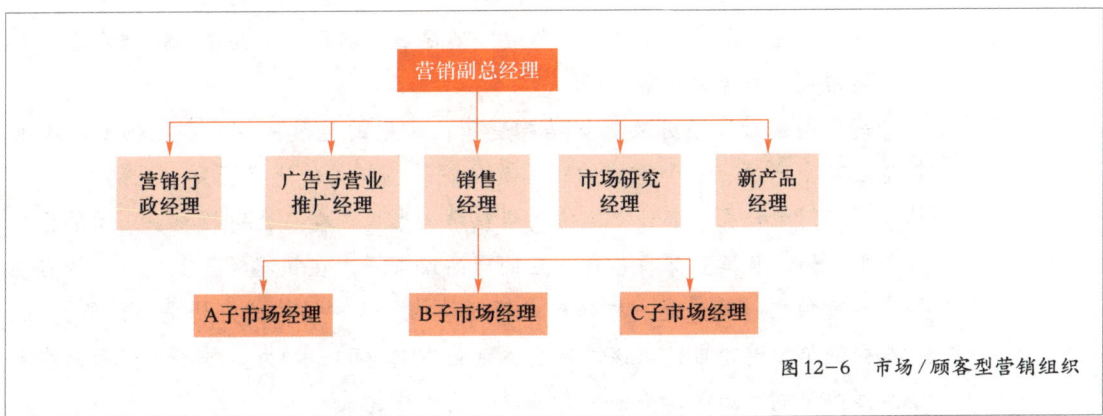

图12-6　市场/顾客型营销组织

5. 产品—市场型营销组织

很多大规模公司会生产多种不同的产品，面向不同的市场，它们常采用产品—市场型营销组织结构，即构建一种既有市场经理、又有产品经理的二维矩阵组织，如图 12-7 所示。这种组织结构把产品、市场管理两者有机地结合

	A市场经理	B市场经理	C市场经理
甲产品经理			
乙产品经理			
丙产品经理			

图12-7　产品—市场型营销组织

起来，以解决产品经理对各种高度分化、高度分散的市场不熟悉，对其所负责市场的各类产品难以掌握的难题。

6. 事业部型营销组织

随着多角化公司的规模进一步扩大，市场业务开始从国内扩展到国外，产品项目也从同一行业跨越到不同行业。这时，公司就应考虑设置事业部型营销组织，把各大产品部门或市场部门升格为各自独立的事业部，由各事业部再设置自己的职能部门和服务部门，建立自成体系的事业部结构。

营销实践

美的的组织变革

美的集团年报显示，美的集团2022年营业收入达3 457亿元，实现稳健增长；归母净利润296亿元，同比增长3.43%。

美的作为中国家电行业中的代表者，市值超过2 000亿元，多年来掌舵者的稳定性保证了企业理念的一以贯之。美的属于典型的多品类的家电企业，在新零售领域上的转型非常迅速。

美的的成功离不开其组织结构变革，采用的是改良后的事业部制，事业部是以某个产品、某个区域的顾客为依据，将相关的研究开发、采购、生产、销售等部门组合成一个独立单位的组织结构形式。在总公司领导下，美的设立多个事业部，各事业部有各自独立的产品或市场，在管理经营上有很强的自主性，实行独立核算，是一种分权式管理结构。这种结构的好处是组织能力强，组织内的员工清楚自己应该做什么，获得方向感和驱动力。另一个方面，在竞争激烈的家电市场中，美的一直都以执行力强见长。

在多元化的组织结构变革基础上，美的逐步开始进行数据驱动创造直接的业务创新增长；牢握核心零部件，依靠产业链话语权带来成本优势；以清晰的品牌运营思路创建多品牌矩阵，覆盖高中低端市场；通过以销定产的柔性生产模式酝酿长期竞争力。最终促使美的成为国内家电行业无论在规模、营收、技术、管理和多元产品线布局上都当之无愧的领先企业。

7. 数字经济时代的营销组织创新

数字经济时代，企业为了应对市场环境的变化，探索建立了适应时代发展趋势的营销创新组织。

（1）平台型组织。主要利用互联网的开放性、连通性，解决企业经营内容有限，以及企业边界难以突破和延伸的问题，从而吸引更多的资源和动力。例如，百度、阿里巴巴、腾讯、字节跳动、华为等，围绕搜索引擎、电子商务、社交媒体和操作系统建立起互利共赢的平台。

（2）大众生产组织。数字经济时代，大量的平台或企业鼓励网民、用户和顾客通过信息和技术交流进行知识产权的协作生产，构建起大众生产组织。如百度百科、猪八戒网、任务中国网，以及华为、海尔、腾讯、小米、宝洁公司等。

（3）虚拟组织。又称网络型组织。早期主要指中心组织在全球范围内通过签订合同将制造、分销、营销等业务外包给其他组织，获取优质资源，实现质量和价格的最优化。例如，某运动品牌公司只拥有具有核心竞争力的设计部门和营销部门，生产和销售全部虚拟化，通过外部组织完成。

随着互联网的发展，基于社交媒体和网络论坛的虚拟社区（社群）逐渐成为虚拟组织的新的表现形式（如小红书、得物、马蜂窝、懂车帝等）。

营销实践

阿里巴巴的组织调整

2015年，阿里巴巴启动集团战略，构建符合时代特点，更创新灵活的"大中台、小前台"组织和业务机制，设立中台事业群，让组织结构从"树状"变为更灵活的网状组织结构。

2016年，阿里巴巴提出新零售战略。盒马鲜生成为该领域一大亮点。此次组织重启成立新零售技术事业群，通过整合B2B、淘宝、天猫等技术力量，形成统一策略，为全面实现新零售提供技术支撑。

2018年，天猫组织升级为"大天猫"，形成天猫事业群、天猫超市事业群、天猫进出口事业部三大板块，相应承担"推动品牌数字化转型""建立超市新零售模式""实践全球买全球卖"的战略使命。同时，阿里云事业群升级为阿里云智能事业群。

2019年，阿里巴巴新一轮组织升级启动，重组创新业务事业群，将盒马升级为独立事业群，将钉钉放入阿里云智能事业群；同时明确了大文娱事业群的业务和位置。

2021年7月，阿里巴巴将基于地理位置服务的三大业务（即高德、本地生活和飞猪）组成生活服务板块，同时成立新的天猫超市和进出口事业群。10月，智能信息事业群升级，成立夸克事业部。12月，新设立"中国数字商业"和"海外数字商业"两大板块：前者包括大淘宝（淘宝、天猫、阿里妈妈）、B2C零售事业群、淘菜菜、淘特和1688等业务；后者包括全球速卖通和国际贸易（ICBU）两个海外业务，以及Lazada等面向海外市场的多家子公司。

2023年3月，阿里巴巴宣布启动"1+6+N"组织变革。"1"指一个阿里巴巴集团，"6"指阿里云智能（包括云、AI、钉钉等业务）、淘宝天猫商业（包括淘宝、天猫、淘特、淘菜菜、1688等业务）、本地生活（包括高德、饿了么等业务）、菜鸟、国际数字商业（包括Lazada、速卖通、Trendyol、Daraz、Alibaba.com等业务）、大文娱（包括优酷、阿里影业等业务）六大业务集团，"N"则指旗下多家业务公司，如阿里健康、高鑫零售、盒马等，以及阿里巴巴未来可能新创设或投资的子公司。

12.2.2　市场营销组织的职能

1. 传统营销组织及下属部门的职能

一般来说，公司传统营销部门具备以下具体职能：①了解顾客的需求和市场动态，制订公司的营销计划；②把握市场信息，为企业决策提供依据；③开拓销售市场；④满足顾客需要。营销部门下属各部门都承担了一部分营销的功能，它们之间相互配合，相互协调，使营销在现代企业中的作用越来越大。这些下属部门具体包括：

（1）市场调研部门。市场调研部门的作用是向管理者提供决策需要的信息，一般负责以下职能：宏观环境调研、市场需求分析、销售分析、市场占有率分析、竞争产品研究、价格研究、广告研究、分销渠道研究、消费者购买行为分析等。

（2）广告和促销部门。传统意义上的广告和促销部门，其职能包括两方面，即广告宣传和销售促进。这两种职能的共同点是都必须与现行和潜在的利益关系方及公众沟通，以拉和推两种形式提升消费者对公司产品或服务的需求，从而带动产品的销售。

（3）整合传播部门。随着整合营销理论的成熟和推广，很多现代企业都建立了整合传播部门，取代了传统的广告和促销部门。整合传播部门的职能主要有：负责拟订、实施与监控总部与分公司的整合传播策略及计划；负责跟进与管理与广告代埋公司的合作工作；负责发布公关新闻动态；协作建立网络；负责管理并控制传播费用。

（4）销售/推销部门。销售部或者推销部是最早出现的营销部门，它们伴随着推销观念的产生而产生。该部门的职责是用一系列有效的推销和促销工具刺激消费者大量购买。此外，很多公司的销售部门还承担着销售渠道建设的职能。

守 正创新

销售经理人才画像

销售经理的人才画像如图12-8所示，主要包括以下内容。

追求卓越：渴望达成更高的业绩目标，不断自我挑战和超越；严格要求自己，愿意为达成更高目标持续付出努力。

商业思维：深入理解区域营销计划，思考业务规划、人员和资源部署；因地制宜地制定差异化的销售打法，指导团队开展工作。

图12-8 销售经理人才画像

团队建设：吸引、发现和保留优秀人才；投入时间，辅导销售主管，培养销售骨干；营造力争上游、挑战高目标的团队氛围；掌握关键岗位的人才配置与储备情况．制定销售新人和骨干培养方案。

关系建立与经营：持续向客户展现能从双方关系中获得的价值，通过持续的价值和资源互换，巩固与核心客户的关系；主动从关系网络中发掘业务合作和拓展的机会；主动建立与维护重要的公共关系，确保客户关系的稳定。

确保执行：将业绩目标分解到各个团队，责任到人；善于抓住关键指标，掌握执行情况；能够深入一线，了解第一手信息；发现问题并及时干预，动态调整策略；合理配置资源，为团队提供必要的资源支持；阶段性复盘总结，指导团队改进工作。

资料来源：2022快消品行业关键岗位白皮书——销售和销售管理者，北森人才管理研究院．

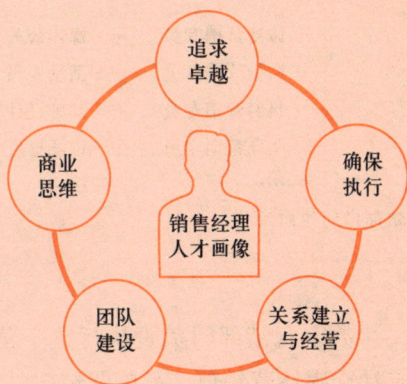

小试牛刀

假设现在要创设一家农产品营销小微企业，应该为其设置哪些部门式岗位？这些岗位的主要职责分别是什么？

（5）新产品开发部门。以营销为中心的公司，往往将新产品开发部门划归营销中心管辖。其优势在于，营销中心是直接与市场接触的部门，最了解消费者需求，最懂得顾客想要什么样的产品。

2. 数字营销部门的职能

随着数字营销的不断发展，很多企业在传统营销部门的基础上将其升级为数字营销部门。数字营销部门的组织形式受众多因素的影响，常见的部门组织结构如图 12-9 所示。

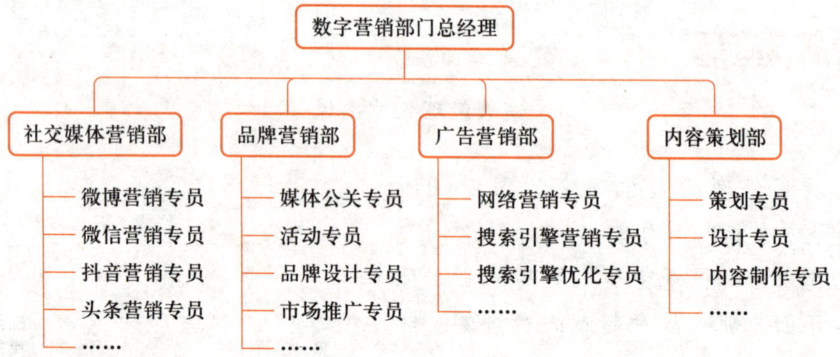

图 12-9 数字营销部门的组织结构

数字营销部门负责执行数字营销计划并服务市场购买者。下属部门主要有社交媒体营销部、品牌营销部、广告营销部和内容策划部等。

（1）社交媒体营销部。主要负责 App 运营类（App 内容运营、App 活动运营、小程序运营等）、互动营销类（社群营销、用户运营和客户关系管理等）岗位的工作内容。

（2）品牌营销部。主要负责品牌管理、品牌策划、品牌传播、品牌推广（营销）等方面的工作内容。

（3）广告营销部。主要负责搜索引擎优化（SEO）、搜索引擎推广（SEM）、信息流推广、App 推广等方面的工作内容。

（4）内容策划部。主要负责文案内容策划、视频内容策划等方面的工作内容。

12.3 市场营销执行与控制

12.3.1 市场营销执行

1. 市场营销执行的含义

市场营销执行，就是调动企业全部资源进行优化配置并投入营销活动中，将营销计划转变为具体行动，并保证这一行动的完成，以实现营销计划所制定的目标。

制订市场营销计划是为了解决企业市场营销活动应该"做什么""在哪里做"和"为什么做"的问题，而市场营销执行则要解决"谁去做""何时做"和"怎么做"的问题。

2. 市场营销执行的步骤

（1）制定行动方案。为了有效地实施市场营销战略，必须制定详细的行动方案。明确市场营销战略实施的关键性决策和任务，并将执行决策和任务的责任落实到个人或小组上。另外，还应包含具体的时间表。

（2）建立组织结构。组织结构的建立是将企业营销战略实施的任务分配给具体的部门和人员，规定明确的职权界限和信息沟通渠道，协调企业内部的各项决策和行动。

（3）设计决策和报酬制度。决策和报酬制度直接关系到战略实施的成败。就企业对营销人员工作的评估和报酬制度的设计而言，如果以短期的经营利润为标准，则营销人员的行为必定趋于短期化，将影响其为实现长期战略目标而努力的积极性。

（4）开发人力资源。人力资源的开发涉及人员的考核、选拔、安置、培训和激励等问题。在考核、选拔管理人员时，要注意将适当的工作分配给适当的人。为了激励员工的积极性，必须建立完善的工资、福利和奖惩制度。

营销实践

黑熊与棕熊的团队协作

黑熊和棕熊都喜食蜂蜜，以养蜂为生。它们各有一个蜂箱，养着同样多的蜜蜂。有一天它们决定比赛看谁的蜜蜂产的蜜多。

黑熊认为蜜的产量取决于蜜蜂每天对花的"访问量"。因此买来一套昂贵的测量蜜蜂访问量的绩效管理系统。同时，设立了奖项，奖励访问量最高的蜜蜂。但没有告知黑熊与棕熊比赛的事情。

棕熊认为蜜蜂能产多少蜜取决于每天采回多少花蜜——花蜜越多，酿的蜂蜜也越多。于是花不多的钱购买了一套绩效管理系统，告知了蜜蜂与棕熊比赛的事情，也设立了一套奖励制度，重奖当月采花蜜最多的蜜蜂。而且如果一个月的蜜蜂总产量高于上个月，那么所有蜜蜂都将受到不同程度的奖励。

两只熊比赛的结果是：黑熊的蜂蜜不及棕熊的一半。

虽然黑熊花高价钱购买一套评估体系没错，但它的评估绩效并没有与最终的绩效直接挂钩。黑熊的蜜蜂只追求尽可能多地提高访问量，却不注重采花蜜的量。另外，由于奖励范围单一，蜜蜂们为自己能有更多的访问量而变成了竞争对手，相互封锁信息。

而棕熊虽然评估系统花钱不多，但能有效地带领团队，充分调动团队的积极性。它的团队明白竞争对手是谁，也知道会有超额的奖励。这样，棕熊的团队在奖励范围上比较广，为了采集到更多的花蜜，蜜蜂之间会进行分工，嗅觉灵敏、飞得特别快的蜜蜂负责打探哪儿的花最好、最多，然后回来告诉力气大的蜜蜂一起到那儿去采蜜，剩下的负责将采集到的花蜜储藏，并将其酿成蜂蜜。虽然，采集花蜜多的可以获得更多的奖励，但其他蜜蜂同样可以得到额外奖励。因此，棕熊的蜜蜂们是一个明确分工、相互协作的团队。

（5）建设企业文化。企业文化对企业经营思想、领导风格、职工的工作态度和作风均起着决定性的作用。企业文化和管理风格一旦形成，就具有相对稳定性和连续性。

（6）协调配合市场营销战略的实施。为了有效地实施市场营销战略，企业的行动方案、组织结构、决策和报酬制度、人力资源、文化和管理风格这几大要素必须协调一致，相互配合。

营销实践

华为的组织文化建设

华为的组织文化主要包括以下几个部分。

（1）坚定的战略导向。无论是业务领域的选择和转换，竞争策略的组合和展开，还是竞争优势的形成和扩大，或是竞争能力的积累和提升等，华为始终有清晰的认知、明确的方向和管理逻辑。

（2）惠及广大员工的利益分享机制。华为创始人持有的公司股份比例很小，但华为大范围地吸纳员工入股，形成开放、共享的利益结构。组织成员共同的愿景、协同的愿望，以及组织的合力必须以利益机制为基础。

（3）大规模企业的内部组织化。华为以复杂的矩阵式组织结构，将内部不同机构、不同职位的工作人员，编织成一张整体性的、纵横交错的协同之网，有利于构建统一的能力平台并发挥组织的协同效能。

（4）知识型员工的管理。华为对从事研发、客户服务等工作的知识型员工的管理，既充分保证和发挥其自主性、创造性，又使其认同组织、融入团队、乐于合作。华为对知识型员工管理形成了一套结构化体系：以能力为核心，以任职资格为基础，招录、培养、使用等多个模块相互衔接。

（5）长期坚守的企业价值观。华为长期遵循和践行核心价值理念（如以客户为中心、以奋斗者为本、人道酬勤、艰苦奋斗、批评与自我批评等），使之成为组织重要的制约和牵引机制。

3. 市场营销执行中的问题

在市场营销执行中，常遇到以下问题，需要企业注意避免。

（1）计划脱离实际。如果营销计划制订者和实施者之间缺乏沟通和协调，会导致营销计划脱离现实不可行，从而导致一些问题。

（2）执行力差。造成企业执行力差的原因有很多，如企业内部沟通不畅、销售人员的素质不高、没有充分调动营销人员的积极性等。

（3）缺乏具体、明确的执行方案。许多企业只考虑总体战略而忽视执行中的细节，致使计划过于笼统而难以执行。

（4）长期目标和短期目标相矛盾。营销战略通常着眼于企业的长期目标，但具体实施的营销管理人员通常根据其短期工作绩效，如销售量、市场占有率或利润率等指标来进行评估和奖励，从而选择短期目标。两者之间容易出现矛盾

（5）因循守旧的惰性。企业当前的经营活动往往是为了实现既定的战略目标而制定的，新的战略目标如果不符合企业的传统和习惯就会遭到抵制。

12.3.2　市场营销控制

1. 市场营销控制的含义

市场营销控制是根据市场营销计划的要求，制定衡量营销绩效的标准，然后将实际的营销工作结果与预定标准相比较，以确定营销活动中出现的偏差及其严重程度，从而有针对性地采取必要的纠正措施，以确保营销资源的有效利用和营销目标的圆满实现。

在数字经济时代，得益于大数据、物联网、人工智能等数字技术，企业可以借助更为有效的数据系统、智能营销平台等，对营销计划的执行进行实时监测与控制。

2. 市场营销控制的类型与内容

（1）年度计划控制。是指营销人员随时检查营业绩效与年度计划的差异，同时在必要时采取修正行动。年度计划控制的中心是目标管理，即保证企业年度营销计划中规定的销售、利润和其他目标能够顺利实现。

年度计划控制的方法主要有销售情况分析、市场占有率分析、营销费用率分析和用户反应跟踪。

（2）盈利能力控制。是指对企业营销组合中各类因素的获利能力进行分析，以帮助营销管理者决策是否发展、缩减或淘汰某些产品及市场。①营销成本分析，是指与市场营销活动有关的各项费用支出，主要包括直接推销费用、促销

费用、仓储费用、运输费用和其他营销费用。②盈利能力分析。具体要分析的盈利能力指标包括销售利润率、资产收益率、净资产收益率、资产管理效率等。

（3）效率控制。效率控制的目的是监督和检查企业营销活动的进度与效果。有利于及时发现问题并加以改进，从而提高企业的营销效率和经济效益。效率控制的主要指标包括人员推销效率、广告效率、营业推广效率以及分销效率等。

（4）战略控制。又称市场营销审计，是指营销管理人员采取一系列行动，对企业的营销目标、政策和策略进行控制，以保证企业的可控因素与外界不断变化的营销环境和谐统一。

市场营销审计的内容主要包括对营销环境、营销战略、营销组织、营销绩效、营销计划系统、营销效率控制系统、获利能力控制系统、营销信息系统、新产品开发系统、营销管理职能十个方面的审计。

3. 市场营销控制的程序

市场营销控制的程序一般包括以下基本工作环节。

（1）确定控制对象。即确定对哪些营销活动进行控制。常见的控制对象包括销售收入、销售成本、销售利润、新产品开发、销售人员的工作效率、广告效果等。

（2）制定衡量标准。一般情况下，企业的营销目标都可作为营销控制的衡量标准，如销售额指标、销售增长率、利润率、市场占有率、顾客满意度等。

（3）选择控制重点。企业没有能力，也没有必要对营销组织的所有成员、所有营销活动和营销计划实施控制，必须选择若干关键环节或关键活动作为重点控制对象。

（4）制定控制标准。即以某种衡量尺度规定控制对象的预期活动范围或可接受活动范围。如规定每个推销员每年必须增加新客户的数量，每次访问客户的费用标准等。营销控制标准一般允许有一定的浮动范围，且要注意因地制宜、因时制宜、因人而异。

（5）衡量营销绩效。衡量营销绩效应以预先制定的标准为依据。

（6）找出偏差及其程度。把预先制定的衡量标准和控制标准与实际结果进行比较，找出偏差，把握好偏差程度。检查的方法很多，如直接观察法、统计法、访问法、问卷调查法等。

（7）分析偏差原因。营销执行结果与营销计划发生偏差的原因有两种：①实施过程中的问题；②营销计划本身的问题。要确定产生偏差的原因，必须深入了解情况，收集尽可能多的相关资料，从中找出问题的症结。

（8）采取改进措施。针对存在的问题，应提出相应的改进措施。主要方法有：①企业在制订营销计划的同时提出应急措施，在实施过程中，一旦发生偏差可及时补救；②企业事先没有预定措施，而是在发生偏差后根据实际情况迅速制定补救措施并加以改进。

稳 扎稳打 <<<<<<<<<<<<<<<<<<<<<<<<<<<<<<<<<<<<<<<<<<<<<<<<<<

一、单项选择题

1.（　　）是营销管理的首要职能和中心内容，同时又是营销管理的起点。

A. 市场营销计划　　　　　　B. 市场营销组织

C. 市场营销控制　　　　　　D. 市场营销执行

2.（　　）就是调动企业全部资源进行优化配置并投入营销活动，将营销计划转变为具体行动，并保证这一行动的完成，以实现营销计划所制定的目标。

A. 市场营销计划　　　　　　B. 市场营销执行

C. 市场营销组织　　　　　　D. 市场营销控制

3.（　　）是指对企业营销组合中各类因素的获利能力进行分析，以帮助营销管理者决策是否发展、缩减或淘汰某些产品及市场。

A. 年度计划控制　　　　　　B. 盈利能力控制

C. 效率控制　　　　　　　　D. 战略控制

4.（　　）又称市场营销审计，是指营销管理人员采取一系列行动，对企业的营销目标、政策和策略进行控制，以保证企业的可控因素与外界不断变化的营销环境和谐统一。

A. 年度计划控制　　　　　　B. 盈利能力控制

C. 效率控制　　　　　　　　D. 战略控制

5. 营销目标的制定要坚持 SMART 原则，即考量其明确性、衡量性、可实现性、相关性和（　　）。

A. 及时性　　　　　　　　　B. 时限性

C. 全局性　　　　　　　　　D. 超前性

二、多项选择题

1. 一份规范的市场营销计划形式上应由（　　）和封底组成。

A. 封面　　　　　　　　　　B. 目录

C. 计划内容　　　　　　　　D. 说明书

2. 常见的市场营销组织结构类型包括（　　）和事业部型的营销组织。

A. 职能型　　　　　　　　　B. 区域型

C. 产品 / 品牌型　　　　　　D. 市场 / 顾客型

E. 产品—市场型

3. 传统营销组织的下属部门具体包括（   ）。

A. 市场调研部门   B. 广告和促销部门

C. 销售/推销部门   D. 新产品开发部门

E. 整合传播部门   F. 数字营销部门

4. 企业数字营销部门的下属部门主要有（   ）。

A. 社交媒体营销部   B. 生产经营部

C. 品牌营销部   D. 广告营销部

E. 内容策划部

5. 盈利能力控制主要针对（   ）进行分析。

A. 营销成本   B. 盈利能力

C. 竞争对手   D. 分销渠道

三、判断题

1. 市场营销计划是营销活动实施和控制的依据。（   ）

2. 营销目标一般包括财务目标、销售目标等。（   ）

3. 市场营销执行是为了解决企业市场营销活动应该"做什么""在哪里做"和"为什么做"的问题。（   ）

4. 市场营销组织是企业管理者为了实现特定时期的任务与经营目标，而对从事营销活动的所有人员进行平衡协调的综合体。（   ）

5. 短期营销计划是企业对营销活动在相当长的一个时期内的活动安排，更侧重于对企业营销战略的思考，层次高、涉及面广。（   ）

四、简答题

1. 市场营销计划的主要内容有哪些？

2. 市场营销执行的主要步骤有哪些？

3. 市场营销控制的类型与主要内容有哪些？

4. 市场营销控制的基本程序包含哪些工作环节？

5. 销售经理人画像中包含了哪些优秀销售经理应具备的专业能力和商务素养？

<<<<<<<<<< 调 查研究 <<<<<<<<<<<<<<<<<<<<<<<<<<<

（一）中国国际"互联网＋"大学生创新创业大赛由教育部与有关中央部委、地方政府共同主办，旨在传承和弘扬红色基因，聚焦"五育"融合创新创

业教育实践，激发青年学生创新创造热情，是国内最大的、含金量最高的国际双创盛会。大赛分为高教主赛道、"青年红色筑梦之旅"赛道、职教赛道和产业命题赛道。

大赛要求参赛项目能够将移动互联网、云计算、大数据、人工智能、物联网、下一代通信技术、区块链等新一代信息技术与经济社会各领域紧密结合，服务新型基础设施建设，培育新产品、新服务、新业态、新模式；发挥互联网在促进产业升级以及信息化和工业化深度融合中的作用，促进制造业、农业、能源、环保等产业转型升级；发挥互联网在社会服务中的作用，创新网络化服务模式，促进互联网与教育、医疗、交通、金融、消费生活等深度融合。

2023年第八届中国国际"互联网+"大学生创新创业大赛的主题是"我敢闯 我会创"，这届比赛紧密结合教育教学、科技创新转化、人才集聚，进一步突出"新工科、新医科、新农科、新文科"等"四新"建设引领，全面回应新时代高等教育的新教改、新质量、新体系、新文化。

"互联网+"大学生创新创业大赛创业计划书的主要内容有哪些？项目选题应注意哪些问题？请进行调查研究并尝试进行项目选题和计划书撰写。

（二）为期一学期的"市场营销基础"课程专业知识和实践学习即将结束，请思考并回答以下问题：

（1）你是否对未来的就业有了较为清晰的目标和方向？

（2）你是否掌握了市场营销课程的知识框架？

（3）你是否具有了一定的创新思维、跳跃思维、发散思维？

（4）你认为你在哪些专业能力和商务素质方面有所提升？

（5）你目前所处的环境是否能给你赋能？你是否具有破圈的能力？

（6）你是否对某一行业、领域、企业、项目、品牌的创新活动进行了较为深入的研究？

（7）你是否参加过或有意向参加本专业相关的职业技能大赛、互联网+大赛、创新创业大赛、品牌策划大赛、营销策划大赛？

（8）你是否参加过或有意向参加营销实践或创新创业活动？

（9）你的工具使用能力（包括视频拍摄剪辑、PPT制作、Excel应用、数据抓取、思维导图制作等）是否有提高？

（10）你认为你在下一阶段的学习过程中还要在哪些方面继续提升自己？

请结合本学期的学习开展自我调研，根据以上问题撰写一份课程学习总结。

力 学笃行 <<<<<<<<<<<<<<<<<<<<<<<<<<<<<<<<<<<<<<<<<<<<<<<<<<

市场营销计划、组织、执行与控制分析——企业组织架构及职能分工分析

■ **实训目标**

通过项目小组选择某一企业的组织结构作为研究对象，现场参观，收集资料，针对该公司的组织架构及岗位职责进行研究。掌握市场营销计划、组织与控制分析的主要内容。

■ **背景资料**

市场营销活动是企业一项重要的职能活动，为了使这项活动能有效进行，必须有专门的部门对这项活动负责，这就形成了企业的市场营销组织。企业市场营销组织包括了静态和动态两种含义。从静态看，它是在一定时期内，对企业营销活动过程的组织、实施和控制负责的相对稳定的组织机构形式、结构和组织制度。从动态看，市场营销组织是一种行为，涉及企业营销活动的全过程，目的是执行企业的整体营销计划，实现企业营销目标。

■ **实训要求**

本次实训，每小组选择一个熟悉的校企合作企业，在预约好后现场参观该企业，与该企业的管理人员认真沟通，了解该企业的组织架构，并了解各组织部门的职责与权限。

根据搜集的资料，完成一份××企业组织架构及职能分工分析报告。

■ **实训步骤**

（1）按小组选择某一企业。

（2）现场参观并搜集整理相关资料。

（3）分组撰写××企业组织架构及职能分工分析报告及汇报PPT。

（4）分组演示汇报。

（5）相互点评，教师总评。

■ **实训成果**

××企业组织架构及职能分工分析报告、汇报PPT。

自 学自测 <<<<<<<<<<<<<<<<<<<<<<<<<<<<<<<<<<<<<<<<<<<<<<<<<<

单元十二　市场营销计划、
组织、执行与控制

参考文献 <<<<<<<<

[1] 科特勒,凯勒,切尔内夫.营销原理 [M].16 版.陆雄文,蒋青云,赵伟韬,等,译.北京:中信出版社,2022.

[2] 吴健安,聂元昆.市场营销学 [M].7 版.北京:高等教育出版社,2022.

[3] 王鑫,饶君华.市场营销基础 [M].北京:高等教育出版社,2023.

[4] 郭国庆.市场营销学通论 [M].9 版.北京:中国人民大学出版社,2022.

[5] 王永贵.市场营销 [M].2 版.北京:中国人民大学出版社,2022.

[6] 孟韬.市场营销 [M].2 版.北京:中国人民大学出版社,2021.

[7] 杨勇,陈建萍.市场营销:理论、案例与实训 [M].5 版.北京:中国人民大学出版社,2023.

[8] 王永贵,项典典.数字营销——新时代市场营销学 [M].北京:高等教育出版社,2023.

[9] 王鑫,张晓红.数字营销基础 [M].北京:高等教育出版社,2021.

[10] 华迎,马双.大数据营销 [M].北京:中国人民大学出版社,2022.

[11] 李永平,董彦峰,黄海平.数字营销 [M].北京:清华大学出版社,2021.

[12] 阳翼.数字营销 [M].3 版.北京:中国人民大学出版社,2022.

[13] 陈国胜,陈凌云.数字营销 [M].大连:东北财经大学出版社,2021.

[14] 肖洞松.消费者心理与行为分析 [M].4 版.北京:高等教育出版社,2021.

[15] 林海,林萌菲.消费者行为分析 [M].北京:高等教育出版社,2021.

[16] 阳翼.大数据营销 [M].2 版.北京:中国人民大学出版社,2021.

[17] 阳翼.数字消费者行为学 [M].北京:中国人民大学出版社,2022.

[18] 南京奥派信息产业股份公司.直播电商基础 [M].北京:高等教育出版社,2021.

[19] 秒针营销科学院,GDMS,媒介360.2023 年中国数字营销趋势报告 [R/OL].2022-12-20.

[20] 罗兰贝格,复旦大学消费市场大数据实验室,光华研究院.重塑信心,着眼未来,品牌如何拥抱年轻消费力? [R/OL].2023-01-05.

[21] 观潮新消费,中国国家品牌网.国潮品牌发展洞察报告 [R/OL].2022-12-27.

[22] 北森人才管理研究院.2022 快消品行业关键岗位白皮书——销售和销售管理者 [R/OL].2022-10.

[23] 微播易.2022 年中国新消费品牌发展趋势报告 [R/OL].2022-04.

[24] 中国互联网络信息中心.第 51 次中国互联网络发展状况统计报告 [R/OL].2023-03-02

[25] 前瞻产业研究院.2021 年中国独角兽企业研究报告 [R/OL].2022-07-20.

[26] 埃森哲.迈向美好生活——埃森哲 2022 中国消费者洞察 [R/OL].2022-05.

[27] 启信宝.采购变革:2022 年数字化采购与供应商管理白皮书 [R/OL].2022-04.

[28] 观潮研究院.2021 国潮新消费产业洞察报告 [R/OL].2021-11.

郑重声明

高等教育出版社依法对本书享有专有出版权。任何未经许可的复制、销售行为均违反《中华人民共和国著作权法》，其行为人将承担相应的民事责任和行政责任；构成犯罪的，将被依法追究刑事责任。为了维护市场秩序，保护读者的合法权益，避免读者误用盗版书造成不良后果，我社将配合行政执法部门和司法机关对违法犯罪的单位和个人进行严厉打击。社会各界人士如发现上述侵权行为，希望及时举报，我社将奖励举报有功人员。

反盗版举报电话 （010）58581999 58582371

反盗版举报邮箱 dd@hep.com.cn

通信地址 北京市西城区德外大街4号 高等教育出版社法律事务部

邮政编码 100120

读者意见反馈

为收集对教材的意见建议，进一步完善教材编写并做好服务工作，读者可将对本教材的意见建议通过如下渠道反馈至我社。

咨询电话 400-810-0598

反馈邮箱 gjdzfwb@pub.hep.cn

通信地址 北京市朝阳区惠新东街4号富盛大厦1座 高等教育出版社总编辑办公室

邮政编码 100029

防伪查询说明

用户购书后刮开封底防伪涂层，使用手机微信等软件扫描二维码，会跳转至防伪查询网页，获得所购图书详细信息。

防伪客服电话 （010）58582300

资源服务提示

欢迎访问国家职业教育专业教学资源库平台——"智慧职教"（http://www.icve.com.cn）中的市场营销专业教学资源库，学习相关课程"市场营销基础"。以前未在此网站注册过的用户，请先注册再登录。

授课教师如需获得本书配套教辅资源，请登录"高等教育出版社产品信息检索系统"（http://xuanshu.hep.com.cn/）搜索下载，首次使用本系统的用户，请先注册并完成教师资格认证。

高教社市场营销专业教学研讨交流QQ群：20643826